Margot Steinel (Hrsg.)

Erfolgreiches Verpflegungsmanagement

Praxisorientierte Methoden für Einsteiger und Profis

Margot Steinel (Hrsg.)

Erfolgreiches Verpflegungsmanagement

Praxisorientierte Methoden für Einsteiger und Profis

mit Beiträgen von
Dagmar Kelm
Anja Müller
Annegret Reiprich
Margot Steinel

Verlag Neuer Merkur GmbH

Bibliografische Informationen Der Deutschen Bibliothek
Die Deutsche Bibliothek verzeichnet diese Publikation in der Deutschen Nationalbibliografie; detaillierte bibliografische Daten sind im Internet über http://dnb.ddb.de abrufbar.

Verlagsort: Postfach 60 06 62, D-81206 München

Margot Steinel (Hrsg.)
Erfolgreiches Verpflegungsmanagement – Praxisorientierte Methoden für Einsteiger und Profis

1. Auflage 2008 – ISBN 978-3-937346-45-8

Titelgestaltung: Dagmar Papic
Umschlagfoto: istockphoto
Layout: Peter Hänssler

Druck: Kessler Druck + Medien, Bobingen

Inhaltsangabe 5
Vorwort 9
1 Außer-Haus-Verpflegung und Gemeinschaftsverpflegung *(Margot Steinel)* 11
1.1 Außer-Haus-Verpflegung 11
1.2 Gründe für die Inanspruchnahme von Außer-Haus-Verpflegung 12
1.3 Formen der Außer-Haus-Verpflegung 14
1.4 Formen der Gemeinschaftsverpflegung 16
1.5 Nutzer der Gemeinschaftsverpflegung 17
1.6 Umfang und Dauer der Versorgung 19
1.7 Zielorientierung des Betriebs 20
1.8 Charakterisierung des Gemeinschaftsverpflegungsmarktes 22
1.8.1 Marktsegmente nach Betreibern 22
1.8.2 Marktsegmente nach Bewirtschaftern 24
1.9 Begriffserklärung 25
2 Ziele des Verpflegungsbetriebs *(Margot Steinel/Annegret Reiprich)* 27
2.1 Leitbild – das oberste Ziel 28
2.2 Ziele 32
2.2.1 Anspruchsgruppen 32
2.2.2 Teilleistungen 37
2.2.3 Teilanforderungen 38
2.2.3.1 Ernährungsphysiologische Anforderungen 39
2.2.3.2 Sensorische Anforderungen 42
2.2.3.3 Hygienische Anforderungen 45
2.2.3.4 Anforderungen an die nutzerbezogene Handhabbarkeit 45
2.2.3.5 Ökologische Anforderungen 46
2.2.3.6 Sozio-kulturelle Anforderungen 46
2.2.3.7 Politisch-rechtliche Anforderungen 48
2.2.3.8 Ökonomische Anforderungen 48
2.2.3.9 Anforderungen an die Annehmlichkeit des Umfelds 50
2.2.3.10 Anforderungen an die Verlässlichkeit 50
2.2.3.11 Anforderungen an die Abwechslung 51
2.2.3.12 Anforderungen an die Flexibilität 52
2.2.3.13 Anforderungen an die Leistungskompetenz 54
2.2.3.14 Anforderungen an das Einfühlungsvermögen 54
2.3 Zielsysteme und Zielkonflikte 54
2.3.1 Zielsysteme 54
2.3.2 Zielkonflikte 55
3 Verpflegungssysteme *(Margot Steinel/Dagmar Kelm)* 59
3.1 Bestellsystem 60
3.1.1 Information des Verpflegungsteilnehmers 60
3.1.2 Auswahl der Speisen durch den Verpflegungsteilnehmer 65
3.1.3 Bestellvorgang 65
3.2 Wareneinsatzsystem 67
3.3 Küchensystem 71
3.3.1 Zubereitungsküche 71
3.3.1.1 Frischküche 71
3.3.1.2 Cook-and-Chill-Küche 72
3.3.1.3 Cook-and-Freeze-Küche 76
3.3.1.4 Sous-Vide-System 76
3.3.1.5 Green-Vac-System 77
3.3.1.6 Nacka-System 77
3.3.2 Aufbereitungsküche 78
3.3.3 Mischküche 84
3.3.4 Zentralküche mit Verteilerküche 85
3.3.5 Zentralküche mit Relaisküche 89

3.4 Distributionssystem 90
3.5 Ausgabesystem 94
3.6 Abrechnungssystem 99
3.7 Geschirrkreislaufsystem 103

4 Bewirtschaftungssystem *(Margot Steinel)* **105**

4.1 Gründe für die Fremdvergabe 105
4.1.1 Einsparung von Personalkosten 106
4.1.2 Überzeugungskraft von Cateringunternehmen 107
4.2 Formen der Bewirtschaftung 108
4.2.1 Eigenregie 109
4.2.2 Fremdmanagement 110
4.2.3 Service-GmbH 111
4.2.4 Service-Verein 112
4.2.5 Catering 113
4.2.6 Fernverpflegung 115
4.2.7 Pacht 116
4.3 Probleme bei der Fremdvergabe 117
4.3.1 Personalrechtliche Probleme 117
4.3.2 Umsatzsteuerrechtliche Probleme 120
4.3.2.1 Steuerbarer Umsatz 121
4.3.2.2 Steuersatz 122
4.3.2.3 Bemessungsgrundlage für Umsatzsteuer 123
4.4 Entscheidungsverfahren bei Fremdvergabe 127
4.4.1 Leistungsbeschreibung 127
4.4.2 Ausschreibung 128
4.4.3 Sichtung der Angebote 130
4.4.4 Auswahl des günstigsten Angebots 131

5 Personalbedarf *(Margot Steinel/Anja Müller)* **133**

5.1 Literaturübersicht zu Personalkennzahlen 134
5.2 Untersuchungsmethode 136
5.2.1 Grundgesamtheit und Stichprobe 136
5.2.2 Befragungsinstrument und Befragung 136
5.2.3 Datenaufbereitung und -auswertung 137
5.3 Personalbestand nach verschiedenen Küchenmerkmalen 138
5.3.1 Personalbestand nach Küchengröße 138
5.3.2 Personalbestand nach Anzahl Auswahlmenüs zum Mittagessen 139
5.3.3 Personalbestand nach Wunschkostanteil 140
5.3.4 Personalbestand nach Umfang der Durchführung von Arbeitsschritten durch kücheneigenes Personal 141
5.3.5 Personalbestand nach Anteil der Verwendung küchenfertiger Lebensmittel 142
5.3.6 Personalbestand nach Technisierungsgrad 143
5.3.7 Personalbestand nach Abwesenheitsquote des Personals 144
5.3.8 Personalbestand nach Bereich der Gemeinschaftsverpflegung 144
5.3.9 Personalbestand nach Anspruchsniveau der Verpflegungsteilnehmer 145
5.3.10 Personalbestand nach Profit-Orientierung des Betriebs 146
5.4 Bestimmung des Personalbedarfs eines Betriebs nach Qualifikationsstufe und Küchenmerkmalen 147

6 Speisenplanung *(Margot Steinel)* **151**

6.1 Implizite Methode 151
6.2 Explizite Methode 152
6.2.1 Versuch-und-Irrtum-Methode 153
6.2.2 Optimierungsmethode 154
6.2.2.1 Speisenmengenmodell 155
6.2.2.2 Speisenarten- und -mengenmodell 157

7 Produktionsablaufplanung *(Margot Steinel/Dagmar Kelm)* **163**

7.1 Traditionelle Planung 164

7.2 Intuitive Planung 164
7.3 Systematische Planung – Netzplantechnik 164
8 Kostenrechnung *(Margot Steinel/Nora Timm)* **169**
8.1 Kostenrechnung und Buchführung 170
8.2 Aufbau der Kostenrechnung 173
8.3 Kostenartenrechnung 174
8.3.1 Personalkosten 175
8.3.1.1 Personalkosten pro Monat 175
8.3.1.2 Personalkostenkennzahlen 179
8.3.2 Lebensmittelkosten 184
8.3.2.1 Festwertmethode 184
8.3.2.2 Inventurmethode 185
8.3.2.3 Fortschreibungsmethode 186
8.3.3 Sonstige Sachkosten 188
8.3.4 Abschreibungen 188
8.3.5 Kapitalkosten 192
8.3.6 Sonstige Kosten 198
8.4 Kostenstellenrechnung 200
8.4.1 Primärkostenrechnung 200
8.4.2 Sekundärkostenrechnung (innerbetriebliche Leistungsverrechnung) 205
8.5 Kostenträgerrechnung 207
8.5.1 Divisionskalkulation 207
8.5.2 Äquivalenzziffernrechnung 208
8.6 EDV-gestützte Kostenrechnung 215
9 Qualitätsmanagement *(Annegret Reiprich)* 217
9.1 Qualität und Qualitätsdimensionen 218
9.2 Qualitätsphilosophie 221
9.3 Qualitätsmanagementsysteme 223
9.3.1 Qualitätskontrolle 223
9.3.2 Qualitätssicherung 223
9.3.3 Qualitätsmanagement 224
9.3.3.1 Qualitätsmanagement mit Vorgaben nach Modell 225
9.3.3.2 Qualitätsmanagement mit Vorgaben nach Methoden 228
9.3.3.3 Qualitätsmanagement ohne Vorgaben 233
9.3.4 Qualitätsmanagementsysteme im Vergleich 233
9.4 Techniken zur Arbeit mit Qualitätsmanagementsystemen 233
9.4.1 Brainstorming 234
9.4.2 6-3-5-Methode 235
9.4.3 Mind Mapping 235
9.4.4 Sensorische Prüfung 236
9.4.5 Speisenplanauszählung 240
9.4.6 Ursache-Wirkungs-Diagramm 240
9.4.7 5-W-Fragen 240
9.4.8 Soll-Ist-Vergleich 242
9.4.9 Befragungen 243
9.4.9.1 Story Telling 246
9.4.9.2 Sequenzielle Ereignismethode 248
9.4.9.3 Fragebogen 250
9.4.10 FMEA-Analyse 251
9.4.11 HACCP 253
9.4.11.1 Vorbereitung 255
9.4.11.2 Entwicklung des HACCP-Systems 256
9.4.11.3 Einführung des HACCP-Systems in die Praxis 262
9.4.11.4 Sicherstellung der Funktionsweise des HACCP-Systems 263
9.4.11.5 HACCP im Nicht-Hygiene-Bereich 263
9.4.12 Benchmarking 267
9.4.13 Beschwerdemanagement 270

9.4.14 Audit 275
9.4.15 Techniken im Überblick 279
9.5 Dokumentation 285
9.5.1 Vielfalt der Dokumente 285
9.5.2 Handbuch 288
9.5.3 Verfahrensanweisung 293
9.6 Schritte zum Qualitätsmanagement 298
10 Literaturverzeichnis 301
Autorinnen 314
Stichwortverzeichnis 316

Vorwort

Die Gemeinschaftsverpflegung ist besser als ihr Ruf. Das wissen alle, die als Expertinnen und Experten in dieser Branche arbeiten.

Dennoch stehen Betriebe der Gemeinschaftsverpflegung derzeit vor enormen Herausforderungen. Einerseits müssen sie ständig gegen ein schlechtes Image ankämpfen, dass dieses Essen prinzipiell nicht schmecke und ungesund sei. Diese Vorurteile machen es schwierig, die Qualität der Leistungen darzustellen. Der Gast muss die Qualität selbst erleben.

Andererseits steigen die Qualitätsanforderungen an die Gemeinschaftsverpflegung. Sie soll so gesund sein, dass sie die Ernährungsfehler der sonstigen Ernährung ausgleicht und auf individuelle Verzehrgewohnheiten sowie Unverträglichkeiten Rücksicht nimmt. Sie soll dem Gast ein Erlebnis vermitteln und möglichst per Front-Cooking vor seinen Augen frisch zubereitet werden. Obendrein muss diese Kost dem Gast nicht nur schmecken, sondern umfassenden Genuss vermitteln. Die Gemeinschaftsverpflegungseinrichtungen müssen sich auf diese gestiegenen Anforderungen einstellen.

Hinzu kommt das Problem, dass die Leistungen der Gemeinschaftsverpflegung zu möglichst niedrigen Kosten erstellt werden sollen. Die Zahlungsbereitschaft der Verpflegungsteilnehmer steigt nicht immer mit der steigenden Erwartung an die Leistung. Da öffentliche Subventionen weniger werden, wird es immer schwieriger, eine angemessene Qualität zu angemessenen Preisen anzubieten.

Das vorliegende Buch möchte Methoden aufzeigen, mit denen diese Herausforderungen gemeistert werden können. Es wendet sich an Fach- und Führungskräfte in Gemeinschaftverpflegungseinrichtungen sowie an Studierende, die sich auf ein solches Berufsfeld vorbereiten. Ich wünsche allen Leserinnen und Lesern viel Erfolg beim Umsetzen der dargelegten Inhalte und dass die Tischgäste sagen: „... hätt ich gar nicht gedacht, dass Gemeinschaftsverpflegung so gut sein kann".

Bernburg, am Welttag der Hauswirtschaft 2008
Prof. Dr. Margot Steinel

1 Außer-Haus-Verpflegung und Gemeinschaftsverpflegung

Autorin:
Margot Steinel

Essen und Trinken gehören zu den Grundbedürfnissen des Menschen. Jeder Mensch muss an jedem Tag mehrmals Mahlzeiten einnehmen. Durch zunehmende außerhäusliche Zeitverwendung nimmt die Bedeutung der Außer-Haus-Verpflegung in unserer Gesellschaft ständig zu. War es noch vor 30 Jahren etwas Besonderes außer Haus zu essen; heute ist es für viele Bevölkerungsteile tägliche Selbstverständlichkeit. Ziel dieses Kapitels ist es, Verpflegungsdienstleistungen als Leistung und als Markt zu charakterisieren.

1.1 Außer-Haus-Verpflegung

Verpflegung kann prinzipiell innerhalb oder außerhalb des Privathaushalts stattfinden. Bei der Differenzierung zwischen Inner-Haus-Verpflegung und Außer-Haus-Verpflegung bieten sich zwei verschiedene Kriterien an. Soll man danach unterscheiden, wo der Verzehr stattfindet oder danach, wo die Speisen zubereitet wurden? Die beiden Orte sind nicht immer identisch. Einerseits können Speisen im eigenen Privathaushalt zubereitet, aber außerhalb des Privathaushalts verzehrt werden. Das ist zum Beispiel bei Broten der Fall, die mit in die Schule, an den Arbeitsplatz oder auf die Reise genommen werden. Andererseits können außer Haus zubereitete Speisen auch innerhalb des Privathaushalts verzehrt werden. Das ist zum Beispiel bei Bringediensten der Fall.

Abbildung 1.1 zeigt Beispiele für die verschiedenen Varianten von Zubereitungsorten und Verzehrsorten.

Abb. 1.1 Zubereitungsorte und Verzehrsorte von Verpflegungsdienstleistungen

Merkmale		Ort des Verzehrs: zu Hause	Ort des Verzehrs: außer Haus
Ort der Zubereitung	zu Hause	z. B. Frühstück zu Hause	z. B. Pausenbrote am Arbeitsplatz
	außer Haus	z. B. Essen auf Rädern	z. B. Mittagsmenü in der Kantine

Im Rahmen einer ernährungswissenschaftlichen Studie *Ernährungsverhalten außer Haus* definiert Binder (2000, S. 13 f.) Außer-Haus-Verzehr als alle Lebensmittel und Speisen, die außerhalb der eigenen Wohnung verzehrt werden und die nicht von zu Hause für den Verzehr außerhalb mitgebracht werden. Dazu gehören auch Einladungen durch Freunde oder Verwandte in deren privaten Haushalten. Bei Lieferungen von Bringediensten unterscheidet Binder (2000, S. 13 f.) nach dem Verzehrsort. Lieferungen in den eigenen Haushalt (z. B. *Essen auf Rädern*) zählt sie ernährungswissenschaftlich nicht zum Außer-Haus-Verzehr. Lieferungen an andere Orte als den eigenen Haushalt (also z. B. an den Arbeitsplatz) werden von Binder (2000, S. 13 f.) dem Außer-Haus-Verzehr zugeordnet.

Paulus (1988, S. 229) hingegen ordnet *Essen auf Rädern* der Außer-Haus-Verpflegung zu.

Lickteig (2005, S. 10) definiert Außer-Haus-Verpflegung als solche Verpflegung, bei der sowohl die Zubereitung als auch der Konsum außerhalb des eigenen Privathaushalts stattfindet.

Auch Ward/Martens (2000, S. 4) bezeichnen die bei einer Feier im Freundeskreis eingenommenen Speisen als Außer-Haus-Verpflegung, da sie außerhalb des eigenen Privathaushalts verzehrt werden.

Im Gegensatz zu der skizzierten ernährungswissenschaftlichen Definition wird in diesem Buch eine betriebswirtschaftliche Definition von Außer-Haus-Verpflegung angewandt.

Unter Außer-Haus-Verpflegung wird in diesem Buch eine Verpflegungsdienstleistung verstanden, die außerhalb des (eigenen oder fremden) Privathaushalts zubereitet wurde. Der tatsächliche Ort des Verzehrs ist für die Definition irrelevant.

1.2 Gründe für die Inanspruchnahme von Außer-Haus-Verpflegung

Die Gründe für die Inanspruchnahme von Außer-Haus-Verpflegung sind vielfältig.

Ward/Martens (2000, S. V) nennen als Gründe für den Außer-Haus-Verzehr: Genussgründe, Freizeitgründe und Notwendigkeiten. Edwards (2000, S. 226) erweitert die Gründe auf folgende drei: Vergnügen, Beruf und Notwendigkeit.

Vergnügen

Außer-Haus-Verpflegung ist mit einem sozialen Anlass verbunden. Neben einem Anlass zum Feiern kann auch Bequemlichkeit, nicht selbst kochen zu müssen, eine wesentliche Rolle spielen. Die Tätigkeit der Speisenzubereitung (einschließlich der vor- und nachgelagerten Prozesse wie Planen, Einkaufen, Geschirrspülen) wird an die Verpflegungseinrichtung fremd vergeben. Dadurch entsteht mehr Freizeit und Erholung für die zu verpflegende Person. Der Freizeitcharakter kann sogar die Versorgung mit Speisen überwiegen. Beispielsweise stehen bei einem Ritteressen das Erlebnis der ritterlichen Umgebung und der Spaß mit den ritterlichen Tischmanieren im Vordergrund. In einem Dunkelrestaurant geht es um das Erlebnis, im Dunkeln zu essen. Essen außer Haus kann des Weiteren Ausdruck von Status, von Kultur, von Traditionen oder von Stimmungen sein.

Beruf

Die klassischen Geschäftsessen werden in der deutschsprachigen hauswirtschaftlichen Literatur bisher ausgeblendet. Sie sind eine Gelegenheit, einem Geschäftspartner ein persönlich angenehmes Erlebnis zu offerieren und damit die Einstellung zu der einladenden Person oder zum einladenden Betrieb positiv zu beeinflussen. Das gemeinsame Essen hat immer etwas persönlich Verbindendes, das auch die geschäftlichen Verbindungen verbessern kann.

Notwendigkeiten

Die Notwendigkeit zur Außer-Haus-Verpflegung ist immer dann gegeben, wenn die Möglichkeit der eigenen Zubereitung fehlt. Gründe hierfür können sein:

- fehlende technische Möglichkeit: wenn keine Küche zur Verfügung steht, z. B. wegen der Entfernung des Arbeitsplatzes vom Wohnort,

- fehlende zeitliche Möglichkeit: im Erwerbsarbeitsprozess der arbeitsteiligen Gesellschaft sind die Mittagspausen meist so kurz, dass die eigene Mittagszubereitung zeitlich nicht möglich ist,
- fehlende persönliche Möglichkeit: Krankheit, Behinderung, Alter oder auch fehlende Kochkenntnisse können persönlich die eigene Zubereitung einer Mahlzeit unmöglich machen.

Edwards (2000, S. 226) geht davon aus, dass die Konsumenten, die eine Außer-Haus-Verpflegung wegen einer Notwendigkeit in Anspruch nehmen, diese Einrichtungen nicht wählen würden, wenn sie eine Wahl hätten. Das muss nicht in jedem Fall zutreffen. Ein Imbissstand neben einer Betriebskantine erhöht die Wahlmöglichkeiten der Konsumenten. Dennoch entscheiden sich die meisten Konsumenten weiterhin für die Betriebskantine.

1.3 Formen der Außer-Haus-Verpflegung

Abbildung 1.2 zeigt die einfachste Gliederung der Außer-Haus-Verpflegung in Gemeinschaftsverpflegung und Individualverpflegung.

Gemeinschaftsverpflegung ist nach Lickteig (2005, S. 11) die Verpflegung definierter Personengruppen in besonderen Lebenssituationen. Sie ist dadurch charakterisiert, dass sie nur einem bestimmten Personenkreis von Berechtigten (Hilfsbedürftige oder Unterstützungswürdige) zugänglich und i. d. R.

Abb. 1.2
Formen der Außer-Haus-Verpflegung

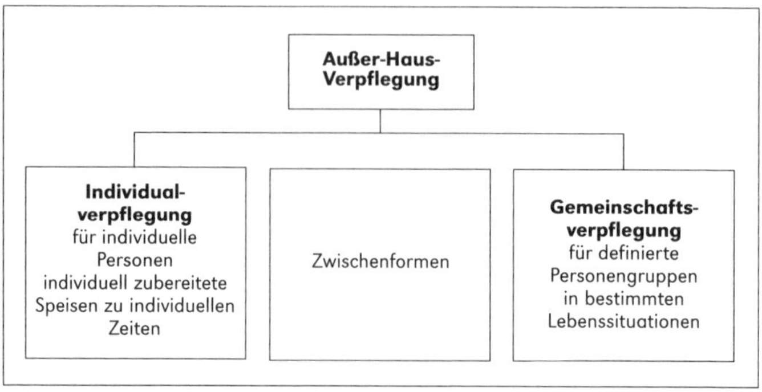

wohlfahrtsorientiert ist. Außerdem wechselt in einer Gemeinschaftsverpflegungseinrichtung das überwiegende Speisenangebot von Tag zu Tag.

Nach Paulus (1988, S. 230) wird die Gemeinschaftsverpflegung in folgende Bereiche gegliedert:

- Verpflegung im Bildungs- und Ausbildungsbereich (Schulen, Kinderbetreuungseinrichtungen, Hochschulen, Schullandheime, Jugendherbergen, Fort- und Weiterbildungsstätten),
- Anstaltsverpflegung (Krankenhäuser, Kur- und Erholungseinrichtungen, Behinderteneinrichtungen, Kinderheime, Altenheime, Mahlzeitendienste, Justizvollzugsanstalten, Bundeswehr),
- Betriebsverpflegung (Kantinen, Betriebsrestaurants).

Die klassische Definition von Gemeinschaftsverpflegung, dass eine Gruppe von Personen an einem gemeinsamen Ort zur gleichen Zeit eine gemeinsame Mahlzeit einnimmt, tritt in den Hintergrund. Denn im Zuge der Individualisierung werden auch in der Gemeinschaftsverpflegung die Leistungen an unterschiedlichen Orten, zu unterschiedlichen Zeiten und als unterschiedliche Menüs angeboten.

Gründe für die Inanspruchnahme von Gemeinschaftsverpflegungseinrichtungen sind meist Notwendigkeiten.

Anlässe des Vergnügens, Freizeit- und Erholungsgründe sowie berufliche Gründe führen meist zur Individualverpflegung.

Individualverpflegung findet nach Paulus (1988, S. 229) in Einrichtungen der Gastronomie statt, die der Allgemeinheit zugänglich sind und die auf Gewinnbasis arbeiten. Die Individualität erstreckt sich auf die Art der Speisen und auf den Zeitpunkt der Mahlzeiteneinnahme. Dies ist beispielsweise dann gegeben, wenn eine kleinere Personengruppe gemeinsam in ein Restaurant geht und dort individuelle Speisen à la carte bestellt. Diese Speisen werden dann in der Küche individuell auf Bestellung zubereitet. Meistens ist es in der Individualverpflegung so, dass das Speisenangebot über einen längeren Zeitraum gleich bleibt. Der Tischgast kann also eine bestimmte Speise an jedem beliebigen Tag ordern.

Zwischenformen sind solche Verpflegungssituationen, die sowohl Merkmale der Individualverpflegung als auch der Gemeinschaftsverpflegung zeigen:

- Betriebskantinen, in denen während einer relativ langen Öffnungszeit täglich eine breite Auswahl von Menülinien angeboten wird und manchmal einzelne Speisen in Form von Front Cooking auf individuelle Bestellung eines einzelnen Kunden zubereitet werden. Bober (2001) nennt Betriebskantinen konsequent Betriebsrestaurants. Die gesamte Gemeinschaftsverpflegungsbranche nennt er Gemeinschaftsgastronomie, um die Nähe zur Individualverpflegung hervorzuheben.
- Andererseits gibt es Formen der Individualverpflegung, die gar nicht so individuell sind. Bei der Flugverpflegung ist es so, dass eine Gruppe von Personen zur gleichen Zeit eine gemeinsame Mahlzeit einnimmt. Dennoch bleibt der Speisenplan über einen längeren Zeitraum gleich: auf einer bestimmten Fluglinie wird täglich das gleiche Menü angeboten. Auch die Verpflegung in einem Franchise-Restaurant ist nicht besonders individuell, da eigentlich jeder Gast nahezu das gleiche isst.

Das vorliegende Buch beschränkt sich auf das Management in Gemeinschaftsverpflegungsbetrieben.

1.4 Formen der Gemeinschaftsverpflegung

Paulus (1988, S. 230) unterscheidet drei Gruppen von Gemeinschaftsverpflegungseinrichtungen. Die erste Gruppe sind die Einrichtungen, die eine **Verpflegung im Bildungs- und Ausbildungsbereich** anbieten. Diese Verpflegung unterscheidet sich in der Dauer der Inanspruchnahme. In Kindertagesstätten, Schulen und Hochschulen wird die Verpflegung meist über einen Zeitraum von mehreren Jahren regelmäßig in Anspruch genommen. In Schullandheimen, Jugendherbergen oder in Fort- und Weiterbildungseinrichtungen wird die Verpflegungseinrichtung von einer Person meist nur über einige Tage oder Wochen in Anspruch genommen.

Die Anstaltsverpflegung (besser: **Verpflegung in sozialen Einrichtungen**) ist dadurch charakterisiert, dass es sich zumeist um eine Vollverpflegung handelt und die Inanspruchnahme der Verpflegungseinrichtung sich aus dem Aufenthalt in der Einrichtung ableitet. Der Aufenthalt in dieser Einrichtung ist entweder langfristig (Altenhilfeeinrichtung, Kinderheim, Behinderteneinrichtung, Bundeswehr, Justizvollzugsanstalt) über mehrere Jahre oder nur über einen überschaubaren Zeitraum von einigen Tagen oder Wochen wie in Krankenhäusern oder Kureinrichtungen.

Bei einem Mahlzeitendienst wird eine Teilverpflegung (meist das Mittagessen) in die Wohnung des Verpflegungsteilnehmers gebracht. In diesem Fall ist die Inanspruchnahme der Verpflegung freiwillig. Da solche *Essen auf Rädern* meist in sozialen Einrichtungen hergestellt werden, werden sie systematisch der Anstaltsverpflegung zugeordnet.

Die dritte Gruppe der Gemeinschaftsverpflegung ist die **Betriebsverpflegung**, die in Kantinen oder Betriebsrestaurants stattfindet. In der Betriebsverpflegung ist die Teilnahme an der Verpflegung zumeist freiwillig.

1.5 Nutzer der Gemeinschaftsverpflegung

Gemeinschaftsverpflegungseinrichtungen sind nur einem bestimmten Personenkreis zugänglich, da die Erstellung der Leistungen zumeist direkt (z. B. Zuschuss in Euro pro Gast) oder indirekt (z. B. zur Verfügung stellen der Räume) subventioniert ist.

Klassischerweise handelt es sich bei diesem Personenkreis um **Hilfsbedürftige** wie Obdachlose, Patientinnen und Patienten eines Krankenhauses, Bewohnerinnen und Bewohner von Altenhilfeeinrichtungen, pflegebedürftige Bezieher von *Essen auf Rädern*, Behinderte oder Inhaftierte.

Für diesen Personenkreis wird die Verpflegungsdienstleistung aus dem Wohlfahrtsgedanken heraus erbracht.

Eine andere Gruppe von Nutzern sind solche, die zwar nicht hilfsbedürftig sind, die aber dennoch unterstützt werden sollen (**Unterstützungswürdige**), beispielsweise Arbeitnehmer/-innen bei der Nutzung der Betriebskantine, Soldaten bei der Nutzung der Truppenverpflegung, Kindergarten- oder Schulkinder bei der Nutzung von Kindergarten- oder Schulverpflegung, Studierende bei der Nutzung von Mensen, jugendliche Reisende bei der Nutzung von Jugendherbergen.

Bei der Entscheidung darüber, wer unterstützungswürdig ist, handelt es sich um eine politische Entscheidung, die der Gesetzgeber oder der Träger der Einrichtung trifft.

In den letzten Jahren zeichnet sich eine Tendenz ab, die Subventionierung von Gemeinschaftsverpflegungseinrichtungen zu reduzieren. Häufig werden nur noch die Kosten für die Bereitstellung von Räumen und ggf. auch Geräten subventioniert. Alle anderen Kosten muss der Verpflegungsteilnehmer meist selbst übernehmen. In Pflegeheimen beispielsweise müssen die Bewohnerinnen und Bewohner die Kosten für Unterkunft und Verpflegung selbst tragen. Lediglich die Kosten für die Küche und die darin befindlichen Geräte (sogenannte Investitionskosten) werden zumeist noch von der öffentlichen Hand gefördert.

Gemeinschaftsverpflegungseinrichtungen geben ihre Leistungen i. d. R. nur an die genannten Gruppen Hilfsbedürftiger oder Unterstützungswürdiger ab. Das ist ein wesentlicher Unterschied zu der Individualverpflegung, die ihre Leistungen meist an jeden Nutzer abgibt, der sie bezahlen kann. In begrenztem Umfang gibt die Gemeinschaftsverpflegung ihre Leistungen auch an andere Nutzer, sogenannte Fremdesser ab. Das geschieht jedoch nur, um die Möglichkeit der Verpflegung der Hilfsbedürftigen oder Unterstützungswürdigen durch die Erwirtschaftung von Deckungsbeiträgen zu sichern. Die ausschließliche Versorgung dieser Nutzergruppe ist nie Ziel einer Gemeinschaftsverpflegungseinrichtung.

Die Nutzer der Gemeinschaftsverpflegungseinrichtung sind hinsichtlich der **Freiwilligkeit der Inanspruchnahme** zu differenzieren in Unfreiwillige (Captive Consumer) und Freiwillige (Non-Captive Consumer; Daily Commuter) (vgl. Abb. 1.3).

Abb. 1.3
Arten von Nutzern in Gemeinschafts-verpflegungs-einrichtungen

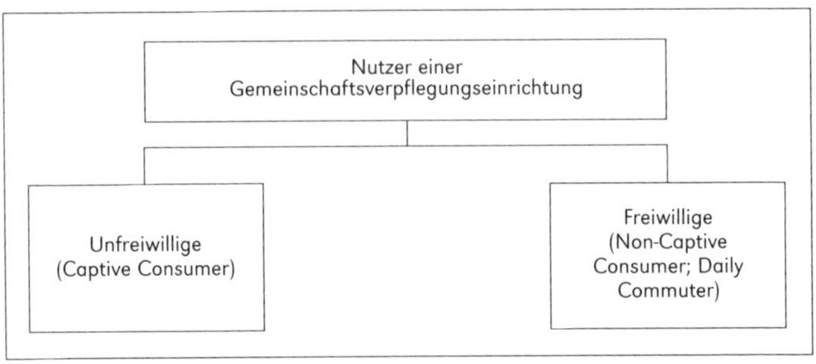

Der Begriff **Captive Consumer** kommt aus dem Englischen und meint einen Gefangenen, der keine andere Wahl hat, als die Verpflegungsdienstleistung in Anspruch zu nehmen. Am stärksten ist diese Unfreiwilligkeit bei Inhaftierten, die der Verpflegung lediglich durch Hungerstreik entkommen können. In abgeschwächter Form trifft diese Unfreiwilligkeit bei Bewohnerinnen und Bewohnern von Behinderteneinrichtungen, psychiatrischen Einrichtungen und Altenpflegeheimen, Kinderheimen, Internaten, Krankenhäusern oder Rehabilitationskliniken zu. Solche Kundinnen und Kunden sind tendenziell schwerer zufriedenzustellen, da die Unfreiwilligkeit als unangenehm empfunden wird. Dies gilt vor allem dann, wenn keine Auswahlmenüs angeboten werden. Die fehlende Ausweichmöglichkeit kann von der Kundin bzw. dem Kunden subjektiv auch als Abhängigkeit empfunden werden. Das kann z. B. in Behinderteneinrichtungen oder in Altenpflegeheimen dazu führen, dass die Bewohnerinnen und Bewohner sich nicht trauen, sich zu beschweren. Auch bei Nachfragen über die Zufriedenheit wird möglicherweise positiver geantwortet, um vermeintlich das Wohlwollen der Betreuenden nicht zu verspielen. Daraus ergibt sich, dass von Captive Consumern ein Feedback über die Zufriedenheit mit der Leistung nur sehr schwer zu bekommen ist. Da auch die Anzahl der Gäste bei verminderter Qualität gleich bleibt, besteht die Gefahr, dass Unzufriedenheit bei den Gästen gar nicht wahrgenommen wird. Qualitätsmanagement ist in solchen Einrichtungen besonders wichtig und auch schwierig.

Gäste, die frei über die Inanspruchnahme der Verpflegungseinrichtung entscheiden können, werden **Non-Captive Consumer** oder Daily Commuter (Pendler) genannt. Sie kommen aus freiem Entschluss in die Einrichtung und signalisieren mit ihrem Besuch ein Mindestmaß an Zufriedenheit mit der Leistung. Die Planung der Verpflegungsteilnehmerzahlen ist in solchen Einrichtungen schwieriger als in Einrichtungen mit Captive Consumern.

1.6 Umfang und Dauer der Versorgung

In einer Gemeinschaftsverpflegungseinrichtung wird je nach **Umfang** entweder Vollverpflegung oder Teilverpflegung angeboten. Vollverpflegung umfasst alle Mahlzeiten eines Tages. Der Verpflegungsteilnehmer isst ausschließlich das, was ihm die Einrichtung anbietet. Die Möglichkeit der persönlichen Ergänzung ist gar nicht oder nur in begrenztem Umfang gegeben durch Speisen und Lebensmittel, die der Verpflegungsteilnehmer in einem Kiosk zukauft oder sich von Verwandten oder Bekannten mitbringen lässt.

Teilverpflegung umfasst meistens nur das Mittagessen, das etwa ein Drittel der Energiezufuhr eines Tages ausmachen sollte (vgl. Kapitel 2.2.3.1 Ernährungsphysiologische Anforderungen).

Die **Dauer der Inanspruchnahme** hat Auswirkungen auf die geforderte Abwechslung.

Bei Einrichtungen, die nur einmalig in Anspruch genommen werden, ist keine Abwechslung notwendig. Das wird am Beispiel Flugverpflegung deutlich. Dort gibt es über einen längeren Zeitraum bei einem bestimmten Auslandsflug immer die gleichen Speisen.

Krankenhäuser haben eine durchschnittliche Verweildauer im Krankenhaus von 8,6 Tagen (Statistisches Bundesamt 2007a, S.14). Hier kann sich der Speisenplan alle 14 Tage wiederholen. Eine Ausnahme bilden psychiatrische Krankenhäuser, in denen wesentlich längere Verweildauern vorkommen.

Die Betriebsverpflegung oder Studentenverpflegung hat etwa 245 Verpflegungstage pro Jahr (das sind die Betriebstage eines Betriebs ohne Schichtarbeit). Hier hat der Verpflegungsteilnehmer in der Regel noch am Wochenende die Möglichkeit, sich anders zu verpflegen.

Am schwierigsten sind solche Verpflegungssituationen, in denen die Verpflegungsteilnehmer 365 Tage im Jahr auf die Einrichtung angewiesen sind: Justizvollzugsanstalten, Altenpflegeeinrichtungen, Behinderteneinrichtungen, Kinderheime, psychiatrische Langzeitkrankenhäuser. Hier sind die Anforderungen an die Abwechslung am größten.

1.7 Zielorientierung des Betriebs

Betriebe können entweder wohlfahrtsorientiert oder gewinnorientiert ausgerichtet sein. Entsprechend ist das Management dieser Betriebe unterschiedlich.

Ein **wohlfahrtsorientierter Betrieb** misst seinen Erfolg an der Bedarfsdeckung der bedürftigen (oder unterstützungswürdigen) Menschen, für deren Unterstützung er gegründet wurde. Der Betrieb ist dann erfolgreich, wenn es gelungen ist, den Bedarf zu decken. Wirtschaftlichkeit definiert der wohlfahrtsorientierte Betrieb in der Regel als Minimierung der Kosten, während die Art der zu erbringenden Leistung fix bleibt. Träger von wohlfahrtsorientierten Betrieben sind Gebietskörperschaften (Kommunen, Landkreise, Länder, der Bund) oder Organisationen ohne Erwerbszweck (z. B. Verbände der freien Wohlfahrtspflege). Es können öffentlich-rechtliche (z. B. Körperschaft öffentlichen Rechts, Anstalt öffentlichen Rechts) oder privatrechtliche (GmbH, Verein, AG, Stiftung) Rechtsformen angewandt werden. Die Preise in wohlfahrtsorientierten Betrieben werden zumeist kostendeckend gestaltet. Falls der Betrieb (direkt oder indirekt) subventioniert wird, sind auch Preise möglich, die unter den Kosten liegen.

Erschwerend ist bei vielen öffentlichen Betrieben zu berücksichtigen, dass hier aufgrund der Tarifbindung an den öffentlichen Tarif relativ hohe Personalkosten entstehen. Viele Betriebe versuchen, die Tarifbindung durch Auslagerung der Prozesse an Fremdbetriebe zu umgehen (vgl. Kapitel 4).

In einem **gewinnorientierten Betrieb** ist das Management anders. Das Erfolgsziel eines gewinnorientierten Betriebs ist natürlich der Gewinn. Der Betrieb ist dann erfolgreich, wenn es (kurzfristig, mittelfristig oder langfristig) möglich ist, Gewinne zu erwirtschaften. Träger von gewinnorientierten Betrieben sind Einzelunternehmungen in privatrechtlicher Rechtsform.

Die Preise berücksichtigen in einem gewinnorientierten Betrieb neben den Kosten auch noch einen Gewinnzuschlag.

Für das Personal gilt hier nicht die Bindung an den öffentlichen Tarif. Es kann der Tarifverband der übergeordneten Institution (z. B. IG Metall für Betriebskantinen in der metallverarbeitenden Industrie) oder der Tarifverband *Nahrung – Genuss – Gaststätten* relevant sein. In manchen rechtlichen Konstellationen ist es auch möglich, einen sogenannten *Haustarif* anzuwenden, der vom Flächentarifvertrag des entsprechenden Tarifverbandes abweicht.

Der Unterschied zwischen wohlfahrtsorientierten und gewinnorientierten Betrieben wird am deutlichsten, wenn es um die Motivation für die Gründung oder den Beibehalt eines Betriebs geht. Während der wohlfahrtorientierte Träger auch solche Betriebe beibehält, mit denen langfristig keine Gewinne zu erzielen sind (z. B. eine Suppenküche für Obdachlose), wird der gewinnorientierte Unternehmer sich aus solchen Geschäftsfeldern zurückziehen.

Die Differenzierung von wohlfahrtsorientierten und gewinnorientierten Betrieben ist in der Literatur nicht unumstritten. Manche Autoren bezeichnen diese Unterscheidung als nicht mehr zeitgemäß, da doch jeder Betrieb die Bedarfe seiner Kunden decken und somit die Kunden zufrieden stellen muss. Allerdings ist die Motivation unterschiedlich. Ein wohlfahrtsorientierter Betrieb deckt die Bedarfe aufgrund einer übergeordneten Ideologie bzw. wegen eines Wohlfahrtsauftrags. Ein gewinnorientierter Betrieb stellt die Kunden zufrieden, damit sie wiederkommen.

1.8 Charakterisierung des Gemeinschaftsverpflegungsmarktes

Der Gemeinschaftsverpflegungsmarkt in Deutschland kann nach den Betreibern und nach den Bewirtschaftern charakterisiert werden.

Bei jeder Betrachtungsweise besteht die Problematik, dass es keine umfassende Statistik über die Gemeinschaftsverpflegungsbetriebe in Deutschland gibt. Die Informationen können nur bruchstückhaft aus Sekundärstatistiken zusammengetragen werden, wobei unterschiedliche Bezugszeitpunkte, unterschiedliche Mengenbezüge und unterschiedliche Definitionen die Zusammenführung der Statistik erschweren. Schätzungen überwiegen in der Statistik. Heinrichsdobler (2003, S. 3) schätzt die Anzahl der täglich in Großküchen (Gemeinschaftsverpflegung und Individualverpflegung) verpflegten Personen auf 23 Mio. Alle folgenden Statistiken beziehen sich ausschließlich auf die Gemeinschaftsverpflegung.

1.8.1 Marktsegmente nach Betreibern

Betreiber sind jene Institutionen, in denen Menschen verpflegt werden. Abbildung 1.4 zeigt die Struktur der Gemeinschaftsverpflegung nach Betreibern in Anlehnung an die Klassifikation von Paulus (1988, S. 230). Die größte Anzahl der Betriebe

Art des Betreibers	**Anzahl der**	
	Einrichtungen	**Plätze u. VT**[1]
Bildungs- und Ausbildungsbereich		
Tageseinrichtungen für Kinder[2]	48.017	2.550.399
Ganztagsschulen[3]	8.226	1.302.921
Jugendherbergen[4]	544	74.569
Mensen[5]	708	198.955
Soziale Einrichtungen		
Krankenhäuser[6]	2.100	511.000
Vorsorge- oder Rehabilitationseinrichtungen[7]	1.270	174.479
Stationäre Behinderteneinrichtungen[8]	5.947	185.566
Pflegeheime[9]	9.743	713.195
Stationäre Einrichtungen der Familienhilfe[10]	860	34.653
Kinderheime[11]	1.349	22.154
Justizvollzugsanstalten[12]	199	79.687
Essen auf Rädern[13]	k.A.	k.A.
Betriebsverpflegung		
Betriebsverpflegung[14]	10.997	6.100.000

1 *VT = Verpflegungsteilnehmer*
2 *Tageseinrichtungen für Kinder bis zum Schuleintritt; Anzahl der Einrichtungen: Stand 2002; Quelle: Statistisches Bundesamt 2004, S. 6, Anzahl der Plätze: Stand 31.12.2002; Quelle: Forschungsverbund DJI/Universität Dortmund (2005, S. 112, 128). Unklar ist, in welchem Anteil der Einrichtungen eine Verpflegung angeboten wird.*
3 *Stand: 2005; Quelle: Sekretariat der Ständigen Konferenz der Kultusminister der Länder in der Bundesrepublik Deutschland: (2007, S. 10 und S. 1*)*
4 *Stand: 2006; Quelle: Deutsches Jugendherbergswerk (o. J., S. 24)*
5 *Stand: 2005, Quelle: Deutsches Studentenwerk (2006, S. 35); als Anzahl ist die Anzahl der Tischplätze angegeben; Mehrfachnutzungen der Plätze sind möglich.*
6 *Stand: 2006; Quelle: Statistisches Bundesamt (2007b)*
7 *Stand: 2005; Quelle: Statistisches Bundesamt (2007c)*
8 *Stationäre Einrichtungen für psychisch Kranke und Menschen mit Behinderung. Stand: 31.12.2004; Quelle: Bundesarbeitsgemeinschaft der Freien Wohlfahrtspflege (2006, S. 43)*
9 *Stand: 15.12.2003 (zugelassene Pflegeheime) Quelle: Statistisches Bundesamt (2006, S. 207)*
10 *Stand: 2004; Quelle: Bundesarbeitsgemeinschaft der Freien Wohlfahrtspflege (2006, S. 35)*
11 *Einrichtungen zur stationären Heimerziehung von Kindern und Jugendlichen. Anzahl der Einrichtungen: Quelle: Statistisches Bundesamt (2004, S. 6); Anzahl der Plätze: Stand: 2004; Quelle: Statistisches Bundesamt (2006, S. 217)*
12 *Stand: 30.11.2005: Quelle: Statistisches Bundesamt (2007d)*
13 *zu Essen auf Rädern ist keine Statistik verfügbar*
14 *Anzahl der Betriebe: Quelle: Vazari (2004 S. 24); Anzahl der Essenteilnehmer: Quelle: Sattler, (2007 S. 12)*

Abb. 1.4 Marktsegmente der Gemeinschaftsverpflegung nach Betreibern (Zusammenstellung in Anlehnung an Pfau 2004)

liegt bei den Tageseinrichtungen für Kinder (Kinderkrippen, Kindergärten, Horte) vor. Es ist jedoch nicht statistisch erfasst, in wie vielen dieser Einrichtungen auch eine Verpflegungsdienstleistung angeboten wird. Bei den stationären Einrichtungen sind es die Krankenhäuser und Pflegeheime, die täglich die meisten Essen produzieren. Für *Essen auf Rädern* ist keine Statistik bekannt.

Die Betriebsverpflegung stellt wahrscheinlich das größte Marktsegment dar. Die Anzahl der Betriebe bezieht sich nur auf solche Betriebe, die mindestens 100 Beschäftigte haben.

1.8.2 Marktsegmente nach Bewirtschaftern

Bewirtschafter sind jene Betriebe, die die Verpflegungsdienstleistungen erstellen. Dies kann der Betreiber selbst sein (Eigenbewirtschaftung), oder die Bewirtschaftung ist an ein anderes Unternehmen fremdvergeben (Fremdbewirtschaftung). Über die eigenbewirtschafteten Betriebe gab es lange Zeit gar keine Statistik. Erstmals im Jahr 2006 führte das Redaktionsteam der Zeitschrift *gv-praxis* eine Umfrage bei 13 großen eigenregiegeführten (einschließlich Rechtsform GmbH) Verpflegungsbetrieben durch, die weder vollständig noch repräsentativ ist. Diese 13 Betriebe verköstigen an 224 Standorten täglich ca. 200.000 Verpflegungsteilnehmer (Schmid/Petry 2006).

Über die fremdbewirtschafteten Betriebe erarbeitet das Redaktionsteam der Zeitschrift *gv-praxis* seit vielen Jahren jährlich eine Marktanalyse (Kabel/Schmid 2007). Es handelt sich jedoch nicht um eine statistische Vollerhebung, sondern um Selbstauskünfte der vom Redaktionsteam angeschriebenen Unternehmen (für einige Unternehmen wurden die Daten geschätzt). Das Redaktionsteam geht davon aus, dass dies die 45 größten Unternehmen auf dem deutschen Markt sind.

Marktführer (die fünf Unternehmen mit dem meisten Umsatz) sind nach dieser Analyse die Firmen *Compass Group Deutschland GmbH, Aramark Holdings GmbH & Co. KG, Dussmann AG & Co KGaA, Sodexho Catering & Services GmbH* sowie die *Schubert Unternehmensgruppe*.

Als *neue Märkte* werden die Sparten Eventcatering, Stadiongastronomie, Automatenservice sowie Messehallenbewirtschaftung bezeichnet.

Die Anzahl der Verpflegungsteilnehmer wird in dieser Marktanalyse nicht ausgewiesen. Der Gesamtumsatz der 45 befragten Unternehmen lag im Jahr 2006 bei 2,987 Mrd. € (Kabel/Schmid 2007). Das könnten bei einem Durchschnittsbon von 3 € etwa 4 Mio. Verpflegungsteilnehmer pro Tag sein (eigene Schätzung).

Abbildung 1.5 zeigt die Anzahl der Verträge (also der bewirtschafteten Betriebe) und die Umsätze der 45 größten Cateringunternehmen Deutschlands. Ein Vergleich mit Abbildung 1.4 zeigt große Unterschiede. Während Abbildung 1.4 alle Gemeinschaftsverpflegungseinrichtungen ausweist, zeigt Abbildung 1.5 nur die von den 45 größten Cateringunternehmen bewirtschafteten Gemeinschaftsverpflegungsbetriebe.

Marktsegment	Anzahl Verträge	Umsatz in Mio. €
Betriebsverpflegung	3.119	1.521,0
Kliniken/Krankenhäuser	818	705,9
Seniorenheime	881	421,0
Schulen/Mensen/Kindertageseinrichtungen	787	127,3
neue Märkte	180	211,8
Summe	5.785	2.987,0

Abb. 1.5 Anzahl der Verträge sowie Umsatz 2006 der 45 größten Cateringunternehmen Deutschlands (nach Kabel/Schmid 2007)

1.9 Begriffsklärung

Die im Folgenden erläuterten Begriffe werden teilweise in der Umgangssprache anders verwendet als in der Fachsprache. Aus diesem Grund erfolgt hier eine Definition. Abbildung 1.6 stellt die Definitionen anhand eines Beispiels grafisch dar.

Lebensmittel sind nach Lebensmittel-, Bedarfsgegenstände- und Futtermittelgesetzbuch LFBG sowie EU-Verordnung 178/2002 *alle Stoffe oder Erzeugnisse, die dazu bestimmt sind [...], dass sie in verarbeitetem oder unverarbeitetem Zustand von Menschen aufgenommen werden.*

Speisen sind in Anlehnung an DGH (1992, S. 44) verzehrfertige rohe, gegarte oder anders zubereitete Lebensmittel oder Kombinationen von Lebensmitteln.

Ein **Rezept** ist nach DGH (1992, S. 66) eine Anleitung, nach der Lebensmittel zu Speisen für den menschlichen Verzehr zubereitet werden. Es besteht aus:

a) der Aufzählung der Zutaten nach Art und Menge,
b) einer Arbeitsanweisung für das Vorbereiten, Garen und Aufbereiten,
c) den Merkmalen für die Bewertung des Ergebnisses.

Ein **Gericht** ist nach DGH (1992, S. 44) eine Zusammenstellung verschiedenartiger, sich ergänzender Speisen in getrennter oder gemischter Form. Die Speisen eines Gerichts werden üblicherweise gleichzeitig verzehrt (z. B. Leberragout mit Kartoffelpüree). Es kann sich um Vorgericht (umgangssprachlich: Vorspeise), Hauptgericht oder Nachgericht (umgangssprachlich: Nachspeise) handeln.

Ein **Menü** ist in Anlehnung an DGH (1992, S. 44) eine Kombination mehrerer Speisen und/oder Gerichte, die in einer aufeinander abgestimmten Reihenfolge (z. B. in der Reihenfolge Vorgericht – Hauptgericht – Nachgericht) verzehrt werden. Beispiele für Menüs sind Frühstücks-, Vormittags-, Mittags-, Nachmittags-, Vesper-, Abend- und Spätmenü.

Eine **Mahlzeit** ist in Anlehnung an Karg (1985, S. 20) die Zeit, zu der ein Mahl eingenommen wird. Beispiele für Mahlzeiten sind Frühstücks-, Vormittags-, Mittags-, Nachmittags-, Vesper-, Abend- sowie Spätmahlzeit.

Ein **Speisenplan** ist eine Zusammenstellung der Menüs, Gerichte und Speisen, die zu den Mahlzeiten angeboten werden. Es gibt Tages-, Wochen- und Mehrwochenpläne. Der Speisenplan einer Gemeinschaftsverpflegungseinrichtung unterscheidet sich von einer Speisenkarte eines Restaurants. Auf einer **Speisenkarte** wird das Angebot ohne zeitlichen Bezug dargestellt, denn jede Speise der Speisenkarte wird an jedem Tag angeboten.

Abb. 1.6 Begriffsdefinitionen in der Gemeinschaftsverpflegung

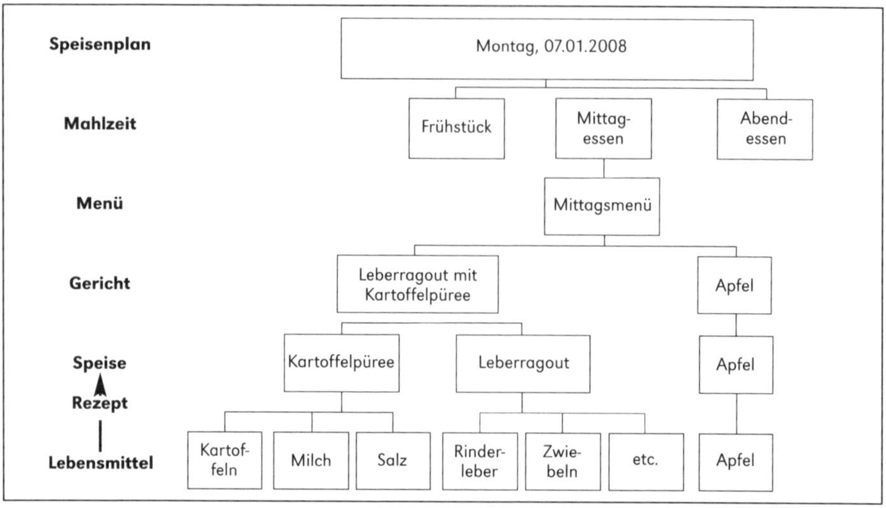

2 Ziele des Verpflegungsbetriebs

Autorinnen:
Margot Steinel
Annegret Reiprich

Was ist zu tun, um die Qualität der Verpflegungsleistung zu verbessern? Sicher bietet diese Frage ausreichend Diskussionsstoff, um mehrere Dienstberatungen zu füllen. Es gibt viele Aspekte und Antworten. Betriebe, die mit Zielen und Zielsystemen arbeiten und deren oberstes Ziel in einem Leitbild formuliert ist, finden oft schneller und effektiver eine Antwort oder Lösung.

- Ziele helfen planen:
  Zum Beispiel plant die Küchenleitung jeden Freitag Zeit ein, um an der Umsetzung des Qualitätsmanagementsystems zu arbeiten, denn diese Aufgabe ist in den Zielen festgeschrieben.
- Ziele helfen entscheiden:
  Stehen Alternativen zur Verfügung, wird die Möglichkeit gewählt, die dem vorgegebenen Ziel entspricht oder ihm am nächsten kommt. Die neue Küchenleiterin in einem Altenpflegeheim steht z. B. im Frühjahr vor der Aufgabe, eine *Aktionswoche* durchzuführen. Zur Wahl stehen eine *Italienische Woche* und eine *Erdbeer-Spargel-Woche*. Die Entscheidung fällt zu Gunsten der *Erdbeer-Spargel-Woche* aus, denn als Ziel ist formuliert, dass das Haus saisonale und traditionelle Kost bietet.
- Ziele helfen führen:
  In einer Mensa werden z. B. die Studierenden am Ende eines jeden Semesters gebeten, die Qualität der Verpflegungsdienstleistung zu bewerten. An der letzten Befragung nahmen nur 10 % der Studierenden teil. Davon waren nur 35 % mit der Qualität zufrieden. Ziel ist es nun, die Teilnahme an der nächsten Befragung zu erhöhen und die Zufriedenheit zu steigern. Alle Mitarbeiterinnen und Mitarbeiter der Mensa kennen das Ziel und wissen, worauf es in der täglichen Arbeit ankommt.
- Ziele helfen, sich selbst und andere einzuschätzen:
  Der Vergleich der erreichten Ziele mit den gesteckten Zielen hilft bei der eigenen Einschätzung sowie bei der Einschätzung von Mitarbeiterinnen und Mitarbeitern. Welche Ziele wurden erreicht, welche Ziele nicht und warum konnten diese nicht erfüllt werden? Daraus kann dann die

weitere Vorgehensweise (Veränderung der Strategie zum Erreichen der Ziele, Veränderung der Ziele usw.) abgeleitet werden. (vgl. Bottler 1982, S. 66 ff.)

Das Leitbild ist das oberste Ziel eines Betriebs. Die Aussagen, die im Leitbild getroffen werden, sind für den gesamten Betrieb, also für jeden Bereich, für jede Abteilung gültig. Aus diesem Grund sind sie sehr allgemein formuliert. Diese allgemeinen Aussagen des Leitbilds müssen für jeden Bereich einzeln in Form von Zielen konkreter formuliert werden.

Geht es beispielsweise in dem Leitbild einer Schule darum, dass sich die Schülerinnen und Schüler wohlfühlen sollen, dann sollte sich jeder Bereich, auch die Schulküche, folgende Fragen stellen: *Wie können wir das erreichen?* und *Was müssen wir dafür tun?* Daraus ergeben sich konkrete Ziele, z. B. *unser Geschirr ist farbenfroh, die Wände des Speiseraums werden mit Bildern geschmückt, dabei werden Alter und Interessen unserer Gäste (Schülerinnen und Schüler) berücksichtigt ....*

In einem anderen Beispiel steht die Küchenleitung einer Pflegeeinrichtung vor der Frage, ob das leicht angeschlagene Geschirr weiterhin benutzt werden kann oder auszutauschen ist. In den Zielen des Verpflegungsbetriebs ist zu finden, dass *das Geschirr frei von schadhaften Stellen ist*. Mit diesem Ziel wird ein kleiner Teil der Aussage aus dem Leitbild, ... *die Würde des Menschen liegt uns am Herzen* ... beschrieben.

2.1 Leitbild – das oberste Ziel

Das Leitbild beschreibt die obersten Ziele des Trägers (Trägerleitbild) oder der Einrichtung (Einrichtungsleitbild). In einigen Einrichtungen spricht man synonym anstelle von Leitbild auch von Leitsätzen.

Mit dem Leitbild wird eine gemeinsame Wertvorstellung niedergeschrieben. Leitbilder sind nicht etwas von und für die Chefetage. Leitbilder sind von und für alle Mitarbeiterinnen und Mitarbeiter und sollten entsprechend *gelebt* werden.

Idealerweise sollten sich ausgewählte Mitarbeiterinnen und Mitarbeiter aus jedem Bereich zusammenfinden und das Leitbild formulieren. Die Leitung sollte dabei nicht federführend, jedoch richtungsweisend sein.

In einem Leitbild werden beispielsweise Fragen nach der Identität, der Herkunft, den angebotenen Leistungen und der großen gemeinsamen Aufgabe einer Einrichtung beantwortet.

Diese Aussagen stärken nicht nur das Selbstbewusstsein eines Unternehmens auf dem Markt gegenüber den Kundinnen und Kunden sowie Mitwettbewerbern, sondern unterstreichen die Wichtigkeit jeder im Unternehmen tätigen Person, unabhängig davon, welche Stellung sie hat und welche Aufgabe sie erfüllt. Mit dem Leitbild können festgelegte Wege konsequent verfolgt werden, die auf die Erfüllung der Ziele gerichtet sind. Die Einrichtung hat dadurch die Möglichkeit, geschlossen und harmonisch zusammenzuarbeiten.

Das Leitbild (Abb. 2.1) ist ein Trägerleitbild der Diakonie Riesa-Großenhain gGmbH, auf dessen Grundlage jede Einrichtung dieses Trägers Einrichtungsleitbilder entwickeln kann.

In Abbildung 2.2 ist ein Leitbild eines diakonischen Altenpflegeheims dargestellt, das auf Grundlage des Trägerleitbilds (vgl. Abbildung 2.1) entwickelt worden ist. Die hervorgehobenen Anfangsbuchstaben der Absätze im Leitbild ergeben den Leitsatz: *DIENEND in Verantwortung, damit Leben gelingt.* Solche oder ähnliche gestalterische Mittel können eingesetzt werden, um die Kernaussagen des Leitbilds zu unterstreichen.

Nur die Existenz eines Leitbilds allein genügt nicht, um die Qualität der angebotenen Leistungen zu steigern und damit die Stellung der Einrichtung am Markt zu verbessern. Das Leitbild muss vielmehr bestimmte Anforderungen erfüllen, um zu sichtbaren Erfolgen zu führen. Es ist wenig sinnvoll, ein Leitbild zu entwickeln, welches der Realität fern ist, weil irreale Wunschvorstellungen und Schönfärberei die Leitbilderstellung stark beeinflusst haben. Das Leitbild muss so formuliert werden, dass die Einrichtung in ihrer Weiterentwicklung nicht eingeengt wird und nicht an Flexibilität verliert.

Häufig erstellt ein Betrieb nicht ausschließlich Verpflegungsdienstleistungen. Zum Beispiel werden an einer Hochschule hauptsächlich Bildungsleistungen erbracht, die Mensa ist jedoch ein Teil der Hochschule, auch wenn der Träger das Studentenwerk ist. Die Mensa sollte sich im Leitbild der Hochschule wiederfinden. Die Küche in einer stationären Pflege - einrichtung ist neben Pflege ein wichtiger Bereich des Hauses und sollte sich aus diesem Grund auch mit dem Leitbild identifizieren. Diese zwei Beispiele zeigen, dass es häufig kein

Unser Leitbild

Wir orientieren uns an den Grundwerten, die in der Bibel stehen.
Das heißt für uns:

- Wir orientieren uns an den Erfahrungen, die Menschen aus ihrem Vertrauen in Gott in ihrem Lebensalltag machten und machen.
- Wir orientieren unser Handeln an christlichen Grundwerten und Erfahrungen.
- Wir widmen dem Menschen unsere Aufmerksamkeit.
- Wir streben nach Glaubwürdigkeit in Wort und Tat.

Wir achten die Würde jedes Menschen.
Das heißt für uns:

- Wir nehmen jeden Menschen, unabhängig von seiner Glaubenszugehörigkeit, von seinem Alter und Geschlecht sowie von seinem Rang und Namen, vorbehaltlos an.
- Wir akzeptieren, dass jeder Mensch aus seinen Erfahrungen heraus weiß, was er will und was er braucht.

Wir leisten Hilfe zur Selbsthilfe. Wir verschaffen uns und anderen Gehör.
Das heißt für uns:

- Wir bestärken und unterstützen Menschen, ein selbstverantwortetes Leben zu führen.
- Wir sind bestrebt, Ausgrenzungen jeder Art zu verhindern.

Wir begegnen neuen Herausforderungen kreativ und innovativ.
Das heißt für uns:

- Wir nehmen die diakonische Tradition bewusst als eine lebendige wahr und führen diese durch unser Tun fort.
- Wir sind offen für Neues und Anderes.

Wir sind eine Dienstgemeinschaft von Frauen und Männern.
Das heißt für uns:

- Wir haben gemeinsame Ziele und unterstützen einander.
- Haupt- und ehrenamtliche Mitarbeiter verfolgen gemeinsame Absichten in ihren unterschiedlichen Tätigkeitsfeldern.
- Wir lassen unterschiedliche Meinungen zu, bearbeiten Konflikte ehrlich und respektvoll.

Wir setzen uns ein für das Leben in der einen Welt.
Das heißt für uns:

- Wir tun alles in unseren Möglichkeiten stehende, diese Welt zu bewahren und den Frieden zu erhalten.
- Wir sind mit all den anderen solidarisch, die dieses Anliegen unterstützen und verfolgen.
- Wir unterstützen Projekte, die dort helfen, wo Not herrscht.

In Verantwortung zu diesem Leitbild verstehen sich die Rechte und Pflichten eines jeden Mitarbeiters –

Damit Leben gelingt.

Abb. 2.1 Trägerleitbild der Diakonie Riesa-Großenhain gGmbH (o. J.)

Leitbild ausschließlich für den Verpflegungsbereich gibt. Erstellt ein Betrieb jedoch ausschließlich Verpflegungsdienstleistungen, z. B. eine bundesweite Cateringfirma, so wird selbstverständlich ein Leitbild entwickelt, das sich ausschließlich auf die Verpflegung bezieht. Wird beispielsweise ein

SeniorenHaus *Albert Schweitzer*

Unser Leitbild

Das SeniorenHaus *Albert Schweitzer* ist eine Einrichtung der Diakonie Riesa-Großenhain gemeinnützige GmbH.
Die Mitarbeiter des SeniorenHauses sind dem diakonischen Auftrag verpflichtet, gemäß den Worten von Jesus Christus:
Ein Beispiel habe ich euch gegeben, dass ihr tut, wie ich euch getan habe (Joh. 13, 15 aus *Die Fußwaschung*).

In unserer Einrichtung haben wir das Ziel, älteren Menschen ein neues eigenes Zuhause zu schaffen, in dem sie fürsorglich betreut werden und sich wohl fühlen können. Wir sind bestrebt, dass Selbständigkeit und Eigenverantwortung der BewohnerInnen wiedererlangt, erhalten und gefördert werden.

Entsprechend der christlichen Werte achten und bewahren wir die Würde und Einzigartigkeit des Menschen, besonders in der Zeit des Altwerdens, Krankseins oder Sterbens. Wir bieten Seelsorge und ermöglichen Begleitung durch Angehörige und Betreuer.

Neue Erkenntnisse und Leistungen der modernen Medizin bejahen wir, sofern diese dem Menschen dienen. Die uns anvertrauten Menschen pflegen wir fachgerecht, in dem wir uns dafür einsetzen, die Ursachen ihrer Pflegebedürftigkeit zu erkennen und diese nach Möglichkeit zu mindern.

Ein Anliegen ist es uns, den Anspruch auf qualitativ gute Arbeit, verbunden mit menschlicher Zuwendung, mit dem auf wirtschaftliche Betriebsführung zu vereinbaren. Dabei berücksichtigen wir die uns gegebenen und gebotenen Möglichkeiten.

Nach konstruktiver Zusammenarbeit streben wir mit Medizinern und Therapeuten, mit Kirchengemeinden, Wohlfahrtsverbänden und kommunalen Einrichtungen sowie Angehörigen und Betreuern.
Wir vertreten unsere Einrichtung in der Öffentlichkeit als Partner unserer BewohnerInnen.

Dienstgemeinschaft ist die Form unserer gemeinsamen Arbeit, in der jeder Mitverantwortung trägt und im Rahmen unseres Auftrages Eigeninitiative entwickelt. In der Arbeit miteinander sind wir offen und respektieren einander. Durch Aus-, Fort- und Weiterbildung sichern wir unsere Fachlichkeit.

In Verantwortung zu diesem Leitbild verstehen sich die Rechte und Pflichten eines jeden Mitarbeiters –

Damit Leben gelingt.

Abb. 2.2 Einrichtungsleitbild einer diakonischen Altenpflegeeinrichtung (Diakonie Riesa-Großenhain gGmbH SeniorenHaus „Albert Schweitzer" 2006)

Betriebsrestaurant durch eine Cateringfirma betrieben, so sollten sich die Leitbilder der Cateringfirma (Bewirtschafter) und des Betriebs, für die die Cateringfirma Leistungen erbringt (Betreiber), nicht widersprechen.

Insbesondere für reine Verpflegungsbetriebe, die ein eigenes verpflegungsspezifisches Leitbild erstellen, aber auch für Küchen, die Teil einer Einrichtung oder eines Betriebs sind (z. B. Altenheimküche, Betriebsrestaurant, Mensa, Schulküche usw.), sind im Folgenden einige Fragen aufgeführt, die bei der Erstellung eines Leitbildes unbedingt diskutiert werden sollten:

- Wer sind wir?
- Wo kommen wir her? – Was sind unsere Wurzeln?
- Was können wir?
- Wo liegt unsere Kompetenz?
- Was haben wir geleistet und was leisten wir heute?
- Welche Leistungen bieten wir an?
- Was sind unsere ideellen Ziele?
- Mit welchen Mitteln wollen wir diese Ziele erreichen?
- Worauf beruht unser Erfolg?
- Was unterscheidet uns von unseren Wettbewerbern?
- Welche Eigenschaften sollten wir beibehalten?
- Welche Eigenschaften sollten wir verändern?
- Welche Eigenschaften sollten wir neu entwickeln?
- Welche Kernaussagen sind in unseren Informationsmaterialen getroffen? Wie präsentiert sich unsere Einrichtung nach außen? (vgl. Büse 1995, S. 23).

2.2 Ziele

Beim Formulieren von Zielen sind folgende Dimensionen zu beachten.

- Welche Personen/Personengruppen beeinflussen das Ziel? (vgl. Kapitel 2.2.1 Anspruchsgruppen)
- Auf welche Teilleistung/Teilleistungen bezieht sich das Ziel? (vgl. 2.2.2 Teilleistungen)
- Auf welchen Aspekt bezieht sich das Ziel? (vgl. 2.2.3 Teilanforderungen)

2.2.1 Anspruchsgruppen

Nach Rho/Bottler (2002) sind für die Formulierung von Qualitätsanforderungen folgende Anspruchsgruppen zu unterscheiden. Da sind zunächst die Kundinnen und Kunden im engeren Sinn. Das sind jene Personen oder Organisationen, die ein Produkt empfangen. Als Kundinnen und Kunden im weiteren Sinn können solche Personen oder Organisationen verstanden werden, die zwar keine Produkte empfangen, aber dennoch ein Interesse daran haben, von welcher Beschaffenheit die erstellten Produkte sind oder welchen Erfolg der Betrieb erwirtschaftet. Diese beiden Gruppen zusammen bezeichnet man als Anspruchgruppen, Interessenträger oder Stakeholder.

Der Begriff Stakeholder (deutsch: Interessenvertreter) kommt aus der betriebswirtschaftlichen Literatur, wo sich in den letzten zehn Jahren ein Wandel vom sogenannten Shareholder-Value (Shareholder heißt: Aktionär) zum Stakeholder-Value vollzogen hat. Beides sind Methoden, mit denen der Wert eines Unternehmens gemessen wird. Mit dem Shareholder-Value wird ausschließlich der Wert aus der Sicht der Kapitalgeber (also vor allem der Aktionäre) betrachtet. Man hat inzwischen erkannt, dass diese rein kapitalorientierte Betrachtung zu einseitig ist. Das Stakeholder-Konzept geht davon aus, dass der Wert des Unternehmens daran gemessen werden kann, inwiefern es ihm gelingt, die Anforderungen der Anspruchsgruppen zu erfüllen. Das Stakeholder-Konzept ist eine Ergänzung zum Shareholder-Konzept. (vgl. Theuvsen 2001).

Abbildung 2.3 zeigt exemplarisch mögliche Anspruchsgruppen in einem Gemeinschaftsverpflegungsbetrieb.

Mögliche Anspruchsgruppen eines Gemeinschaftsverpflegungsbetriebs

- Träger/Betreiber
- Bewirtschafter
- Führungskräfte
- Mitarbeiterinnen und Mitarbeiter
- Verpflegungsteilnehmer
- Lieferanten
- Fremdkapitalgeber
- Gesetzgeber
- Wissenschaftlerinnen und Wissenschaftler
- Verbände
- Angehörige
- Aufsichtsbehörde
- Heimbeirat
- Sponsoren
- Gleichstellungsbeauftragte
- Gesellschaft
- Staat

Abb. 2.3 Mögliche Anspruchsgruppen eines Gemeinschaftsverpflegungsbetriebs (nach Rho/Bottler 2002)

Die Anspruchsgruppen an Gemeinschaftsverpflegungseinrichtungen lassen sich nach Rho/Bottler (2002) nach ihrem Machtpotenzial zur Durchsetzung ihrer Interessen und dem Willen zur Machtausübung differenzieren:

- Ein relativ geringes Machtpotenzial und gering ausgeprägten Willen zur Machtausübung haben Fachverbände, wissenschaftliche Gruppierungen, Sponsoren oder auch Angehörige von Verpflegungsteilnehmern.
- Stärker ausgeprägt ist der Wille zur Machtausübung bei Betriebsräten, dem Heimbeirat oder auch der Gleichstellungsbeauftragten.
- Über ein hohes Machtpotenzial verfügen der Gesetzgeber und die aufsichtsführenden Institutionen wie Lebensmittelüberwachung oder Heimaufsichtsbehörde.
- Als strategische Anspruchsgruppen sind solche zu betrachten, die zusätzlich zu einem hohen Machtpotenzial auch noch über einen ausgeprägten Willen zur Machtausübung verfügen. Das ist auf jeden Fall der Träger des Betriebs und das Betriebsmanagement. Dazu gehören auch die Mitarbeiterinnen und Mitarbeiter, die Verpflegungsteilnehmer, die Lieferanten und ggf. auch die Fremdkapitalgeber.

Im Folgenden werden die möglichen Interessen der einzelnen Anspruchsgruppen in Anlehnung an Rho/Bottler (2002) idealtypisch (und damit verkürzt) umrissen.

Der **Träger eines Gemeinschaftsverpflegungsbetriebs** ist zunächst an der Verwirklichung der im Leitbild festgelegten Ziele interessiert. Sofern es sich um einen wohlfahrtsorientierten Betrieb handelt (z. B. Einrichtungen der Verbände der freien Wohlfahrtspflege), liegt das Wohlfahrtsziel in seinem Interesse. Außerdem ist der Träger in der Regel am Erhalt des Betriebs interessiert, wozu wiederum die langfristige Erhaltung der Liquidität notwendig ist. Ein gewinnorientierter Träger ist in der Regel am Gewinn und an der Wertsteigerung seines Betriebs interessiert. In beiden Fällen spielt auch das Image des Betriebs eine wesentliche Rolle für den Träger.

Im Falle der Fremdvergabe kommt zum Betreiber noch eine weitere Interessengruppe, der **Bewirtschafter**, hinzu. Das ist jener Betrieb, der die Aktivitäten zur Erstellung der Verpflegungsdienstleistung in der Küche ausführt (im Falle der Eigenbewirtschaftung sind Betreiber und Bewirtschafter identisch). Dieser Betrieb ist ebenfalls an der Verwirklichung seiner Betriebsziele interessiert. Beispielsweise sind gewinnorientierte Caterer u. a. an der Erwirtschaftung eines Gewinns, am Erhalt des Bewirtschaftungsvertrags und an der Stabilisierung bzw. der Verbesserung des eigenen Images und der eigenen Marktposition interessiert.

Auch die **Führungskräfte** sind an dem Erreichen der Betriebsziele interessiert. Sie streben das vom Träger vorgegebene Wohlfahrtsziel, eine Zufriedenheit der Mitarbeiterinnen und Mitarbeiter und der Verpflegungsteilnehmer sowie die Bestandssicherung und die Konkurrenzfähigkeit des Betriebs an. Letztlich wollen die Führungskräfte natürlich den Erfolg ihrer Arbeit sehen.

Die **Mitarbeiterinnen und Mitarbeiter** arbeiten in dem Betrieb meistens deshalb, weil sie dafür bezahlt werden. Sie streben also eine adäquate Bezahlung sowie den Erhalt des eigenen Arbeitsplatzes an. Daneben spielen das Arbeitsergebnis, die Gerechtigkeit am Arbeitsplatz, das Betriebsklima sowie die Anerkennung ihrer Person und ihrer Leistungen eine wichtige Rolle. Außerdem wünschen sie sich die Vereinbarkeit von Beruf und Familie sowie die Einhaltung der vertraglichen Regelungen und die Möglichkeiten zur Weiterbildung sowie zu beruflichem Aufstieg.

Die **Verpflegungsteilnehmer** sind die Kundinnen und Kunden im engeren Sinn. Sie wünschen sich wohlschmeckende, gesunde und abwechslungsreiche Speisen zu niedrigen Preisen. Ihren individuellen Verzehrgewohnheiten und ihren zeitlichen Restriktionen soll möglichst entsprochen werden.

Die **Lieferanten** haben ein Interesse an langfristigem, verlässlichem Absatz zu (aus der Sicht des Lieferanten) günstigen Konditionen sowie an der Liquidität des Betriebs zur Zahlung der Rechnungen des Lieferanten.

Die **Fremdkapitalgeber** (die Shareholder) haben ein Interesse an Sicherheit und Verzinsung ihrer Kapitalanlage sowie am Zuwachs des Vermögens.

Der **Gesetzgeber** hat ein Interesse an der Einhaltung der Gesetze und Verordnungen (z. B. Hygienevorschriften, Arbeitsschutzvorschriften). Außerdem ist er als potenzieller Finanzgeber an der Finanzierbarkeit der Leistungen interessiert (z. B.

Unterkunft und Verpflegung von pflegebedürftigen Sozialhilfeempfängern in stationären Pflegeeinrichtungen).

Wissenschaftlerinnen und Wissenschaftler sind daran interessiert, dass ihre wissenschaftlichen Erkenntnisse (z. B. die Referenzwerte für die Nährstoffzufuhr) umgesetzt werden und dass sie bei der künftigen wissenschaftlichen Arbeit unterstützt werden (z. B. bei der Datenerhebung in Betrieben).

Verbände mit unmittelbaren Interessen an einem Gemeinschaftsverpflegungsbetrieb sind die Fachverbände, die Berufsverbände, die Arbeitnehmer- und Arbeitgeberverbände. Außerdem tragen auch die gesellschaftlichen Verbände wie Umweltverbände, Eine-Welt-, Familien-, Frauen- oder Behindertenverbände Anforderungen an die Gemeinschaftsverpflegungsbetriebe heran. Alle diese Verbände erwarten, dass der Gemeinschaftsverpflegungsbetrieb gesamtgesellschaftlich verantwortlich handelt (z. B. umweltfreundliche Produkte kauft, den gerechten Handel fördert usw.).

Die **Angehörigen** der Verpflegungsteilnehmer haben ebenfalls Anforderungen an den Gemeinschaftsverpflegungsbetrieb, sofern es sich um hilfsbedürftige Verpflegungsteilnehmer handelt. Sie erwarten vom Gemeinschaftsverpflegungsbetrieb Versorgungssicherheit, die Deckung der Bedarfe der Verpflegungsteilnehmer und eine Leistungsgerechtigkeit der Entgelte. Außerdem wünschen sie sich Zufriedenheit bei den Verpflegungsteilnehmern und Entlastung von ihren eigenen Versorgungsaufgaben.

Die **Aufsichtsbehörden** sind an einer reibungslosen Zusammenarbeit und an der Sicherstellung des eigenen Ansehens interessiert.

Die **Sponsoren** wollen vor allem das eigene Prestige und ihren Bekanntheitsgrad erhöhen.

Die **Gleichstellungsbeauftragte** ist an der Gleichstellung der Frauen in allen Belangen und an einer Erhöhung der Sensibilität für frauenrelevante Fragestellungen in der Gesellschaft interessiert.

Die **Gesellschaft** fordert Gerechtigkeit, die Förderung des Gemeinwohls, die Erhaltung von Werten und Moral sowie z. B. konkret die Schaffung und Erhaltung von Arbeitsplätzen.

Der **Staat** hat die Anforderung, dass seine Gesetze und Verordnungen eingehalten, Steuern und Sozialleistungen bezahlt, Arbeitsplätze bereitgestellt werden und das demokratische

Staatswesen gefördert wird. Außerdem ist er im Sinne des Subsidiaritätsprinzips an Entlastung durch nichtstaatliche Träger interessiert.

2.2.2 Teilleistungen

Eine Verpflegungsdienstleistung besteht aus einer Reihe von Teilleistungen, für die jeweils spezifische Teilanforderungen von den Anspruchsgruppen gestellt werden (vgl. Abb. 2.4).

Materielle Teilleistungen	Informationelle Teilleistungen
• Zubereitung und Bereitstellung von Speisen	• Information über das Speisenangebot
• Ermöglichung der Auswahl und Bestellung	• Information über das Auswahl- und Bestellverfahren
• Portionierung, Verteilung und Ausgabe	• Information über das Ausgabe- und Verteilsystem
• Abrechnung	• Information über die Preise und das Abrechnungssystem
• Bereitstellung eines Raums zur Speiseneinnahme	• Information über den Speisesaal
• Geschirrrücknahme	• Information über die Geschirrrücknahme

Abb. 2.4 Teilleistungen der Verpflegungsdienstleistung (in Anlehnung an Bober 2001)

Diese Teilleistungen können zunächst in materielle Teilleistungen und informationelle Teilleistungen gegliedert werden. Die materiellen Teilleistungen sind in Anlehnung an Bober (2001, S. 44) die Zubereitung und Bereitstellung der Speisen; die Auswahl und Bestellung durch den Verpflegungsteilnehmer; die Portionierung, Verteilung zum Ort des Verzehrs und Ausgabe der Speisen an den Verpflegungsteilnehmer; die Abrechnung; die Bereitstellung eines Raums zur Speiseneinnahme und die Rücknahme des verschmutzten Geschirrs. Die informationellen Teilleistungen informieren den Verpflegungsteilnehmer (oder seine Vertreter, z. B. bei einer Schulverpflegung die Eltern) über die angebotenen Speisen, über das Auswahl- und Bestellverfahren, das Ausgabe- und Verteilsystem, die Preise und das Abrechnungssystem, den Speisesaal und die Geschirrrücknahme. Manche der informationellen Teilleistungen müssen nur einmalig bei Erstbenutzern der Verpflegungseinrichtung erbracht werden (z. B. über das Geschirrrücknahmesystem). Andere Informationen (z. B. über das Speisenangebot) müssen täglich neu erstellt werden.

2.2.3 Teilanforderungen

In Anlehnung an Bottler/Rho (2001) können folgende Gruppen von Teilanforderungen an Verpflegungsdienstleistungen unterschieden werden:

- ernährungsphysiologische Anforderungen,
- sensorische Anforderungen,
- hygienische Anforderungen,
- Anforderungen an die nutzerbezogene Handhabbarkeit,
- ökologische Anforderungen,
- sozio-kulturelle Anforderungen,
- politisch-rechtliche Anforderungen,
- ökonomische Anforderungen,
- Anforderungen an die Annehmlichkeit des Umfelds,
- Anforderungen an die Verlässlichkeit,
- Anforderungen an die Abwechslung,
- Anforderungen an die Flexibilität,
- Anforderungen an die Leistungskompetenz,
- Anforderungen an das Einfühlungsvermögen.

Diese Teilanforderungen beziehen sich auf einzelne oder mehrere Teilleistungen. Die Teilanforderungen der verschiedenen Anspruchsgruppen können unterschiedlich sein. Abbildung 2.5 zeigt die sich daraus ergebende Dreidimensionalität der Qualitätsanforderungen.

Abb. 2.5
Mehrdimensionalität der Qualitätsanforderungen an Verpflegungsdienstleistungen

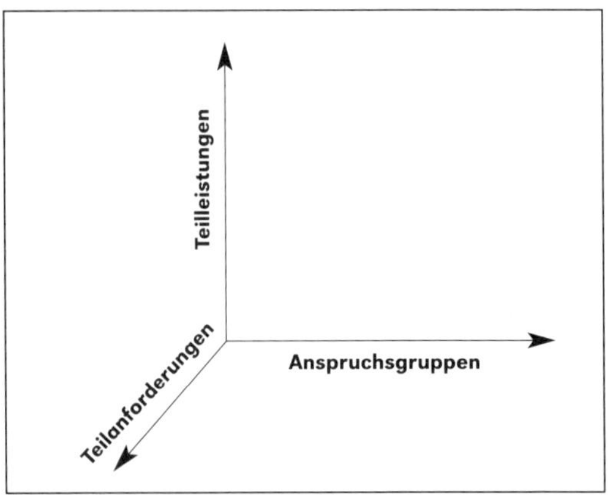

2.2.3.1 Ernährungsphysiologische Anforderungen

Die ernährungsphysiologische Anforderung lautet, dass die Gemeinschaftsverpflegung dem Verpflegungsteilnehmer alle Nährstoffe in der Menge liefern soll, wie er sie benötigt.

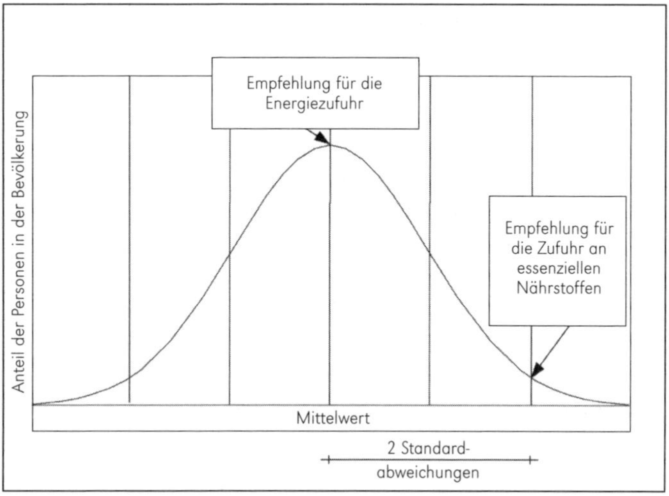

Abb. 2.6
Verteilung des Nährstoffbedarfs in der Bevölkerung und Empfehlungen für die Nährstoffzufuhr (nach Wolfram/Wöll 1988)

Hierzu ist zunächst zu bestimmen, in welcher Menge der Verpflegungsteilnehmer Nährstoffe benötigt. Diese Menge wird als Bedarf bezeichnet. Dieser Bedarf ist individuell verschieden, kann nur mit aufwändigen Untersuchungsmethoden bestimmt werden und ist deshalb in den meisten Fällen unbekannt. Die von der Deutschen Gesellschaft für Ernährung publizierten Referenzwerte für die Nährstoffzufuhr (DGE 2000a) sind Empfehlungen für eine Nährstoffzufuhr, die mit großer Wahrscheinlichkeit den individuellen Bedarf deckt.

Abbildung 2.6 zeigt die Verteilung des Nährstoffbedarfs in der Bevölkerung (Wolfram/Wöll 1988). Es wird dabei angenommen, dass der Nährstoffbedarf in der Bevölkerung normalverteilt ist. Der durchschnittliche Bedarf ist dadurch gekennzeichnet, dass 50 % der Bevölkerung einen niedrigeren und 50 % der Bevölkerung einen höheren Bedarf haben. Der Durchschnittsbedarf wird von den Ernährungswissenschaftlern als Empfehlung für die Energiezufuhr verwendet, denn hier wird eine Überversorgung als genauso gefährlich eingestuft wie eine Unterversorgung. Bei allen anderen essenziellen Nährstoffen, bei denen eine Unterversorgung weit gefährlicher ist als (im verzehrsüblichen Rahmen) eine Überversorgung, wird der Gruppenbedarf als Ausgangsgröße für die Empfehlung verwendet. Der Gruppenbedarf errechnet sich aus dem Mittelwert in der Bevölkerung plus zwei Standardabweichungen. Damit haben 97,5 % der Bevölkerung einen Bedarf, der niedriger liegt als dieser Gruppenbedarf. Ein Speisenplan, der die Nährstoffe in der Höhe des Gruppenbedarfs enthält, deckt somit bei 97,5 % der Verpflegungsteilnehmer den Bedarf.

Da die Verpflegungsteilnehmer in der Gemeinschaftsverpflegung meistens recht inhomogen sind, gelten für sie unterschiedliche Empfehlungen. Wie soll dieses Problem gelöst werden? Soll ein Durchschnitt über die Empfehlungen gebildet werden? Eine solche Durchschnittsbildung hätte zur Folge, dass die Personengruppen mit dem höheren Bedarf nicht ausreichend versorgt werden. Um diese Gefahr zu vermeiden, hat sich der Nährstoffgehalt in der Gemeinschaftsverpflegung immer nach der Personengruppe mit der strengsten Empfehlung zu richten. Abbildung 2.7 zeigt, wie die speziell für die Gemeinschaftsverpflegung entwickelten Referenzwerte dies sicherstellen.

Abb. 2.7 DGE-Referenzwerte für die Nährstoffzufuhr für Personengruppen und für die Gemeinschaftsverpflegung

Nährstoff	**Referenzwerte für die Nährstoffzufuhr einzelner Personengruppen (DGE 2000a)**						**Referenzwerte Krankenhaus (DGE 2000b)**
	19 – 24 Jahre		**25 – 50 Jahre**		**51 – 65 Jahre**		
	Männer	**Frauen**	**Männer**	**Frauen**	**Männer**	**Frauen**	
Energie [kcal]	3000	2400	2900	2300	2500	2000	2150
Eisen [mg]	10	15	10	15	10	10	15
Thiamin [mg]	1,3	1,0	1,2	1,0	1,1	1,0	1,2
Riboflavin [mg]	1,5	1,2	1,4	1,2	1,3	1,2	1,4

Allerdings bringt dieses Vorgehen den Nachteil, dass einzelne Verpflegungsteilnehmer (vor allem Männer) zu wenig Energie bekommen, also nicht satt werden. Diese Personen müssen dieses Defizit entweder mit zusätzlichen Komponenten (z. B. Vorsuppe, Dessert) oder mit den anderen Mahlzeiten ausgleichen. Andererseits erhalten jene Personengruppen mit niedrigerem Energiebedarf (vor allem Frauen) nicht ausreichend von den essenziellen Nährstoffen, wenn sie nur entsprechend ihrem Energiebedarf essen und Tellerreste übrig lassen.

Abbildung 2.8 zeigt die Methode der maximalen Nährstoffdichte zur Bestimmung des wünschenswerten Nährstoffge-

Nährstoff	empfohlene Nährstoffdichte in den Referenzwerten für die Nährstoffzufuhr (DGE 2000a)						maximal empfohlene Nährstoffdichte	Nährstoffgehalt bei maximal empfohlener Nährstoffdichte
	19 – 24 Jahre		25 – 50 Jahre		51 – 65 Jahre			
	Männer	Frauen	Männer	Frauen	Männer	Frauen		
Energie [kcal]	3000	2400	2900	2300	2500	2000	3000	3000
Eisen [mg/1000 kcal]	3,33	6,25	3,45	6,52	4,00	5,00	6,52	19,56
Thiamin [mg/1000 kcal]	0,43	0,42	0,41	0,43	0,44	0,50	0,50	1,50
Riboflavin [mg/1000 kcal]	0,50	0,50	0,48	0,53	0,52	0,55	0,55	1,65

Abb. 2.8 Bestimmung des empfohlenen Nährstoffgehalts mit der Methode der maximalen Nährstoffdichte

halts in der Gemeinschaftsverpflegung. Hier wird bei der Energie von der maximal geforderten absoluten Menge, bei den anderen Nährstoffen von der maximal geforderten Nährstoffdichte ausgegangen. Dadurch wird gewährleistet, dass auf jeden Fall jeder Verpflegungsteilnehmer mit der angebotenen Verpflegung satt wird. Für jene Verpflegungsteilnehmer mit geringerer Energieempfehlung wird angenommen, dass sie nur so viel von der angebotenen Verpflegung verzehren, wie es ihrer Energieempfehlung entspricht (Frauen über 51 Jahre beispielsweise nur zwei Drittel der angebotenen Portion). Die Zusammenstellung der Gesamtportion gewährleistet dann, dass auch in dem verzehrten Portionsteil so viele essenzielle Nährstoffe enthalten sind, wie es der Empfehlung für die Personengruppe entspricht.

Neben der Energie- und Nährstoffempfehlung für den ganzen Tag ist noch zu klären, wie die Verteilung auf die verschiedenen Mahlzeiten aussehen soll. Am wichtigsten ist dabei die Verteilung der Energiezufuhr, damit die kontinuierliche Sättigung des Verpflegungsteilnehmers sichergestellt ist. Peinelt (2001, S. 27) empfiehlt hierzu:

- 20 – 25 % der Energiezufuhrempfehlung zum 1. Frühstück,
- 10 – 15 % der Energiezufuhrempfehlung zum 2. Frühstück,
- 30 – 35 % der Energiezufuhrempfehlung zum Mittagessen,
- 10 – 15 % der Energiezufuhrempfehlung zum Nachmittag,

- 20 – 25 % der Energiezufuhrempfehlung zum Abendessen.

Abweichend von der oben erläuterten Methode der maximalen Nährstoffdichte schlägt Peinelt (2001, S. 28) vor, für jene Nährstoffe, deren Bedarfsdeckung in der Bevölkerung als ungenügend einzuschätzen ist, beim Mittagessen einen erhöhten Anteil der Tageszufuhrempfehlung zu decken:

- 50 % der Tageszufuhrempfehlung für Ballaststoffe zum Mittagessen,
- 50 % der Tageszufuhrempfehlung für Magnesium zum Mittagessen,
- 50 % der Tageszufuhrempfehlung für Zink zum Mittagessen,
- 50 % der Tageszufuhrempfehlung für Eisen zum Mittagessen,
- 75 % der Tageszufuhrempfehlung für Vitamin A zum Mittagessen,
- 50 % der Tageszufuhrempfehlung für Vitamin E zum Mittagessen,
- 50 % der Tageszufuhrempfehlung für Vitamin B6 zum Mittagessen,
- 75 % der Tageszufuhrempfehlung für Vitamin C zum Mittagessen.

Nach Aussagen von Peinelt (2001, S. 28) haben Modellrechnungen gezeigt, dass diese Deckungsbeiträge erreichbar sind und keine Extremwerte darstellen.

2.2.3.2 Sensorische Anforderungen

Die sensorischen Anforderungen wollen sicherstellen, dass die Speisen angenehme Sinneseindrücke vermitteln. Damit ist auch der Genusswert einer Speise gemeint. Hierbei sind objektive sensorische Anforderungen und subjektiv individuelle sensorische Anforderungen zu unterscheiden (vgl. Abb. 2.9). Objektive sensorische Merkmale sind solche Merkmale, die mit standardisierten Messmethoden durch Experten oder auch durch Verpflegungsteilnehmer gemessen werden können.

Die objektiv sensorischen Anforderungen können sehr detailliert beschrieben werden. Ungeeignet sind unpräzise Aus-

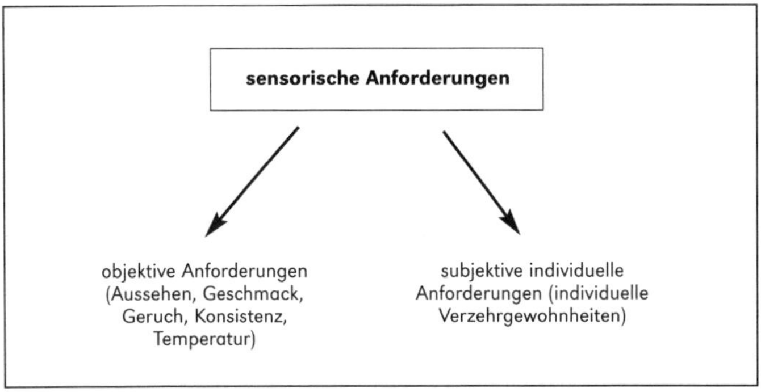

Abb. 2.9 Sensorische Anforderungen

sagen wie beispielsweise: *Der Blumenkohl muss schmecken.* Eine präzise Formulierung der Anforderung sollte sich auf alle objektiv sensorischen Aspekte Aussehen, Geschmack, Geruch, Konsistenz sowie Temperatur erstrecken und kann beispielsweise folgendermaßen lauten: *Der Blumenkohl soll eine helle, keinesfalls gräuliche Farbe aufweisen und in gleichmäßige Röschen geteilt sein. Er soll gut gewürzt, aber nicht zu salzig sein. Er soll gut kaubar, aber nicht zu weich sein. Er soll angenehm riechen und beim Verzehr noch heiß genug sein.*

Zur Messung der objektiven sensorischen Qualität von Lebensmitteln gibt es ausreichend Literatur – nicht jedoch zu solchen Messungen in der Gemeinschaftsverpflegung. Timm (2002) entwickelte beispielsweise ein Schema zur Beurteilung der objektiven sensorischen Qualität durch die Verpflegungsteilnehmer in einem Tagungshaus. Dieses Schema kann als Anregung zur Entwicklung betriebsspezifischer Schemen dienen (vgl. Kapitel 9.4.4 Sensorische Prüfung).

Die objektiven sensorischen Anforderungen erstrecken sich auf die Merkmale Aussehen, Geschmack, Geruch, Konsistenz sowie Temperatur der Speisen. Dies wird im Folgenden ausgeführt.

Das Auge isst mit, sagt eine alte Volksweisheit. Das Auge bewertet die Farben, die Form und den Frischegrad der angebotenen Speisen.

Die Farbe wird beispielsweise mit folgenden Adjektiven beschrieben: blass, dunkel, farblos, fleckig, glänzend, hell, matt, stumpf, trübe, ungleichmäßig, unnatürlich, verfärbt, wässrig.

Bei der Speisenplanung ist darauf zu achten, dass die Farben der miteinander kombinierten Speisen ein abwechslungsreiches Bild ergeben. Bei Nutzern mit Seheinschränkungen ist besonders auf eine kontrastreiche farbliche Gestaltung zu achten. Das Geschirr sollte eine wesentlich andere Farbe haben als die Speise selbst. Kaffee ist beispielsweise eher in einer weißen als in einer braunen Tasse anzubieten; Milch dagegen eher in einer dunklen Tasse.

Die Form kann mit folgenden Adjektiven beschrieben werden: beschädigt, eingedrückt, gebrochen, geplatzt, glatt, kantig, prall, rund, runzelig, zerfallen.

Auch bei der Darreichung der Speisen spielt die Optik eine wichtige Rolle. Ein liebevoll dekorierter Teller mit abwechslungsreichen Farben der Speisen regt den Appetit an.

Geruch und Geschmack einer Speise sind wichtig, um das Verdauungssystem in Gang zu setzen. Während der Geschmack ausschließlich mit der Zunge wahrgenommen wird (nur die vier Grundgeschmacksarten süß, sauer, bitter und salzig), wird der Geruch mit der Nase wahrgenommen. Der Geruch kann beispielsweise mit folgenden Adjektiven beschrieben werden: abgerundet, alt, aromatisch, beißig, erdig, faulig, fischig, flach, frisch, fruchtig, gärig, harmonisch, hefig, heuig, kräuterartig, modrig, muffig, ranzig, rauchig, schimmelig, seifig, würzig.

Das Aroma einer Speise ist eine Kombination aus dem Grundgeschmack und dem Geruch. Einige Aromastoffe werden erst beim Kauen freigesetzt und gelangen über den Nasen-Rachenraum ins Riechzentrum.

Die Konsistenz ist die Textur der Speise. Sie wird über das Druck- und Berührungsempfinden beim mundgerechten Zerkleinern und beim Kauen wahrgenommen. Das Gehör spielt ebenfalls eine Rolle. Geräusche, die beim Kauen entstehen, sind z. B. knusprig und knackig.

Die Textur kann beispielsweise mit folgenden Adjektiven beschrieben werden: cremig, bissfest, breiig, brüchig, elastisch, faserig, fein, fest, fettig, feucht, glatt, grießig, grob, gummiartig, holzig, klumpig, körnig, matschig, mehlig, mürbe, ölig, porig, rau, saftig, sandig, schleimig, strohig, teigig, trocken, wässrig, weich, zäh, zart.

Die optimale Verzehrtemperatur liegt bei durchschnittlich 63 °C. Sie variiert von Speise zu Speise und von Person zu Person.

Die sensorische Qualität wird aber nicht nur durch die objektive sensorische Komponente bestimmt. Die individuellen Verzehrgewohnheiten spielen ebenfalls eine wichtige Rolle.

Die individuellen Verzehrgewohnheiten sind dadurch gekennzeichnet, dass der Verpflegungsteilnehmer bestimmte Speisen bevorzugt (also gerne mag) oder ablehnt (also gar nicht mag). Diese Bevorzugung oder Ablehnung kann sich auf einzelne Speisen (z. B. Eisbein) oder auf Speisengruppen (z. B. Fleischspeisen) beziehen.

Bei individueller Ablehnung einer Speise ist diese Ablehnung unabhängig von den objektiven sensorischen Merkmalen der Speise. Auch ein Eisbein mit hervorragenden objektiven sensorischen Merkmalen, das nach allen Regeln der Kunst zubereitet wurde, kann einen Verpflegungsteilnehmer, der kein Eisbein mag, nicht überzeugen.

2.2.3.3 Hygienische Anforderungen

Die hygienischen Anforderungen besagen, dass der Verpflegungsteilnehmer bei der Inanspruchnahme der Verpflegungsdienstleistung keinen krankmachenden Einflüssen unterworfen sein darf. Dies bezieht sich nicht nur auf die Zubereitung und Bereitstellung der Speisen, sondern auch auf die Portionierung, Verteilung und Ausgabe, den Abrechnungsvorgang, die Inanspruchnahme des Speisesaals und die Geschirrrückgabe.

Näheres dazu ist der Fachliteratur zu entnehmen.

2.2.3.4 Anforderungen an die nutzerbezogene Handhabbarkeit

Die Anforderungen an die nutzerbezogene Handhabbarkeit erstrecken sich auf folgende Teilleistungen.

Die bereitgestellten Speisen sollen so beschaffen sein, dass der Nutzer sie selbst mundgerecht machen kann. Hier sind vor allem Einschränkungen im Kauvermögen oder in der Motorik der Verpflegungsteilnehmer zu beachten.

Das Auswahl- und Bestellsystem muss so gestaltet sein, dass es vom Nutzer selbständig gehandhabt werden kann. Gleiches gilt für das Portionier-, Verteil- und Ausgabesystem sowie das Abrechnungssystem. Auch hier sind die motorischen Möglichkeiten der Verpflegungsteilnehmer zu beachten. Das betrifft nicht nur körperbehinderte Verpflegungsteilnehmer, sondern alle Personen, die mit Teller, Tablett, Geldbörse und zugleich möglicherweise einer mitgebrachte Tasche jonglieren müssen. Stufen im Speisesaal erschweren die Handhabbarkeit, wenn gleichzeitig das Tablett getragen und ein Sitzplatz ausgewählt werden muss. Auch bei der Geschirrrücknahme ist auf die Handhabbarkeit für den Nutzer zu achten.

Die Informationen müssen so gestaltet sein, dass sie von den Verpflegungsteilnehmern verstanden werden können. Dabei ist auf eine ausreichend große Schrift und eine angemessene Sprache zu achten (z. B. *Nudeln* statt *Pasta* in einer Altenhilfeeinrichtung). Für Personen, die die Landessprache (noch) nicht lesen können, sind bildliche Symbole zu verwenden (vgl. Kapitel 3.1.1 Information des Verpflegungsteilnehmers).

2.2.3.5 Ökologische Anforderungen

Die ökologischen Anforderungen erfordern eine möglichst geringe Umweltbelastung durch die Verpflegungsdienstleistung. Dies betrifft den Verbrauch von Ressourcen (z. B. Energieträger und Frischwasser) und die Erzeugung von umweltschädigenden Faktoren wie z. B. Lärm, Staub, Abgase, Abwärme, Abwasser und Abfälle.

Dies gilt sowohl für die Produktion in der Gemeinschaftsverpflegung selbst als auch für die vorgelagerten Prozesse (z. B. Verwendung von Lebensmitteln aus ökologischem Anbau sowie von regionalen Lebensmitteln mit niedrigem Transportaufwand).

2.2.3.6 Sozio-kulturelle Anforderungen

Die sozio-kulturellen Anforderungen besagen, dass die Verpflegungsdienstleistung den sozialen Gegebenheiten und der Kultur der Verpflegungsteilnehmer entsprechen muss.

Das betrifft vor allem die Verzehrgewohnheiten der Verpflegungsteilnehmer, sofern sie nicht individueller Art, sondern in ihrer Kultur vorherrschend sind.

Verzehrgewohnheiten sind die Art der Zusammenstellung der Ernährung aus Speisen in bestimmter Häufigkeit, Menge und Kombination. Sie sind gekennzeichnet durch:

- die Struktur der Mahlzeiten, die während eines Tages eingehalten werden (z. B. fünf Mahlzeiten am Tag),
- die Struktur der Menüs, die zu den Mahlzeiten eingenommen werden (z. B. mittags ein warmes Menü, am Abend ein kaltes Menü mit Brot),

- die Mindest- und Höchsthäufigkeiten von bestimmten Speisen pro Woche (z. B. Reis als stärkereiche Beilage darf höchstens innerhalb von drei Tagen wiederholt werden, gegrilltes Hähnchen innerhalb von drei Wochen),
- die Mindest- und Höchsthäufigkeiten von Speisen aus bestimmten Speisengruppen pro Woche (z. B. Eintopfspeisen maximal einmal pro Woche oder Fleischspeisen mindestens dreimal pro Woche),
- die Mindest- und Höchstgrenzen für die Speisenmengen (die Speisenmengen dürfen nicht zu sehr von der üblichen Portionsmenge abweichen),
- die Kombination von Speisen zu Hauptgerichten (z. B. Eisbein wird kombiniert mit Sauerkraut),
- bestimmte Speisen zu bestimmten Tagen (z. B. Gänsebraten zu Weihnachten, Krapfen zu Fasching, gefärbte Eier zu Ostern) bzw. aufwändigere Menüs an Sonn- und Feiertagen.

Diese Verzehrgewohnheiten werden von der sozio-kulturellen Umgebung des Verpflegungsteilnehmers beeinflusst. Wesentliche charakterisierende Faktoren sind hierbei die regionale Herkunft, das Alter und die Religionszugehörigkeit des Verpflegungsteilnehmers.

Bei den regionalbezogenen Verzehrgewohnheiten ist die Region des Verpflegungsdienstleistungsbetriebs von der regionalen Herkunft des Verpflegungsteilnehmers zu unterscheiden. In den stationären Altenhilfeeinrichtungen befindet sich beispielsweise ein relativ großer Anteil von Migranten, die nach wie vor schlesische, türkische oder russische Küche bevorzugen. Der Anteil der Migranten in den sozialen Einrichtungen wird in Zukunft noch weiter steigen.

Das Alter der Verpflegungsteilnehmer spielt ebenfalls eine sehr wichtige Rolle bei der Bestimmung der Verzehrgewohnheiten. Ältere Menschen bevorzugen eher traditionelle Gerichte und Hausmannskost. Jüngere Verpflegungsteilnehmer sind moderneren Gerichten und solchen aus anderen Ländern (sogenanntes *Ethnic Food*) aufgeschlossener.

Schließlich spielt die Religionszugehörigkeit der Verpflegungsteilnehmer eine wichtige Rolle. Islamische, christliche und jüdische Gesetze beschränken die Auswahl der zu verwendenden Lebensmittel (z. B. Vermeiden von Schweinefleisch bei Juden und Muslimen), die Kombination von Lebensmitteln (z. B. strenge Trennung von Fleisch und Milch in der jüdischen Küche) und die Speisenmenge (Aschermittwoch und Karfreitag als strenge Fastenstage bei Katholiken) (Conrad 2005). Besonders bei Verpflegungsteilnehmern der älteren Generation ist die Orientierung an religiösen Gesetzen stärker ausgeprägt als bei der jüngeren Generation. Deshalb spielen diese *Speisegesetze* insbesondere in Altenhilfeeinrichtungen eine wichtige Rolle.

2.2.3.7 Politisch-rechtliche Anforderungen

Die rechtlichen Anforderungen bestehen im Wesentlichen darin, die vorhandenen Gesetze und Verordnungen einzuhalten. Dies gilt nicht nur für die lebensmittelrechtlichen Vorschriften (z. B. Lebensmittel-, Bedarfsgegenstände- und Futtermittelgesetzbuch), die vor allem den Schutz vor Gesundheitsgefährdung zum Ziel haben, sondern auch für solche Vorschriften, die den Arbeitsschutz (z. B. Arbeitsschutzgesetz), den Schutz der Verpflegungsteilnehmer (z. B. Heimgesetz, Pflege-Qualitätssicherungsgesetz) oder den Umweltschutz (z. B. Abfallwirtschaftsgesetz; Gesetz zur Vermeidung, Verwertung und Beseitigung von Abfällen) zum Ziel haben.

Neben diesen rechtlichen Anforderungen sind noch weitere politische Anforderungen zu berücksichtigen, die keinen juristischen Charakter haben. Dazu gehört beispielsweise die Bevorzugung von Produkten aus sogenanntem fairem Handel und die Vermeidung von Produkten aus Ländern oder von Firmen, die aus politischen Gründen boykottiert werden.

2.2.3.8 Ökonomische Anforderungen

Die ökonomischen Anforderungen sind aus der Sicht der verschiedenen Anspruchsgruppen unterschiedlich zu betrachten.

Der **Verpflegungsteilnehmer** stellt die Anforderung, dass der Preis für die Verpflegungsleistung in einem möglichst günstigen Verhältnis zu der gebotenen Leistung steht.

Für den Fall, dass eine andere Person als der Verpflegungsteilnehmer für die Entgelte aufkommt (Angehörige, Sozialleistungsträger), sind auch deren ökonomische Anforderungen zu berücksichtigen. Bei **Sozialleistungsträgern** ist tendenziell die Anforderung an niedrige Entgelte stärker ausgeprägt als bei den Verpflegungsteilnehmern selbst. Das kommt beispielsweise dann zum Tragen, wenn der Sozialhilfeträger für die Kosten für Unterkunft und Verpflegung in einem Pflegeheim aufkommen muss.

Die ökonomischen Ziele des **Trägers** unterscheiden sich je nachdem, ob es sich um einen wohlfahrtsorientierten oder gewinnorientierten Träger handelt. Bei ersteren beeinflusst außerdem die Rechtsform die ökonomischen Ziele.

- Bei (wohlfahrtsorientierten) öffentlichen Trägern ist aufgrund der dort vorherrschenden Kameralistik zu unterscheiden zwischen den Investitionen und dem laufenden Betrieb. Da Investitionen zumeist von übergeordneten Institutionen finanziert werden, ist der Wille zur Einsparung beim Träger nicht immer stark ausgeprägt. Vielmehr ist zu beobachten, dass die Träger versuchen, zum Investitionszeitpunkt möglichst viele Fördermittel zu bekommen. Beim laufenden Betrieb sind öffentliche Träger daran interessiert, mit den zur Verfügung stehenden Mitteln auszukommen (ausgeglichener Haushalt). Weitere Einsparungen werden zumeist nicht angestrebt, da eingesparte Mittel nicht ins nächste Jahr übertragen werden können und eine Kürzung der Mittelzuweisungen im nächsten Jahr droht. Die Kameralistik unterstützt somit nicht die Wirtschaftlichkeit (Bräunig 2006).
- Wohlfahrtsorientierte Träger privatrechtlicher Rechtsform haben ökonomische Ziele auf verschiedenen Ebenen. In erster Linie ist der Erhalt des Betriebs anzustreben, weil nur dadurch das Wohlfahrtsziel erreicht werden kann. Hierfür ist eine ausreichende Liquidität notwendig, denn im Gegensatz zu den öffentlichen Trägern sind privatrechtliche Träger insolvenzfähig. Im Zweifelsfall hat das Liquiditätsziel Vorrang vor anderen ökonomischen Zielen: *Liquidität vor Rentabilität*. Eine Gewinnerzielungsabsicht haben wohlfahrtsorientierte Betriebe nicht. Auf Rechnungsebene der Buchhaltung streben sie an, dass keine Verluste entstehen, also die Erträge mindestens so hoch sind wie die Aufwendungen. Auf der Rechnungsebene der Kosten- und Erlösrechnung streben sie an, dass ein ausgeglichenes Betriebsergebnis entsteht, also die Erlöse mindestens so hoch sind wie die Kosten.

- Gewinnorientierte Träger sind immer privatrechtlicher Rechtsform und somit immer insolvenzfähig. Ihr vorrangiges ökonomisches Ziel ist deshalb die Erhaltung des Betriebs durch eine Sicherstellung der Liquidität. Allerdings ist eine Einstellung des Betriebs an einer einzelnen Betriebsstelle für einen gewinnorientierten Träger nicht unbedingt negativ: aus nicht lukrativen Geschäftsfeldern zieht sich der gewinnorientierte Träger zurück und überlässt es den Nutzern selbst, für ihre Bedarfsdeckung zu sorgen. Auf Rechnungsebene der Buchhaltung streben diese Betriebe Gewinne an, die dann entstehen, wenn die Erträge höher sind als die Aufwendungen. Auf Ebene der Kosten- und Erlösrechnung streben diese Träger positive Betriebsergebnisse an, die dann entstehen, wenn die Erlöse höher sind als die Kosten.

Die **Mitarbeiterinnen und Mitarbeiter** des Verpflegungsbetriebs haben das Ziel, für ihre Arbeit möglichst hoch entlohnt zu werden und ihren Arbeitsplatz zu behalten.

2.2.3.9 Anforderungen an die Annehmlichkeit des Umfelds

Die Anforderungen an die Annehmlichkeit des Umfelds betreffen vor allem den Ausgabebereich und den Speisesaal. In einem öden, schmucklosen Speisesaal in tristen Farben schmeckt das beste Menü nicht. Ein angenehmes Umfeld baut Stress ab, regt den Appetit an und kann Freude und Genuss beim Essen vermitteln.

2.2.3.10 Anforderungen an die Verlässlichkeit

Verlässlichkeit ist für alle Beteiligten von großer Bedeutung und betrifft alle Teilleistungen (vgl. Abb. 2.10).

Zum einen müssen die Beteiligten gegenseitig verlässlich sein. Beispiele:

Der Träger muss sich auf die verlässliche Bewirtschaftung des Bewirtschafters verlassen können. Der Bewirtschafter muss sich darauf verlassen können, dass er die zugesagten Ressourcen und das zugesagte Honorar vom Träger bekommt.

Für den Verpflegungsteilnehmer wird vor allem eine verlässliche Versorgung mit Verpflegung gefordert. Je mehr der Verpflegungsteilnehmer auf die Verpflegung angewiesen ist, desto wichtiger ist es, auch bei Unglücksfällen oder Katastrophen

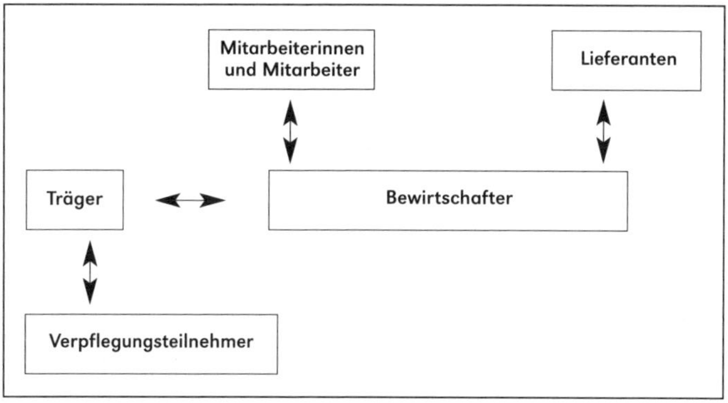

Abb. 2.10
Kette der Anforderungen an die Verlässlichkeit in einem Verpflegungsbetrieb

die Verpflegung sicherzustellen. In einem Krankenhaus ist das beispielsweise noch wichtiger als in einer Betriebskantine. Die Anforderung des Verpflegungsteilnehmers an die Verlässlichkeit betrifft nicht nur die materiellen Leistungen, sondern auch die informationellen. Der bekanntgegebene Speisenplan muss eingehalten werden, die Angaben über Nährwerte, Inhaltsstoffe und Zusatzstoffe sowie die Bezeichnung *aus biologischem Anbau* müssen verlässlich sein. Zu den Angaben zu Nährwerten, Zusatzstoffen, Allergenen und der Verwendung von biologisch erzeugten Produkten sowie gentechnisch veränderten Lebensmitteln hat der Gesetzgeber Gesetze und Verordnungen erlassen (Nährwertkennzeichnungs-Verordnung, Zusatzstoff-Zulassungsverordnung, Lebensmittel-Kennzeichnungsverordnung, EG-Öko-Verordnung, Neuartige Lebensmittel- und Lebensmittelzutaten-Verordnung) (vgl. Kapitel 3.1.1 Information des Verpflegungsteilnehmers).

2.2.3.11 Anforderungen an die Abwechslung

Die Anforderungen an die Abwechslung werden vor allem von den Mitarbeiterinnen und Mitarbeitern sowie den Verpflegungsteilnehmern gestellt. Die Mitarbeiterinnen und Mitarbeiter wollen einen abwechslungsreichen Arbeitsplatz. Dies kann z. B. durch Rotation im Zuständigkeitsbereich erreicht werden. Die Verpflegungsteilnehmer wollen die Abwechslung vor allem bei den zubereiteten und bereitgestellten Speisen.

Die Abwechslung ist bei der Speisenplanung und bei den verwendeten Rezepturen zu berücksichtigen. Abwechslungsreiche Menüs wirken appetitanregend und verhindern Geschmacksermüdung. Aus der Sensorik ist bekannt, dass die Attraktivität und der Essreiz einer Speise auch von der Unterschiedlichkeit der verwendeten Lebensmittel abhängen. Ein Produkt, das zweimal unmittelbar hintereinander angeboten wird, wird beim zweiten Mal weit weniger ausgewählt.

Abwechslung ist vor allem dann wichtig,

- wenn der Verpflegungsteilnehmer über einen langen Zeitraum von der Einrichtung verpflegt wird,
- wenn der Verpflegungsteilnehmer ausschließlich von der Einrichtung verpflegt wird und keine andere Ausweichmöglichkeit hat,
- wenn der Alltag des Verpflegungsteilnehmers relativ eintönig ist und das Essen eine wichtige Abwechslung in diesem Alltag darstellt.

Eine wichtige Kennzahl für die Abwechslung bei einer Verpflegung ist der Speisenplanwiederholrhythmus. Er liegt meist zwischen zwei und zwölf Wochen.

Auch bei dem Ausgabesystem ist Abwechslung wünschenswert. Das wird erreicht durch eine Kombination aus Fremdbedienungs- und Selbstbedienungsausgabe. Auch Front-Cooking stellt eine willkommene Abwechslung im Ausgabebereich eines Verpflegungsbetriebs dar.

2.2.3.12 Anforderungen an die Flexibilität

Flexibilität wird stets von allen Beteiligten im gegenseitigen Umgang gefordert (vgl. Abbildung 2.11).

Abb. 2.11 Anforderungen an die Flexibilität

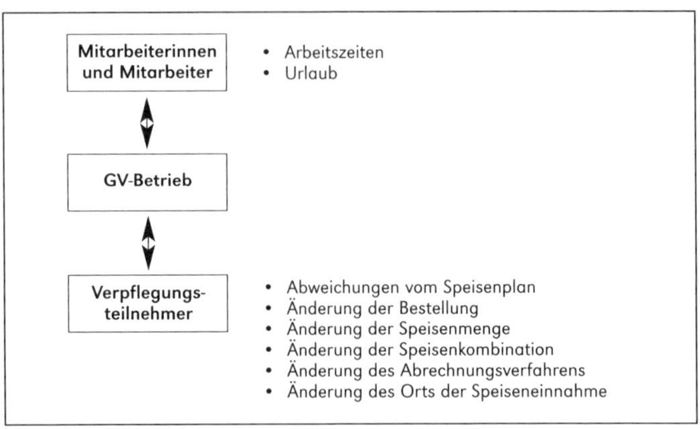

Beispielsweise fordern die Führungskräfte Flexibilität von den Mitarbeiterinnen und Mitarbeitern, wenn es um die Gestaltung der Arbeitszeiten geht; umgekehrt fordern die Mitarbeiterinnen und Mitarbeiter beispielsweise Flexibilität bei der Gewährung von Urlaub.

Der Verpflegungsteilnehmer fordert Flexibilität in folgenden Aspekten. Bezüglich der angebotenen und bereitgestellten Speisen wird in Ausnahmefällen ein Abweichen von dem Plan gefordert, wenn beispielsweise aus medizinischen Gründen (extreme krankheitsbedingte Inappetenz) oder aus besonderem Anlass (z. B. 80. Geburtstag) ein Wunschessen notwendig ist.

Bei dem Auswahl- und Bestellsystem (vgl. Kapitel 3.1.3 Bestellvorgang) ist es für den Verpflegungsteilnehmer von Vorteil, wenn er eine einmal getroffene Entscheidung wieder ändern kann. Das ist vor allem dann von Vorteil, wenn die Auswahlentscheidung in großem zeitlichem Abstand zum Verzehr getroffen wird. Manche Altenhilfeeinrichtungen erfassen die Essenswünsche der Bewohnerinnen und Bewohner für vier Wochen im Voraus (!). Auch in der Schulverpflegung ist die Bestellung mit mindestens einwöchigem Vorlauf üblich. In diesen Fällen ist mehr Flexibilität sehr im Interesse des Verpflegungsteilnehmers.

Bei der Portionierung und Ausgabe der Speisen wird Flexibilität in der Speisenmenge und in der Kombination der Speisen gefordert. Die Speisenmenge kann an den Appetit des Verpflegungsteilnehmers angepasst werden, wobei sowohl kleinere als auch größere Portionen möglich sein sollten (vgl. Kapitel 3.5 Ausgabesystem). Flexibilität in der Speisenkombination meint, dass beispielsweise die zu einem Menü vorgesehenen Kartoffeln durch den Reis eines anderen Menüs ausgetauscht werden können.

Beim Abrechnungsvorgang (vgl. Kapitel 3.6 Abrechnungssystem) ist Flexibilität notwendig, wenn es sich um ein bargeldloses Abrechnungsverfahren handelt und der Verpflegungsteilnehmer seine Karte vergessen hat oder die Einrichtung einmalig oder sehr selten nutzt. Für solche Fälle ist es günstig, wenn auch ein Barabrechnungsverfahren möglich ist. Bezüglich des Raums zur Speiseneinnahme ist Flexibilität gefordert, wenn der Verpflegungsteilnehmer an Stelle des vorgesehenen Speisesaals lieber in seinem Zimmer, an seinem Arbeitsplatz oder in einem kleineren Gruppenraum essen möchte.

2.2.3.13 Anforderungen an die Leistungskompetenz

Die Anforderungen an die Leistungskompetenz werden vom Betreiber an den Bewirtschafter, vom Bewirtschafter an die Führungskräfte und von den Führungskräften an die Mitarbeiterinnen und Mitarbeiter gestellt. Auch der Verpflegungsteilnehmer fordert von der gesamten Verpflegungseinrichtung, dass sie diese Leistungen nach den Regeln der Kunst professionell erstellen kann. Bedauerlicherweise hat der Gesetzgeber bisher keine Vorschriften für die Mindestqualifikation von Führungskräften oder Ausführungskräften einer Verpflegungseinrichtung formuliert. Lediglich für die Heimleitung bestehen gesetzliche verankerte Forderungen an die Qualifikation (Heimpersonal-Verordnung).

2.2.3.14 Anforderungen an das Einfühlungsvermögen

Einfühlungsvermögen wird vor allem bei solchen Verpflegungsteilnehmern gefordert, die bei der Inanspruchnahme der Verpflegungsdienstleistung eingeschränkt sind. Es kann sich dabei um Einschränkungen in der Aufnahme von Informationen, bei der Auswahl und Bestellung der gewünschten Speisen, bei der Ausgabe der Speisen, beim Verzehrvorgang und bei der Rückgabe des Geschirrs handeln. In diesen Fällen wird von den beteiligten Mitarbeiterinnen und Mitarbeitern Einfühlungsvermögen gefordert.

Darüber hinaus stellen alle Beteiligten die Anforderung, dass ihnen Einfühlungsvermögen entgegengebracht wird. Beispielsweise fordern die Mitarbeiterinnen und Mitarbeiter, dass sich ihre Vorgesetzten in ihre Situation einfühlen können.

2.3 Zielsysteme und Zielkonflikte

2.3.1 Zielsysteme

Abgeleitet von einer Leitbildaussage, dem Grundsatzziel, werden in Anlehnung an Kapitel 2.2 Ober- und Unterziele formuliert und entsprechende Maßnahmen festgelegt. Während Leitbild und Oberziele eher allgemein formuliert sind, werden Unterziele und Maßnahmen immer konkreter. Maßnahmen können z. B. Erstellung einer Leistungsbeschreibung, Gründung eines neuen Arbeitskreises oder Lieferantenwechsel sein.

Abbildung 2.12 zeigt eine allgemeine Zielhierarchie.

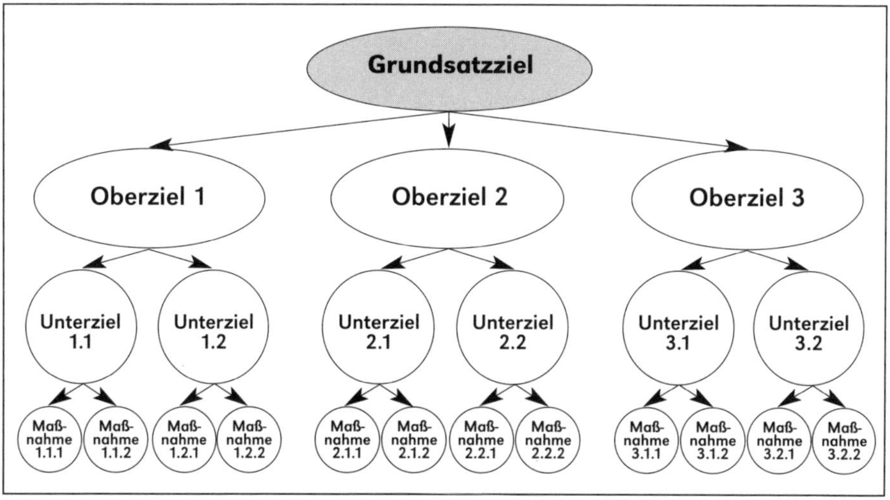

Abb. 2.12 Zielhierarchie allgemein (nach Bredow et al. 1994, S. 90 ff.)

In Abbildung 2.13 ist beispielhaft dargestellt, wie aus einer Leitbildaussage Oberziele, Unterziele und Maßnahmen abgeleitet werden.

2.3.2 Zielkonflikte

In einem Zielsystem stehen die Ziele nicht unabhängig nebeneinander, sondern sie beeinflussen sich gegenseitig. Ziele **vertikal** (vertikal im Sinne von Abb. 2.12) betrachtet, bauen aufeinander auf.

Ziele **horizontal** (horizontal im Sinne von Abb. 2.12) betrachtet, korrelieren miteinander. Grund dafür sind einerseits die verschiedenen Anspruchsgruppen, die nicht immer die gleichen Anforderungen an das Produkt/die Leistung stellen. Andererseits sind die Teilanforderungen selbst so vielfältig, dass eine absolute Erfüllung aller Teilanforderungen unmöglich wäre. Ziele können wie folgt korrelieren:

- Zielharmonie,
- Zielneutralität
- Zielkonkurrenz und
- Zielantinomie.

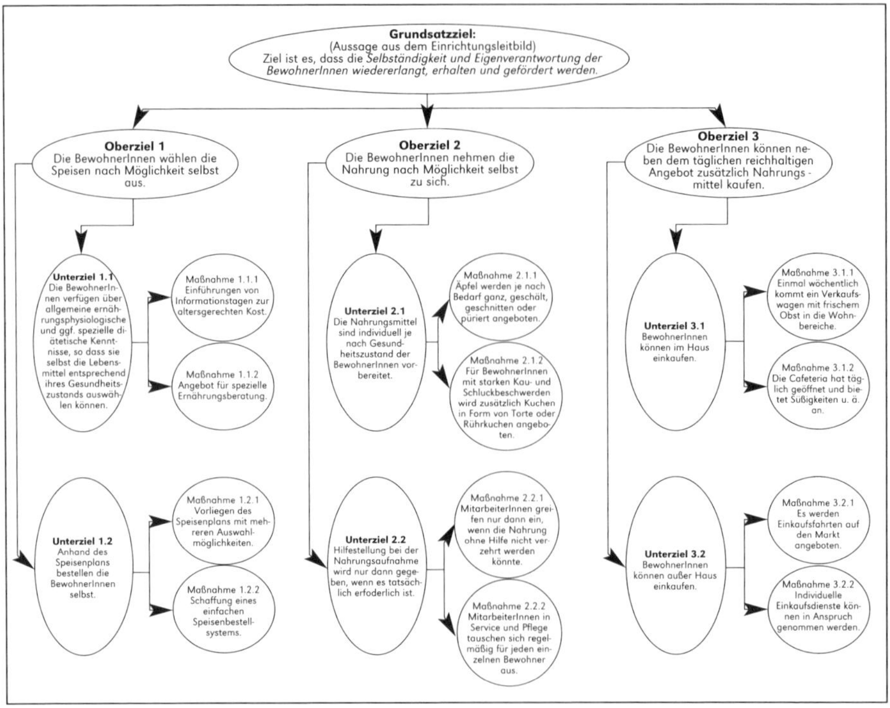

Abb. 2.13 Zielhierarchie am Beispiel einer Altenpflegeeinrichtung

Von **Zielharmonie** spricht man, wenn die zunehmende Erfüllung eines Ziels gleichzeitig die zunehmende Erfüllung eines zweiten Ziels bewirkt.

Beispiel: Unterziel 1.1 ist die Förderung der Gemeinschaft und Unterziel 1.2 die Steigerung des Appetits. Durch gemeinsames Speisen im Speisesaal können die Gemeinschaft gefördert und der Appetit gesteigert werden.

Zielneutralität besteht, wenn die Erfüllung des einen Ziels keinen Einfluss auf die Erfüllung des anderen Ziels hat.

Beispiel: Die Erfüllung der Anforderungen an die ernährungsphysiologische Qualität und das Ambiente in den Speisezimmern beeinflussen sich nicht.

Unter **Zielkonkurrenz** versteht man, dass die zunehmende Erfüllung eines Ziels die Zielerreichung des anderen Ziels hemmt.

Beispiel: Ziel ist es, sowohl den ernährungsphysiologischen als auch sensorischen Anforderungen gerecht zu werden. Um die ernährungsphysiologischen Anforderungen zu erfüllen, ist das Dessert so zuzubereiten, dass die Speise für Diabetiker geeignet ist. Deshalb wird das Dessert mit Süßstoff zubereitet. Das Dessert entspricht daher den Anforderungen an die ernährungsphysiologische Qualität, jedoch nicht den Anforderungen an die sensorische Qualität.

Wenn sich die Ziele ausschließen, spricht man von **Zielantinomie**.

Beispiel: Die Darreichung des Mittagessens für die Bewohnerinnen und Bewohner sowie die Mitarbeiterinnen und Mitarbeiter des Altenheims einheitlich zu der von den beiden Gruppen bevorzugten Zeit zwischen 12.00 und 13.00 Uhr ist unmöglich.

Bei Zielkonkurrenz und Zielantinomie muss nach Lösungswegen gesucht werden. Folgende Lösungsansätze sind möglich.

Zielgewichtung

Das Ziel *Sicherstellung der ernährungsphysiologischen Qualität* kann in einem Krankenhaus wichtiger sein als das Ziel *Sicherstellung der sensorischen Qualität*, da es sich in der Mehrzahl um kranke Menschen handelt und die Menschen täglich an der Verpflegung teilnehmen. Fett ist in diesem Falle zu reduzieren. Anders ist es in einem Gourmetrestaurant. Eine Kundin oder ein Kunde ist in der Regel gesund und der Besuch in einem Gourmetrestaurant erfolgt nicht täglich. Das Essen soll dann besonders schmackhaft sein, die Anforderungen an den Gesundheitswert stehen eher im Hintergrund.

Festlegung eines Mindestniveaus

Diese Vergabe von Prioritäten an die verschiedenen Anforderungen bringt die Gefahr mit sich, dass einzelne Anforderungen gar nicht berücksichtigt werden. Dieser Gefahr kann man begegnen, indem man für die Anforderungen mit niedrigerer Priorität Mindestniveaus festlegt, die auf jeden Fall erfüllt werden müssen.

Der *kostengünstige Einkauf* und der *Einsatz von Bioprodukten* konkurrieren fast immer miteinander. Die Leitung einer Jugendherberge legt in diesem Fall beispielsweise fest, dass höchstens 10 % des Wareneinsatzes für Bioprodukte ausgegeben werden können.

Zeitliche Staffelung von Zielen

Die Bewohnerinnen und Bewohner sowie Mitarbeiterinnen und Mitarbeiter einer Tagespflegeeinrichtung nehmen zur gleichen Zeit am gleichen Ort ihr Mittagessen ein. Für die Bewohnerinnen und Bewohner wirkt sich diese Situation nachteilig aus, weil Pflegekräfte selbst essen und wenig Zeit haben, Hilfestellung bei der Nahrungsaufnahme zu leisten. Für das Personal wirkt sich dieser Umstand ebenfalls ungünstig aus, weil zum Essen wenig Zeit bleibt, denn die Bewohnerinnen und Bewohner brauchen Hilfe beim Essen. Die Ziele *angemessene Hilfestellung bei der Nahrungsaufnahme* und *entspannende Pause für das Personal* können nur dann erfüllt werden, wenn zuerst die Bewohnerinnen und Bewohner das Essen einnehmen und danach die Mitarbeiterinnen und Mitarbeiter (oder umgekehrt) (vgl. Bottler 1982, S. 70 f.).

Es ist auf jeden Fall Aufgabe des Managements, die Zielkonflikte und die Wege zur Lösung der Zielkonflikte für alle Anspruchsgruppen transparent zu machen. Dies kann dazu beitragen, dass bei den Anspruchsgruppen weniger Enttäuschungen über nicht erfüllte Anforderungen auftreten.

3 Verpflegungssysteme

Autorinnen:
Margot Steinel
Dagmar Kelm

Eine Verpflegungsdienstleistung kann auf verschiedenste Weise erbracht werden. In der Literatur bestehen verschiedene Systematisierungen für Verpflegungssysteme bzw. für Küchensysteme (vgl. Abb. 3.1).

Zunächst ist in Anlehnung an Haumeier (1999, S. 25) die Beschreibung des Verpflegungssystems in die beiden Teilsysteme zu unterteilen:

- Leistungserstellungssystem: darunter versteht man das System, mit dem der Sachleistungsanteil der Verpflegungsdienstleistung (also die Speisen und Getränke) erstellt wird,
- Leistungsverwertungssystem: darunter versteht man das System, mit dem die Dienstleistung erstellt wird.

Das Leistungserstellungssystem wird mit folgenden Subsystemen beschrieben:

- Bestellsystem: die Art und Weise, wie der Verpflegungsteilnehmer über das Speisenangebot informiert wird, wie er die Speisen auswählt und seine Auswahlentscheidung mitteilt,
- Wareneinsatzsystem: darunter versteht man im Wesentlichen den Conveniencegrad der eingesetzten Lebensmittel,
- Küchensystem: die Zubereitungs- und Aufbereitungsvorgänge, die in der Küche realisiert werden,
- Distributionssystem: die Art und Weise, wie die verzehrfertigen Speisen an den Ort des Verzehrs gelangen.

Das Leistungsverwertungssystem wird mit folgenden Subsystemen beschrieben:

- Ausgabesystem: die Art und Weise, wie die Speisen dem Verpflegungsteilnehmer gegeben werden,
- Zahlungssystem: die Art und Weise, wie der Verpflegungsteilnehmer für die in Anspruch genommene Verpflegungsdienstleistung bezahlt,
- Geschirrkreislaufsystem: die Art des verwendeten Geschirrs sowie die Organisation des Kreislaufs,

- Entsorgungssystem: die Art und Weise, wie Abfälle entsorgt werden.

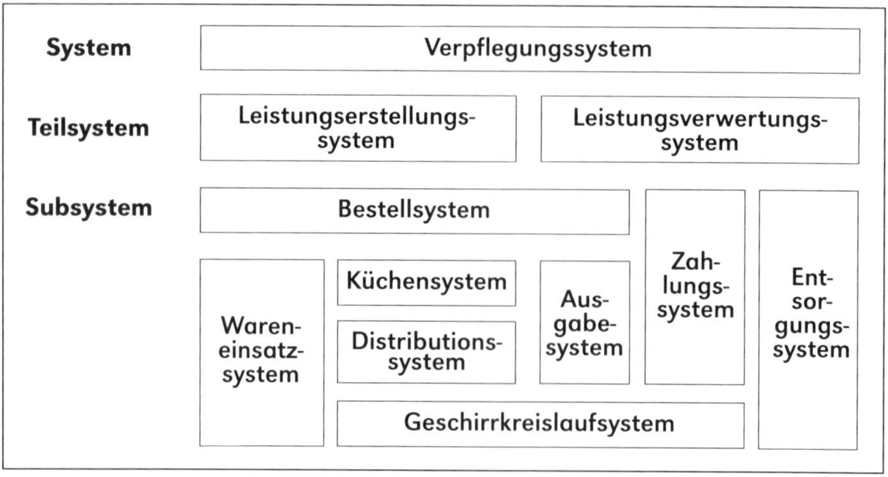

Abb. 3.1 Allgemeines Modell eines Verpflegungssystems (in Anlehnung an Haumeier 1999, S. 25)

3.1 Bestellsystem

Ein Bestellsystem beschreibt, auf welche Art und Weise (vgl. Abb. 3.2)

- der Verpflegungsteilnehmer über das Speisenangebot informiert wird (Information),
- der Verpflegungsteilnehmer die Speisen auswählt (Auswahl) und
- der Verpflegungsteilnehmer seine Auswahlentscheidung mitteilt und diese Information in die Küche gelangt (Bestellvorgang).

3.1.1 Information des Verpflegungsteilnehmers

Bevor der Verpflegungsteilnehmer sich für eine Speise oder ein Menü entscheiden kann, muss er zunächst über das Angebot informiert werden.

Während in der Gastronomie in vielen Fällen das Angebot täglich gleich ist (dargestellt auf einer Speisenkarte), wechselt es in der Gemeinschaftsverpflegung täglich (dargestellt auf einem Speisenplan). Deshalb ist es in der Gemeinschaftsverpflegung wichtig, den Verpflegungsteilnehmer täglich neu über die angebotenen Speisen zu informieren.

Der **Zeitpunkt der Information** (zeitlicher Vorlauf des Speisenplans) kann mehr oder weniger weit im Voraus liegen.

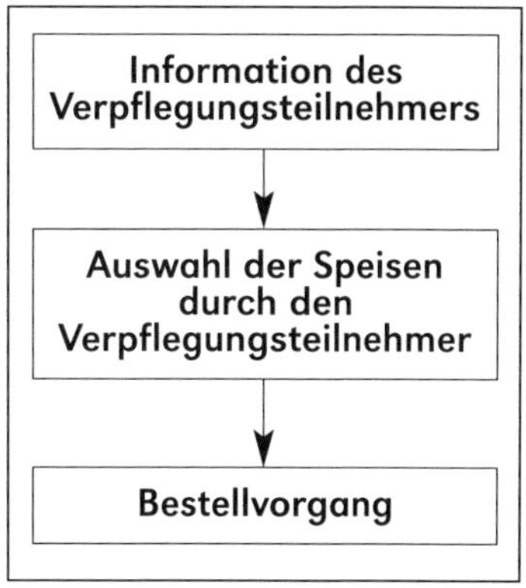

Abb. 3.2 Elemente eines Bestellsystems

- Langfristig ist die Information, die einen Monat im Voraus, vier Wochen im Voraus oder zwei Wochen im Voraus bekannt gegeben wird. Solch ein langer zeitlicher Vorlauf ist in den meisten Fällen nicht notwendig. Er empfiehlt sich nur bei besonderen Aktionen, z. B. bei Aktionswochen. Aktionswochen sollten mehrere Wochen im Voraus bekannt gegeben werden, damit sich der Verpflegungsteilnehmer darauf einstellen kann.
- Mittelfristig ist eine Information, die den Verpflegungsteilnehmer eine Woche oder einige Tage im Voraus erreicht. Sie ermöglicht dem Verpflegungsteilnehmer eine Planung und Vorfreude auf Speisen, die er besonders gerne mag.
- Kurzfristig ist eine Information, die den Verpflegungsteilnehmer einen Tag oder wenige Stunden im Voraus oder unmittelbar vor der Essensausgabe erreicht. Der zeitliche Bezug zum Verzehrvorgang ist ähnlich wie im Privathaushalt. Informationen, die erst kurz vor der Essensausgabe gegeben werden, können den Eindruck besonderer Frische vermitteln, z. B. *heute fangfrischer Hecht.*

Der **Zeitraum der Information** (Zeitspanne des Speisen - plans) kann ebenfalls unterschiedlich gestaltet sein.

- Langfristig ist ein Speisenplan, der die Speisen für einen Monat, vier Wochen oder zwei Wochen darstellt. Er muss seitens der Küche nicht so häufig erstellt werden, wirkt auf den Verpflegungsteilnehmer aber langweilig und fantasielos.
- Mittelfristig ist ein Wochenspeisenplan. Hier ist die Wochenstruktur erkennbar, der Verpflegungsteilnehmer kann planen, an welchen Tagen er die Einrichtung in Anspruch nehmen möchte.

- Kurzfristige Speisenpläne gelten nur für den jeweiligen oder den kommenden Tag. Sie müssen ständig aktualisiert werden.

Als **Ort der Information** kommen Orte innerhalb und außerhalb der Einrichtung in Frage. Zentrale Informationen in der Verpflegungseinrichtung erreichen nur regelmäßige Kunden. Dezentrale Informationen (am Arbeitsplatz, im Studentenwohnheim, im Internet) erreichen auch potenzielle Kunden. Bei Non-Captive Consumern sollte deshalb eine zentrale Information am Verzehrsort auf jeden Fall um eine dezentrale Information (an den Orten, an denen sich die potenziellen Kunden aufhalten) erweitert werden.

Als **Mittel der Information** kommen bildliche, schriftliche und elektronische Mittel in Frage.

- Schauteller sind Teller mit fertig portionierten Speisen bzw. Gerichten, die im Eingangsbereich ausgestellt werden. Sie müssen regelmäßig ausgewechselt werden, damit sie appetitlich aussehen.
- Fotos fertig portionierter Speisen können von professionellen Fotostudios erstellt werden und ersparen das regelmäßige Auswechseln der Schauteller. In Eisdielen wird dieses System häufig angewandt.
- Realistische Speisenmodelle (siehe Abb. 3.3) aus Kunststoff sind im asiatischen Raum üblich, um die Speisen zu zeigen. Derzeit sind solche Speisenmodelle für europäische Menükomponenten nicht erhältlich.
- Figürliche Darstellungen können für solche Verpflegungsteilnehmer eingesetzt werden, die (noch) nicht lesen können. In der Schulverpflegung in Finnland ist es üblich, Fisch- und Milchbestandteile einer Speise mit Plastiktierchen zu kennzeichnen (siehe Abb. 3.4).

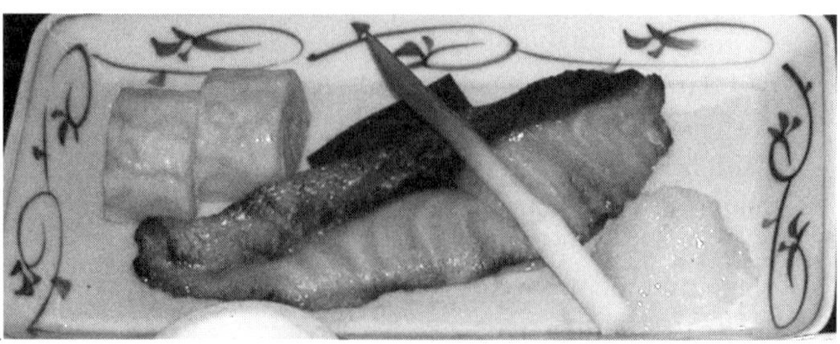

Abb. 3.3 Realistisches Speisenmodell aus Kunststoff in einem japanischen Restaurant (Foto: Steinel)

Abb. 3.4
Figürliche Darstellung von Milchbestandteilen in den Speisen finnischer Schulverpflegung (Foto: Steinel)

- Aushänge aus Papier sind einfach anzufertigen und auch dezentral zu verbreiten, sofern Platz für den Aushang bereitgestellt wird. Sie können in den meisten Fällen nur gelesen werden, wenn der Verpflegungsteilnehmer gezielt darauf zugeht.
- Flyer oder Kundenzeitschriften werden in größeren Auflagen erstellt und verursachen damit mehr Aufwand. Deshalb werden sie eher längerfristig erstellt (monatlich oder 14-tägig). Neben der Erstellung eigener Kundenzeitschriften ist die Kooperation mit anderen Zeitschriften denkbar. Beispielsweise drucken Studentenzeitschriften regelmäßig die Speisenpläne der Mensa ab.
- Vom Menüboard (Schrifttafel am Eingang oder an der Speisenausgabe) können die Informationen auch von größerer Entfernung gelesen werden. Sie werden handschriftlich beschriftet oder mit vorgefertigten Schriftfilmen bestückt.
- Elektronische Medien haben den Vorteil, dass sie für sehr schnelle Verbreitung aktueller Informationen sorgen können. Intranet und Internet sind Medien, bei denen der Verpflegungsteilnehmer die Information *abholen* muss. Bei einem E-Mail-Newsletter oder einer SMS hingegen erreicht ihn die Information auch ohne Aktivität. Bei der Verwendung elektronischer Medien ist außerdem zu berücksichtigen, dass nicht alle Altersgruppen und Einkommensgruppen Zugang zu diesen Medien haben. Deshalb haben diese Medien derzeit für die Studentenverpflegung mehr Bedeutung als beispielsweise in Altenhilfeeinrichtungen.

Der **Inhalt der Information** kann mehr oder weniger umfangreich sein.

- Die Bezeichnung der Speise wird in jedem Fall genannt. Die Bezeichnung sollte auf die Zielgruppe angepasst sein. Bei jungen Verpflegungsteilnehmern können Bezeichnungen aus anderen Ländern verwendet werden (z. B. Penne Bolognese), wohingegen in Altenhilfeeinrichtungen eher traditionelle Bezeichnungen zu bevorzugen sind (z. B. Nudeln mit Hackfleischsoße).

- Zusatzstoffe müssen laut Zusatzstoff-Zulassungsverordnung (2007) kenntlich gemacht werden. Der Gesetzgeber schreibt zum Schutz des Verbrauchers vor Irreführung und Täuschung vor, in welcher Form diese Deklaration zu erfolgen hat. Die Verpflegungseinrichtung muss sich hierzu ein Informationssystem erstellen, damit alle in den Speisen enthaltenen Zusatzstoffe auch kenntlich gemacht werden können.
- Allergene müssen laut Lebensmittel-Kennzeichnungsverordnung (2006) nur auf Fertigverpackungen angegeben sein. Die Angaben beziehen sich auf 14 allergieauslösende Lebensmittelgruppen, die in Anlage 3 des Gesetzes zu finden sind. Sie müssen angegeben werden, wenn sie Zutat eines Rezeptes sind. Problematisch wird es, wenn produktionsbedingt oder unabsichtlich Spuren des Allergens in dem Lebensmittel vorhanden sind. Dort kann sich der Hersteller mit dem Wortlaut *kann Spuren von ... enthalten* absichern.
  Eine entsprechende Deklaration wird von der Gemeinschaftsverpflegung derzeit nicht gefordert. Aufgrund des erheblichen Anteils von Verpflegungsteilnehmern mit Allergien, Pseudoallergien und Unverträglichkeiten ist eine Kennzeichnung der Speisen mit Allergenen dennoch wünschenswert.
- Nährwertangaben werden von ernährungsbewussten Verpflegungsteilnehmern gewünscht. Hierbei ist die Nährwertkennzeichnungs-Verordnung (2006) zu beachten, die einen bestimmten Gewichtsbezug (pro 100 g oder pro 100 ml) sowie eine Kombination aus mehreren Nährstoffen vorschreibt. Außerdem müssen dann die auf einem einzelnen Teller befindlichen Nährstoffe sehr exakt mit den deklarierten Nährwerten übereinstimmen. Dies führt in der Praxis zu Problemen, wenn die Speisenportionen nicht scharf genormt sind. Aus diesem Grund werden in der Gemeinschaftsverpflegung relativ selten Nährwertangaben gemacht.
- Gentechnisch veränderte Lebensmittel müssen ebenfalls deklariert werden, ähnlich wie Zusatzstoffe. Der Gesetzgeber schreibt die Form der Deklaration auch für die Gemeinschaftsverpflegung vor (EG-Verordnung 258/97).

- Ökologisch produzierte Lebensmittel können deklariert werden. Auch für diese Gruppe von Lebensmitteln hat der Gesetzgeber Vorschriften erlassen (EG-Öko-Verordnung 2092/91).

3.1.2 Auswahl der Speisen durch den Verpflegungsteilnehmer

Nachdem der Verpflegungsteilnehmer sich über das Speisenangebot informiert hat, kann er seine Auswahlentscheidung treffen. Die Auswahl ist hinsichtlich Zeitpunkt, Zeitraum und Ort zu beschreiben.

Bei lang- oder mittelfristiger Information kann der **Zeitpunkt der Auswahl** unmittelbar nach der Information, zwischen der Information und der Bestellung oder unmittelbar vor der Bestellung erfolgen.

Der **Zeitraum der Auswahl** kann einen Verzehr oder mehrere Verzehrvorgänge in der Zukunft umfassen.

Der **Ort der Auswahl** kann dezentral am Ort der Information, z. B. am Krankenbett, oder zentral in der Verpflegungseinrichtung, z. B. im Speisesaal, liegen.

3.1.3 Bestellvorgang

Nachdem der Verpflegungsteilnehmer über das Speisenangebot informiert wurde und seine Auswahlentscheidung getroffen hat, bestellt er das ausgewählte Essen. Dieser Bestellvorgang ist hinsichtlich Zeitpunkt, Zeitraum, Ort, beteiligten Personen und Hilfsmitteln sowie bezüglich der Verbindlichkeit der Bestellung zu beschreiben.

Der **Zeitpunkt der Bestellung** kann mehr oder weniger weit vom Verzehrszeitpunkt entfernt liegen.

Langfristige Bestellungen einen Monat, vier Wochen oder zwei Wochen im Voraus sind verbraucherunfreundlich und verkennen die Realität, dass sich in den folgenden Wochen noch vieles verändern kann. Dennoch werden solche Bestell - fristen in manchen stationären Einrichtungen realisiert.

Mittelfristige Bestellungen eine Woche oder zwei Tage im Voraus werden in vielen stationären Einrichtungen sowie in der Schulverpflegung eingesetzt. Auch in diesem Fall muss der Verpflegungsteilnehmer eine verfrühte Entscheidung treffen, weil zwischen der Bestellung und dem Verzehr noch andere Mahlzeiten liegen.

Kurzfristige Bestellungen einen Tag im Voraus oder unmittelbar vor der Essensausgabe sind am flexibelsten für den Verpflegungsteilnehmer, verlangen von der Verpflegungseinrichtung jedoch am meisten Flexibilität.

Der **Zeitraum der Bestellung** gibt an, für wie viele Verzehrvorgänge jeweils bestellt wird. Dies ist nicht identisch mit dem Zeitpunkt der Bestellung. Beispielsweise kann eine Bestellung (Zeitpunkt) zwei Wochen im Voraus für (Zeitraum) jeweils einen Tag, für mehrere Tage oder für die nächsten zwei Wochen aufgegeben werden. Je kürzer der Zeitraum, für den bestellt wird, desto größer ist die Anzahl der Bestellvorgänge und damit der Verwaltungsaufwand.

Der **Ort der Bestellung** kann zentral an der Essensausgabe oder dezentral am Aufenthaltsort des Verpflegungsteilnehmers sein. Bei dezentraler Bestellung ist zwischen Gruppenbestellung (für die Station, die Wohngruppe etc.) und Individualbestellung (jeder Verpflegungsteilnehmer bestellt separat) zu unterscheiden.

Die Bestellung kann durch den Verpflegungsteilnehmer alleine erfolgen oder es können andere **beteiligte Personen** hinzukommen. Bei Kindern werden die Bestellungen von Angehörigen vorgenommen, bei Pflegebedürftigen oft vom Pflegepersonal. In Krankenhäusern werden für die Entgegennahme der Bestellung häufig sogenannte Verpflegungsassistentinnen eingesetzt, die die Patientin oder den Patienten nach ihren oder seinen Verzehrswünschen befragen. In der Betriebsverpflegung wird die Bestellung vom Ausgabepersonal entgegengenommen, in klassischen Restaurants vom Servicepersonal (Kellnerin oder Kellner).

Sofern die Bestellung nicht mündlich unmittelbar vor der Essensausgabe abgegeben wird, werden schriftliche oder elektronische **Hilfsmittel** dafür eingesetzt.

- Schriftliche Hilfsmittel sind individuelle Zettel, Scheine, Karten oder Gruppenzettel, -scheine, -karten. In Krankenhäusern hat sich ein individuelles Kartensystem bewährt. Die Karten werden immer wieder verwendet oder für jeden Tag neu ausgestellt. Das System ist robust, schränkt die Anzahl der Auswahlkomponenten jedoch ein.
- Elektronische Hilfsmittel werden in der Zukunft die schriftlichen Bestellformulare ablösen. Für Gruppenbe-

stellungen können Stations-PCs eingesetzt werden. Für individuelle Bestellungen sind Kleinstcomputer (z. B. HandheldPC, PenPad, Palm) oder Barcodelesegeräte im Einsatz. Die Kleinstcomputer haben den Vorteil, dass die Bestellung des Verpflegungsteilnehmers sofort mit individuellen Patientendaten (Diätvorschriften, Unverträglichkeiten) abgeglichen werden kann. Die Verpflegungsdienstleistung kann dadurch individualisiert werden. TouchScreen-PCs können vom Verpflegungsteilnehmer selbst bedient werden. Außerdem kann die Bestellung am PC des Verpflegungsteilnehmers erfolgen und über Internet übertragen werden.

Hinsichtlich der **Verbindlichkeit einer Bestellung** sind folgende zwei Fälle zu unterscheiden:

a) unflexibles System: eine einmal getroffene Bestellung ist verbindlich und kann nicht oder nur in begründeten Ausnahmefällen widerrufen werden,
b) flexibles System: eine einmal getroffene Bestellentscheidung kann jederzeit wieder verändert werden.

Aus der Sicht des Verpflegungsteilnehmers ist ein flexibles System zu bevorzugen.

3.2 Wareneinsatzsystem

Ein Verpflegungsbetrieb kann unterschiedliche Lebensmittel als Ausgangswaren einsetzen. Convenience-Lebensmittel (engl. convenience: Bequemlichkeit) sind solche Lebensmittel, bei denen küchentechnische Verarbeitungsschritte bereits vorgenommen wurden. Diese Lebensmittel sind im Einsatz, damit bequemer und zeitsparender gearbeitet werden kann. Je nachdem, welche Verarbeitungsschritte bei dem Lebensmittel bereits vorgenommen wurden, spricht man von verschiedenen Conveniencegraden. In der Literatur werden verschiedene Klassifikationen von Conveniencegraden beschrieben (siehe Abb. 3.5).

Klassifikation nach			
Schwebel (1982)	Löbbert et al. (2000, S. 408)	Bober (1986, S. 158 f.)	Deutsche Gesellschaft für Hauswirtschaft (1992, S. 46 ff.)
0 Grundstufe		0 Grundstufe	
1 küchenfertig	küchenfertig	1 küchenfertig	küchenfertig
2 garfertig	garfertig	2 garfertig	garfertig
3 mischfertig	aufguss-/anrührfertig	3 mischfertig	aufbereitfertig
4 regenerierfertig	regenerierfertig	4 regenerierfertig	
5 verzehrfertig	verzehrfertig	5 portionierfertig	verzehrfertig
		6 verzehrfertig	

Abb. 3.5 Klassifikation von Conveniencegraden in der Literatur

- Lebensmittel der **Grundstufe** sind in einem Ausgangszustand nach der (meist landwirtschaftlichen) Urproduktion, z. B. Schweinehälften, ganze Fische oder erdbehaftete Kartoffeln. Vor der Verarbeitung in der Verpflegungseinrichtung müssen sie noch verarbeitet, also küchenfertig gemacht werden. In Gemeinschaftsverpflegungseinrichtungen werden solche Lebensmittel kaum verwendet, da hierfür spezielle Vorbereitungsräume notwendig sind.
- Bei **küchenfertigen** Lebensmitteln sind einige nicht essbare Anteile meist schon entfernt und in vielen Fällen sind sie auch schon zerkleinert (z. B. Fleischteile, gesäuberte Fische, geputztes Gemüse, gewaschene Kartoffeln, geschälte Kartoffeln). Sie müssen vor dem Garprozess noch vorbereitet (geschnitten, gewürzt, geformt usw.) werden.
- **Garfertige** Lebensmittel können ohne weitere Arbeitsschritte (nach Entfernen der Verpackung) unmittelbar dem Garprozess zugeführt werden (z. B. geschälte und geschnittene Kartoffeln, panierte Fleischportionen, gewürztes Tiefkühlgemüse).
- **Mischfertig** sind Lebensmittel, denen noch Flüssigkeiten oder andere Zutaten zugegeben werden müssen. Ein Garprozess ist bei diesen Lebensmitteln vor dem Verzehr nicht mehr notwendig. Beispiele für mischfertige Lebensmittel sind Salatsoßen, geputzter, gewaschener und geschnittener Salat, Rote Grütze, Vanillesoße.
- **Aufbereitfertig (regenerierfertig)** sind Lebensmittel, die ggf. unter Zugabe von Flüssigkeiten nur noch erwärmt werden müssen. Ein Garvorgang ist auch bei diesen Le-

bensmitteln nicht mehr notwendig. Beispiele für aufbereitfertige Lebensmittel sind tiefgekühlte Fertiggerichte wie Rouladen oder gefüllte Blätterteigtaschen, Ravioli in Konserven, die nur noch aufgewärmt werden oder Kartoffelpüreepulver und Instant-Brühe, denen nur noch heiße Flüssigkeit zugegeben werden muss.
- **Portionierfertig** sind Lebensmittel, die vor dem Verzehr nur noch portioniert werden müssen, z. B. Obstkompott in Konservendosen oder Brotlaibe.
- **Verzehrfertig** sind solche Lebensmittel, die unmittelbar an den Verpflegungsteilnehmer abgegeben werden können. Sie können sofort oder nach dem Entfernen der Verpackung verzehrt werden. Beispiele sind verzehrfertiger Joghurt in Einzelportionsbechern, Brötchen oder Bananen.

Bei der Bestimmung des Conveniencegrades einer Verpflegungseinrichtung treten mehrere methodische Probleme auf.

Zum Einen gibt es nicht nur Convenience-Lebensmittel und Nicht-Convenience-Lebensmittel, wie obige Darstellung erläutert. Es müssen also verschiedene Convenience-Stufen unterschieden werden. Zum Anderen stellt sich das Problem, wie die Anteile der verschiedenen Rezeptzutaten bei der Bestimmung des Conveniencegrades der Küche gewichtet werden sollen.

- Eine Gewichtung nach Lebensmittelmengen (Masse) führt in jenen Fällen zu Verzerrungen, in denen große Mengen Wasser für die Zubereitung verwendet werden.
- Eine Gewichtung nach Lebensmittelwert kann relativ einfach durchgeführt werden. Relativ teure Lebensmittel (z. B. Fleisch, Fisch, Kaffee) fallen bei einer solchen Bewertung mehr ins Gewicht als relativ billige Lebensmittel (z. B. Kartoffeln, Nährmittel, Gemüse).
- Eine Gewichtung nach Energiegehalt setzt andere Akzente. Energiereiche Lebensmittel (z. B. Öl) fallen bei einer solchen Berechnung mehr ins Gewicht als energiearme Lebensmittel (z. B. Gemüse).

Dies wird an einem Beispiel erläutert. Abbildung 3.6 zeigt drei verschiedene Rezepturen für die Zubereitung von 100

Portionen Rinderroulade. Bei Rezeptur 1 werden die Rouladen aus Frischfleisch selbst gewickelt und die Soße wird selbst zubereitet. Bei Rezeptur 2 werden ebenfalls die Rouladen selbst gewickelt, die Soße wird aber aus gekörnter Brühe erstellt. Bei Rezeptur 3 werden fertig gewickelte TK-Rouladen verwendet und die Soße wird ebenfalls aus gekörnter Brühe erstellt.

Lebensmittel	Zutatenmenge			Zutateneigenschaft	
	Rezeptur 1	Rezeptur 2	Rezeptur 3	Preis pro kg	Energiegehalt pro 100 g
Rindfleisch für Rouladen (küchenfertig)	12500 g	12500 g	0 g	10,85 €	121 kcal
Senf (küchenfertig)	500 g	500 g	0 g	1,75 €	86 kcal
Zwiebeln (küchenfertig)	2500 g	2500 g	0 g	0,55 €	28 kcal
Essiggurken (küchenfertig)	2000 g	2000 g	0 g	0,88 €	16 kcal
Schweinespeck geräuchert (küchenfertig)	2500 g	2500 g	0 g	6,78 €	796 kcal
Rinderrouladen TK (garfertig)	0 g	0 g	20000 g	13,50 €	124 kcal
Sellerie (küchenfertig)	1000 g	0 g	0 g	4,50 €	17 kcal
Lauch (küchenfertig)	1000 g	0 g	0 g	4,50 €	26 kcal
Karotten (küchenfertig)	1000 g	0 g	0 g	1,50 €	26 kcal
Tomatenmark (küchenfertig)	375 g	0 g	0 g	1,37 €	74 kcal
Lorbeerblatt (garfertig)	10 g	0 g	0 g	18,00 €	48 kcal
Salbei (garfertig)	10 g	0 g	0 g	25,00 €	54 kcal
Wasser (garfertig)	10000 g	10000 g	10000 g	0,00 €	0 kcal
gekörnte Brühe (garfertig)	0 g	300 g	300 g	10,00 €	149 kcal

Abb. 3.6 Verschiedene Rezepturen für die Zubereitung von 100 Portionen Rinderroulade sowie Eigenschaften der Zutaten

Abbildung 3.7 zeigt die Anteile der Conveniencegrade an den Zutaten der verschiedenen Rezepturen für Rinderroulade. Bei mengenmäßiger Gewichtung der Zutaten fällt auf, dass der Anteil der küchenfertigen Lebensmittel bei Rezeptur 1 nur 70 % beträgt. Dies ist auf den mengenmäßig großen Anteil der Rezeptzutat Wasser zurückzuführen. Bei der wertmäßigen Gewichtung fällt auf, dass der Unterschied zwischen Rezeptur 1 (99,7 % küchenfertig) und Rezeptur 2 (98,1 % küchenfertig) kaum deutlich wird. Die der energiemäßigen Gewichtung fällt bei diesem Beispiel ähnlich aus wie die wertmäßige Gewichtung. Auch hier ist der Unterschied zwischen Rezeptur 1 und Rezeptur 2 nicht sehr deutlich sichtbar.

Art der Gewichtung	Conveniencegrad	Rezeptur 1	Rezeptur 2	Rezeptur 3
mengenmäßig	küchenfertig	23375 g 70,0 %	20000 g 66,0 %	0 g 0 %
	garfertig	10020 g 30,0 %	10300 g 34, 0%	30300 g 100 %
wertmäßig	küchenfertig	167,60 € 99,7 %	156,59 € 98,1 %	0,00 € 0 %
	garfertig	0,43 € 0,3 %	3,00 € 1,9 %	273,00 € 100 %
energiemäßig	küchenfertig	37439 kcal 100 %	36481 kcal 98,8 %	0 kcal 0 %
	garfertig	10 kcal 0 %	447 kcal 1,2 %	25335 kcal 100 %

Abb. 3.7 Anteile der Conveniencegrade an den Zutaten der verschiedenen Rezepturen für Rinderroulade

3.3 Küchensystem

Die organisatorische Struktur eines Verpflegungsbetriebs ist das Küchensystem.

Im Folgenden werden die Varianten Zubereitungsküche, Aufbereitungsküche, Mischküche, Zentralküche mit Verteilerküche und Zentralküche mit Relaisküche vorgestellt.

3.3.1 Zubereitungsküche

Eine Zubereitungsküche ist eine Einzelküche, die dadurch gekennzeichnet ist, dass sie alle Speisen selbst zubereitet (mit oder ohne Verwendung von Convenienceprodukten). Dabei sind mehrere thermische, zeitliche und räumliche Varianten möglich. Die verschiedenen Systeme werden im Folgenden vorgestellt.

3.3.1.1 Frischküche

Von einer Frischküche spricht man dann, wenn Produktion und Konsum der Speisen thermisch, zeitlich und räumlich gekoppelt sind.

Thermische Kopplung bedeutet: die Speisen werden zubereitet und (möglichst) mit der Temperatur an den Verpflegungsteilnehmer abgegeben, mit der sie auch zubereitet wurden. Eine zwischenzeitliche Abkühlung und Wiedererwärmung findet nicht statt.

Zeitliche Kopplung bedeutet: die Speisen werden zubereitet und unmittelbar (oder mit nur kurzer zeitlicher Verzögerung, ca. zehn bis 20 Minuten) verzehrt. Eine zeitliche Kopplung ist immer mit einer thermischen Kopplung verbunden.

Räumliche Kopplung bedeutet: die Speisen werden an dem Ort (in dem Haus, auf dem Gelände) verzehrt, an dem sie auch zubereitet wurden. Ein Transport über weitere Distanzen findet nicht statt.

In der Praxis ist die Frischküche wegen ihrer hohen ernährungsphysiologischen und sensorischen Qualität sowie dem geringen hygienischen Risiko sehr oft erste Wahl. Sie wird allgemein am höchsten bewertet und garantiert in der Regel eine langfristige Beteiligung der Tischgäste.

Die zeitliche Kopplung führt dazu, dass enorme Arbeitsspitzen vor der Essensausgabe entstehen. Am Nachmittag sind die Küche und das Personal hingegen meist nicht ausgelastet. Hinzu kommt, dass am Wochenende die Speisen ebenfalls zubereitet werden müssen. Bei kurzfristiger Änderung des Bedarfs kann es zu Problemen kommen, z. B. wenn eine Speise nachproduziert werden muss, die Küchenkraft jedoch mit der Essensausgabe beschäftigt ist. Die Folge sind im Vergleich zu den anderen Küchensystemen höhere Personal- und Abschreibungskosten pro Essen.

Durch die räumliche und thermische Kopplung zwischen Zubereitungsort und Ort der Esseneinnahme entsteht ein geringer Transportaufwand und es besteht ein geringes mikrobiologisches Risiko. Zu Problemen kann es kommen, wenn der Ort der Mahlzeiteneinnahme von der Küche entfernt ist, z. B. bei Krankenhäusern im Pavillonsystem. Hier müssen die Speisen abgefüllt und transportiert werden. Zu lange Warmhaltezeiten bei größeren Distanzen vermindern den ernährungsphysiologischen Wert der Speisen durch die Zerstörung der Vitamine. Die sensorische Qualität nimmt durch Auskühlung und Texturverlust ab und das hygienische Risiko steigt durch die mögliche Vermehrung von Mikroorganismen.

3.3.1.2 Cook-and-Chill-Küche

Seit einigen Jahren wird in der Fachliteratur sehr ausführlich über das Cook-and-Chill-System berichtet. Viele Küchen, vor allem Krankenhausküchen haben auf dieses System umgestellt.

Tatsächlich ist dieses System nicht so neu, wie immer behauptet wird. Es ist bereits bekannt unter den Bezeichnungen Kühlkost und Kaltverteilsystem. Kühlkostsysteme wurden in Deutschland vor allem in den 70er Jahren propagiert. Der Trend konnte sich damals aber nicht vollständig durchsetzen.

Nach dem Garen (Kochen, Dämpfen, Braten usw.) werden die Speisen innerhalb von 30 Minuten portioniert oder in Abkühlbehälter abgefüllt. Die Abfüllung erfolgt dabei bei Temperaturen über 70 °C. In den Behältern wird dabei eine maximale Schichtdicke von 40 – 50 mm nicht überschritten. Das ermöglicht eine schnelle Abkühlung. Die Schnellabkühlung erfolgt dann innerhalb von 90 Minuten bis auf eine Temperatur von 0 °C bis +2 °C in einem Schnell- oder Schockkühler, dem sogenannten Chiller. Die Speisen können dann bei einer Temperatur von 0 °C bis +2 °C etwa 72 Stunden (drei Tage) gelagert werden. Zum Teil werden auch fünf Tage Lagerung praktiziert.

Die Regenerierung und Portionierung kann auf zwei verschiedenen Wegen erfolgen.

a) Die Speisen werden in den Großbehältern (z. B. im Heißluftdämpfer) auf eine Kerntemperatur von 70 °C regeneriert (Kerntemperaturfühler verwenden). Dies dauert ca. 30 Minuten. Anschließend erfolgt die Portionierung in einer Cafeteria-Ausgabe oder in einem Speisesaal.
b) Die Speisen werden kalt auf Teller portioniert und können dann innerhalb sehr kurzer Zeit (drei bis acht Minuten) auf eine Kerntemperatur von 70 °C regeneriert werden. Während der Kaltportionierung dürfen die Speisen nicht auf mehr als 10 °C erwärmt werden. Die Portionierung erfolgt deshalb in einem gekühlten Raum. Die Regenerierung erfolgt bei dieser Variante meist mit Hilfe von Regenerierwagen, die gleichzeitig zum Transport verwendet werden.

Abbildung 3.8 zeigt den Produktionsablauf in einer Cook-and-Chill-Küche.

Das Cook-and-Chill-System ermöglicht eine räumliche Entkopplung zwischen Produktion und Verzehr. Daher kann die Cook-and-Chill-Küche als Zentralküche fungieren und weitere Küchen (vgl. Kapitel 3.3.5) mit Speisen versorgen. Der

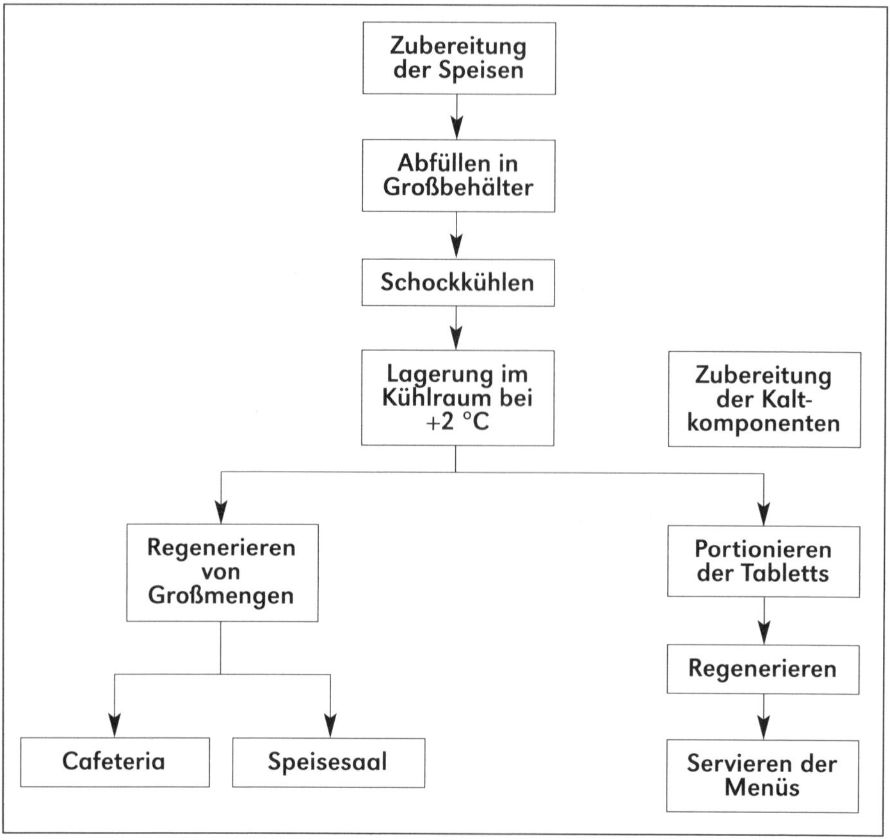

Abb. 3.8 Produktionsablauf in einer Cook-and-Chill-Küche

Aktionsradius einer zentralen Produktionsstätte kann dadurch vergrößert werden. Das Cook-and-Chill-System bietet sich z. B. in Krankenhäusern im Pavillonstil oder bei Einrichtungen mit mehreren Außenstationen an.

Durch die zeitliche Entkopplung ist es möglich, eine Sieben-Tage-Versorgungswoche weitgehend mit einer Fünf-Tage-Arbeitswoche zu vereinbaren. Wochenend- und Feiertagszuschläge können bei den Personalkosten weitgehend vermieden werden. Außerdem entfällt größtenteils der Termindruck in der Küche kurz vor der Essensausgabe, weil Produktion und Verzehr zeitlich entkoppelt sind.

Darüber hinaus kann aufgrund der zeitlichen Entkopplung die Speisenzubereitung in mehreren Schichten erfolgen. Maschinen, Geräte und Personal können besser ausgelastet werden, indem z. B. Mittagessen auch am Nachmittag produziert wird. Dies kann langfristig Kostenvorteile bringen, da die Anzahl der Gargeräte geringer ausfallen kann.

Es ergibt sich ebenfalls eine höhere Flexibilität. Spezielle Wünsche (z. B. mittwochs das Essen, das dienstags auf dem Speisenplan stand) können relativ problemlos realisiert werden.

Grundsätzlich erfüllt das Cook-and-Chill-System eine bessere ernährungsphysiologische Qualität als ein Warmverpflegungssystem aus einer Zentralküche (vgl. Kapitel 3.3.4).

Die Nachteile des Cook-and-Chill-Systems liegen auf der Kostenseite. Für technische Geräte, z. B. Kühltechnik, Regenerierwagen, Logistik und Tablettsysteme, sind zusätzliche Investitionen in erheblicher Höhe notwendig. Dadurch wird die Entscheidung für ein Cook-and-Chill-System zu einer langfristigen Entscheidung. Eine nachträgliche Änderung des Küchensystems ist dann meist wirtschaftlich unsinnig, wenn bereits Investitionen in beträchtlicher Höhe getätigt wurden. Aus ökologischer und ökonomischer Sicht ist der hohe Energieverbrauch bei diesem System zu berücksichtigen: Die Speisen werden erhitzt, gekühlt und wieder erhitzt. Falls in einer Cook-and-Chill-Küche TK-Convenienceprodukte (z. B. TK-Gemüse) eingesetzt werden, wurden diese Lebensmittel schon einmal beim Hersteller erhitzt und anschließend gekühlt.

Ein weiterer Nachteil ist, dass durch den Abkühl- und Regenerierprozess Nährstoffverluste verursacht werden. Diese fallen jedoch weit geringer aus als bei warmgehaltenen Speisen. Einige Speisen sind für die Cook-and-Chill-Produktion nicht oder nur bedingt geeignet. Ungeeignet sind nach N. N. (1997) Spiegelei, Pommes frites und Spinat. Nur bedingt geeignet für die Cook-and-Chill-Produktion sind nach Bundesministerium für Ernährung, Landwirtschaft und Forsten sowie Bundesforschungsanstalt für Ernährung (1979, S. 112 f.) Rumpsteak, Rührei, Blumenkohl, Broccoli, Rosenkohl und Salzkartoffeln. Die sensorische Qualität sinkt durch das Antrocknen am Teller nach der Kaltportionierung und der anschließenden Erhitzung.

Aufgrund der hohen hygienischen Anforderungen ist eine umfangreiche Personalschulung notwendig. Hinzu kommt für das Personal eine starke körperliche Belastung durch die Arbeit im kalten Raum bei der Kaltportionierung.

3.3.1.3 Cook-and-Freeze-Küche

Das Cook-and-Chill-System kann auch mit einer Tiefkühllagerung verbunden werden. Dies ist dann eine Cook-and-Freeze-Küche. Ein solches System wird beispielsweise in der Universitätsklinik Münster seit Ende der 70er-Jahre praktiziert. Die Speisen sind dann bis zu sechs Monate lang lagerbar. Dies bringt weitere Flexibilität und Vereinfachung des Arbeitsablaufs:

- Diätmenüs, die nur relativ selten benötigt werden, können in größeren Portionszahlen zubereitet und bei Bedarf einzeln aus dem TK-Lager entnommen werden. Dies ermöglicht es, eine relativ große Auswahl an Diäten vorzuhalten.
- Die Verpflegungsteilnehmer können an jedem Tag jede Speise bestellen.
- Die Produktionsmenge kann immer so gestaltet werden, dass die (Geräte- und Personal-) Kapazitäten optimal ausgenutzt werden. Eine Rücksichtnahme auf die im Moment erforderliche Portionszahl ist nicht notwendig.

Da die weiteren Vor- und Nachteile vergleichbar mit denen des Cook-and-Chill-Systems sind, wird an dieser Stelle auf eine nähere Erläuterung verzichtet.

3.3.1.4 Sous-Vide-System

Das Sous-Vide-System ist eine Variante des Cook-and-Chill-Systems. Das System bezeichnet das Garen bei Niedrigtemperaturen unter Vakuum. Es wird in der Gastronomie und der Hotellerie, aber auch in der Gemeinschaftsverpflegung eingesetzt.

Der Produktionsablauf sieht dabei wie folgt aus: Die Lebensmittel werden vorbereitet und anschließend in einem Kunststoffbeutel vakuumverpackt. Die Zubereitung erfolgt im Dampf bei niedrigen Temperaturen. Für einen Rinderbraten sind beispielsweise nur 70 °C notwendig statt der üblichen 170 °C im Backofen. Die Speisen werden gekühlt und bei 0 °C bis 3 °C drei bis fünf Tage lang (je nach Speise auch bis zu 21 Tage) gelagert. Die Regenerierung kann sowohl im Beutel als auch auf dem Teller erfolgen. Anschließend werden die Speisen ausgegeben.

Der Vorteil des Systems ist, dass Geschmack, Frische und Farbe bei den niedrigen Gartemperaturen sehr gut erhalten bleiben. Durch den Kunststoffbeutel entstehen keine Verluste durch Austrocknen oder Oxidation. Die Speisen haben damit eine sehr hohe sensorische Qualität. Die Zubereitung kann fettsparend erfolgen, da im Kunststoffbeutel keine Fettzugabe notwendig ist. Küche und Personal können ganztägig ausgelastet werden, da Produktion und Konsum zeitlich und thermisch entkoppelt sind.

Nachteilig an dem Sous-Vide-System sind die zunächst hohen Investitionskosten. Wie beim Cook-and-Chill-System müssen Abkühlsysteme angeschafft und entsprechende Kühl - lagermöglichkeiten bereitgehalten werden. Ein Gerät zum Vakuumieren und entsprechende Kunststoffbeutel sind ebenfalls notwendig. Einige Speisen sind bei diesem System ausgeschlossen, weil ein Braten nicht möglich ist. Die Mitarbeiterinnen und Mitarbeiter müssen entsprechend geschult sein, um die mikrobiologischen Risiken einzudämmen. Auf den vorbereiteten Lebensmitteln können Mikroorganismen sein oder beim Verpacken auf die Speise gelangen. Durch das Garen bei niedrigen Temperaturen werden krankheitsverursachende Keime nicht immer ausreichend sicher abgetötet.

Einen weiteren Nachteil gibt es auf ökologischer Seite. Die benutzten Kunststoffbeutel können nicht wiederverwertet werden und müssen entsorgt werden.

3.3.1.5 Green-Vac-System

Das Green-Vac-System ist eine Variante des Sous-Vide-Systems. Dabei sind die Kunststoffbeutel durch Mehrwegbehälter (Gastronorm-Behälter) ersetzt. Mit speziellen Geräten wird in diesem Behälter ein Vakuum erzeugt.

3.3.1.6 Nacka-System

Das Nacka-System ist ein System mit gekühlten pasteurisierten Speisen. Im Prinzip wird das Cook-and-Chill-System um eine Pasteurisation erweitert. Es wurde im Nacka-Hospital in Stockholm (Schweden) erstmals entwickelt. Dies gab dem System seinen Namen.

Der Produktionsablauf ähnelt dem des Sous-Vide-Systems. Die Speisen werden wie gewohnt zubereitet. Es werden fünf bis zehn Portionen in einen Beutel portioniert und anschließend vakuumiert. Es folgt die Pasteurisation bei 80 °C für zehn Minuten. Die Speisen werden schnell auf 2 °C abgekühlt und können nun bei 2 °C für zwei bis drei Wochen gelagert werden. Die Aufbereitung erfolgt auf einer Temperatur von 80 °C für ca. zehn Minuten. Danach werden die Speisen ausgegeben.

Das Nacka-System ist vorteilhaft, wenn die Zubereitungs- und Aufbereitungsküche räumlich weit von einander entfernt sind. Die Lieferung der verzehrfertigen Speisen muss nur einmal wöchentlich erfolgen. Es können größere Speisenvorräte eingelagert werden. Dies bringt Flexibilität bei schwankenden Nutzerzahlen.

Wie auch bei den vorangegangenen Systemen gibt es Einschränkungen bei der Eignung einiger Speisen. So gibt es beispielsweise Probleme mit der Konsistenz bei Salzkartoffeln und einigen Gemüsesorten. Das mikrobiologische Risiko ist höher als bei einem einfachen Cook-and-Chill-System, weil die Lagerzeit länger ist. Für Verpackungs- und Pasteurisierungsgeräte sowie Kühllager entstehen relativ hohe Investitionskosten.

3.3.2 Aufbereitungsküche

Eine Aufbereitungsküche ist eine Küche, in der keine Speisen zubereitet werden. Die Zubereitung erfolgt meistens in einer industriellen Küche. In der Aufbereitungsküche werden die Speisen nur noch kurzzeiterhitzt (aufbereitet). Die Küche muss dafür vor allem mit Aufbereitungsgeräten (Convectomaten) ausgestattet sein. Die industriell hergestellten Speisen können tiefgekühlt, gekühlt, gekühlt pasteurisiert oder sterilisiert sein.

Verwendung von tiefgekühlten Speisen

Tiefgekühlte Speisen (TK-Speisen) werden direkt nach der Zubereitung in verschließbare Behälter gepackt und in kurzer Zeit auf eine Durchschnittstemperatur von –18 °C abgekühlt. In der Aufbereitungsküche werden die TK-Speisen aus industrieller Fertigung nur noch regeneriert. Die eigentliche Speisenproduktion findet im Industriebetrieb statt.

Es gibt bei der Aufbereitungsküche unter Verwendung von tiefgekühlten Speisen Ähnlichkeiten zum Cook-and-Freeze-System und zur Frischküche mit hohem Conveniencegrad. Bei der Aufbereitungsküche werden nur TK-Speisen aus industrieller Fertigung regeneriert. Werden TK-Speisen aus eigener Fertigung aufbereitet, so handelt es sich um ein Cook-and-Freeze-System. Eine Frischküche, die TK-Produkte mit hohem

Conveniencegrad verwendet, ist noch keine Aufbereitungskü - che. Hier ist, je nach Anteil der verwendeten TK-Produkte, der Übergang zur Aufbereitungsküche fließend.

Durch die Tiefkühllagerung muss eine Qualitätsabnahme bei den Speisen in Kauf genommen werden. Im Nährwertgehalt (ernährungsphysiologische Qualität) ist nach AID (1993b, S. 5) mit folgenden Vitaminverlusten zu rechnen:

- 6 % Vitamin C-Verlust pro Monat,
- 3 % Vitamin B_1-Verlust pro Monat,
- 2 % Vitamin B_2-Verlust pro Monat.

Die Veränderung des Gehalts an Eiweiß, Fett, Kohlenhydraten und Mineralstoffen sind nach AID (1993b, S. 5) unerheblich. Aus ernährungsphysiologischen Gründen wird eine Lagerdauer von höchstens sechs Monaten empfohlen.

Auch der Genusswert der Speisen (sensorische Qualität) leidet unter der Tiefkühllagerung. Um einen noch zufriedenstellenden Genusswert zu erhalten, werden nach AID (1993b, S. 5) folgende maximale Lagerzeiten empfohlen:

- Fleischspeisen drei bis sechs Monate,
- Kartoffelspeisen drei bis sechs Monate,
- alle anderen Speisen sechs Monate.

Die Aufbereitungsküche für die Verwendung von TK-Speisen benötigt ein Tiefkühllager, Geräte zum Regenerieren (Convectomaten), eine Doppelbeckenspüle und einen Arbeitstisch sowie Ausstattung zur Speisenverteilung und eine Spülmaschine.

Es wird bei diesem System eine Arbeitskraft (fünf Stunden) für 100 Verpflegungsteilnehmer benötigt. Diese Person regeneriert die Speisen, wäscht ggf. Obst und mischt die mischfertigen Komponenten von Salaten. Sie ist zuständig für die Spei - senausgabe und die Reinigung von Küche, Speisesaal und Geschirr.

Das System wird besonders häufig in Kindergärten und Schulen eingesetzt.

Verwendung von gekühlten Speisen

Gekühlte Speisen werden aus industrieller Fertigung in der Küche nur noch regeneriert. Die Speisenproduktion findet im Industriebetrieb statt.

Wenn eine Aufbereitungsküche gekühlte Speisen von einer anderen Küche einkauft, entspricht das dem Cook-and-Chill-System. Werden in der Küche teilweise gekühlte Convenienceprodukte zubereitet, dann handelt es sich um eine Frischküche mit hohem Conveniencegrad.

Im Nährwert (ernährungsphysiologische Qualität) ist nach AID (1993a, S. 4 f.) mit folgenden Veränderungen zu rechnen:

- 7 % Vitamin C-Verlust pro Tag,
- 2 % Vitamin B_1-Verlust pro Tag,
- 2 % Vitamin B_2-Verlust pro Tag.

Beim Erwärmen ist mit weiteren Verlusten an Vitaminen zu rechnen. Dies ist in der Speisenplanung zu berücksichtigen. Es müssen vermehrt Vitamin-B_1-, -B_2- und -C-reiche Lebensmittel und Speisen eingesetzt werden. Die Veränderungen des Gehalts an Eiweiß, Fett, Kohlenhydraten und Mineralstoffen sowie bei den Vitaminen A und β-Carotin sind nach AID (1993a, S. 4 f.) unerheblich.

Zur sensorischen Qualität von gekühlten Speisen liegen Erkenntnisse aus einer Untersuchung der Bundesforschungsanstalt für Ernährung, Institut für Ernährungsökonomie und -soziologie (AID 1993a, S.5) vor. Von 80 Proben weisen

- 60 % eine gute oder sehr gute Qualität und
- 38 % eine zufriedenstellende Qualität auf.

Nicht zufriedenstellend war bei dieser Untersuchung die sensorische Qualität von Salzkartoffeln. Diese Speise ist nur bedingt für die Kühllagerung zu empfehlen. Fleischspeisen ohne Soße verlieren ihre sensorische Qualität bei der Lagerung schneller als andere Speisen. Aus sensorischen Gründen sollten Fleischspeisen ohne Soße möglichst kurz gelagert werden.

Die maximale Lagerung sollte aus sensorischer Sicht grundsätzlich nicht länger als drei Tage dauern. Daraus ergibt sich, dass mindestens zweimal wöchentlich die Belieferung der Aufbereitungsküche erfolgen muss.

In einer Aufbereitungsküche für gekühlte Speisen werden ein Kühllager, Geräte zum Regenerieren (Convectomat), Ausstattung zur Speisenverteilung und eine Spülmaschine benötigt. Der Arbeitszeitbedarf für das Aufbereiten der Speisen, das Waschen von Obst, Mischen von Salat, die Ausgabe und die Reinigung ist mit dem Zeitbedarf für die Aufbereitungsküche mit TK-Speisen vergleichbar. Es ist nach AID (1993a, S. 6) ein Personalbedarf von einer Person (für vier bis fünf Stunden) für 100 Verpflegungsteilnehmer anzusetzen.

Der Anwendungsbereich dieser Küchenart ist gering, da der Einkauf von gekühlten Speisen aus industrieller Fertigung in Deutschland eher unüblich ist. Es gibt nur wenige Anbieter solcher Speisen. Die Aufbereitung von Speisen aus eigener Zubereitung in Form einer Cook-and-Chill-Küche ist dagegen oft in Krankenhäusern vorzufinden.

Verwendung von gekühlten pasteurisierten Speisen

Die Speisenproduktion von gekühlten pasteurisierten Speisen findet bei diesem System ausschließlich im Industriebetrieb statt. Die Speisen werden in der Aufbereitungsküche lediglich regeneriert.

Findet die Zubereitung der gekühlten pasteurisierten Speisen in der eigenen Küche (oder einer anderen Küche des gleichen Trägers) statt, handelt es sich um eine Küche mit Nacka-System. In einer Frischküche mit hohem Conveniencegrad können ebenfalls gekühlt pasteurisierte Lebensmittel eingesetzt werden. Hier gibt es fließende Übergänge zwischen Frischküche und Aufbereitungsküche.

Während der Lagerung nimmt die ernährungsphysiologische und sensorische Qualität ab. Es ist nach AID (1993a, S. 15 f.) mit folgenden Vitaminverlusten zu rechnen:

- 1,2 % Vitamin C-Verlust pro Tag,
- 0,6 % Vitamin B_1-Verlust pro Tag,
- 0,4 % Vitamin B_2-Verlust pro Tag.

Zur sensorischen Qualität von gekühlten pasteurisierten Speisen liegen Ergebnisse aus einer Untersuchung an der Bundesforschungsanstalt für Ernährung, Institut für Ernährungsökonomie und -soziologie (AID 1993a, S. 15 f.) vor. Von 26 Proben weisen

- 50 % ein gute oder sehr gute Qualität und
- 50 % eine zufriedenstellende Qualität auf.

Aus sensorischen Gründen sollte bei Fischspeisen die Lagerdauer nicht über zehn Tage liegen, bei Kartoffelspeisen nicht über acht Tage. Sensorisch problematisch verhalten sich Salzkartoffeln.

Zur küchentechnischen Ausstattung gehören ein Kühllager, Geräte zum Regenerieren (Convectomat), Doppelspülbecken, Arbeitstisch, Ausstattung zur Speisenverteilung und eine Spülmaschine. Der Arbeitszeitbedarf in der gesamten Küche ist mit dem der Aufbereitungsküche für gekühlte Speisen vergleichbar. Für 100 Verpflegungsteilnehmer ist eine Arbeitskraft notwendig, deren Arbeitszeit vier bis fünf Stunden beträgt.

Die Verwendung von gekühlten pasteurisierten Speisen aus industrieller Fertigung ist in Deutschland derzeit unüblich.

Verwendung von sterilisierten Speisen

Die Produktion von sterilisierten Speisen findet im Industriebetrieb statt. Die sterilisierten Speisen sind durch Erhitzen haltbar gemacht. Sie werden in Dosen, in Mehrportionsschalen und in verschweißten Folienbehältnissen angeboten.

Sie werden unter Überdruck so lange erhitzt, bis praktisch alle Mikroorganismen abgetötet sind. Dadurch wird eine Lagerung der Speisen bei Zimmertemperatur möglich. Eine Kühllagerung ist nicht nötig. Die Speisen sind außerdem sehr lange haltbar. In der Aufbereitungsküche werden die Speisen nur noch regeneriert.

Sterilisierte Speisen können nur in der Industrie hergestellt werden. Verwendet eine Frischküche solche Speisen, so hat sie einen hohen Conveniencegrad.

Mit der Sterilisation und der langen Lagerung sind erhebliche Qualitätsabnahmen verbunden. Im Nährwertgehalt ist mit Veränderungen zu rechnen. Durch die Sterilisation geht der Gehalt an Vitamin B_1, B_2 und C im Vergleich zu frischen Speisen um 50 bis 60 % zurück. Zusätzliche Vitaminverluste gibt es während der Lagerung. Bei der Speisenplanung muss deshalb auf Vitamin-B_1-, -B_2- und -C-reiche Lebensmittel bzw. Speisen geachtet werden, um Verluste auszugleichen. Außerdem sollte aufgrund der Vitaminverluste die Lagerung nicht länger als sechs Monate dauern.

Untersuchungen der Bundesforschungsanstalt für Ernährung, Institut für Ernährungsökonomie und -soziologie (AID 1993b, S. 16) zur sensorischen Qualität fanden bei 34 Proben nur

- 28 % gute bis sehr gute Qualität und
- 56 % zufriedenstellende Qualität.

Keine zufriedenstellende Qualität konnte zum Zeitpunkt der Untersuchung bei Salzkartoffeln erreicht werden.

Aus sensorischen Gründen sollten stärkehaltige Speisen höchstens drei Monate gelagert werden. Bei anderen Speisen ist aus sensorischen Gründen eine Lagerung von sechs Monaten und länger tolerierbar.

Eine Aufbereitungsküche für sterilisierte Speisen zeichnet sich im Vergleich zu jenen für tiefgekühlte, gekühlte oder gekühlte pasteurisierte Speisen dadurch aus, dass keine Kühlgeräte notwendig sind. Dies verursacht geringere Investitionskosten und geringere Energiekosten (AID 1993b, S. 16 f.). Neben der küchentechnischen Ausstattung zur Frischzubereitung von Salaten und Obst, zur Speisenausgabe und zur Geschirrreinigung sind weitere Geräte notwendig. Für die Regeneration von Schalen ist ein Convectomat notwendig. Werden hingegen Dosen verwendet, so wird ein Wasserbad-Erwärmungsgerät benötigt.

Eine Arbeitskraft (fünf Stunden) kann 100 Verpflegungsteilnehmer versorgen.

Wegen der geringen sensorischen Qualität finden sterilisierte Speisen nur bei zeitlich befristeter Verpflegung (z. B. in Jugendcamps, Truppeneinsätze beim Militär, Katastrophenhilfe in Flüchtlingslagern etc.) sowie als Notvorrat in stationären Einrichtungen für den Katastrophenfall Verwendung.

Beurteilung der Aufbereitungsküche

Bei allen Arten von Aufbereitungsküchen ist die Speisenzubereitung vollständig an den Industriebetrieb ausgelagert. Die Lieferung erfolgt in Mehrportionsgebinden oder als Einzelportionen. In der eigenen Küche werden diese Speisen nur noch regeneriert.

Vorteil der Aufbereitungsküche ist, dass eine geringe Summe investiert werden muss, um die Küche in Betrieb zu nehmen. Der Personalbedarf ist gering, sowohl quantitativ als auch qualitativ. Eine Fünf-Stunden-Kraft ist beispielsweise ausreichend, um 100 Verpflegungsteilnehmer zu versorgen. Die Gesamtkosten zum Betreiben der Küche sind gering.

Nachteil der Aufbereitungsküche ist, dass das Speisenprogramm relativ eingeschränkt ist. Einige Speisen sind ungeeignet und können, je nach Variante der Haltbarmachung, nicht angeboten werden. Bei den Verpflegungsteilnehmern wird sich nach gewisser Zeit eine Geschmacksermüdung einstellen. Dies tritt in der Regel bei Speisen aus industrieller Fertigung auf.

Dieses Küchensystem ist nur in relativ kleinen Einrichtungen wie Kindergärten, Kindertagesstätten und Betriebskantinen verbreitet.

3.3.3 Mischküche

Eine Mischküche ist eine Einzelküche, die einen Teil der Speisen aus industrieller Fertigung aufbereitet und die anderen Speisen selbst zubereitet.

Die Auswahl der Speisen, die in einer Mischküche aus Rohware zubereitet bzw. gegen industriell hergestellte Speisen ausgetauscht werden, orientiert sich an zwei Kriterien:

- Speisen werden dann selbst zubereitet, wenn die Qualität der industriell hergestellten Speisen nicht zufriedenstellend ist.
- Speisen werden dann aus industrieller Fertigung bezogen, wenn für deren Zubereitung spezielle technische Einrichtungen oder sehr viel Arbeitszeit notwendig sind. Dadurch werden im Vergleich zur eigenen Zubereitung niedrigere Gesamtkosten verursacht.

Im Umfang der selbst zubereiteten Speisen sind nach AID (1993c, S. 4 ff.) verschiedene Stufen zu unterscheiden.

In der **Mischküche Stufe 1** werden die stärkereichen Speisen frisch zubereitet. Diese Speisen können in der Aufbereitungsküche keine zufriedenstellende Qualität erzielen. Es sind Speisen wie Kartoffelpüree, Salzkartoffeln, Nudeln und Reis, die relativ einfach zuzubereiten sind. Alle übrigen Speisen kommen aus industrieller Fertigung.

Für das Garen der stärkereichen Speisen sind ein Kessel und ggf. eine Kippbratpfanne (für Bratkartoffeln) notwendig.

Für eine Mischküche Stufe 1 werden für 100 Verpflegungsteilnehmer mindestens zwei Arbeitskräfte mit fünf und drei Stunden benötigt.

In der **Mischküche Stufe 2** werden neben den stärkereichen Speisen auch Kurzbratspeisen selbst zubereitet. Dafür werden ein Kessel, eine Kippbratpfanne und ggf. eine Friteuse benötigt. Alle anderen Speisen werden aus industrieller Fertigung bezogen. Für eine Mischküche Stufe 2 werden nach AID (1993c, S. 22 ff.) für 100 Verpflegungsteilnehmer mindestens drei Küchenkräfte benötigt. Der Bedarf an Arbeitskräften schwankt von Tag zu Tag je nach Anzahl der selbst zubereiteten Speisen.

Neben stärkereichen Speisen und Kurzbratspeisen werden auch warme Gemüsebeilagen in der **Mischküche Stufe 3** zubereitet. Die übrigen Speisen werden aus industrieller Fertigung bezogen. Für die Küchenausstattung bedeutet das, dass fast eine Vollausstattung an Geräten benötigt wird. Der Personalbedarf ist deutlich höher als bei Mischküche Stufe 1 und 2. Dafür ist die sensorische Qualität der empfindlichen Speisen deutlich besser und der Geschmack ermüdet nicht. Die Mischküche Stufe 3 ist in der Literatur nicht beschrieben. Es handelt sich um eine gedankliche Weiterführung der ausführlich erforschten Mischküchen Stufe 1 und 2.

3.3.4 Zentralküche mit Verteilerküche

Eine vollständige Zentralisierung geschieht in dem Küchensystem aus Zentralküche mit Verteilerküche. Dabei werden sämtliche Speisen in der Zentralküche unter sehr ökonomischen Bedingungen vor- und zubereitet, anschließend heiß in Thermophoren (isolierte oder beheizbare Behältnisse) abgefüllt und zur Verteilerküche transportiert. Die Warmhaltetemperatur liegt mindestens bei 70 °C, die Dauer soll zwei bis drei Stunden nicht überschreiten. Es wird eine örtliche Distanz von 0,5 bis 50 km empfohlen. In der Praxis werden die 50 km jedoch überschritten.

In der Verteilerküche werden die Speisen dann nur noch portioniert und ausgegeben. Gegebenenfalls werden einzelne Komponenten vorher noch miteinander vermischt (z. B. Mischen von Salat und Salatsoße).

Dieses System ist in Deutschland vor allem in der Schulverpflegung sehr verbreitet.

Aufgrund der großen Portionsmengen in der Zentralküche kann dieses System sehr wirtschaftlich arbeiten. Die Investitionskosten und Betriebskosten in den Verteilerküchen sind sehr niedrig, da keine Gargeräte in der Verteilerküche benötigt werden.

Bezüglich des Personalaufwands in der Verteilerküche ist Folgendes zu beachten: Auch wenn in einer Verteilerküche keine Speisen zubereitet werden, ist dennoch Arbeitskraft für folgende Arbeitsschritte notwendig: Materialanlieferung, Bereitstellung von Frischobst und Mischen von Salaten, Ausgabe sowie Reinigung. Die meiste Arbeitszeit in einer Verteilerküche wird für die Reinigung aufgewendet (AID 1993a, S. 23 ff.).

Die lange Warmhaltezeit von ein bis drei Stunden wirkt sich negativ auf die ernährungsphysiologische und die sensorische Qualität der Speisen aus. Das mikrobiologische Risiko steigt.

Bei einer Warmhaltetemperatur von 70 bis 80 °C beträgt der Vitaminverlust nach AID (1993a, S. 24)

8 % Vitamin C-Verlust pro Stunde
5 % Vitamin B_1-Verlust pro Stunde
3 % Vitamin B_2-Verlust pro Stunde
2 % Niacin-Verlust pro Stunde
3 % Vitamin B_6-Verlust pro Stunde
5 % β-Carotin-Verlust pro Stunde
3 % Vitamin A-Verlust pro Stunde.

Die größten Verluste sind somit bei Vitamin C und Vitamin B_1 zu verzeichnen. Diese Vitaminverluste sollten ausschlaggebend sein, wenn die gerade noch tolerierbare Warmhaltedauer bestimmt wird.

Außerdem ist zu empfehlen, bei der Erstellung des Speisenplans auf Vitamin C- und Vitamin B_1-reiche Lebensmittel zu achten (Salat, Obst, Säfte, Vollkornprodukte).

In der Praxis wird immer wieder die sensorische Qualität von warmgehaltenen Speisen bemängelt. Inwieweit die Speisen durch das Warmhalten an Qualität verlieren, hängt u. a. von der Art der Speise ab. Beispielsweise verlieren Eintöpfe und gebundene Suppen nicht so schnell an sensorischer Qualität wie kurzgebratene Fleischspeisen.

In Abbildung 3.9 sind die Richtwerte für die mögliche Warmhaltedauer von Speisen bei 70 bis 80 °C und die Lagerdauer von Salaten bei 20 °C angegeben. Bei Einhaltung dieser Standzeiten ist der Genusswert gerade noch zufriedenstellend. Diese Standzeiten sind bei der Speisenplanung und beim Arbeitsablauf der Zubereitung zu berücksichtigen. Die Speisen, die am empfindlichsten sind, müssen im Arbeitsablauf als letztes zubereitet werden.

Speisengruppe	**Speisenarten, die sensorisch gerade noch zufriedenstellend sind nach**				
	2 Stunden	**3 Stunden**	**4 Stunden**	**5 Stunden**	**mehr als 5 Stunden**
Fleisch/Fisch/Ei	Fischfilet, gebraten	Schweinebraten, Schweineschnitzel, paniert, Frikadellen, Rührei mit Schinken	---	Hühnerfrikassee, Fischfilet in Soße, Eier in Senfsoße	Rindergulasch
Gemüse	---	Grüne Bohnen, Erbsen, Möhren, Spinat	Blumenkohl, Rosenkohl	Rotkohl	Sauerkraut
Gemüsesalate	---	---	---	---	Bohnensalat, Gurkensalat, Tomatensalat, Weißkrautsalat
Kartoffeln/Teigwaren/Reis	Salzkartoffeln	Kartoffelbrei (Trockenprodukt), Kartoffelklöße, Milchreis	Kartoffelbrei, Eierteigwaren, Pellkartoffeln ohne Schale	Reis	Kartoffelsalat
Eintopfgerichte	---	Grüner Bohneneintopf	---	Erbseneintopf	---

Abb. 3.9 Richtwerte für die Warmhaltedauer von Speisen bei 70 – 80 °C und Lagerdauer von Salaten bei ca. 20 °C (in Anlehnung an AID 1993a, S. 25)

Das Verteilen der Speisen von der Zentralküche in die Verteilerküche verursacht einen hohen Transportaufwand und ein hohes Spülvolumen. Ob die Speisen zur richtigen Zeit am richtigen Ort sind, hängt von der Zuverlässigkeit der Lieferanten ab.

Ein weiterer Nachteil dieser Organisationsform ist, dass keine flexible Anpassung an die individuellen Anforderungen der

Verpflegungsteilnehmer stattfinden kann (AID 1993a, S. 23 ff.).

Es können verschiedene Maßnahmen ergriffen werden, um die sensorische Qualität von warmgehaltenen Speisen zu verbessern. Grundsätzlich sollten alle ungeeigneten Speisen ausgeschlossen werden. Die Rezepturen sollten so an die Ausgangswaren angepasst werden, dass die Speisen die Warmhaltezeit gut überstehen. Die sensorische Qualität wird durch Austrocknen, Konsistenzverlust und Aufweichen der Speisen gemindert. Maßnahmen beim Transport sind der Transport in Soße (Schutz vor dem Austrocknen), geringe Schichthöhe (Schutz vor dem Zerdrücken) und die Einlage einer Siebplatte (Schutz vor dem Aufweichen). Um die Speisen beim Transport ausreichend warm zu halten, sollten sie bereits mit hoher Temperatur abgefüllt werden. Teilabfüllungen sowie das Abfüllen bei starken Luftströmungen (z. B. Abzug in der Küche) begünstigen das Auskühlen. Nach der Abfüllung sollten die Thermophoren nicht mehr geöffnet werden. Der Wärmeverlust beträgt beim Abfüllen 7 K. Während der Lagerung und des Transports nimmt die Temperatur um weitere 3 K pro Stunde ab. Die optimale Ausgabetemperatur beträgt 70 °C; die optimale Verzehrtemperatur 63 °C.

Eine Verteilerküche benötigt eine geringe Küchenausstattung. Es werden lediglich Geräte zum Mischen von Salaten und zum Waschen von Obst benötigt (Doppelbeckenspüle). Es müssen Geräte zum Verteilen der Speisen und eine Spülmaschine vorhanden sein.

Die Mitarbeiter in der Verteilerküche haben folgende Aufgaben: Bei der Anlieferung der Speisen werden die vollen Thermophoren entgegengenommen und die leeren abgegeben. Die empfangene Lieferung wird auf dem Plattformwagen in die Küche transportiert. In der Küche wird das Frischobst gewaschen und die Salate werden gemischt. Die Geschirrrückgabe wird vorbereitet. Die Ausgabe wird vorbereitet, indem die Speisen in der Ausgabetheke angerichtet werden. Die Speisen werden von den Küchenkräften portioniert.

Bei der Nachbereitung werden das Schmutzgeschirr und -besteck sortiert, in der Spülmaschine gereinigt, abgetrocknet und sortiert. Die Thermophoren müssen geleert und ebenfalls gereinigt werden. Alle Geräte und Einrichtungsgegenstände sowie der Fußboden müssen gereinigt werden.

Die Anzahl der Teilzeitkräfte hängt davon ab, welches Ausgabesystem vorliegt (Tischgemeinschaft oder Cafeteriaausgabe) und wie viele Verpflegungsteilnehmer versorgt werden. In Abbildung 3.10 sind die Empfehlungen nach AID (1993a, S. 30) aufgezeigt.

Ausgabesystem/ Beschäftigungsgruppe	Anzahl Teilzeitkräfte für Anzahl Verpflegungsteilnehmer (VT)					
	50 VT	100 VT	250 VT	500 VT	750 VT	1000 VT
Tischgemeinschaft						
Halbtagskräfte (4 Std.)	1*	1	2	4*	5	6
Cafeteria						
Halbtagskräfte (4 Std.)	-	2*	2	4*	5	6
Hilfskräfte (1 – 1 ½ Std.)	-	-	2	4	4	4

** Hier reichen jeweils ca. drei Stunden aus.*

Abb. 3.10 Anzahl Teilzeitkräfte in einer Verteilerküche nach Verpflegungsteilnehmer und Ausgabesystem (Quelle: AID 1993a, S. 30)

3.3.5 Zentralküche mit Relaisküche

Bei einem Küchensystem Zentralküche mit Relaisküche besteht eine Arbeitsteilung zwischen den beiden Küchen. Aufgaben, die ohne große Qualitätsverluste zentralisiert werden können, werden in der Zentralküche wahrgenommen. Das sind die Vorbereitung der Lebensmittel und die Zubereitung unempfindlicher Speisen (z. B. Suppen, Soßen, Eintöpfe), die anschließend warm zur Relaisküche transportiert werden. Die Warmhaltezeiten sollten dabei maximal drei Stunden nicht überschreiten. Auch Kalttransport (Cook-and-Chill-System) ist möglich.

Empfindliche Komponenten werden – soweit möglich – zentral vorbereitet und dezentral, d. h. in den Relaisküchen gegart (z. B. Salzkartoffeln, Teigwaren, Reis, kurzgebratene Speisen, Blattsalate, Edelgemüse).

Dieses System ist bezüglich Geschmack, Aussehen und Nährstoffgehalt der Speisen der Einzelküche (Zubereitungsküche) fast gleichzusetzen. Es ist dort anzuwenden, wo mehrere größere Einheiten (z. B. Altenpflegeheime) im Umkreis von ca. 20 km um eine Zentralküche versorgt werden müssen.

Dieses System ist in Deutschland noch nicht sehr verbreitet, insbesondere wegen verwaltungstechnischen und organisatorischen Problemen.

Der Vorteil der Zentralküche mit Relaisküche liegt in der guten ernährungsphysiologischen und sensorischen Qualität, da die empfindlichen Speisen vor Ort zubereitet werden. Wirtschaftlichkeit für relativ kleine Küchen ist gegeben, da die rationelle Produktion in der Zentralküche zu einer Verbesserung der Wirtschaftlichkeit beiträgt.

Nachteilig ist bei dieser Küchenorganisation, dass bei den zentral zubereiteten Speisen längere Warmhaltezeiten auftreten (ein bis drei Stunden). Durch den Transport ist ein mikrobiologisches Risiko gegeben. Außerdem verursacht der Transport Kosten und ein hohes Spülvolumen.

Da der Speisenplan von der Zentralküche vorgegeben wird, ist eine Anpassung an die individuellen Bedürfnisse der Verpflegungsteilnehmer der Relaisküche nur schlecht möglich. Gargeräte werden in der Zentralküche und in der Relaisküche benötigt. Dadurch ist der Investitionsaufwand relativ hoch. Verglichen mit der Verteilerküche ist der Personalaufwand in der Relaisküche noch relativ hoch.

3.4 Distributionssystem

Nach der Produktion werden die Speisen zur Ausgabe transportiert. Das Distributionssystem beschreibt:

- die zeitliche Gestaltung der Verteilung,
- den Ort der Portionierung,
- die Gebindegröße der Verteilung,
- das Geschirr der Verteilung,
- die Temperatur der Verteilung,
- die Art der Portionierung.

Der allgemeine **zeitliche Ablauf** der Verteilung beginnt mit dem Entleeren der Gargeräte. Die Speisen werden anschließend zur Verteilstelle transportiert und zum Portionieren bereitgehalten. An der Verteilstelle erfolgt die Portionierung in Einzel- oder Gruppenportionen. Die Portionen werden von dort entweder von den Verpflegungsteilnehmern abgeholt oder zu ihnen gebracht.

Unterschiede kann es in der Zeitgestaltung zwischen Fertigstellung der Speisen und der Endportionierung bzw. Verteilung geben.

Ideal ist, wenn die Endportionierung der Speisen direkt nach deren Fertigstellung erfolgt. Dann gibt es keine standzeitbedingten Qualitätsverluste.

In der Regel gibt es eine Standzeit. Diese Standzeit kann es direkt nach der Fertigstellung im Gargerät geben, vor der Endportionierung im Ausgabebehälter oder beide Standzeiten kombiniert (Abbildung 3.11). Standzeiten im Gargerät gibt es dann, wenn die Speisen nicht punktgenau zubereitet wurden (vgl. Kapitel 7 Produktionsablaufplanung). Je nach Speise und Dauer kann es hier bereits zu Qualitätsverlusten kommen. Eine Standzeit im Ausgabebehälter gibt es u. a. in Mensen und Betriebsrestaurants. Hier werden die Speisen erst dann portioniert, wenn der Verpflegungsteilnehmer das Essen abholt (vgl. Kapitel 3.5).

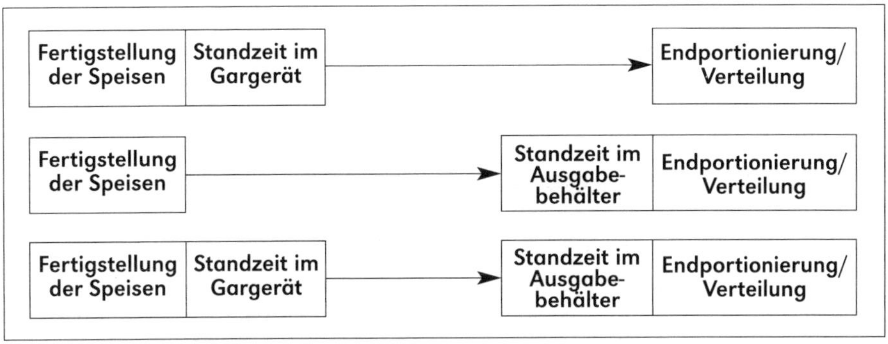

Abb. 3.11
Zeitliche Gestaltung der Verteilung in der Zubereitungsküche sowie in der Aufbereitungsküche

In einer Verteilerküche oder Relaisküche werden die Speisen nach der Fertigstellung in isolierte Behälter verbracht und anschließend zum Verteilungsort transportiert (siehe Kapitel 3.3.4). Dabei kann es zu einer Standzeit im Gargerät oder/und im Ausgabebehälter kommen (Abbildung 3.12). Diese Art der zeitlichen Gestaltung bei der Verteilung kommt häufig in der Schulverpflegung vor.

Eine weitere Möglichkeit ist es, die Speisen direkt nach der Fertigstellung in Menüschalen zu portionieren. Anschließend erfolgen der Transport und die Verteilung, so wie es bei *Essen auf Rädern* üblich ist. Eine Standzeit kann es vor der Endportionierung oder/und vor der Verteilung geben.

In Mensen können Speisen wie Desserts oder Beilagen endportioniert werden und eine Standzeit haben, bis sie verteilt werden.

Wichtig für die Gesamtzeit der Distribution ist die Warmhaltezeit bzw. Standzeit bis zum Verzehr. Je länger die Warmhaltezeit, desto geringer ist die ernährungsphysiologische und

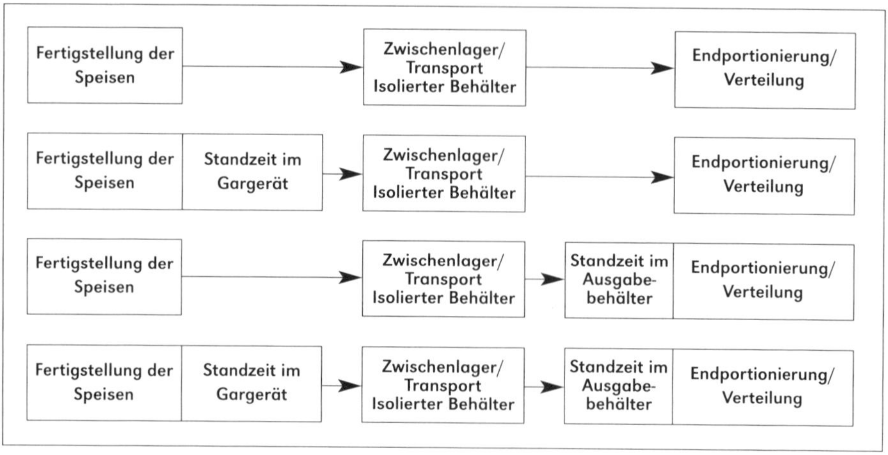

Abb. 3.12
Zeitliche Gestaltung der Verteilung in einer Zentralküche mit Verteilerküche oder Relaisküche

sensorische Qualität. Das mikrobiologische Risiko steigt, insbesondere wenn die Temperatur in kritische Bereiche abfällt.

Der **Ort der Verteilung** kann zentral im Küchenbereich sein. Die Portionierung kann außerdem dezentral am Ort des Verzehrs erfolgen. Beispielsweise ist die Portionierung in einer Stationsküche dezentral von der Küche und ortsfest. Ein fahrbarer Ausgabewagen auf der Station ist eine dezentrale und ortsbewegliche Verteilung. Eine weitere Möglichkeit ist die Speisenportionierung im Speiseraum bzw. am Ort des Verzehrs, so wie es beispielsweise in Cafeterien üblich ist.

Bei der Portionierung gibt es Unterschiede bei den **Gebindegrößen**. Einzelportionsgebinde (Assietten oder Tabletts) können einheitlich oder individuell für den Verpflegungsteilnehmer zusammengestellt werden. Bei individueller Einzelportionierung erfolgt die individuelle Portionsgröße und/oder Zusammenstellung entweder auf Wunsch des Verpflegungsteilnehmers oder auf Anordnung des Arztes. Mehrportionsgebinde gibt es bei Tischgemeinschaften oder bei Buffets.

Bei der Einzelportionierung können entweder Verzehrgeschirr oder Transportgefäße verwendet werden. Transportgefäße sind Assietten, verschließbare Salatschalen u. ä. Das Verzehrgeschirr kann in das haushaltsübliche Geschirr mit Teller, Schalen und Tabletts sowie in das Systemgeschirr unterschieden werden. Das Systemgeschirr kann wärmeisoliert sein, sodass die Speisen von der Heißportionierung bis zur Verteilung nur einen geringen Wärmeverlust haben. Werden die Speisen kalt portioniert, z. B. in einer Cook-and-Chill-Küche, muss das Systemgeschirr regeneriergeeignet sein. Die Speisen werden erst nach der Portionierung in Regenerierwagen wiedererwärmt.

Bei der Portionierung von Großgebinden können Serviergefäße wie Schüsseln, Platten usw. oder Gastronorm-Behälter (GN-Behälter) verwendet werden.

Die Wahl der **Geschirrform** beeinflusst die Temperatur der Speisen von der Ausgabe bis zum Verzehr. Je nachdem, ob in Schale oder Teller portioniert wird, kühlen die Speisen langsamer oder schneller ab. Die Abkühldauer ist abhängig von der Ausgabetemperatur und dem Kompaktheitsgrad der Speisen. In Abbildung 3.13 sind Beispiele für die Abkühldauer verschiedener Speisen aufgelistet.

Speise	Suppenschale Füllguttemperatur		Teller, tief (Coupform) Füllguttemperatur		Menüschale Füllguttemperatur	
	80 °C	95 °C	80 °C	95 °C	80 °C	95 °C
Rindfleischsuppe mit Nudeln (300 g)	3,2 min	7,8 min	1,1 min	3,0 min	-	-
Erbseneintopf (300 g)	4,1 min	9,8 min	1,3 min	3,5 min	-	-
Reis (150 g)	-	-	-	-	1,3 min	2,9 min
Gulasch (250 g)	-	-	-	-	1,5 min	3,5 min

Abb. 3.13
Einfluss der Geschirrform auf die Abkühldauer (in min) bis zum Erreichen der Verzehrtemperatur von 63 °C bei portionierten Speisen (unbedeckt) (Quelle: AID 1993d, S. 8)

Die **Temperatur der Verteilung** kann heiß oder kalt sein. Bei der Heißportionierung müssen die in Abbildung 3.13 aufgezeigten Abkühlzeiten berücksichtigt werden. Die Kaltportionierung ist häufig in der Cook-and-Chill-Küche anzufinden (vgl. Kapitel 3.3.1.2). Während der Portionierung dürfen die Speisen nicht auf mehr als 10 °C erwärmt werden. Die Portionierung erfolgt auf Systemgeschirr. Die Regenerierung auf 70 °C erfolgt mit Hilfe von Regenerierwagen.

Die **Portionierung** kann manuell mit und ohne Verwendung eines Portionierbands erfolgen. Bei der Portionierung mit Portionierband ist für jede Menükomponente eine Küchenkraft zuständig. In der industriellen Speisenproduktion ist auch vollautomatische Portionierung üblich.

3.5 Ausgabesystem

Nachdem der Verpflegungsteilnehmer sich für ein Menü entschieden und es bestellt hat, müssen die Speisen ausgegeben werden. Für einen Verpflegungsbetrieb gibt es viele Ausgabesysteme, zwischen denen gewählt werden kann. Nicht jedes System ist überall geeignet, da sich die Verpflegungsbetriebe hinsichtlich der Anzahl sowie der Ansprüche und Einstellungen der Verpflegungsteilnehmer unterscheiden. Hinzu kommen verschiedene bauliche Gegebenheiten wie Raumgröße und Wege, betriebliche Regelung, z. B. wann und in welchem Zeitraum die Essensausgabe zu erfolgen hat, und die vorhandenen finanziellen Mittel, die die Entscheidung für ein Ausgabesystem beeinflussen.

Für die Charakterisierung des Ausgabesystems ist die Auswahlmöglichkeit des Verpflegungsteilnehmers zu betrachten. Es kann folgende Varianten geben:

- Der Speisenplan ist für einen bestimmten Zeitraum vorgegeben. Es gibt keine Auswahlmöglichkeiten.
- Der Verpflegungsteilnehmer hat die Auswahl zwischen zwei bis drei Menüs, deren Zusammensetzung fixiert ist.
- Es gibt ein Alternativprogramm mit zwei bis drei Auswahlmenüs. Der Verpflegungsteilnehmer kann außerdem die Beilagen frei wählen.
- Der Verpflegungsteilnehmer kann sich das Menü aus einer größeren Zahl von Haupt- und Nebenkomponenten frei zusammenstellen.

Ein weiterer Aspekt bei der Gestaltung des Ausgabesystems ist die Variabilität der Portionsgröße. Der Verpflegungsteilnehmer fühlt sich individuell versorgt, wenn die Portionsgröße auf Wunsch des Verpflegungsteilnehmers oder einer übergeordneten Autorität (z. B. Arzt) verändert werden kann. Dies ist bei den Mitteln der Ausgabe gegeben, bei denen ein Kontakt zwischen Verpflegungsteilnehmer und Ausgabepersonal besteht. Wenn der Hersteller oder die Küchenleitung die Portionsgrößen festlegt, gibt es keine Variabilität.

Verpflegungseinrichtungen unterscheiden sich ebenfalls in der Dauer der Öffnungszeiten. Manche Einrichtungen versorgen die Kunden ganztätig mit warmen oder kalten Speisen, andere hingegen sind nur mittags geöffnet.

Ein Ausgabesystem ist die Art der Speisenabgabe an die Verpflegungsteilnehmer. Es gibt die Varianten Fremdbedienungssystem und Selbstbedienungssystem. Bei dem Fremdbedienungssystem werden die Verpflegungsteilnehmer individuell durch Servicepersonal bedient. Dies kann durch einen Kellner, der eine Tischgemeinschaft oder am Buffet bedient, geschehen.

Bei dem Selbstbedienungssystem wird der Verpflegungsteilnehmer aktiv, indem er sich die vorportionierten Menüs oder Menükomponenten selbst abholt oder sich teilweise oder voll selbst bedient. Es gibt sechs Varianten der Essensausgabe, die im Folgenden beschrieben werden.

Die **Thekenausgabe** wird auch Schalterausgabe genannt. Sie besteht aus einer Theke, an der die Speisen an eine Person ausgegeben werden. Die Theke kann je nach baulicher Gegebenheit in die Küche oder in den Speiseraum integriert sein. Das System eignet sich sowohl für die Ausgabe von Einzelportionen als auch die Ausgabe von Gebinden für Tischgemeinschaften. Nachteil dieser Ausgabe ist, dass nur eine geringe Anzahl an Speisen pro Stunde verteilt werden kann. Die Thekenausgabe wird in Internaten, Jugendherbergen u. ä. genutzt.

Die **Drehtellerausgabe**, auch Karussell-Ausgabe genannt, ist gering verbreitet. Das Karussell wird vom Küchenraum aus manuell oder über Band beschickt. Der Verpflegungsteilnehmer kann sich das Menü oder die Menükomponenten aus dem Karussell nehmen. Bei der Ausgabe findet kein Kontakt zwischen dem Ausgabepersonal und dem Verpflegungsteilnehmer statt. Auf diese Weise ist die Portionsgröße immer gleich, individuelle Wünsche können nicht berücksichtigt werden. Vorteile des Systems sind der geringe Raumbedarf und die hohe Leistung.

Eine Weiterentwicklung der Drehtellerausgabe ist die Ausgabe von Menüs mit Hilfe eines Automaten. Die Speisen werden in der Küche portioniert und verpackt und anschließend im Automaten gekühlt gelagert. Der Verpflegungsteilnehmer kann das Menü am Automaten auswählen, bezahlen und muss es anschließend nur noch regenerieren. Vorteil dieser Variante ist, dass für die eigentliche Abgabe der Speisen an den Verpflegungsteilnehmer keine Mitarbeiter mehr benötigt werden. Dies ermöglicht Öffnungszeiten rund um die Uhr.

Bei der **Bandausgabe** werden einheitliche Essen ausgegeben. Das Ausgabepersonal verteilt die Speisen im Küchenbereich, sodass der Verpflegungsteilnehmer keinen Einfluss auf die Portionsgröße nehmen kann. Der Verpflegungsteilnehmer entnimmt das Tablett von einem Band. Auf diese Weise können ca. 15 Verpflegungsteilnehmer pro Minute versorgt werden. Durch diese schnelle Ausgabe haben die Speisen nur eine geringe Warmhaltezeit.

Nachteil der Bandausgabe ist, dass es keinen Kontakt zwischen Verpflegungsteilnehmer und Ausgabepersonal gibt. Auf individuelle Wünsche kann nicht eingegangen werden. Dies vermittelt dem Verpflegungsteilnehmer den Eindruck einer Massenabfertigung.

Bei der **Cafeteria-Linie** wird der Verpflegungsteilnehmer an der Theke entlang geleitet (Abbildung 3.14). Zunächst nimmt sich der Verpflegungsteilnehmer ein Tablett und Besteck. Anschließend werden die warmen und kalten Speisen angeboten, zwischen denen der Verpflegungsteilnehmer wählen kann. Der Verpflegungsteilnehmer wird an allen angebotenen Speisen vorbeigeleitet. Der persönliche Kontakt zum Servicepersonal ist gegeben, sodass auch auf individuelle Portionswünsche eingegangen werden kann. Salate und Desserts können dabei schon vorportioniert sein. Direkt vor der Kasse stehen die Getränke zur Selbstbedienung (z. B. Kaffeeautomat). Die Ausgabeleistung beträgt sechs bis zehn Verpflegungsteilnehmer pro Minute. Bei großem Andrang können sich deswegen Schlangen bilden. Die Form der Cafeteria-Linie kann entsprechend dem Platzbedarf und der Angebotspalette angepasst werden.

Bei der **Free-Flow-Cafeteria** ist die Linienführung aufgelöst. Entsprechend der Übersetzung *freier Fluss* kann sich der Verpflegungsteilnehmer frei im Raum bewegen. Die Ausgabe erfolgt an mehreren Ausgabestellen, zum Teil auch mit dem gleichen Angebot. Der Verpflegungsteilnehmer stellt sich nur an die Ausgabe, an der er die gewünschten Speisen bekommt. Auf diese Weise verteilen sich die Verpflegungsteilnehmer auf mehrere Schlangen (Abbildung 3.15). Die Nachlieferung erfolgt chargenweise an die einzelnen Ausgaben. Auf diese Weise können ca. fünf Verpflegungsteilnehmer pro Minute bedient werden.

Vorteile bietet das Free-Flow-System, da der Verpflegungsteilnehmer individuell seine Speisen wählen kann. Der Kontakt

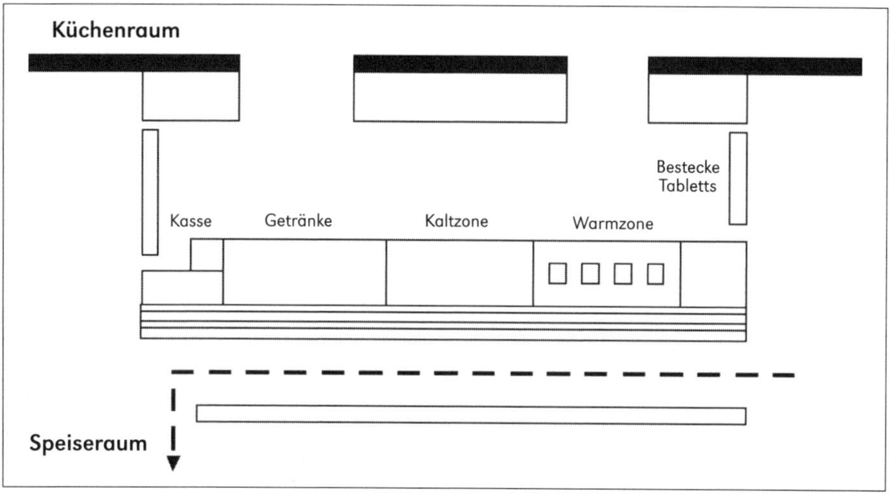

Abb. 3.14
Cafeteria-Linie

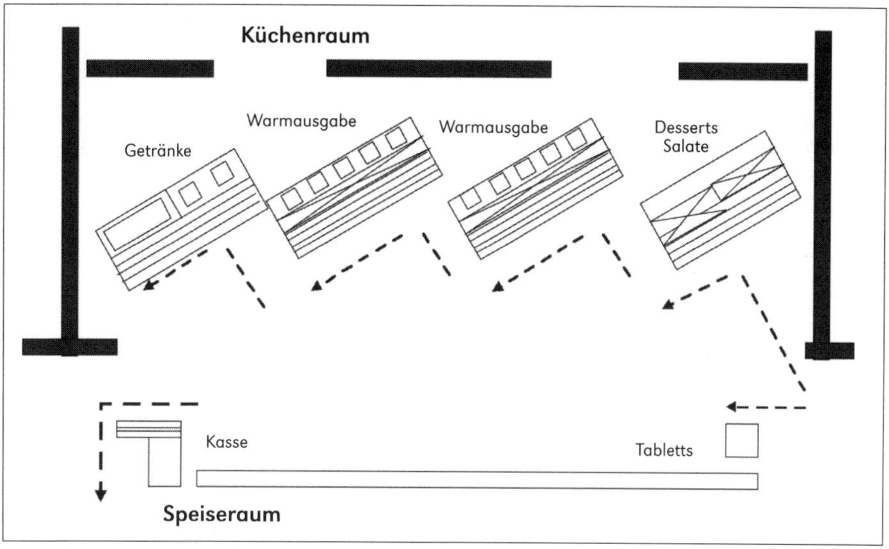

Abb. 3.15
Free-Flow-Cafeteria

zum Servicepersonal ist gegeben, sodass auf Wünsche eingegangen werden kann. Da sich der Verpflegungsteilnehmer nur dort anstellen muss, wo es die ausgewählten Speisen gibt, verkürzen sich die Schlangen. Der Verpflegungsbetrieb erzielt auf diese Weise ein hohes Image und eine hohe Kundenzufrie - denheit.

Nachteilig an der Free-Flow-Cafeteria ist der hohe Raumbedarf, damit sich die Kunden tatsächlich frei bewegen können. Das Free-Flow-Cafeteria-System ist in Betriebskantinen, Mensen, Kaufhäusern und Supermärkten sowie in Raststätten verbreitet.

Eine Variante des Cafeteria-Systems ist das Front-Cooking. Dies ist das Kochen vor dem Gast. Einzelne Speisen oder Menükomponenten werden direkt an der Ausgabestelle zubereitet, sodass der Verpflegungsteilnehmer zuschauen kann. Auf diese Weise wird Frische vermittelt. Front-Cooking ist Teil des Free-Flow-Systems in Kaufhäusern und Betriebskantinen. Auch Mensen versuchen, dieses System zu integrieren.

Eine weitere Variante ist die Ausgabe einzelner Komponenten nach Belieben. Dies ist besonders in Finnland verbreitet. Hauptspeisen wie Fleisch und Fisch werden vom Ausgabepersonal ausgegeben. Salat, Beilagen sowie Brot werden nach dem Bezahlvorgang durch den Verpflegungsteilnehmer selbst portioniert. Durch dieses Ausgabesystem wird gewährleistet, dass von den ernährungsphysiologisch günstigen Speisen größere Mengen verzehrt werden. Abbildung 3.16 zeigt ein Beispiel einer solchen Speisenausgabe an der Universität Helsinki.

Abb. 3.16 Speisenausgabe der Universität Helsinki

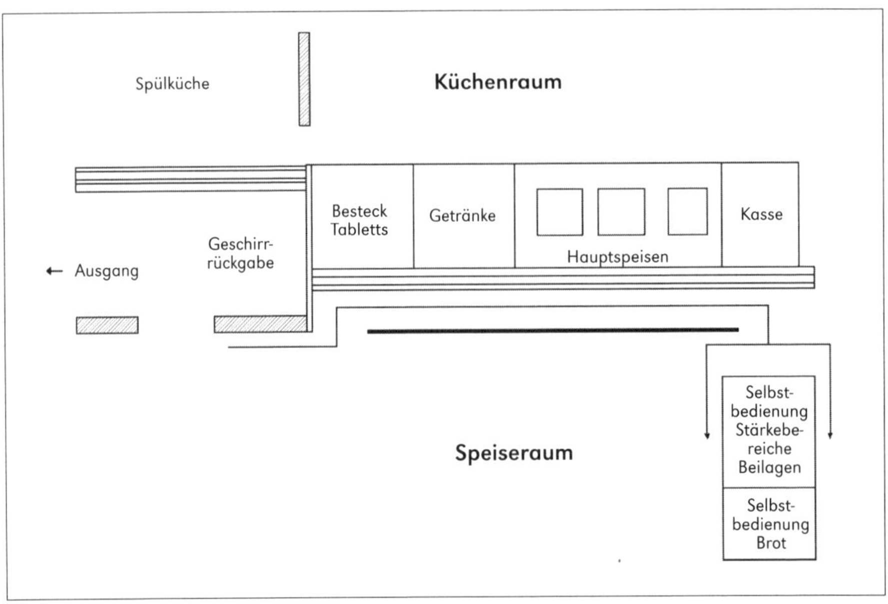

Beim **Selbstbedienungs-Buffet** portioniert der Verpflegungsteilnehmer die Speisen selbst, sodass jeder selbst wählen kann, welche Größe die Portion hat (Abbildung 3.17). Die Küchenmitarbeiter sorgen dafür, dass immer ausreichend Speisen in den Auslagen vorhanden sind.

Abb. 3.17 Selbstbedienungs-Buffet (Foto: Steinel)

Das Selbstbedienungs-Buffet kann Teil einer Cafeteria-Linie oder Free-Flow-Cafeteria sein.

Das Selbstbedienungs-Buffet erfreut sich hoher Beliebtheit bei den Verpflegungsteilnehmern, da es sehr individuell ist. Nachteil ist, dass die Ausgabe sehr langsam erfolgt. Deshalb wird dieses System in Kureinrichtungen und Tagungshäusern genutzt. Es eignet sich dort, wo kleine Gruppen speisen oder Mahlzeiten mit geringem Anteil an warmen Speisen (Frühstück, Abendessen) angeboten werden.

3.6 Abrechnungssystem

Die Speisen und Getränke müssen vom Verpflegungsteilnehmer bezahlt werden. Die Abrechnungsverfahren unterscheiden sich hinsichtlich des Mittels und des Zeitpunkts der Bezahlung, der Beeinflussung der Liquidität des Bezahlenden, des Datenschutzes sowie des Bezugs zur Inanspruchnahme.

Es gibt verschiedene **Mittel**, die zur Bezahlung zur Verfügung stehen.

Bei der Barzahlung mit Bargeld ist der Vorteil, dass der Verpflegungsteilnehmer viele Wahlmöglichkeiten mit differenzierter Preisgestaltung hat. Er kann also alle Speisen auswählen, egal welchen Preis sie haben. Der Nachteil ist jedoch, dass dieses Abrechnungsverfahren sehr zeitaufwändig ist (15 – 28 Sekunden/Vorgang). Es besteht die Gefahr, dass sich Warteschlangen an der Kasse bilden (vgl. Bolten/Geiger 1993).

Bei der halbbaren Bezahlung wird nur ab und zu Bargeld benötigt. Dies kann beim Kauf von Marken oder Chips sein. Der Vorteil der Marken und Chips ist, dass der Abrechnungsvorgang sehr schnell geht, sodass nur kurze Warteschlangen an der Kasse entstehen. Die Nachteile von Marken und Chips sind die geringen Möglichkeiten bei der Essensauswahl. Hat sich der Verpflegungsteilnehmer im Vorverkauf für ein bestimmtes Gericht entschieden, kann er sich bei der Ausgabe nicht mehr umentscheiden. Beim Kauf der Marken und Chips kann es passieren, dass sich der Verpflegungsteilnehmer zweimal an einer Schlange anstellen muss. Der Verpflegungsteilnehmer muss dem Gemeinschaftsverpflegungsbetrieb Kredit gewähren oder die Marken täglich neu kaufen. Essenchips sind zudem wie Bargeld hygienisch bedenklich, weil sie durch viele Hände gehen (vgl. Bolten/Geiger 1993).

Die Guthabenkarten (Prepaidkarten) sind eine weitere Form der halbbaren oder bargeldlosen Bezahlung. Die Giro-Vend-Karte ist eine aufladbare Magnetkarte, auf der nur der Betrag und die Kartennummer gespeichert sind. Die Abrechnung erfolgt durch Einlesen des Guthabens über Magnetstreifen an einem Kartenlesegerät. Persönliche Daten wie Name, Nutzungshäufigkeit oder Vorlieben für bestimmte Speisen werden nicht erfasst. In den Foyers der Speisesäle befinden sich Aufwerterautomaten. An ihnen kann die Guthabenkarte mit Bargeld aufgewertet oder das Guthaben überprüft werden.

Die Legic-Karte, ein weiteres System, wird wie die Giro-Vend-Karte am Automaten aufgeladen. Die Abrechnung erfolgt berührungslos durch das Auflegen auf eine Abrechnungsstation. Der Unterschied zwischen der GiroVend-Karte und der Legic-Karte besteht in der erweiterten Nutzungsmöglichkeit. Die Legic-Karte kann auch als elektronischer Ausweis für die Zugangskontrolle zu Gebäuden, zur Arbeitszeiterfassung, als Werksausweis, Schülerausweis, Studentenausweis oder Bibliotheksausweis genutzt werden. Außerdem kann die Legic-Karte ohne Aufwerterautomaten verwendet werden, indem das Guthaben per Banküberweisung oder Bankeinzug auf die Karte transferiert wird.

Vorteil der Guthabenkarte ist die hohe Durchlaufgeschwindigkeit. Das Kassenpersonal gibt die Preise der Speisen und Getränke in das Kassensystem ein. Der Verpflegungsteilnehmer schiebt oder legt die Guthabenkarte in das Kartenlesegerät. Der Betrag wird automatisch von der Karte abgebucht. Der gesamte Vorgang geht sehr schnell.

Für den Betrieb sind die Investitionskosten für das Kartensystem zu beachten. Es müssen Aufwerterautomaten angeschafft und gewartet werden, das Kassensystem muss anpasst und es müssen ausreichend Guthabenkarten bereitgehalten werden. Der Verpflegungsteilnehmer gewährt dem Verpflegungsbetrieb Kredit. Dieser eingezahlte Geldbetrag wird erst nach und nach *abgegessen*. Des Weiteren ist dieses System ungeeignet für einmalige oder seltene Nutzer, da diese zunächst die Karte erwerben und aufladen müssen und so ihr Geld binden (vgl. Bolten/Geiger 1993).

Zu den ausschließlich bargeldlosen Mitteln der Bezahlung zählen die Kreditkarte, die Bankkarte (Maestrokarte) sowie die Geldkarte. Diese Karten besitzen die meisten Verpflegungsteilnehmer ohnehin und müssen deshalb nicht extra erworben werden. Nachteil für den Kunden ist, dass individuelle Daten gespeichert werden (Zeitpunkt des Kaufs und zu zahlender Betrag). Während die Kreditkarte und Bankkarte wegen zu langer Datenübertragungszeiten in der Gemeinschaftsverpflegung kaum zum Einsatz kommen, ist die Geldkarte eine schnelle Variante. Die Geldkarte kann eine extra Karte sein, die die Hausbank ausgibt, oder ist als Chip bereits auf der Bankkarte enthalten. Das Laden der Geldkarte erfolgt am Terminal der Bank.

Die Geldkarte bietet dem Kunden viele Vorteile. Die Karte muss nicht extra für den Verpflegungsbetrieb angeschafft werden. Das Guthaben ist auch nicht an den GV-Betrieb gebunden, denn es kann überall (z. B. Zigarettenautomat, Parkscheinautomat) eingesetzt werden. Wie bei den Guthabenkarten ist die Durchlaufgeschwindigkeit hoch. Auf dem Geldkartenchip sind die Identifikationsnummer der Geldkarte und die Umsätze der einzelnen Bezahltransaktionen gespeichert. Auf diese Weise errechnet sich der aktuelle Kontostand. Der Datenschutz ist gewährleistet, weil der Betrieb nicht erfährt, welcher Gast verpflegt wurde.

Nachteilig ist für den Kunden, dass ständig Geld auf der Geldkarte bereitgehalten werden muss.

Weitere Bezahlungsmittel sind der Abzug vom Konto, der Lohnabzug sowie die Überweisung gegen Rechnung. Dies sind ebenfalls bargeldlose Varianten. Der Datenschutz ist bei diesen Varianten allerdings nicht gegeben. Insbesondere der Lohnabzug ist aus Datenschutzgründen kritisch zu betrachten.

Abbildung 3.18 gibt einen Überblick über die Zahlungsmittel und Abrechnungsverfahren.

Zahlungsmittel	Abrechnungsverfahren			
	bar	halbbar	bargeldlos mit Identifikation	bargeldlos anonym
Bargeld	•			
Wertmarken, Chips		•		
Guthabenkarte		•	•	
Bankkarte			•	
Kreditkarte			•	
Geldkarte				•
Kontoabzug			•	
Lohnabzug			•	
Überweisung gegen Rechnung			•	

Abb. 3.18
Zahlungsmittel und Abrechnungsverfahren

Der **Zeitpunkt der Zahlung** bzw. der Abrechnung kann vor der Ausgabe, bei der Ausgabe, nach der Ausgabe oder nach dem Verzehr erfolgen. Die Bezahlung vor der Ausgabe erfolgt beim Kauf der Wertmarken und Chips. Bezahlung nach dem Verzehr erfolgt durch Lastschrift, Lohnabzug oder Rechnung.

Der **Bezug zur Inanspruchnahme** kann in verschiedenen Varianten realisiert werden. Meistens bezahlt der Verpflegungsteilnehmer die Anzahl der Portionen oder Teller, die sich auf dem Tablett befinden. Die Größe der Portion spielt keine Rolle. Des Weiteren gibt es Verpflegungsbetriebe, bei denen das Gewicht der Speisen auf dem Teller bezahlt werden muss. Wer mehr auf dem Teller hat, muss auch mehr bezahlen. Eine andere Variante ist pauschale Verrechnung, unabhängig von der Inanspruchnahme. Vorteil ist, dass die Durchlaufgeschwindigkeit hoch und der Verwaltungsaufwand für die Abrechnung gering ist. Es können jedoch keine exklusiven Gerichte mit hohem Preis angeboten werden, da diese die Mischkalkulation sprengen würden. Der Verpflegungsteilnehmer fühlt sich zum Essen genötigt, da er die Leistung auch bezahlen muss, wenn er sie nicht in Anspruch nimmt.

3.7 Geschirrkreislaufsystem

Das Geschirrkreislaufsystem beschreibt, wie das Geschirr nach der Ausgabe an den Verpflegungsteilnehmer wieder zurück in die Küche kommt. Die Art der Geschirrrücknahme kann nach der ausführenden Person, dem Ort der Geschirrrücknahme, den vorzunehmenden Trenntätigkeiten und den vorhandenen Hilfsmitteln unterschieden werden.

Die **ausführende Person** kann der Verpflegungsteilnehmer selbst (Selbstbedienung) oder Personal der Verpflegungseinrichtung (Fremdbedienung) sein. Fremdbedienung kann durch das Servicepersonal oder durch spezielles Abräumpersonal erfolgen. Bei der Selbstbedienung entsorgt jeder Verpflegungsteilnehmer selbst sein benutztes Geschirr. Der **Ort**, an dem bei Fremd- und auch bei Selbstbedienung das Geschirr zurückgegeben wird, kann direkt im Speisesaal oder auch außerhalb des Speisesaals liegen. Grundsätzlich sollte die Geschirrrückgabe bequem zu erreichen sein, d. h. ohne lange Wege durch den Speisesaal. Der Weg sollte dabei kreuzungsfrei zu hereinkommenden Gästen sein. Hygienische Aspekte und die Ästhetik müssen berücksichtigt werden. So sollte das benutzte Geschirr regelmäßig bzw. schnell in die Spülküche transportiert werden, damit keine unangenehmen Gerüche entstehen.

Bei der Rückgabe kann nach verschiedenen Stufen der **Trennung** unterschieden werden. Wenn alle Geschirrteile (Teller, Besteck, evtl. Trinkgefäß) sowie Speisereste auf dem Tablett verbleiben, erfolgt eine Trennung erst in der Spülküche. Die Tabletts werden dann entweder auf ein Band, an einer Theke oder im Geschirr- bzw. Tablettstapelwagen abgestellt. Soll die Arbeit in der Küche erleichtert werden, kann eine

Trennung der Speisereste vom Geschirr verfolgen. Hierfür wird als **Hilfsmittel** ein Müllbehälter benötigt. Eine weitere Erleichterung ist das Sortieren nach Besteck, Tellern der jeweiligen Größe und Form, Schalen und Trinkgefäßen. Hierbei werden entsprechende Behälter für das Besteck und ein Geschirrwagen für das zu sammelnde Geschirr bereitgestellt. Eine weitere Trennung der Abfälle in Biomüll und Restmüll (z. B. Servietten, Einwegbecher) ist möglich. Im Extremfall sortiert der Verpflegungsteilnehmer alle Geschirr- und Besteckteile in die Geschirrkörbe und den Abfall in verschiedene Abfallbehälter. Auf jeden Fall muss darauf geachtet werden, dass die Behälter regelmäßig geleert werden und eine Reinigung um den Sortierbereich erfolgt.

Bei der Gestaltung des Geschirrrückgabesystems ist immer zu berücksichtigen, dass die Geschirrrückgabe den letzten Eindruck erzeugt, den der Verpflegungsteilnehmer von seinem Besuch in der Verpflegungseinrichtung behält.

4 Bewirtschaftungssystem

Autorin:
Margot Steinel

Outsourcing und *Insourcing* sind Schlagworte, die seit Beginn der 90er-Jahre die Verpflegungsbranche beherrschen. Im Wesentlichen geht es dabei um die Frage der Eigenbewirtschaftung oder Fremdbewirtschaftung der Küche. Die Frage nach der optimalen Bewirtschaftungsform ist keineswegs pauschal zu beantworten, wie die Vielfalt der in der Praxis realisierten Lösungen zeigt. Regionalspezifische Besonderheiten sind zu beachten. Deutschland wird im Vergleich zu anderen Ländern (USA, Großbritannien, Frankreich, Niederlande) als ein outsourcingresistentes Land bezeichnet (N.N. 2003, S. 12). In Ostdeutschland sind tendenziell mehr Küchen fremdvergeben als in Westdeutschland (Schmid 1999a). Auch einrichtungsspezifische Merkmale sind zu berücksichtigen. Während Altenhilfeeinrichtungen zum größten Teil noch Eigenbewirtschaftung realisieren, ist in der Schulverpflegung die Fremdbewirtschaftung gang und gäbe. Die Entscheidungen verändern sich auch mit der Zeit. Nach der ersten *Outsourcingwelle* kam auch bald die erste *Insourcingwelle*: Betreiber, die mit Outsourcinglösungen unzufrieden waren, sind zur Eigenbewirtschaftung zurückgekehrt. Die Frage nach der optimalen Bewirtschaftungsform ist also immer wieder neu zu stellen.

4.1 Gründe für die Fremdvergabe

Vielfältige Gründe werden für die Fremdvergabe von Verpflegungsdienstleistungen in die Diskussion gebracht. Abbildung 4.1 zeigt die am häufigsten genannten Gründe. Dass bei Fremdvergabe die Leistungserstellung an ein Unternehmen mit mehr Know-how, besserem Management und effizienterer Betriebsführung vergeben wird, muss nicht in jedem Fall zutreffen. Know-how, Management und Effizienz der Betriebsführung sind im Wesentlichen vom Qualifikationsniveau der Führungskräfte und der Ausführungskräfte abhängig. Dies ist prinzipiell unabhängig von der Bewirtschaftungsform.[1]

[1] Anmerkung: In der Praxis kommt es häufig vor, dass ein Verpflegungsbetrieb mit mangelhafter Betriebsführung durch eine Fremdvergabe *saniert* wird. Hier werden jedoch zwei Maßnahmen verknüpft: die Verbesserung des Managements und die Fremdvergabe an ein externes Unternehmen. Ersteres kann auch ohne externen Dienstleister geschehen.

Abb. 4.1 Gründe für die Fremdvergabe von Verpflegungsdienstleistungen

vermeintliche Gründe	tatsächliche Gründe
• mehr Know How • besseres Management • effizientere Betriebsführung • geringere Gesamtkosten	• geringere Personalkosten • Überzeugungskraft von Cateringunternehmen

4.1.1 Einsparung von Personalkosten

Die Möglichkeit, Personalkosten einzusparen, ist ein echtes Argument für die Fremdvergabe der Bewirtschaftung einer Verpflegungseinrichtung.

Abbildung 4.2 zeigt die Grundvergütungen für eine Küchenhilfe in verschiedenen Branchen. Es wird deutlich, dass der Tarif des Hotel- und Gaststättengewerbes wesentlich niedrigere Vergütungen vorsieht als beispielsweise in der Mineralölverarbeitung. Im öffentlichen Dienst ist die Vergütung stark abhängig von der sogenannten Entwicklungsstufe, die in der Regel mit zunehmender Betriebszugehörigkeit steigt. Gemeinschaftsverpflegungseinrichtungen, die an relativ teure Tariflöhne gebunden sind, sehen in einem Wechsel in einen niedrigeren Tarifbereich eine Möglichkeit zu einer wesentlichen Personalkostenersparnis.

Abbildung 4.3 zeigt die Struktur der Arbeitskosten im Gastgewerbe (spezialisiert für die Gemeinschaftsverpflegung ist eine solche Statistik nicht verfügbar). Von den 24.916 € Arbeitskosten je vollzeitbeschäftigtem Arbeitnehmer und Jahr sind 61,1 % Entgelt für geleistete Arbeit und 38,9 % Personalnebenkosten. Auf 100 € Entgelt für bezahlte Arbeit kommen also 63,53 € Personalnebenkosten. Von diesen Personalnebenkosten sind mehr als die Hälfte vom Gesetzgeber festgelegt (Lohnfortzahlung bei Krankheit, Feiertagsvergütung, Beiträge zur Sozialversicherung). Die meisten Arbeitskosten sind tarifabhängig. Einsparungen in den Arbeitskosten werden also am ehesten durch Veränderungen in den Tarifstrukturen gesehen.

Durch die Vergabe der Küchenbewirtschaftung an ein anderes (bestehendes oder neu zu gründendes) Unternehmen ergibt sich (unter bestimmten Voraussetzungen) die Möglichkeit, den Tarifbereich zu wechseln. Dies kann, muss aber nicht zu Einsparungen in den Personalkosten führen. Insbesondere

Tarifbereich	Region	Tarifgruppe	Wochenarbeitszeit in Stunden	Grundvergütung pro Monat (brutto)
Hotel- und Gaststättengewerbe	Bayern (Stand: 05/2006)	3 01	39	1.248 – 1.354 €
	Sachsen (Stand: 07/2007)	1[1] ; 2[2]	40	1.109 – 1.176 €
Mineralölverarbeitung: Shell Deutschland Oil GmbH (Stand: 03/2007)	West	2	37,5	2.292 €[3]
	Ost	2	37,5	2.292 €[4]
Systemgastronomie (innerhalb des Deutschen Hotel- und Gaststättenverbands) (Stand: 11/2004)	West und Berlin Ost	1	39,5	1.182 €
	Ost (ohne Berlin-Ost)	1	39,5	1.062 €
kommunaler öffentlicher Dienst (TVöD) (Stand: 2005)	West	1, 2 oder 3	38,5	1.286 – 1.575 €[5]
	Ost	1, 2 oder 3	40	1.209 – 1.481 €[6]

1 keine oder geringe fachliche Kenntnisse
2 erhöhte Belastungen oder erschwerte Bedingungen; nach sechs Monaten Gruppe 1 im gleichen Betrieb
3 ohne Berücksichtigung der Wartezeiten für neu eingestellte AN und übernommene Ausgebildete
4 ohne Berücksichtigung der Wartezeiten für neu eingestellte AN und übernommene Ausgebildete
5 jeweils niedrigste Entwicklungsstufe; in höheren Entwicklungsstufen bis zu ca. 400 € höher
6 jeweils niedrigste Entwicklungsstufe; in höheren Entwicklungsstufen bis zu ca. 400 € höher

Abb. 4.2 Grundvergütung einer Küchenhilfe in verschiedenen Tarifbereichen und Regionen (Stand: 17.07.2007) (Quellen: Wirtschafts- und Sozialwissenschaftliches Institut in der Hans-Böckler-Stiftung 2007 sowie TVöD 2005)

§ 613a Bürgerliches Gesetzbuch (BGB) erschwert eine sofortige Senkung der Entgelte für die Arbeitnehmer. Dies wird ausführlich in Kapitel 4.3 erläutert.

4.1.2 Überzeugungskraft von Cateringunternehmen

Große Cateringunternehmen sind multinationale Konzerne, die eine Expansion ihres Geschäftsfeldes anstreben. Die von der Zeitschrift gv-praxis regelmäßig erstellte Marktanalyse der Cateringbranche (Kabel/Schmid 2007, S. 16 – 41) weist die Umsatzsteigerung im Vergleich zum Vorjahr explizit als Erfolgskriterium der einzelnen Cateringunternehmen aus.

Umsatzsteigerungen sind für Cateringunternehmen derzeit nicht über höhere Preise, sondern durch Neuverträge (neu zu bewirtschaftende Objekte) zu erreichen. Neuverträge können entweder von der Konkurrenz abgeworben oder als *echtes*

Kostenarten	Betrag für das Jahr 2000	Anteil in %	Beeinflussung der Kostenart durch
Entgelt für geleistete Arbeitszeit	15.236 €	61,1 %	Tarifvertrag
Sonderzahlungen (Urlaubsgeld, Weihnachtsgeld, Prämien, Leistungen zur Vermögensbildung)	858 €	3,4 %	Tarifvertrag
Urlaubsvergütung	1.813 €	7,3 %	Tarifvertrag (Mindesturlaub: Gesetzgeber)
Lohnfortzahlung bei Krankheit	557 €	2,2 %	Gesetzgeber
Vergütung an Feiertagen und sonstigen gesetzlichen Ausfalltagen	689 €	2,8 %	Gesetzgeber
Vergütung an sonstigen arbeitsfreien Tagen	31 €	0,1 %	Tarifvertrag
Arbeitgeberpflichtbeiträge zur Sozialversicherung	4.022 €	16,1 %	Gesetzgeber
Aufwendungen zur betrieblichen Altersversorgung	193 €	0,8 %	Tarifvertrag
Entlassungsentschädigungen, Kurzarbeitergeld	66 €	0,3 %	Betrieb
Aufwendungen für die berufliche Bildung	1.076 €	4,3 %	Betrieb
Sonstige Personalnebenkosten	375 €	1,5 %	-
Arbeitskosten insgesamt	24.916 €	100 %	-

Abb. 4.3
Struktur der Arbeitskosten je vollzeitbeschäftigtem Arbeitnehmer im Gastgewerbe 2000 (Statistisches Bundesamt 2003)

Neugeschäft von der Eigenregie übernommen werden. Kabel/Schmid (2007, S. 23) berichten beispielsweise für das Jahr 2006 von *kaum echtem Neugeschäft* und *heftigem [...] Verdrängungswettbewerb*, der Zuschläge meist nur zu relativ ungünstigen Konditionen zulässt. Cateringunternehmen sind aus wirtschaftlichen Gründen besonders an Neugeschäften, also an Übernahmen aus eigenbewirtschafteten Küchen interessiert. Hierzu unterhalten sie Marketingabteilungen, die Argumentationshilfen für den Wechsel zur Fremdbewirtschaftung erarbeiten. Eigenbewirtschaftende Küchen können in vielen Fällen mit der Überzeugungskraft dieser Hochglanzprospekte nicht mithalten.

4.2 Formen der Bewirtschaftung

Im Folgenden werden die einzelnen Bewirtschaftungsformen erläutert. Die in Abbildung 4.4 dargestellte Zuordnung der Gebäude, Geräte, Betriebsmittel, des Personals sowie der Lebensmittel zu eigen (Eigentum des Betreibers) und fremd (an-

Bewirtschaftungsform	Gebäude	Geräte	Betriebsmittel	Managementpersonal	Ausführungspersonal Zubereitung	Ausgabepersonal	Lebensmittel
Eigenregie	eigen	eigen	eigen	eigen	eigen	eigen	eigen
Fremdmanagement	eigen	eigen	eigen	fremd	eigen	eigen	eigen
Service-GmbH	eigen	eigen	eigen	fremd	fremd	fremd	fremd
Service-Verein	eigen	eigen	eigen	fremd	fremd	fremd	fremd
Catering	eigen	eigen	eigen	fremd	fremd	fremd	fremd
Fernverpflegung	fremd	fremd	fremd	fremd	fremd	fremd	fremd
Pacht	eigen	eigen	eigen	fremd	fremd	fremd	fremd

Abb. 4.4
Varianten der Bewirtschaftung einer Gemeinschaftsverpflegungseinrichtung

deres Eigentum als das des Betreibers) bezeichnen die häufigsten Zuordnungen. Es sind auch weitere Varianten in der Praxis üblich.

Als Betreiber wird jene Institution bezeichnet, in der eine Gruppe von Menschen verpflegt werden soll (z. B. das Krankenhaus, das Pflegeheim, die Schule). Bewirtschafter ist die Institution, die die Aktivitäten in Verbindung mit der Verpflegung ausführt (z. B. Lebensmittel einkaufen, Speisen zubereiten und ausgeben).

4.2.1 Eigenregie

Bei Eigenregie werden sämtliche für die Leistungserstellung notwendigen Faktoren vom Betreiber bereitgestellt: die Küche selbst, die Geräte, sämtliches Personal und die notwendigen Lebensmittel.

Diese Bewirtschaftungsform ermöglicht kürzeste Kommunikationswege und einfache Abstimmungsverfahren. Insbesondere wohlfahrtsorientierte Betriebe bevorzugen diese Form der Bewirtschaftung, weil sie mit eigenem Personal sicherstellen wollen, dass stets im Interesse des Verpflegungsteilnehmers gehandelt wird. Falls beispielsweise ein schwerkranker Bewohner zu ungewohnter Zeit einen ungewohnten Essenswunsch hat, kann eine solche Anweisung viel leichter (und ohne erhebliche Mehrkosten) an eigenes Personal weitergegeben werden als das bei einem Fremddienstleister der Fall ist.

Unter den Verpflegungsteilnehmern genießt die Eigenregie zumeist das höchste Ansehen, da die organisatorische Verknüpfung mit dem Betreiber vertrauenserweckend ist. In der Betriebsverpflegung ist diese Form der Bewirtschaftung beliebt, da die Verpflegungsteilnehmer sozusagen von Kollegen bewirtet werden.

Für das Küchenpersonal bringt die Eigenregie Vorteile und Nachteile. Der Vorteil kann in der Bindung an den Tarif des Betreibers, also zumeist relativ hohen Löhnen und Gehältern liegen. Der Nachteil liegt in den eingeschränkten Entwicklungsmöglichkeiten. Eigenregiebetriebene Küchen sind zumeist kleine Einheiten, in denen die Aufstiegschancen begrenzt sind.

Aus Sicht der Cateringunternehmen wird häufig argumentiert, dass das Managementwissen in eigenregiebetriebenen Küchen nicht ausreichend sei. Mangelhaftes Managementwissen ist jedoch bewirtschaftungsunabhängig.

Aus Kostengesichtspunkten weist die Eigenregie Vorteile und Nachteile auf. Der Vorteil liegt darin, dass keine Umsatzsteuer zwischen dem Bewirtschafter und dem Betreiber anfällt. Außerdem entfallen bei der Eigenregie die Gewinnanteile eines Fremddienstleisters. Ökonomischer Nachteil der Eigenregie kann die Tarifbindung an den Tarifvertrag des Betreibers sein. Wenn es sich um eine öffentliche Einrichtung handelt, kann der Kostenunterschied aufgrund der Tarifbindung erheblich sein.

4.2.2 Fremdmanagement

Beim Fremdmanagement übernimmt ein externer Unternehmensberater das Management einer Küche. Der Unternehmensberater übernimmt die Aufgabe im Rahmen eines Managementvertrags. Er ist gegenüber den Ausführungskräften in der Küche weisungsbefugt. Da er zumeist mehrere Küchen gleichzeitig managt und auch in der Vergangenheit viele verschiedene Küchen gemanagt hat, verfügt ein erfahrener Fremdmanager über umfassende Erfahrungen in der Führung von Küchen. Er kann Kennzahlen der verschiedenen Küchen leicht vergleichen und *best practice* Erfahrungen weitergeben.

Da der Fremdmanager von außen in den Gemeinschaftsverpflegungsbetrieb kommt und in der Regel die Aufgabe hat, Veränderungsprozesse anzustoßen, ist mit Widerständen beim Ausführungspersonal zu rechnen. Für die bisherige Küchenleitung bedeutet die Anheuerung eines Fremdmanagers eine Demontage. Die Empfehlung, Fremdmanager bei unfähiger Küchenleitung einzusetzen, wird auch offen ausgesprochen.

Ökonomisch gesehen bringt der Fremdmanager Kostenerhöhung und Aussicht auf Kostenersparnis. Die Kostenerhöhung entsteht dadurch, dass das Managemententgelt des Fremdmanagers zumeist wesentlich höher ist als das bisherige Entgelt der Küchenleitung. Kostenersparnis kann sich durch die Veränderungsprozesse ergeben, die der Fremdmanager anstößt und installiert.

Fremdmanagement ist eine sehr flexible Bewirtschaftungsform: eine Rückkehr zur Eigenregie ist ohne großen Aufwand möglich.

4.2.3 Service-GmbH

Eine Service-GmbH (GmbH steht für Gesellschaft mit beschränkter Haftung) als Bewirtschaftungsform von Gemeinschaftsverpflegungseinrichtungen ist derzeit hoch im Trend.

Rechtlich gesehen ist eine Service-GmbH ein eigenständiges Unternehmen, das von den Gesellschaftern (meist juristischen Personen) neu gegründet wird. Die Gesellschafter sind zumeist auch die Kapitalgeber. Verschiedene Varianten in der Zusammensetzung der Gesellschafter sind möglich (vgl. Abbildung 4.5). Zum einen kann der Betreiber (z. B. das Krankenhaus) Alleingesellschafter der GmbH sein. Die GmbH ist dann eine 100 %ige Tochtergesellschaft des Betreibers. Außerdem sind Joint Ventures mit Cateringunternehmen möglich. Das Cateringunternehmen bringt dann Kapital und Know How mit in die Gründung der Service-GmbH und fungiert somit in der Rolle eines Unternehmensberaters und/oder Kreditgebers.

Solange der Betreiber (z. B. das Krankenhaus) mindestens 51 % der Gesellschaftsanteile hält, kann er die operativen, taktischen und strategischen Ziele der GmbH in ähnlicher Weise selbst bestimmen, wie das bei der Eigenregie der Fall ist. Außerdem wird mit diesem Konstrukt eine umsatzsteuerliche Organschaft ermöglicht: Für Umsätze zwischen der Service-GmbH und dem Betreiber fällt dann keine Umsatzsteuer an. Dies ist ein deutlicher Kostenvorteil gegenüber der Bewirtschaftungsform Catering. Voraussetzung für die Organschaft ist eine finanzielle, wirtschaftliche und organisatorische Eingliederung des Tochterunternehmens in das Mutterunternehmen (§ 2, Abs. 2 Umsatzsteuergesetz (UStG)).

Abb. 4.5
Gründung einer Service-GmbH

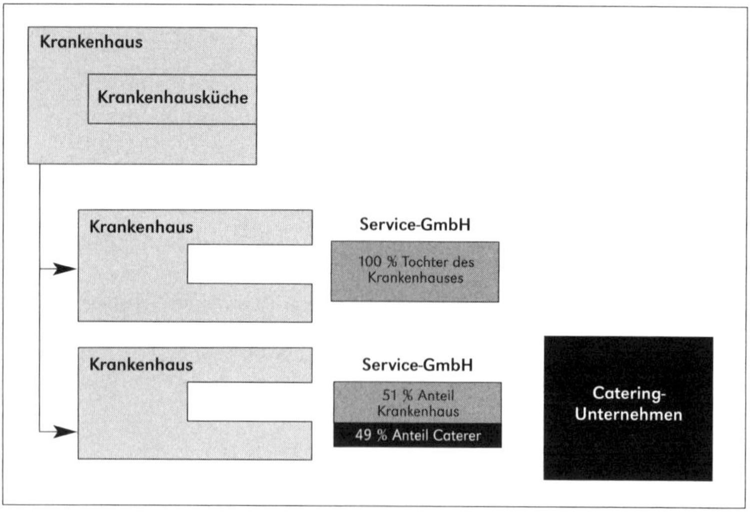

Ein weiterer Kostenvorteil der Service-GmbH liegt in der Wahl des Tarifs, der nicht der gleiche Tarif sein muss wie der des Betreibers. Vor allem Betreiber, die nach öffentlichem Tarif bezahlen, können hier erhebliche Kostenvorteile gegenüber der Eigenregie erreichen. Allerdings sind die Schutzvorschriften nach § 613a BGB zu beachten.

Ein weiterer Vorteil der Rechtsform GmbH liegt in der Haftungsbeschränkung auf das GmbH-Vermögen. Allerdings ist die Möglichkeit der Durchgriffshaftung (persönliche und unbeschränkte Haftung des Gesellschafters) von einem Juristen zu prüfen.

Des Weiteren bietet die Rechtsform GmbH die Möglichkeit, das Geschäftsfeld zu erweitern auf Aufträge von außen (z. B. zusätzliche Verpflegungsteilnehmer als Gäste oder Partyservice). Solche Außenaufträge müssen dann jedoch regulär besteuert werden. Falls Gemeinnützigkeit angestrebt ist, gelten auch Grenzen für den erlaubten Umfang der Außengeschäfte.

4.2.4 Service-Verein

Ein Service-Verein ist eine rechtlich eigenständige Rechtsperson. Sie wird vor allem in der Schul- oder Kindertagesstättenverpflegung angewandt. Zumeist wird der Verein als Elterninitiative neu gegründet mit dem Ziel, die rechtliche Trägerschaft für die Verpflegung der Kinder zu übernehmen. Beim eingetragenen Service-Verein ist die Haftung noch mehr beschränkt als das bei der GmbH der Fall ist. Während bei der GmbH ein bestimmtes Mindestvermögen zur Gründung vorhanden sein muss, gelten solche Regeln beim Service-Verein nicht. Das erleichtert die Vereinsgründung, erhöht jedoch das finanzielle Risiko für die Geschäftspartner des eingetragenen Service-Vereins, da es ja kein oder nur geringes Haftungsvermögen gibt. Bei nicht-eingetragenen Vereinen haften die handelnden Personen selbst. Die Eintragung des Vereins ins Vereinsregister des Amtsgerichts ist deshalb zur Entlastung der einzelnen handelnden Personen ratsam.

Ein Verein ist im Gegensatz zur Service-GmbH mehr personenabhängig, da zumeist natürliche Personen die Vereinsmitglieder sind. Durch Wechsel der Personen (z. B. wenn die Kinder der im Verein engagierten Eltern nicht mehr diese Schule besuchen) können sich leicht Verschiebungen in der Zielorientierung des Service-Vereins ergeben. Insofern ist ein Service-Verein nicht so langfristig angelegt wie eine Service-GmbH.

Ansonsten ist die Betriebsführung eines Service-Vereins ähnlich der einer Service-GmbH. Eine umsatzsteuerliche Organschaft kommt beim Service-Verein jedoch nicht in Frage. Die Umsätze unterliegen der Umsatzsteuerpflicht (sofern keine Befreiung aus anderem Grunde vorliegt).

4.2.5 Catering

Catering ist eine Bewirtschaftungsform, bei der ein Cateringunternehmen die Küche des Auftraggebers auf Rechnung des Auftraggebers bewirtschaftet. Der Caterer stellt hierzu das Personal und kauft die notwendigen Lebensmittel ein. Der Caterer übernimmt die Verantwortung und das Risiko für die Küchenbewirtschaftung.

Unter Kostengesichtspunkten bringt das Catering Vor- und Nachteile. Der Vorteil liegt in der Unabhängigkeit vom Tarifvertrag des Betreibers. Der Caterer bezahlt zumeist NGG-Tarif (*Nahrung-Genuss-Gaststätten*) oder Löhne, die sich an den NGG-Tarif anlehnen. Das macht eine wesentliche Ersparnis gegenüber dem öffentlichen Tarif aus. Allerdings sind die Regelungen des § 613a BGB zu beachten. Außerdem werben die Caterer damit, dass sie Lebensmittel günstiger einkaufen können als eigenregiegeführte Küchen. Falls eine eigenregiegeführte Küche nicht Mitglied einer Einkaufskooperation ist, kann dieses Argument zutreffend sein: Caterer haben nicht nur auf dem Bewirtschaftungsmarkt, sondern auch auf dem Lebensmittelmarkt eine relativ große Marktmacht.

Kostenmäßige Nachteile des Caterings ergeben sich aus steuerlichen Gründen und aufgrund der Gewinnspanne des Caterers.

Steuerliche Nachteile ergeben sich vor allem bei der Mitarbeiterverpflegung. Bei Catering handelt es sich um ein Reihengeschäft in der Betriebsverpflegung, für das die Bindung an die Sachbezugs-Verordnung nicht gilt und deshalb höhere Umsatzsteuern zu zahlen sind. Näheres dazu ist in Kapitel 4.3.2 erläutert.

Die Gewinnspanne des Caterers ist eine weitere Kostenposition, die bei der ökonomischen Bewertung dieser Bewirtschaftungsform zu berücksichtigen ist. Der Caterer ist ein gewinnorientiertes Unternehmen. Er handelt gewinnorientiert, auch wenn der Betreiber wohlfahrtsorientiert ist. Die Gewinnspanne des Caterers (etwa 0,50 €/Essen; Quelle: Bober 1995, S. 28) muss vom Verpflegungsteilnehmer oder vom Subventionsgeber aufgebracht werden.

In manchen Fällen investiert der Caterer auch in die Geräte der Küche, übernimmt also zusätzlich die Funktion eines Kreditgebers. Dies führt zu einer langfristigeren Bindung zwischen Betreiber und Bewirtschafter.

Für das Küchenpersonal bringt die Bewirtschaftungsform Catering Vorteile und Nachteile. Der Vorteil liegt in der Einbindung in ein professionelles Verpflegungsunternehmen, das (theoretisch) Fortbildungsmöglichkeiten und Aufstiegschancen bietet. Der Wechsel zwischen verschiedenen Küchen (die jeweils vom gleichen Caterer bewirtschaftet werden) ist leicht möglich: Dadurch können die Erfahrungen wesentlich erweitert werden. In manchen Cateringunternehmen gehört es zur Unternehmensstrategie, das Führungspersonal der zu bewirtschaftenden Küchen regelmäßig rotieren zu lassen. Der Nachteil für das Personal liegt in der vergleichsweise geringen Bezahlung. Der Lohnunterschied zur Eigenregie kann dazu führen, dass qualifiziertes Personal in die Eigenregie abgeworben wird.

Abrechnungstechnisch bringt die Bewirtschaftungsform Catering ebenfalls Vorteile und Nachteile mit sich. Vorteil von

Catering ist die Kosten- und Erlösrechnung, die der Caterer monatlich oder zweimonatlich vorlegt. Der Betreiber erhält damit zeitnahe und transparente Informationen. Allerdings, und das ist der Nachteil, ist die Überprüfung der Kosten- und Erlösrechnung seitens des Betreibers schwierig. Besonders für Betreiber mit geringen Kenntnissen im Verpflegungsbereich ist es schwierig zu prüfen: Sind die Lebensmittelverbräuche realistisch? Wurden bei den Lebensmittelkosten auch jährlich gewährte Rabatte und Boni berücksichtigt? Ist der Personalbestand realistisch angesetzt? Für die Überprüfung solcher Fragen, also letztlich für die Kontrolle des Caterers ist eine Fachkraft aus der Gemeinschaftsverpflegung notwendig. Die Kostenvorteile der Bewirtschaftungsform Catering können schnell dahinschmelzen, wenn man den Kontrollaufwand mit berücksichtigt.

4.2.6 Fernverpflegung

Fernverpflegung als Bewirtschaftungsform bedeutet, dass die Speisenproduktion an eine entfernte Küche eines Dienstleisters verlagert wird. Durch eine solche Zentralisierung kann die Speisenproduktion effizienter gestaltet werden. Allerdings geht durch die Zentralisierung die Nähe zum Verpflegungsteilnehmer verloren. Eine Individualisierung der Leistung kann nur mit erheblichem Kommunikationsaufwand erreicht werden.

Fernverpflegung kann in verschiedenen Varianten realisiert werden: mit warmgehaltenen Speisen oder mit gekühlten oder mit tiefgekühlten Speisen.

a) Fernverpflegung mit warmgehaltenen Speisen
Bei einer Fernverpflegung mit warmgehaltenen Speisen wird das Küchensystem Zentralküche und Verteilerküche realisiert. Die Speisen werden in der Zentralküche des Dienstleisters zubereitet und in die Verteilerküche des Betreibers transportiert. Dort werden die Speisen nur noch ausgegeben. Das kann vom Personal des Betreibers oder vom Personal des Dienstleisters übernommen werden.
Bei warmem Transport der Speisen von der Zentralküche zur Verteilerküche erleiden die Speisen erhebliche Qualitätsverluste, sofern die Warmhaltezeiten nicht minimiert sind.

b) Fernverpflegung mit gekühlten oder tiefgekühlten Speisen
Wenn die Fernverpflegung mit warmgehaltenen Speisen zu zu großen Qualitätsverlusten führt, wird eine zwischenzeitliche Kühlung der Speisen realisiert. Die Speisen werden dann nach der Zubereitung in der Zentralküche des Dienstleisters gekühlt, gekühlt und pasteurisiert oder tiefgekühlt. Dadurch werden Speisenzubereitung und Speisenausgabe zeitlich, thermisch und räumlich entkoppelt. Der Verderb der Speisen wird erheblich verlangsamt. Die Zubereitung von tiefgekühlten Speisen kann mit erheblichem zeitlichem Vorsprung erfolgen. Dadurch wird sogar eine industrielle Fertigung der Speisen ermöglicht, die dann als Tiefkühl-Menükomponenten zum Betreiber angeliefert werden. In diesem Fall ist eine Regenerierung (Erwärmung) der Speisen vor Ort in einer Aufbereitungsküche notwendig. Die Aufbereitungsküche kann vom Betreiber oder vom Dienstleister bewirtschaftet werden.

Auf die qualitative Bewertung solcher Verfahren wird in Kapitel 3.3 (Küchensystem) eingegangen.

4.2.7 Pacht

Pacht ist im Bürgerlichen Gesetzbuch geregelt. Verpächter ist der Betreiber, der dem Pächter den verpachteten Gegenstand (die Gemeinschaftsverpflegungseinrichtung) überlässt und den Genuss der Früchte gewährt. Pächter ist der Bewirtschafter, der dem Verpächter die vereinbarte Pacht zu entrichten hat. Die Pacht kann je nach Einrichtung niedrig ausfallen oder der Pächter bekommt sogar einen Zuschuss für die Bewirtschaftung (negative Pacht). Die Küche bleibt bei dieser Form Eigentum des Betreibers. Investitionen in Geräte übernimmt in manchen Fällen auch der Pächter. In diesem Fall ist die Ablöse der Investitionen nach Beendigung des Pachtverhältnisses zu vereinbaren. Die Bewirtschaftung der Küche ist (und das ist der Unterschied zur Bewirtschaftungsform Catering) auf Gefahr und Rechnung des Pächters.

Diese Bewirtschaftungsform steht und fällt mit der Gewinnerzielungsabsicht des Pächters, der meist eine natürliche Person ist. Ähnlich wie in der Gastronomie wird der Pächter alles daran setzen, seine (zahlungskräftigen) Kunden zufriedenzustellen. Ob die Gewinnerzielungsabsicht des Pächters mit der

Wohlfahrtsorientierung des Betreibers vereinbar ist, hängt sicher von der Zielorientierung des Betreibers ab. Beispielsweise könnte es Zielkonflikte in der Schulverpflegung geben. Für einen Pächter ist es sicher betriebswirtschaftlich günstig, Süßigkeiten en masse anzubieten. Ein wohlfahrtsorientierter Betreiber wird daran interessiert sein, dass solche Produkte nicht angeboten werden. Die Vereinbarung zu diesem Zielkonflikt ist im Pachtvertrag ausführlich zu dokumentieren.

Abgesehen von solchen Zielkonflikten ist die Bewirtschaftungsform Pacht für den Betreiber relativ unproblematisch. (Ökonomische) Kontrollen des Pächters sind nicht notwendig. Der Pächter kann frei wählen, welchen Tarif er anwendet. In vielen Fällen werden die Personalkosten des Pächters niedriger sein als die des Betreibers. Bei der Überführung in die Bewirtschaftungsform Pacht ist jedoch § 613a BGB zu beachten.

Als Nachteil der Bewirtschaftungsform Pacht wird in der Literatur (Bober 1995, S. 17) die Abhängigkeit von der natürlichen Person Pächter beschrieben. Wenn der Pächter betriebswirtschaftlich nicht genug geschult oder über längere Zeit arbeitsunfähig ist, leiden der Betreiber bzw. seine Tischgäste, denn es gibt zumeist keinen Springer, der ersatzweise eingesetzt werden kann. Dies gilt jedoch nur für Pächter mit sehr kleinem Personalbestand. Wenn große Cateringunternehmen als Pächter gewählt werden, greift dieser Nachteil nicht.

4.3 Probleme bei der Fremdvergabe

In Verbindung mit einer Fremdvergabe der Küchenbewirtschaftung treten vor allem personalrechtliche und steuerrechtliche Probleme auf. Diese werden im Folgenden erläutert.

4.3.1 Personalrechtliche Probleme

Der Gesetzgeber hat zum Schutz von Arbeitnehmerinnen und Arbeitnehmern, deren Betrieb von einem auf einen andern Inhaber übergeht, Schutzvorschriften erlassen. Dies ist im § 613a Bürgerliches Gesetzbuch geregelt. Im Wesentlichen sagt die Regelung, dass im Falle eines Betriebsübergangs

- alle Arbeitsverhältnisse mit allen Rechten und Pflichten auf den neuen Betriebsinhaber übergehen,

- Kündigungen anlässlich des Betriebsübergangs unwirksam sind,
- der Arbeitsvertrag innerhalb eines Jahres nicht zum Nachteil der Arbeitnehmerin oder des Arbeitnehmers geändert werden darf (Ausnahme: wenn der alte und der neue Betriebsinhaber tarifvertraglich gebunden sind, der Tarifvertrag des neuen Betriebsinhabers jedoch ungünstiger für den Arbeitnehmer ist, vgl. Abbildung 4.6).

Der ausführliche Gesetzestext ist im Bürgerlichen Gesetzbuch nachzulesen.

Fall	Alter Arbeitgeber	Neuer Arbeitgeber	Folgen
Fall 1	nicht tariflich gebunden	nicht tariflich gebunden	Arbeitsvertrag mit dem neuen Arbeitgeber gemäß den Konditionen des alten Arbeitgebers
Fall 2	tariflich gebunden	nicht tariflich gebunden	
Fall 3	tariflich gebunden	tariflich gebunden	Arbeitsvertrag mit dem neuen Arbeitgeber entsprechend den Konditionen des Tarifvertrages des neuen Arbeitgebers

Abb. 4.6
Fälle des Betriebsübergangs nach § 613a in Bezug auf die Tarif - bindung

Diese Regelung ist prinzipiell beruhigend für alle Arbeitnehmerinnen und Arbeitnehmer in Küchen, über deren Fremdvergabe diskutiert wird. Sie ist aber auch fatal für Dienstleistungsbetriebe, die sich für die Bewirtschaftung einer Küche interessieren, denn mit der Übernahme eines Bewirtschaftungsvertrags ist dann auch gleich die Übernahme einer Reihe von bestehenden Arbeitsverhältnissen verbunden. Im Extremfall kann der Dienstleister dann Anzahl und Qualifika - tionsniveau seines Personals nicht selbst bestimmen, sondern muss alle Mitarbeiterinnen und Mitarbeiter des Betreibers übernehmen.

Deshalb ist es in der Praxis eine der wichtigsten Fragen, ob bei einer bestimmten Konstellation der Fremdvergabe tatsächlich der Tatbestand eines Betriebsübergangs vorliegt, also ob § 613a anzuwenden ist. Die Antwort auf diese Frage ist leider enttäuschend unscharf: Es gibt verschiedene Rechtsauffassungen darüber, wann ein Betriebsübergang vorliegt. Es kommt immer auf den Ausgang eines einzelnen Gerichtsverfahrens an. Und man weiß nicht, wie die Richter in einem Einzelfall entscheiden werden.

- 1992 entschied der Europäische Gerichtshof (*Christel Schmidt*-Urteil vom 14.04.1994, Rs C-392/92), dass allein die unveränderte Funktionsnachfolge (also ohne Übernahme von Betriebsmitteln oder der Belegschaft) bereits einen Betriebsübergang darstellen kann (Loscher 2006).
- 1997 entschied der Europäische Gerichtshof (*Ayse Süzen*-Urteil vom 11.03.1997; Rs C-13/95), dass ein Betriebsübergang nur dann vorliegt, wenn eine wirtschaftliche Einheit in ihrer Identität übergeht. Eine reine Funktionsnachfolge ist nach diesem Urteil kein Betriebsübergang (Abteilung Presse und Information des Europäischen Gerichtshofs 1997). Indizien für den Übergang einer wirtschaftlichen Einheit sind der Übergang von Betriebsmitteln (Gebäude, bewegliche Güter, immaterielle Güter), die Übernahme der Hauptbelegschaft, die Übernahme der Arbeitsorganisation, die Übernahme der Führungskräfte sowie die Übernahme der Kundschaft. Diese Indizien werden in eine Gesamtbewertung einbezogen.
- 2003 entschied der Europäische Gerichtshof (*Carlito Abler*-Urteil vom 20.11.2003; Rs C-340-01), dass bei der Frage nach dem Vorliegen eines Betriebsübergangs unterschieden werden muss zwischen betriebsmittelgeprägten und betriebsmittelarmen Dienstleistungen (Universität zu Köln, Rechtswissenschaftliche Fakultät 2006; Bergmann 2005) (vgl. Abbildung 4.7). Betriebsmittelgeprägte Dienstleistungen sind solche, bei denen materielle und immaterielle Betriebsmittel unverzichtbar und wesentlich sind für die Art der Tätigkeit und des Betriebs. Als Beispiele für betriebsmittelgeprägte Dienstleistungen nennt Bergmann (2005) Speisenproduktion (hier steht nach juristischer Auffassung der Einsatz des Kücheninventars im Vordergrund) und Gartenpflege umfangreicherer Art (regelmäßiger Einsatz von Maschinen). Bei diesen Dienstleistungen liegt ein Betriebsübergang nur dann vor, wenn auch diese wesentlichen, unverzichtbaren Betriebsmittel übergehen. Dies gilt nicht nur bei Eigentumsübergang dieser Betriebsmittel, sondern es reicht bereits aus, wenn die Nutzungsmöglichkeit dieser Betriebsmittel übertragen

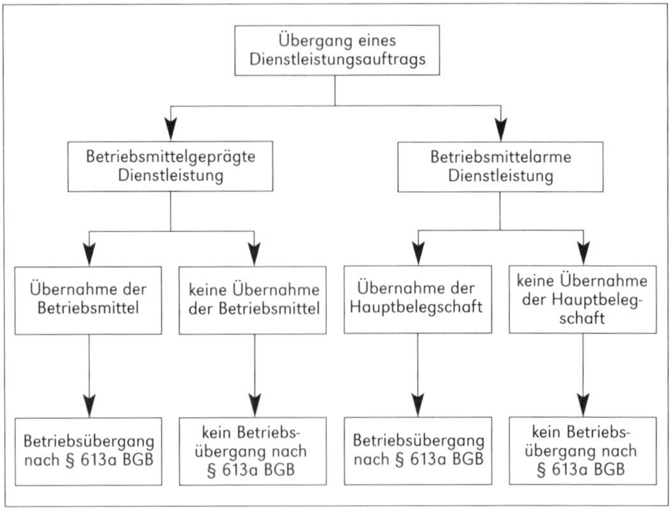

Abb. 4.7 Betriebsübergang bei betriebsmittelgeprägten und bei betriebsmittelarmen Dienstleistungen nach EuGH-Urteil 2003 (stark vereinfacht)

wird (z. B. bei Wechsel des Caterers oder Pächters). Bei betriebsmittelarmen Dienstleistungen spielen die Betriebsmittel nur eine untergeordnete Rolle. Als Beispiele dafür nennt Bergmann (2005) Gebäudereinigung (ohne Reinigungsmaschinen), Wachdienst in der Zentrale, Gartenpflege einfacherer Art, IT-Support. Bei diesen betriebsmittelarmen Dienstleistungen liegt ein Betriebsübergang nur dann vor, wenn auch die Hauptbelegschaft übernommen wurde. Das heißt, dass bei betriebsmittelarmen Dienstleistungen der Betriebsübergang mit der Konsequenz, alle Mitarbeiterinnen und Mitarbeiter übernehmen zu müssen, durch bewusste Nichtübernahme der Hauptbelegschaft verhindert werden kann. Bei betriebsmittelgeprägten Dienstleistungen gibt es eine solche Steuerungsmöglichkeit nicht.

4.3.2 Umsatzsteuerrechtliche Probleme

Die Bewirtschaftungsform von Gemeinschaftsverpflegungsbetrieben ist relevant für die zu bezahlende Umsatzsteuer. Zur Umsatzsteuer sind prinzipiell drei Fragen zu klären:

a) gibt es einen steuerbaren Umsatz, also liegt Umsatzsteuerpflicht vor? (Kapitel 4.3.2.1)
b) welcher Steuersatz ist anzuwenden? (Kapitel 4.3.2.2)

c) auf welche Bemessungsgrundlage ist der Steuersatz anzuwenden? (Kapitel 4.3.2.3)

4.3.2.1 Steuerbarer Umsatz

Zur Frage des steuerbaren Umsatzes ist zunächst die Wertschöpfungskette der Verpflegungsdienstleistung zu betrachten (vgl. Abbildung 4.8).

Abb. 4.8 Wertschöpfungskette einer Verpflegungsdienstleistung

Ein Bewirtschafter erbringt Verpflegungsdienstleistungen für einen Betreiber, die dieser an den Verpflegungsteilnehmer abgibt.[8]

Umsätze entstehen also an zwei Stellen: von Bewirtschafter zum Betreiber und vom Betreiber zum Verpflegungsteilnehmer. Die Steuerpflicht des ersten Umsatzes (vom Bewirtschafter zum Betreiber) ist hinsichtlich der Steuerbarkeit und des Steuersatzes abhängig von der Bewirtschaftungsform. Die Steuerpflicht des zweiten Umsatzes (vom Betreiber zum Verpflegungsteilnehmer) ist hinsichtlich der Bemessungsgrundlage abhängig von der Bewirtschaftungsform. Die generelle Besteuerung sowie der Steuersatz sind jedoch bewirtschaftungsformunabhängige Fragen der Gemeinnützigkeit.

Dies wird im Folgenden erläutert.

Für die Steuerbarkeit des Umsatzes zwischen Bewirtschafter und Betreiber sind zwei Fälle zu unterscheiden: Eigenregie bzw. Organschaft und Fremdregie. Im Falle einer eigenregiegeführten Küche liegt kein steuerbarer Umsatz vor, denn die Verpflegungsdienstleistung wird nur innerbetrieblich weitergegeben (sogenannter Innenumsatz). Es fällt also keine Umsatzsteuer an. Das gleiche gilt für den Umsatz mit einer Service-GmbH, falls es sich um eine Tochtergesellschaft des Betreibers handelt. Falls die bewirtschaftende Service-GmbH (Toch-

[8] Generell umsatzsteuerbefreit sind gemeinnützige Betriebe wie öffentliche Krankenhäuser oder Pflegeheime eines freien Wohlfahrtsverbands, die Leistungen an Hilfsbedürftige abgeben. Allerdings hat die (positive) Befreiung von der Umsatzsteuer auch die (negative) Konsequenz, dass Vorsteuer nicht geltend gemacht werden kann. Ein umsatzsteuerbefreiter Betrieb kauft seine Waren also teurer ein als ein umsatzsteuerpflichtiger Betrieb. Vor- und Nachteile einer eventuellen Umsatzsteuerbefreiung sind sorgfältig abzuwägen.

terunternehmen) finanziell, wirtschaftlich und organisatorisch in das Mutterunternehmen eingegliedert ist (§ 2, Abs. 2 UStG), liegt eine sogenannte Organschaft vor. Im Falle einer Organschaft werden die Umsätze zwischen Tochterunternehmen und Mutterunternehmen behandelt wie Innenumsätze, also nicht besteuert. Das bedeutet, dass im Falle einer Organschaft die Leistungen einer Service-GmbH an das Mutterunternehmen nicht der Umsatzsteuer unterliegen. Dieser steuerliche Vorteil gegenüber anderen Bewirtschaftungsformen ist ein wesentlicher Grund, warum Service-GmbHs derzeit so weit verbreitet sind.

Im Falle der Fremdregie liegen prinzipiell steuerbare Umsätze vor.

4.3.2.2 Steuersatz

In Deutschland gibt es verschiedene Steuersätze für die Umsatzsteuer: den allgemeinen Steuersatz (seit 01.01.2007: 19 %) und den ermäßigten Steuersatz (seit 01.07.1983: 7 %). Der Unterschied zwischen den beiden Steuersätzen ist mit 12 Prozentpunkten sehr erheblich. Verständlicherweise suchen Betriebe nach Möglichkeiten, ihre Umsätze in den Geltungsbereich des ermäßigten Steuersatzes zu lenken. Der ermäßigte Steuersatz gilt nach UStG Anlage 2 für die meisten Lebensmittel (einschließlich Milch, Milcherzeugnisse und natürliches Leitungswasser). Nicht zu der Liste der dem ermäßigten Steuersatz unterliegenden Gegenstände zählen Getränke (außer Milch und natürliches Leitungswasser) sowie Speisen und Getränke zum Verzehr an Ort und Stelle (§3 (9) UStG).

Ein solcher Verzehr an Ort und Stelle (mit der Folge, dass dann 19 % Umsatzsteuer fällig werden) liegt nach §3 (9) UStG vor, wenn

- die Umstände der Abgabe dafür sprechen (also beispielsweise die Speisen nicht verpackt sind),
- ein räumlicher Zusammenhang zwischen Abgabeort und Verzehrsort besteht (also die Speisen und Getränke an dem Ort abgegeben werden, an dem auch der Verzehr stattfinden wird),
- besondere Vorrichtungen für den Verzehr an Ort und Stelle (also Verzehrstresen oder Tische und Stühle) bereitgehalten werden.

Seit 24.11.1999 gehen besondere Vorrichtungen zum Verzehr an Ort und Stelle auch dann in die Bewertung ein, wenn sie nicht vom Dienstleister (sondern vom Betreiber oder vom Gast) bereitgestellt werden. Es handelt sich laut Bundesministerium der Finanzen (1999) immer dann um Speisen und Getränke zum Verzehr an Ort und Stelle, wenn solche Vorrichtungen zum Verzehr an Ort und Stelle zur Verfügung stehen und wenn von dem leistenden Unternehmen ersichtlich Dienstleistungen im Darreichungsbereich (z. B. Ausgeben der Speise, Reinigen der Tische, Geschirrreinigung) ausgeführt werden.

Steuerbegünstigte Lieferung von Lebensmitteln ist also nur noch dann möglich, wenn der Bewirtschafter keine Dienstleistungen im Darreichungsbereich erbringt, also z. B. nicht an der Speisenausgabe oder an der Reinigung des Speiseraums oder des Geschirrs beteiligt ist. Dies kann am ehesten bei der Bewirtschaftungsform Fernverpflegung realisiert werden, wenn der Bewirtschafter die warmen oder kalten Speisen nur anliefert, aber keine weiteren Dienstleistungen erbringt.

Andere Varianten (Caterer liefert die Speisen in einem Essenwagen nur bis zur Küchentür oder Stationstür; die Verteilung an die Patienten übernimmt dann das Krankenhauspersonal oder eine andere Firma; generelle Teilung der Speisenproduktion und der damit verbundenen Dienstleistungen in verschiedene Unternehmen) werden teilweise von den Finanzbehörden noch akzeptiert, also dem ermäßigten Steuersatz zugeordnet. Die Rechtsauslegung kann sich in den nächsten Jahren aber verändern.

4.3.2.3 Bemessungsgrundlage für Umsatzsteuer

Die folgenden Ausführungen beziehen sich speziell auf die Besteuerung von Verpflegungsdienstleistungen, die in Betriebskantinen verbilligt abgegeben werden.

Die Besteuerung des Umsatzes in Betriebskantinen ist von der Art des Rechtsgeschäftes zwischen Dienstleister und Verpflegungsteilnehmer abhängig. Es werden die Varianten Direktgeschäft und Reihengeschäft unterschieden.

- Beim Direktgeschäft besteht ein Vertragsverhältnis zwischen dem Bewirtschafter und dem Gast. Das ist bei Ei-

genregie, Service-GmbH oder Pächter der Fall, solange er in eigenem Namen und auf eigene Rechnung handelt.
- Beim Reihengeschäft besteht kein Vertragsverhältnis zwischen dem Bewirtschafter und dem Verpflegungsteilnehmer, sondern der Bewirtschafter gibt die Verpflegungsdienstleistung nur im Auftrag des Betreibers an den Verpflegungsteilnehmer ab. Auch das Kassieren des Essenspreises übernimmt der Dienstleister beim Reihengeschäft nur im Auftrag des Betreibers, also nicht auf eigene Rechnung. Reihengeschäfte liegen bei der Bewirtschaftungsform Catering vor.

Bei Direktgeschäften gilt als Bemessungsgrundlage für die Umsatzsteuer der gezahlte Essenspreis, mindestens jedoch der amtliche Sachbezugswert. Der amtliche Sachbezugswert wird in zweijährigem Abstand vom Gesetzgeber festgelegt und gibt die Auffassung des Gesetzgebers wieder, wie viel eine Verpflegungsdienstleistung am Arbeitsplatz mindestens wert ist. Auch wenn die Verpflegung am Arbeitsplatz unentgeltlich abgegeben wird, ist mindestens der amtliche Sachbezugswert zu versteuern.

Abb. 4.9 Amtlicher Sachbezugswert für einzelne Mahlzeiten 2007-2008 (Sozialversicherungsentgeltverordnung 2006)

Mahlzeit	**amtlicher Sachbezugswert 2007 – 2008**
Frühstück	1,50 €
Mittagessen	2,67 €
Abendessen	2,67 €
Tagesverpflegung	6,83 €

Derzeit gilt folgende Regelung. Bei Direktgeschäften wird als Bemessungsgrundlage der bezahlte Essenspreis (plus ggf. Zuschüsse vom Auftraggeber), mindestens jedoch der amtliche Sachbezugswert angesetzt. Das gilt bei den Bewirtschaftungsformen Eigenregie, Fremdmanagement, Service-GmbH, Service-Verein und Pacht. Abbildung 4.10 (linke Hälfte) zeigt, wie die zu bezahlende Umsatzsteuer mit steigendem Essenspreis zunächst konstant bleibt, dann jedoch ansteigt. Bei Direktgeschäft spielen die Kosten für die Festlegung der Umsatzsteuer keine Rolle. Sie sind in Abbildung 4.10 nur für den Vergleich mit dem Reihengeschäft ausgewiesen.

Bewirtschaftungsform	**Direktgeschäft (z. B. Eigenregie)**		**Reihengeschäft (z. B. Catering)**	
Kosten pro Essen nach Kostenart und Bewirtschaftungsform				
Lebensmittel	1,70 €		1,70 €	
Personal	2,20 €		1,90 €	
direkte Betriebskosten	0,34 €		0,34 €	
Anlagekosten	1,50 €		1,50 €	
Cateringentgelt	- €		0,30 €	
Summe der Kosten (vor Steuer)	5,74 €		5,74 €	
zu bezahlende Umsatzsteuer nach Essenspreis und Bewirtschaftungsform				
Essenspreis	Bemessungsgrundlage	Umsatzsteuer	Bemessungsgrundlage	Umsatzsteuer
1,00 €	2,67 €	0,51 €	4,24 €	0,81 €
1,50 €	2,67 €	0,51 €	4,24 €	0,81 €
2,00 €	2,67 €	0,51 €	4,24 €	0,81 €
2,50 €	2,67 €	0,51 €	4,24 €	0,81 €
2,67 €	2,67 €	0,51 €	4,24 €	0,81 €
3,00 €	3,00 €	0,57 €	4,24 €	0,81 €
4,00 €	4,00 €	0,76 €	4,24 €	0,81 €

Abb. 4.10 Berechnung der Umsatzsteuer für Verpflegungsdienstleistungen einer Betriebskantine nach Bewirtschaftungsform und Essenspreis (Stand 2007 – 2008)

Bei Reihengeschäft (also bei der Bewirtschaftungsform Catering) gilt die Orientierung an dem Sachbezugswert nicht. Hier sind mindestens die entstandenen Kosten zu besteuern. Als Kostenarten werden derzeit von den Steuerbehörden der Wareneinsatz, die Personalkosten, die direkten Betriebskosten und das Cateringentgelt angesetzt. Lediglich die Kapital- und Anlagekosten werden nicht besteuert. Somit ist die zu bezahlende Umsatzsteuer bei Catering unabhängig vom Essenspreis. Lediglich die Summe der Kosten (ausschließlich Kapital- und Anlagekosten) bilden die Bemessungsgrundlage (vgl. Abbildung 4.10 rechte Seite).

Ein Vergleich der beiden Bewirtschaftungsformen zeigt, dass für Reihengeschäfte (also für Catering) immer höhere Umsatzsteuer anfällt als für Direktgeschäfte. Das gilt so lange der Essenspreis niedriger ist als die Summe der Kostenarten Lebensmittel, Personal, direkte Betriebskosten und Cateringentgelt.

Die Annahmen für die Kostenstruktur in Abbildung 4.10 sind so gewählt, dass die Summe der Kosten bei Direktgeschäft (z. B. Eigenregie) und bei Reihengeschäft (Catering) gleich hoch sind. Falls diese Annahme zutrifft, ist die Gesamtbelastung bei Catering höher, da hier höhere Umsatzsteuer abzuführen ist. Ein Kostenvergleich zwischen verschiedenen Bewirtschaftungsformen sollte also immer die zu bezahlende Steuer mit einbeziehen.

Cateringbetriebe bemängeln seit vielen Jahren die in Abbildung 4.10 dargestellte steuerliche Benachteiligung der Bewirtschaftungsform Catering. Sie streben an, ebenso wie die Eigenregie, Service-GmbH und Pacht in Anlehnung an den Sachbezugswert besteuert zu werden. Eine solche Änderung ist nach Ansicht der Verfasserin nicht zu erwarten. Falls es eine Angleichung der umsatzsteuerlichen Behandlung von Catering und Eigenregie geben wird, wird sie eher so aussehen, dass für Eigenregie genauso viel Umsatzsteuer bezahlt werden muss wie für Catering. Die letzte Gesetzesinitiative zur steuerlichen Gleichbehandlung von Direktgeschäft und Reihengeschäft fand 1998/99 im damaligen geplanten Steuerentlastungsgesetz unter Finanzminister Lafontaine statt. Das Gesetz sollte am 01.04.1999 rückwirkend zum 01.01.1999 inkrafttreten. Die wesentliche Änderung durch das geplante Gesetz betraf den Wegfall der Bindung der Bemessungsgrundlage für Leistungen an Arbeitnehmer an die Sachbezugsverordnung nach § 10 Abs. 4 UStG. Bemessungsgrundlage für verbilligte oder unentgeltliche Bereitstellung von Mahlzeiten vom Arbeitgeber an den Arbeitnehmer wäre dann nicht mehr der amtliche Sachbezugswert, sondern die Summe der tatsächlichen Kosten. Alles, was der Betrieb zur Erstellung der Leistung aufwendet, dürfte zur Berechnung der Umsatzsteuer berücksichtigt werden. Dazu gehörten neben Lebensmittelkosten auch Personalkosten, Raumkosten, Nebenkosten incl. Abschreibungen. Besonders Abschreibungen können die Kosten des Essens erheblich verteuern, wenn die Kantine in einem teuren Neubau betrieben wird. Schätzungen gehen von bis zu 10 – 15 € zu versteuerndem Wert pro Essen aus.

Diese Neuregelung hätte zwar eine steuerliche Gleichbehandlung von Catering und den anderen Bewirtschaftungsformen zur Folge, jedoch nicht so, wie es in der Branche gewünscht war. Denn nach der Neuregelung würden alle Rechtsformen genauso schlecht (bzw. noch schlechter) gestellt als das Catering heute. Die Bemessungsgrundlage für die Besteuerung würde erheblich steigen (Schmid 1999b, S. 12; Steinel/Knappe/Schade 2000, S. 37 ff.; Vasilescu 2005).

4.4 Entscheidungsverfahren bei Fremdvergabe

Falls ein Betreiber sich entschieden hat, die Bewirtschaftung seiner Verpflegungseinrichtung an einen fremden Dienstleister zu vergeben, sind folgende Aspekte zu berücksichtigen:

4.4.1 Leistungsbeschreibung

Eine Leistungsbeschreibung ist eine detaillierte Beschreibung der vom Dienstleister erwarteten Leistung. Da eine Verpflegungsdienstleistung an jedem Tag anders ist, gestaltet sich die Erstellung eines Leistungsverzeichnisses schwierig. Das Leistungsverzeichnis sollte einerseits allgemein genug sein, damit jegliche Speisen, Gerichte und Menüs angeboten werden können. Andererseits sollte das Leistungsverzeichnis so konkret sein, dass die Erfüllung der Forderung auch überprüft werden kann. Die derzeit in der Praxis eingesetzten Leistungsbeschreibungen verwenden oft Allgemeinformulierungen wie *Schmackhafte, abwechslungsreiche und regionaltypische Ernährung entsprechend den Empfehlungen der Deutschen Gesellschaft für Ernährung*. Solche Formulierungen sind zwar gut gemeint, sind aber für eine Überprüfung ungeeignet, weil die Anforderungen nicht konkret definiert und operationalisiert sind. Abbildung 4.11 stellt ungeeignete und geeignete Formulierungen für die Leistungsverzeichnisse von Verpflegungsdienstleistungen gegenüber.

Es wird empfohlen, ein möglichst umfassendes Leistungsverzeichnis mit allen relevanten Teilanforderungen (vgl. Kapitel 2.2.3) zu formulieren und jede einzelne Teilanforderung so zu formulieren, dass sie objektiv überprüfbar ist.

In Vorbereitung auf eine europaweite Ausschreibung ist die zu vergebende Leistung entsprechend dem *Gemeinsamen Vokabular für öffentliche Aufträge (CPV-Nr)* zu bezeichnen. Abbildung 4.12 zeigt einen Ausschnitt aus diesem Verzeichnis. Es wird deutlich, dass mit zunehmender Zahl der Codestellen die Leistung genauer spezifiziert wird.

Qualitätskriterium	Ungeeignete Formulierung	Geeignete Formulierung
ernährungsphysiologische Qualität	Ernährung entsprechend den Empfehlungen der Deutschen Gesellschaft für Ernährung	Nachweis der Einhaltung der Empfehlungen für die Nährstoffzufuhr durch regelmäßige Nährwertberechnungen **oder** Nachweis der Einhaltung der Empfehlungen für die Nährstoffzufuhr durch sporadische Nährwertberechnungen **oder** Sicherstellung eines täglichen Angebots von fünf Portionen Obst und Gemüse (der Regel *Fünf am Tag*)
sensorische Qualität	schmackhaftes Essen	Aussehen, Geruch, Geschmack, Konsistenz und Temperatur der Speisen werden regelmäßig von einem Sensorikteam geprüft und mindestens mit Note *gut* bewertet
sozio-kulturelle Anforderungen	regionaltypische Kost	mindestens einmal wöchentlich wird eine regionaltypische Speise angeboten **oder** mindestens einmal jährlich wird eine Aktionswoche durchgeführt, in der ausschließlich regionaltypische Speisen angeboten werden
Abwechslung	abwechslungsreicher Speiseplan	Speiseplanwiederholrhythmus mindestens acht Wochen **oder** Hauptspeisen wiederholen sich frühestens nach drei Wochen; Beilagen wiederholen sich frühestens nach drei Tagen

Abb. 4.11
Ungeeignete und geeignete Formulierungen für die Leistungsverzeichnisse von Verpflegungsdienstleistungen (Beispiele)

4.4.2 Ausschreibung

Bei der Ausschreibung ist eine Reihe von rechtlichen Vorgaben zu beachten.

Öffentliche Auftraggeber müssen nach § 2 Vergabeverordnung VgV ab einem Schwellenwert von 211.000 € (oberste Bundesbehörden ab einem Schwellenwert von 137.000 €) folgende gesetzliche Regelungen einhalten:

- Gesetz gegen Wettbewerbsbeschränkungen (GWB),
- Verordnung über die Vergabe öffentlicher Aufträge (Vergabeverordnung – VgV) (es handelt sich um die Umsetzung der EG-Richtlinie 2004/18/EG),
- Verdingungsordnung für Leistungen (VOL).

CPV-Nr.	Bezeichnung in deutscher Sprache
55500000	Kantinen und Verpflegungsdienste
55510000	Dienstleistungen von Kantinen
55511000	Dienstleistungen von Kantinen und anderen nicht öffentlichen Cafeterien
55512000	Betrieb von Kantinen
55520000	Verpflegungsdienste
55521000	Verpflegungsdienste für Privathaushalte
55521100	Essen auf Rädern
55521200	Auslieferung von Mahlzeiten
55522000	Verpflegungsdienste für Transportunternehmen
55523000	Verpflegungsdienste für sonstige Unternehmen oder andere Einrichtungen
55523100	Auslieferung von Schulmahlzeiten
55524000	Verpflegungsdienste für Schulen

Abb. 4.12 Gemeinsames Vokabular für öffentliche Aufträge (Auszug) nach EG-Verordnung 2195/2002

Unterhalb dieses Schwellenwerts ist aufgrund des Haushaltsrechts der erste Abschnitt der Verdingungsordnung für Leistungen (VOL/A) anzuwenden.

Es werden nach § 3 VOL folgende Formen der Vergabe unterschieden:

- öffentliche Ausschreibung: eine unbeschränkte Zahl von Unternehmen wird zur Einreichung von Angeboten aufgefordert (bei europaweiter Ausschreibung heißt dieses Verfahren offenes Verfahren),
- beschränkte Ausschreibung: eine beschränkte Zahl von Unternehmen wird zur Einreichung von Angeboten aufgefordert (bei europaweiter Ausschreibung: nicht offenes Verfahren),
- freihändige Vergabe: Vergabe ohne förmliches Verfahren (bei europaweiter Ausschreibung: Verhandlungsverfahren oder Verhandlungsvergabe) (Einbeck 2007).

Die öffentliche Ausschreibung muss stattfinden, soweit nicht die Natur des Geschäfts oder besondere Umstände eine Ausnahme rechtfertigen. Bei der beschränkten Ausschreibung oder der freihändigen Vergabe kann es zweckmäßig sein, einen öffentlichen Teilnahmewettbewerb vorzuschalten.

Die Ausschreibung ist in Tageszeitungen, amtlichen Veröffentlichungsblättern oder Fachzeitschriften bekanntzumachen.

Amtliche Veröffentlichungsblätter im Internet versprechen eine sehr weite Verbreitung. Die VOL/A schreibt hierzu vor, welche Angaben in der Bekanntmachung enthalten sein sollen. Das Standardformular für Bekanntmachungen im Supplement des Amtsblatts der Europäischen Union sieht vor, dass in der Bekanntmachung transparent gemacht wird, nach welchen Kriterien der Zuschlag erteilt wird (z. B. niedrigster Preis oder wirtschaftlichstes Angebot im Bezug auf konkret genannte Kriterien sowie deren Gewichtung, z. B. Preis 90 %, Warmhaltezeit 10 %).

4.4.3 Sichtung der Angebote

Nach der Ausschreibung gehen die Angebote der Bieter ein und müssen nun gesichtet werden. Bei der ersten Sichtung geht es darum, prinzipiell geeignete Angebote von prinzipiell ungeeigneten Angeboten zu unterscheiden. Prinzipiell ungeeignet sind solche Angebote, die Mindestkriterien nicht erfüllen. Neben den formalen Mindestkriterien

- rechtzeitiger Eingang,
- Vollständigkeit der Unterlagen,
- rechnerische Richtigkeit des Angebots,

können weitere inhaltliche Mindestkriterien formuliert werden, z. B.

- Mindestpreis, der als seriös angesehen wird,
- Nachweis einschlägiger Erfahrungen durch Referenzobjekte,
- Erfüllung einzelner Qualitätskriterien in dem Musterspeiseplan.

Bei den Mindestkriterien muss beachtet werden, dass diese für Außenstehende objektiv nachvollziehbar sind. Das ist bei dem Kriterium *Nachweis einschlägiger Erfahrung* einfacher als bei dem Kriterium *seriöser Mindestpreis*. Um einer eventuellen Klage nicht berücksichtigter Bieter zu entgehen, ist zu empfehlen, die Mindestkriterien in einem Team zu beschließen und schriftlich zu begründen. § 25 (1) und (2) der VOL geben hierzu ausführliche Erläuterungen.

4.4.4 Auswahl des günstigsten Angebots

Nach der Sichtung der Angebote verbleiben zumeist mehrere geeignete Angebote. § 25 (3) der VOL gibt vor, dass der Zuschlag *auf das unter Berücksichtigung aller Umstände wirtschaftlichste Angebot zu erteilen* ist. Es wird sogar explizit geschrieben: *Der niedrigste Angebotspreis allein ist nicht entscheidend.* In der hauswirtschaftlichen Branche hält sich vehement das Vorurteil, dass bei einer Ausschreibung das billigste Angebot den Zuschlag erhalten muss. Diese Aussage ist definitiv falsch.

Die Auswahl des wirtschaftlichsten Angebots erfolgt wiederum in mehreren Schritten.

Schritt 1

Festlegung der Kriterien für das wirtschaftlichste Angebot: Zunächst muss festgelegt werden, welche Kriterien für die Auswahl des wirtschaftlichsten Angebots herangezogen werden sollen. Es kommen nur eindeutig messbare Kriterien (z. B. Preis, Warmhaltezeit, Dauer des Speiseplanwiederholrhythmus, Anteil ökologisch erzeugter Lebensmittel usw.) in Frage, nicht jedoch schwammig formulierte Kriterien (z. B. Abwechslung im Speiseplan, Geschmack der Speisen) oder subjektive Merkmale (z. B. Überzeugungskraft des Bieters).

Schritt 2

Anschließend muss festgelegt werden, welches Gewicht die zuvor festgelegten Kriterien für die Gesamtbeurteilung des Angebots haben sollen. Üblich ist eine Gewichtung in Prozent (siehe Abbildung 4.13).

Kriterium	Gewicht
Preis	50 %
Warmhaltezeit	30 %
Dauer des Speiseplanwiederholrhythmus	20 %

Abb. 4.13 Gewichtung der Kriterien für die Bestimmung des wirtschaftlichsten Angebots (Beispiel)

Schritt 3

In einem nächsten Schritt wird für jedes Kriterium ein Bewertungsschema festgelegt, nach dem die einzelnen Angebote bewertet werden. Es können beispielsweise für jedes Kriterium bis zu zehn Bewertungspunkte vergeben werden (siehe Abbildung 4.14).

Kriterium	0 Punkte	2 Punkte	4 Punkte	6 Punkte	8 Punkte	10 Punkte
Preis	über 2,70	2,46 – 2,70 €	2,31 – 2,45 €	2,16 – 2,30 €	2,01 – 2,16 €	2,00 € oder weniger
Warmhaltezeit	über 150 Min.	121 – 150 Min.	91 – 120 Min.	61 – 90 Min.	31 – 60 Min.	30 Min. oder weniger
Dauer des Speiseplan-wiederholrhythmus	2 Wochen	4 Wochen	6 Wochen	8 Wochen	10 Wochen	12 Wochen

Abb. 4.14
Bewertung der Kriterien für die Bestimmung des wirtschaftlichsten Angebots (Beispiel)

Schritt 4

Nun können die einzelnen Angebote nach dem eben entwickelten Schema bewertet werden. Abbildung 4.15 zeigt beispielhaft eine solche Bewertung für drei verschiedene Angebote. Obwohl der Preis mit 50 % Gewichtung in die Gesamtbewertung eingeht, erhält das billigste Angebot (A) in diesem Beispiel die schlechteste Bewertung. Die beste Gesamtbewertung erhält Angebot C, obwohl hier der höchste Preis verlangt wird. Dazu tragen die besseren Bewertungen dieses Angebots bei den Qualitätskriterien bei. Demnach ist in diesem Beispiel dem Bieter von Angebot C der Zuschlag zu erteilen.

Kriterium	Angebot A		Angebot B		Angebot C	
	Angebot	Bewertung	Angebot	Bewertung	Angebot	Bewertung
Preis	2,05 €	8 Punkte	2,20 €	6 Punkte	2,25 €	6 Punkte
Warmhaltezeit	180 Min.	0 Punkte	120 Min.	4 Punkte	120 Min.	4 Punkte
Dauer des Speiseplan-wiederholrhythmus	4 Wochen	2 Punkte	4 Wochen	2 Punkte	8 Wochen	6 Punkte
Gewichtete Gesamtbewertung	4,4 Punkte		4,6 Punkte		5,4 Punkte	

Abb. 4.15
Ermittlung des wirtschaftlichsten Angebots (Beispiel)

5 Personalbedarf

Autorinnen:
Margot Steinel
Anja Müller

Einrichtungen der Gemeinschaftsverpflegung stehen nur wenige Kennzahlen zur Bestimmung des Bedarfs an Personal zur Verfügung. Die vorhandenen Personalkennzahlen sind veraltet und beziehen nur wenige Küchenmerkmale ein. Ein Beispiel sind die Personalkennzahlen nach Schwebel (1981a, 1981b, 1981c, 1981d) (vgl. Abbildung 5.2). Diese Kennzahlen sind mehr als 25 Jahre alt und berücksichtigen nicht den Fortschritt in der Küchentechnik oder den Einsatz von hochverarbeiteten Lebensmitteln (Convenienceprodukten). Außerdem wird der Personalbedarf lediglich in Abhängigkeit des Leistungsvolumens (Anzahl Verpflegungsteilnehmer) angegeben.

Aus diesem Grund setzten sich die Autorinnen im Rahmen eines Forschungsprojekts das Ziel, den Personalbestand in Einrichtungen der Gemeinschaftsverpflegung Deutschlands hinsichtlich verschiedenster Küchen- und Betriebsmerkmale zu untersuchen. Dabei sollte einerseits der Personalbestand nach verschiedenen Betriebs- und Küchenmerkmalen beschrieben werden. Andererseits sollte ein internetbasiertes Schätzmodell zur Bestimmung des Personalbedarfs nach Anzahl und Qualifikationsstufe (Management, Fachpersonal, Hilfspersonal) anhand einer multivariaten Regressionsanalyse erstellt werden. Abbildung 5.1 zeigt jene Merkmale, von denen ein Einfluss auf den Personalbestand vermutet wurde.

Abb. 5.1
Mögliche Einflüsse auf den Personalbedarf einer Verpflegungseinrichtung

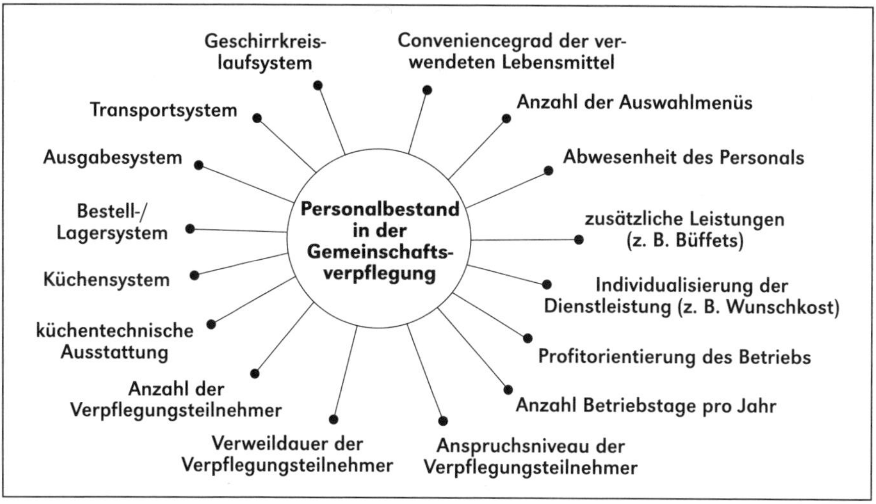

Im folgenden Kapitel wird zunächst eine Übersicht bereits vorhandener Personalkennzahlen aus der Literatur gegeben. Danach wird über die Untersuchungsmethode sowie über die Ergebnisse berichtet. Eine ausführliche Dokumentation des Forschungsprojekts findet sich in Steinel/Müller (2006).

5.1 Literaturübersicht zu Personalkennzahlen

Die üblichen Personalkennzahlen für Verpflegungseinrichtungen sind die Kennzahlen nach Schwebel und die des Bayerischen Kommunalen Prüfungsverbands. Hinzu kommen Kennzahlen aus Studien des Bundesministeriums für Ernährung, Landwirtschaft und Forsten und der Bundesforschungsanstalt für Ernährung in Forschungsberichten zur Schulverpflegung mit verschiedenen Verpflegungssystemen.

Personalkennzahlen nach Schwebel

Schwebel erarbeitete auf Basis der Arbeitsproduktivität einer Küchenkraft in Anzahl vollbeköstigte Personen pro Tag (bei Krankenhausküchen und Heimküchen) bzw. in Anzahl produzierte Essen pro Tag (bei Werks- und Kasinoküchen) Personalbedarfszahlen nach Qualifikation und Anzahl Verpflegungsteilnehmer. In Abbildung 5.2 ist der Gesamtbedarf an Vollzeitkräften nach Anzahl Verpflegungsteilnehmer und Küchenbetriebsart dargestellt.

Abb. 5.2 Schwebel'sche Richtwerte zum Personalbedarf in Anzahl Vollzeitstellen in den verschiedenen Küchenbetriebsarten nach Anzahl Verpflegungsteilnehmer (Quelle: Schwebel, 1981a, 1981b, 1981c, 1981d)

Küchenbetriebsart	Anzahl der Verpflegungsteilnehmer								
	100	150	200	250	350	500	1000	1500	2000
Krankenhausküchen (inkl. Spüle)	11	15,5	19,5	25	33,5	44,5	80,5	115,5	154,5
Heimküchen (inkl. Spüle)	8,5	13	17	20	27	37	-	-	-
Werks- und Kasinoküchen (inkl. Spüle)	4	5	5	5,5	7	10	16	22	29

Am Beispiel von Krankenhausküchen zeigt Abbildung 5.3 den Personalbedarf nach Qualifikation und Anzahl Vollzeitstellen.

Qualifikation	Anzahl der Verpflegungsteilnehmer						
	100	250	500	800	1000	1500	2000
Küchenleiter, -in	1	1	1	1	1	1	1
Koch, Köchin	1	2	4	5	7	10	12
Koch mit Fleischerausbildung	-	1	1	-	-	-	-
Fleischer, Metzger	-	-	-	1	1	2	3
Konditor	-	-	-	1	1	1 – 2	2
Diätassistent/-in	1	2	3 – 4	4	5	6	6
Küchenhilfe	6	16	29 – 30	45	57	82 – 83	114

Abb. 5.3 Schwebel'sche Richtwerte für den Personalbedarf in Krankenhausküchen in Anzahl Vollzeitstellen nach Anzahl Patienten und Qualifikation (Quelle: Schwebel 1981a)

Kennzahlen des Bayerischen Kommunalen Prüfungsverbands

Der Bayerische Kommunale Prüfungsverband veröffentlichte 1998 Kennzahlen zum Personalbedarf in Krankenhausküchen. Der Personalbedarf errechnet sich dabei auf Grundlage des Zeitbedarfs für die Leistungserstellung bezogen auf die Jahresistarbeitszeit der Arbeitskräfte. Es werden Kennzahlen (Vollzeitkraft; Beköstigungstage bzw. gewichtete Beköstigungstage; min/Beköstigungstag) zur Speisenherstellung, Speisenverteilung, Geschirrspüle und Topfspüle vorgegeben (vgl. Abb. 5.4). Für die Berechnung der gewichteten Beköstigungstage für Diätkost wird der Faktor 1,3 eingesetzt.

Leistung	VK : Beköstigungstage	min/BKT
Speisenherstellung	1 : 9.300 – 15.500	6,0 – 10,0
Speisenverteilung	1 : 18.600 – 31.000	3,0 – 5,0
Geschirrspüle	1 : 20.670 – 26.570	3,5 – 4,5
Topfspüle	1 : 77.500 – 116.250	0,8 – 1,2
VK = Vollzeitkraft; min = Minuten; BKT = Beköstigungstage		

Abb. 5.4 Personalkennzahlen des Bayerischen Kommunalen Prüfungsverbands (Quelle: BKPV 1998)

Personalkennzahlen für Schulküchen mit verschiedenen Verpflegungssystemen

Das Bundesministerium für Ernährung, Landwirtschaft und Forsten und die Bundesforschungsanstalt für Ernährung führte zwischen 1974 und 1986 Forschungsprojekte mit Modellrechnungen zur Schulverpflegung mit verschiedenen Verpflegungs - systemen durch. In Anlehnung an diese Studien sind in Abbildung 5.5 Richtwerte zum Personalbedarf in Anzahl Vollzeitstellen nach Verpflegungsteilnehmer und Verpflegungssys -

tem dargestellt. Es ist zu erkennen, dass in Küchen mit geringerer Eigenproduktion von Speisen (z. B. Aufbereitungsküche) weniger Personal benötigt wird als in z. B. in Mischküchen Stufe I.

Verpflegungssystem	Anzahl der Verpflegungsteilnehmer				
	100	250	500	750	1000
Verteilerküche	0,4	0,7	0,8	1,1	1,3
Aufbereitungsküche gekühlte Speisen	0,6	0,6	1,0	1,2	1,7
Aufbereitungsküche sterilisierte Speisen	0,6	0,8	1,0	1,4	1,6
Mischküche Stufe I	1,0	1,3	1,9	2,1	3,0
Mischküche Stufe II	1,3	1,6	2,4	2,6	3,7

Abb. 5.5
Richtwerte für den Personalbedarf von Schulküchen in Anzahl Vollzeitstellen nach Anzahl Verpflegungsteilnehmer und Verpflegungssystem (in Anlehnung an: Bundesministerium für Ernährung, Landwirtschaft und Forsten und Bundesforschungsanstalt für Ernährung, 1974, 1976, 1977, 1979, 1982, 1986)

5.2 Untersuchungsmethode

5.2.1 Grundgesamtheit und Stichprobe

Die Grundgesamtheit der hier dargestellten empirischen Erhebung bilden alle Einrichtungen der Gemeinschaftsverpflegung Deutschlands. Dazu zählen Verpflegungseinrichtungen des Gesundheits- und Sozialwesens, des Bildungs- und Aus - bildungswesen sowie der Betriebsverpflegung. Da das statistische Material zu der Grundgesamtheit unzureichend ist (vgl. Kapitel 1.8.1 *Marktsegmente nach Betreibern*), konnte keine repräsentative Zufallsstichprobe realisiert werden. Zur Bildung der Stichprobe wurde das Verfahren der Freiwilligenstichprobe angewendet. Aufrufe zur Teilnahme an dem Projekt wurden in Fachzeitschriften und im Internet veröffentlicht und mit dem Angebot eines unentgeltlichen Betriebsvergleichs verbunden. Es haben sich 343 Betriebe an der Studie beteiligt.

5.2.2 Befragungsinstrument und Befragung

Die Befragung wurde in schriftlicher Form zwischen Novem - ber 2005 und März 2006 durchgeführt. Dazu wurde ein strukturierter, standardisierter Fragebogen verwendet, der handschriftlich oder elektronisch (interaktives Word-Dokument) von den teilnehmenden Betrieben ausgefüllt wurde. Anhand des Fragebogens wurden Personal- und Betriebskennzahlen erfasst. Die Personalkennzahlen beinhalten die Anzahl an Ma -

nagement-[1], Fach[2]- und Hilfskräften[3]. Die aufgenommenen Betriebskennzahlen sind in Abbildung 5.6 aufgeführt.

Abb. 5.6
Erfasste Betriebskennzahlen

- Anzahl Betriebstage pro Jahr
- Anzahl Betriebstage mit geringerer, üblicher und höherer Essenbeteiligung
- Anzahl Verpflegungsteilnehmer an den verschiedenen Betriebstagen zu den Mahlzeiten (1. Frühstück, 2. Frühstück, Mittagessen, Nachmittagsmahlzeit, Abendessen)
- Anzahl zusätzlicher Verpflegungsteilnehmer z. B. bei Buffets
- Anzahl Auswahlmenüs inkl. Diätkost an Betriebstagen mit geringerer, üblicher und höherer Essenbeteiligung
- Häufigkeit der Zubereitung von Wunschkost pro Monat zu den Mahlzeiten (1. Frühstück, Mittagessen, Nachmittagsmahlzeit, Abendessen)
- Umfang der Durchführung nachstehender Arbeitsschritte durch kücheneigenes Personal: Warenbestellung, Wareneinlagerung, Bezahlen der Waren, Speisenzu- und -aufbereitung, Einzelportionierung, Speisentransport, Kassieren der Menüs, Reinigung von Küche und Gargeräten, Geschirr- und Besteckreinigung, Reinigung von Speiseräumen
- Anteil der Lebensmittel mit verschiedenen Conveniencegraden für die Produktion von Kartoffelspeisen, Gemüsespeisen, Fleischspeisen und Fischspeisen für das Mittagessen (Conveniencegrade: küchenfertig, garfertig, aufbereitfertig, verzehrfertig)
- Anspruchsniveau der Verpflegungsteilnehmer (unterdurchschnittlich, durchschnittlich, überdurchschnittlich)
- Bereich der Gemeinschaftsverpflegung: Gesundheits- und Sozialwesen, Bildungs- und Ausbildungsverpflegung, Betriebsverpflegung
- Technisierungsgrad der Küchenausstattung (unterdurchschnittlich[4], durchschnittlich[5], überdurchschnittlich[6])
- Profit-Orientierung (Nonprofit-Orientierung, eingeschränkte Profit-Orientierung, Profit-Orientierung)
- Verweildauer der Verpflegungsteilnehmer in der Einrichtung
- Abwesenheitsquote des Personals

5.2.3 Datenaufbereitung und -auswertung

Nach der Datenbereinigung wurden einige der aufgenommenen Betriebskennzahlen zu neuen Kennzahlen zusammengeführt. Dadurch wurde eine bessere Übersichtlichkeit in der beschreibenden Statistik (deskriptive Statistik) erreicht. Au-

1 Personen mit Fachausbildung, die Führungstätigkeiten ausüben.
2 Personen mit Fachausbildung, die ausführende Tätigkeiten ausüben.
3 Personen mit Helferausbildung oder ohne branchenspezifische Ausbildung, die ausführende Tätigkeiten ausüben.
4 Die meiste Küchenausstattung ist mehr als zehn Jahre alt.
5 Die meiste Küchenausstattung ist zwischen drei und zehn Jahre alt.
6 Die meiste Küchenausstattung ist weniger als drei Jahre alt.

ßerdem konnte eine Überbestimmung in der erklärenden Statistik (Regressionsanalyse) vermieden werden. Die zusammengeführten Kennzahlen sind die Beköstigungstage pro Jahr eines Betriebs, die durchschnittliche Anzahl an Auswahlmenüs zum Mittagessen sowie der Anteil an Wunschkost im Betrieb.

Die Auswertung der Ergebnisse erfolgte als deskriptive Statistik (Ergebnisse in Kapitel 5.3) sowie mittels multivariater Regressionsanalyse (Ergebnisse in Kapitel 5.4).

5.3 Personalbestand nach verschiedenen Küchenmerkmalen

In diesem Abschnitt werden die Ergebnisse der Untersuchung des Personalbestands hinsichtlich verschiedener Küchenmerkmale in Verpflegungsbetrieben Deutschlands dargestellt. Die Ergebnisse zum Personalbestand resultieren aus Mittelwertberechnungen. Es werden Mittelwerte für die Personalanzahl in Vollzeitstellen pro 10.000 BKT pro Jahr (VZ/10.000 BKT/a) für die Qualifikationsstufen Managementkräfte, Fachkräfte und Hilfskräfte angegeben. Zu den Managementkräften zählen dabei Personen mit Fachausbildung, die eine Führungstätigkeit ausüben. Fachkräfte sind Personen mit Fachausbildung, die eine ausführende Tätigkeit verüben. Hilfskräfte sind Personen mit Helferausbildung oder ohne branchenspezifische Ausbildung, die ausführende Tätigkeiten ausüben.

5.3.1 Personalbestand nach Küchengröße

Die Verpflegungsbetriebe werden anhand ihrer Beköstigungstage pro Jahr (BKT/a) in kleine, mittlere und große Küchen eingestuft. Kleine Küchen haben bis zu 50.000 BKT/a, mittlere Küchen zwischen 50.001 und 100.000 BKT/a und große Küchen haben mehr als 100.000 BKT/a.

Der Personalbestand pro 10.000 BKT/a nimmt mit zunehmender Küchengröße ab. Abbildung 5.7 zeigt, dass kleine Küchen im Durchschnitt für die Leistungserstellung von 10.000 Beköstigungstagen pro Jahr 2,10 Vollzeitstellen einsetzen. Dagegen benötigen Küchen von mittlerer Größe 1,41 Vollzeitstellen und große Küchen lediglich 1,27 Vollzeitstellen für die gleiche Leistungserstellung.

Qualifikationsstufe	kleine Küchen (bis 50.000 BKT/a)	mittlere Küchen (50.001 bis 100.000 BKT/a)	große Küchen (mehr als 100.000 BKT/a)
Managementkräfte	0,45	0,19	0,11
Fachkräfte	0,51	0,30	0,30
Hilfskräfte	1,14	0,92	0,86
Personal gesamt	2,10	1,41	1,27

Abb. 5.7 Personalbestand in VZ/10.000 BKT/a nach Qualifikation und Küchengröße

In den Küchen sind durchschnittlich etwa 11 % Managementkräfte, 23 % Fachkräfte und 65 % Hilfskräfte beschäftigt. Dabei ist in kleinen Küchen der Anteil an Managementkräften höher und in großen Küchen der Anteil an Hilfskräften.

5.3.2 Personalbestand nach Anzahl Auswahlmenüs zum Mittagessen

Der Personalbestand nach der Anzahl Auswahlmenüs zum Mittagessen in Verpflegungseinrichtungen wird in Abhängigkeit von der Küchengröße dargelegt. In mittleren und großen Küchen steigt mit zunehmender Anzahl Auswahlmenüs der Bestand an Personal in Anzahl Vollzeitstellen je 10.000 BKT pro Jahr. In kleinen Küchen trifft dieser Effekt nicht zu. Denn die durchschnittliche Anzahl Auswahlmenüs ist hier durch die Küchengröße begrenzt. Kleine Küchen haben selten mehr als vier Auswahlmenüs zum Mittagessen. Abbildung 5.8 zeigt den Personalbestand in Verpflegungseinrichtungen nach der Anzahl Auswahlmenüs und der Küchengröße.

Anzahl Auswahlmenuüs	kleine Küchen (bis 50.000 BKT/a)	mittlere Küchen (50.001 bis 100.000 BKT/a)	große Küchen (mehr als 100.000 BKT/a)
bis 2,00	2,04	1,39	1,29
2,01 bis 4,00	2,04	1,46	1,23
mehr als 4,00	k. A.	k. A.	1,34
k. A. = Aufgrund einer zu geringen Zellenbesetzung ist keine Aussage möglich.			

Abb. 5.8 Personalbestand in VZ/10.000 BKT/a nach Anzahl Auswahlmenüs und Küchengröße

5.3.3 Personalbestand nach Wunschkostanteil

Bis zu einem Wunschkostanteil von 3 % wird der Personalbestand einer Küche durch diesen nicht wesentlich beeinflusst. Bei einem höheren Wunschkostanteil steigt der Personalbestand jedoch. Dies ist in Abbildung 5.9 zu erkennen. Betriebe mit einem Wunschkostanteil zwischen 0,01 % und 3 % benötigen für die Leistungserstellung von 10.000 Beköstigungstagen pro Jahr ca. 1,61 Vollzeitstellen und Betriebe mit einem Wunschkostanteil zwischen 3,01 % und 6 % benötigen dazu 1,79 Vollzeitstellen. Bei einem Wunschkostanteil von mehr als 6 % besteht ein Personalbestand von 1,96 VZ/10.000 BKT/a.

Abb. 5.9
Personalbestand in VZ/10.000 BKT/a nach Wunschkostanteil

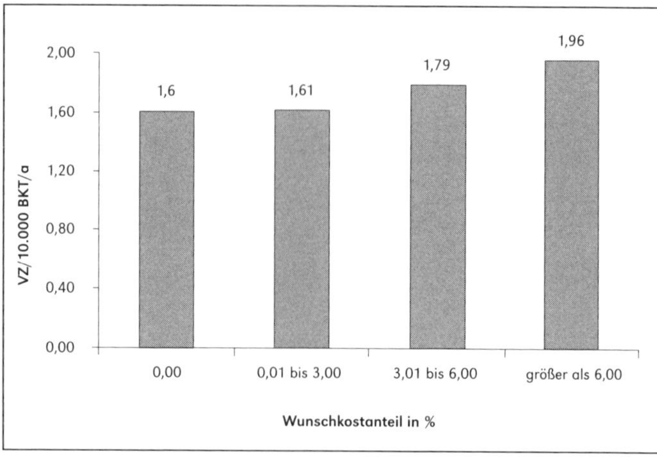

5.3.4 Personalbestand nach Umfang der Durchführung von Arbeitsschritten durch kücheneigenes Personal

Die hauptsächlichen Arbeitsschritte in einem Küchenbetrieb sind Bestellen, Einlagern und Bezahlen von Lebensmitteln, Zubereiten bzw. Aufbereiten der Speisen, Portionieren der Speisen, Transportieren der Speisen, Kassieren der Menüs, Reinigung von Küche und Gargeräten, Reinigung von Geschirr und Besteck sowie die Speiseraumreinigung.

Der Bestand an Küchenpersonal in Vollzeitstellen je 10.000 BKT pro Jahr steigt mit zunehmendem Anteil der Durchführung jedes Arbeitsschritts. In Abbildung 5.10 ist dieses grafisch dargestellt. Besonders deutlich wird dieser Effekt bei den Arbeitsschritten Küchen- und Gerätereinigung sowie Geschirr- und Besteckreinigung.

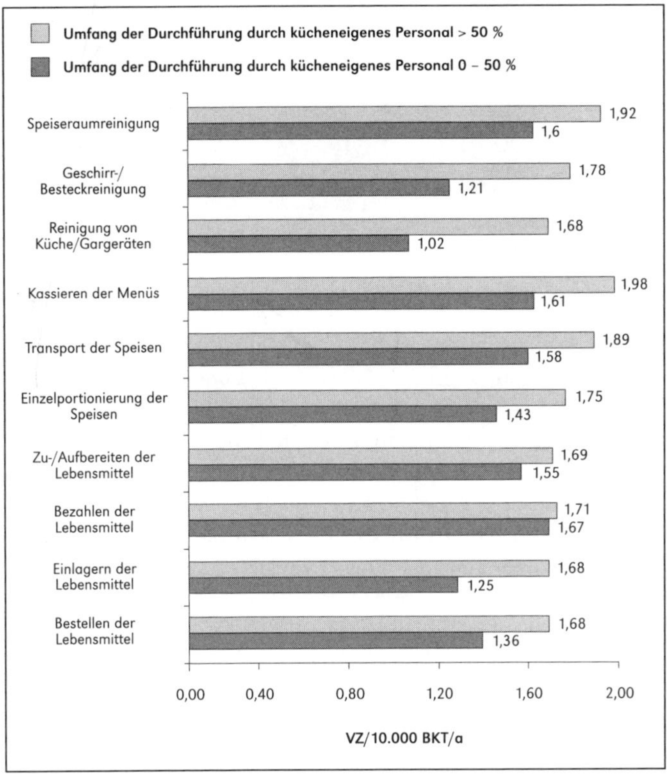

Abb. 5.10 Personalbestand in VZ/10.000 BKT/a nach Umfang der Durchführung einzelner Arbeitsschritte durch kücheneigenes Personal

5.3.5 Personalbestand nach Anteil der Verwendung küchenfertiger Lebensmittel

Mit steigendem Anteil küchenfertiger Lebensmittel für die Zubereitung des Mittagessens ist ein steigender Bedarf an Arbeitszeit bzw. Personalbestand zu erwarten. Abbildung 5.11 zeigt den Zusammenhang zwischen der Verwendung küchenfertiger Lebensmittel und dem Personalbestand. Bei Kartoffelspeisen zeigt sich der erwartete Effekt: je höher der Anteil küchenfertiger Kartoffeln, desto höher ist der Personalbestand.

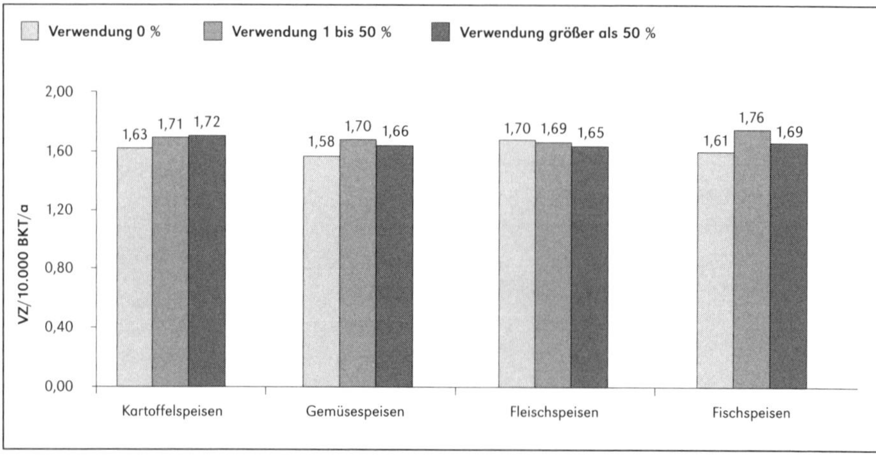

Abb. 5.11 Personalbestand in VZ/10.000 BKT/a nach Anteil der Verwendung verschiedener küchenfertiger Lebensmittel zur Produktion des Mittagessens

Bei Gemüsespeisen ist der Personalbestand bei einem Anteil der Verwendung küchenfertiger Lebensmittel zwischen 1 und 50 % unerwartet höher (1,70 VZ/10.000 BKT/a) als bei einem Anteil der Verwendung von über 50 % (1,66 VZ/10.000 BKT/a). Ähnlich ist es bei den Fischspeisen.

Entgegen den Erwartungen ist auch die Situation beim Einsatz küchenfertigen Fleisches für das Mittagessen: der steigende Anteil küchenfertiger Fleischspeisen geht mit einer Senkung des Personalbestands einher. Möglicherweise resultiert dieses unplausible Ergebnis aus einer Überlagerung verschiedener Küchenmerkmale (z. B. Conveniencegrad und Küchengröße).

5.3.6 Personalbestand nach Technisierungsgrad

Der Technisierungsgrad eines Verpflegungsbetriebs wird über das Alter der küchentechnischen Ausstattung definiert. Demnach gibt es Verpflegungsbetriebe mit unterdurchschnittlichem, durchschnittlichem und überdurchschnittlichem Technisierungsgrad. In Betrieben mit unterdurchschnittlichem Technisierungsgrad ist der größte Teil der Küchenausstattung mehr als zehn Jahre alt. In Betrieben mit durchschnittlichem Technisierungsgrad ist die Küchenausstattung zwischen drei und zehn Jahre alt und in Betrieben mit überdurchschnittlichen Technisierungsgrad weniger als drei Jahre alt.

Technisierungs-grad	Manage-ment-kräfte	Fachkräfte	Hilfskräfte	Personal gesamt
unterdurchschnittlich	0,24	0,38	1,05	1,67
durchschnittlich	0,26	0,39	0,97	1,62
überdurchschnittlich	0,47	0,45	0,97	1,89

Abb. 5.12 Personalbestand in VZ/10.000 BKT/a nach Qualifikation und Technisierungsgrad der Küche

In Abbildung 5.12 ist dargestellt, dass Betriebe mit einer neuen Küchenausstattung mehr Personal benötigen als Betriebe mit einer älteren Küchenausstattung. Entgegen den Vermutungen senkt ein überdurchschnittlicher Technisierungsgrad den Personalbestand nicht. Diese Unplausibilität resultiert möglicherweise aus Überlagerungen mit anderen Küchenmerkmalen. Beispielsweise haben große Küchen eine hohe Anzahl Verpflegungsteilnehmer und gleichzeitig einen überdurchschnittlichen Technisierungsgrad.

Der Anteil an Managementkräften nimmt mit steigendem Technisierungsgrad zu. Betriebe mit einer unterdurchschnittlich technisierten Küchenausstattung haben einen 14-%igen Managementkräfteanteil und Betriebe mit einer überdurchschnittlich technisierten Ausstattung einen 25-%igen Managementkräfteanteil. Dementsprechend sinkt der Anteil an Hilfskräften mit zunehmender Technisierung der Küchen. Der Fachkräfteanteil wird nicht vom Alter der Küchenausstattung beeinflusst.

5.3.7 Personalbestand nach Abwesenheitsquote des Personals

Die Abwesenheitsquote des Personals beeinflusst den Personalbestand positiv: Abbildung 5.13 zeigt, dass ein Betrieb mit einer geringen Abwesenheitsquote des Personals (zwischen 9 % und 14 %) einen durchschnittlichen Personalbestand von 1,17 Vollzeitstellen je 10.000 BKT pro Jahr hat, wohingegen Betriebe mit über 20-%iger Abwesenheitsquote 1,82 Vollzeitstelllen je 10.000 BKT pro Jahr benötigen.

Abb. 5.13 Personalbestand in VZ/10.000 BKT/a nach Qualifikation und Abwesenheitsquote des Personals

Abwesenheitsquote in %	Managementkräfte	Fachkräfte	Hilfskräfte	Personal gesamt
9,00 – 14,00	0,61	0,31	0,71	1,17
14,01 – 16,00	0,18	0,44	0,93	1,55
16,01 – 18,00	0,25	0,34	1,00	1,58
18,01 – 20,00	0,24	0,36	1,05	1,65
> 20,01	0,37	0,45	1,00	1,82

Neben dem quantitativen Einfluss der Abwesenheitsquote des Personals besteht außerdem ein qualitativer Einfluss auf den Personalbestand. So nimmt der Anteil der Managementkräfte mit steigender Abwesenheitsquote zu. Betriebe mit 16,01 bis 18 % Abwesenheitsquote haben einen Anteil an Managementkräften von 16 %, wohingegen Betriebe mit mehr als 20 % Abwesenheitsquote zu 20 % Managementkräfte einsetzen.

5.3.8 Personalbestand nach Bereich der Gemeinschaftsverpflegung

Nach Paulus (1988) werden Einrichtungen der Gemeinschaftsverpflegung in drei Bereiche unterteilt: Verpflegung im Gesundheits- und Sozialwesen, Verpflegung im Bildungs- und Ausbildungswesen sowie Betriebsverpflegung. Zu Betrieben im Gesundheits- und Sozialwesen zählen z. B. Krankenhäuser, Alteneinrichtungen, Kur- und Erholungseinrichtungen. Verpflegungsbetriebe des Bildungs- und Ausbildungswesens sind beispielsweise Schulküchen, Kindertagesstätten, Hochschulen oder Fort- und Weiterbildungsstätten. Zur Betriebsverpflegung gehören u. a. Kantinen und Betriebsrestaurants.

Nach Abbildung 5.14 haben Einrichtungen der Betriebsverpflegung mit insgesamt 2,27 VZ/10.000 BKT/a den größten Personalbestand für die Erstellung von 10.000 BKT/a. Betriebe des Gesundheits- und Sozialwesens benötigen dazu 1,61 VZ/10.000 BKT/a und Betriebe des Bildungs- und Ausbildungswesens lediglich 1,49 VZ/10.000 BKT/a.

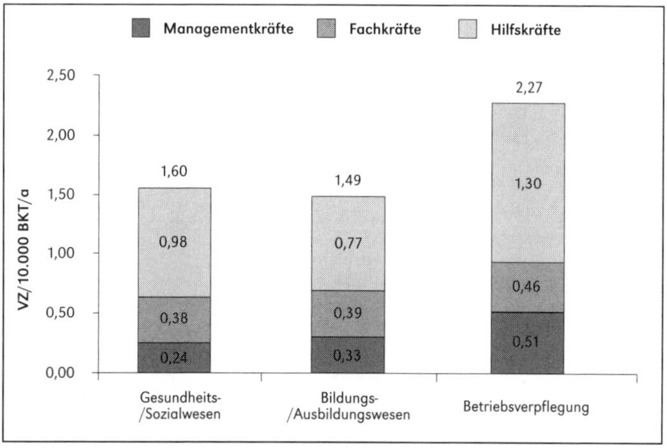

Abb. 5.14 Personalbestand in VZ/10.000 BKT/a nach Qualifikation und Bereich der Gemeinschaftsverpflegung

5.3.9 Personalbestand nach Anspruchsniveau der Verpflegungsteilnehmer

Betriebe mit überdurchschnittlichem bzw. durchschnittlichem Anspruchsniveau der Verpflegungsteilnehmer benötigen mehr Personal (1,73 VZ/10.000 BKT/a bzw. 1,68 VZ/10.000 BKT/a) als Betriebe mit unterdurchschnittlichem Anspruchsniveau der Verpflegungsteilnehmer (1,38 VZ/10.000 BKT/a). Dies ist in Abbildung 5.15 dargestellt.

Weiterhin ist festzustellen, dass der Anteil an Hilfskräften mit zunehmendem Anspruchsniveau der Verpflegungsteilnehmer steigt und der Fachkräfteanteil entsprechend sinkt. So haben Betriebe mit unterdurchschnittlichem Anspruchsniveau der Verpflegungsteilnehmer einen Hilfskräfteanteil von 57 % bzw. einen Fachkräfteanteil von 30 % und Betriebe mit einem überdurchschnittlichen Anspruchsniveau der Verpflegungsteilnehmer einen Hilfskräfteanteil von 64 % bzw. einen Fachkräfteanteil von 22 %.

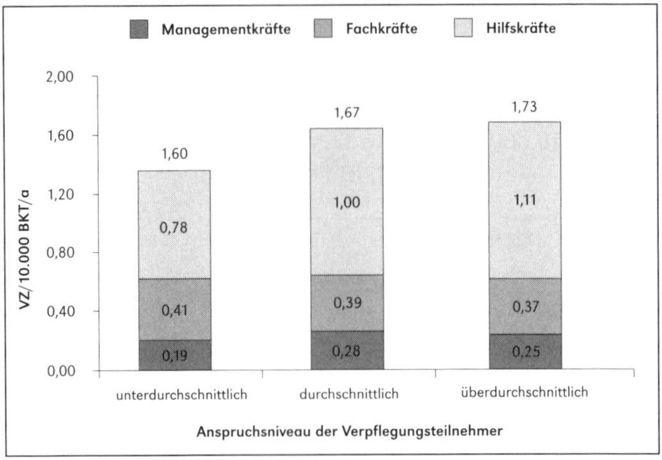

Abb. 5.15 Personalbestand in VZ/10.000 BKT/a nach Qualifikation und Anspruchsniveau der Verpflegungsteilnehmer

5.3.10 Personalbestand nach Profit-Orientierung des Betriebs

Es wird zwischen nonprofit-orientierten, eingeschränkt profit-orientierten und profit-orientierten Betrieben unterschieden. Während nonprofit-orientierte Betriebe die Deckung ihrer Kosten anstreben, wollen profit-orientierte Betriebe Gewinn erwirtschaften. Eingeschränkt profit-orientierte Betriebe streben Deckungsbeiträge bei einzelnen Leistungen an, um damit andere Leistungen zu subventionieren.

In Abbildung 5.16 ist der Zusammenhang zwischen dem Personalbestand und der Profit-Orientierung der Betriebe dargestellt. Betriebe mit Profit-Orientierung haben den höchsten Personalbestand (1,88 VZ/10.000 BKT/a). Eingeschränkt profit-orientierte Betriebe haben einen nur geringfügig niedrigeren Bestand von 1,83 VZ/10.000 BKT/a. Den geringsten Bestand an Personal haben nonprofit-orientierte Betriebe (1,57 VZ/10.000 BKT/a).

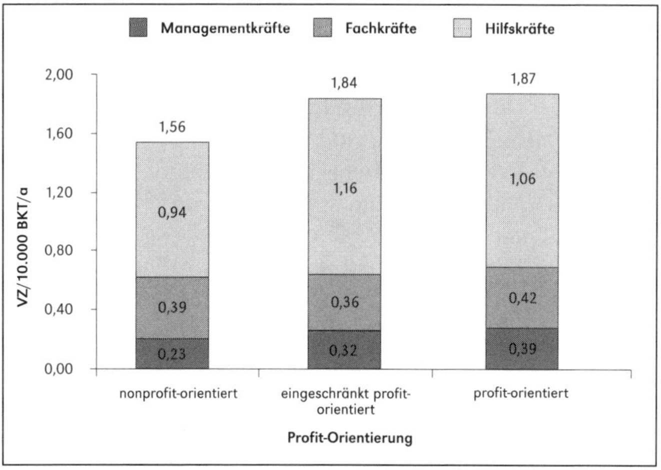

Abb. 5.16 Personalbestand in VZ/10.000 BKT/a nach Qualifikation und Profit-Orientierung

5.4 Bestimmung des Personalbedarfs eines Betriebs nach Qualifikationsstufe und Küchenmerkmalen

In den vorangegangenen Abschnitten wurde als Ergebnis einer deskriptiven statistischen Analyse jeweils der Zusammenhang zwischen dem Personalbestand und einem einzelnen Betriebsmerkmal dargestellt. Tatsächlich wirken aber alle Betriebsmerkmale zusammen auf den Personalstand. Dieser Zusammenhang wurde mit einer multivariaten Regressionsanalyse untersucht. Bei dieser Analyse wird untersucht, welche Betriebsmerkmale einen signifikanten (nicht zufälligen) Einfluss auf den Personalbestand haben.

Im Folgenden werden die Ergebnisse der multivariaten Regressionsanalyse dargestellt. Dabei werden die Küchenmerkmale dargestellt, die den Personalbestand in der jeweiligen Qualifikationsstufe signifikant beeinflussen. Die Küchenmerkmale werden je nach Richtung ihres Einflusses (positiv oder negativ) auf den Personalbestand an Managementkräften, Fachkräften und Hilfskräften unterschieden (vgl. Abb. 5.17). Dabei erhöhen positiv beeinflussende Merkmale den Personalbestand der jeweiligen Qualifikationsstufe und negativ beeinflussende Küchenmerkmale erniedrigen den Bestand.

Einen erhöhenden Effekt auf den Bestand an **Managementkräften** haben beispielsweise die Küchenmerkmale Anzahl

Hilfskräfte, Wunschkostanteil und die Abwesenheitsquote. Die Küchenmerkmale Anzahl Auswahlmenüs, Anteil verzehrfertige Kartoffelspeisen für die Produktion des Mittagessens sowie Umfang der Durchführung des Kassierens der Menüs erniedrigen den Bestand an Managementkräften.

Der Anteil der Verwendung von küchenfertigem Gemüse sowie der Umfang der Durchführung der Bezahlung der Lebensmittel, der Einzelportionierung der Speisen und der Geschirr- und Besteckreinigung durch eigenes Personal haben einen positiven Einfluss auf den **Bestand an Fachkräften**: Das heißt, diese Betriebsmerkmale erhöhen den Fachkräftebestand. Die restlichen signifikanten Betriebsmerkmale vermindern den Bestand an Fachkräften.

Die Durchführung des Einlagerns von Lebensmitteln durch eigenes Personal sowie der Anteil der Verwendung von küchenfertigen Kartoffelspeisen, küchenfertigen Fleischspeisen und aufbereitfertigen Fleischspeisen haben einen negativen Einfluss auf den **Bestand an Hilfskräften** und erniedrigen diesen somit. Alle anderen signifikanten Betriebsmerkmale haben einen positiven Einfluss auf den Hilfskräftebestand.

Die Ergebnisse der multivariaten Regressionsanalyse fließen in ein internetbasiertes Schätzmodell zur Bestimmung des Personalbedarfs ein, welches der Branche auf der Internetseite

http://hauswirtschaft.loel.hs-anhalt.de/forschung/personalbedarfsbestimmung.html

unentgeltlich zur Verfügung steht. Hier kann sich die Anwenderin oder der Anwender ganz individuell ihren oder seinen Personalbedarf an Managementkräften, Fachkräften und Hilfskräften in Anzahl Vollzeitstellen schätzen lassen. Dazu müssen vorab die entsprechenden Betriebs- und Personalkennzahlen des Verpflegungsbetriebs eingegeben werden. Das Prinzip des Programms ist in Abbildung 5.18 grafisch dargestellt.

Positiver (erhöhender) Einfluss		Negativer (erniedrigender) Einfluss
• Anzahl Hilfskräfte • Wunschkostanteil • Abwesenheitsquote • Umfang der Durchführung des Arbeitsschritts Bezahlen der Lebensmittel durch kücheneigenes Personal • Anteil von aufbereitfertigen Gemüsespeisen zur Produktion von Gemüsespeisen zum Mittagessen	**Managementkräfte**	• Anzahl Auswahlmenüs zum Mittagessen • Umfang der Durchführung des Arbeitsschritts Kassieren der Menüs durch kücheneigenes Personal • Anteil von verzehrfertigen Kartoffelspeisen zur Produktion von Kartoffelspeisen zum Mittagessen
• Umfang der Durchführung der Arbeitsschritte - Bezahlen der Lebensmittel - Portionieren der Speisen - Reinigung von Geschirr und Besteck durch kücheneigenes Personal • Anteil von küchenfertigem Gemüse zur Produktion von Gemüsespeisen zum Mittagessen	**Fachkräfte**	• Anzahl Auswahlmenüs zum Mittagessen • Umfang der Durchführung der Arbeitsschritte - Transportieren der Speisen - Speiseraumreinigung durch kücheneigenes Personal • Anteil von küchenfertigen Kartoffeln zur Produktion von Kartoffelspeisen zum Mittagessen
• Anzahl Auswahlmenüs zum Mittagessen • Anzahl zusätzliche Verpflegungsteilnehmer pro Jahr • Bereich der Gemeinschaftsverpflegung: Gesundheits- und Sozialwesen • Überdurchschnittliches Anspruchsniveau der VT • Umfang der Durchführung der Arbeitsschritte - Zubereiten/Aufbereiten der Speisen - Transportieren der Speisen - Kassieren der Menüs - Reinigung von Geschirr und Besteck - Speiseraumreinigung durch kücheneigenes Personal • Anteil von aufbereitfertigen Kartoffelspeisen zur Produktion von Kartoffelspeisen zum Mittagessen • Anteil von verzehrfertigen Fleischspeisen zur Produktion von Fleischspeisen zum Mittagessen	**Hilfskräfte**	• Umfang der Durchführung des Arbeitsschritts Einlagern der Lebensmittel durch kücheneigenes Personal • Anteil von küchenfertigen Kartoffeln zur Produktion von Kartoffelspeisen zum Mittagessen • Anteil von küchenfertigem Fleisch zur Produktion von Fleischspeisen zum Mittagessen • Anteil von aufbereitfertigen Fleischspeisen zur Produktion von Fleischspeisen zum Mittagessen

Abb. 5.17
Küchenmerkmale mit signifikantem Einfluss auf den Bestand an Managementkräften, Fachkräften und Hilfskräften

Abb. 5.18
Prinzip des internetgestützten Programms zur Bestimmung des Personalbedarfs in Einrichtungen der Gemeinschaftsverpflegung

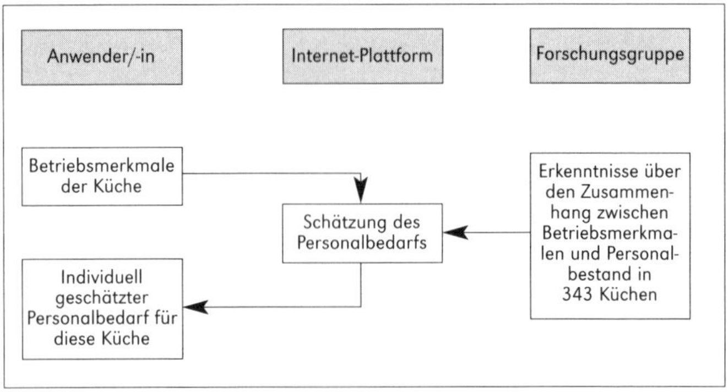

6 Speisenplanung

Autorin:
Margot Steinel

Bei der Speisenplanung besteht das Problem darin, die Vielzahl der in Kapitel 2.2.4 Teilanforderungen dargestellten ernährungsphysiologischen, sensorischen, hygienischen, soziokulturellen etc. Qualitätsanforderungen gleichzeitig in einem Speisenplan zu berücksichtigen. Methodisches Vorgehen ist hierzu notwendig. Die Methoden zum Aufstellen des Speisenplans (vgl. Abb. 6.1) unterscheiden sich im Wesentlichen hinsichtlich der Art der Berücksichtigung der ernährungsphysiologischen Anforderungen.

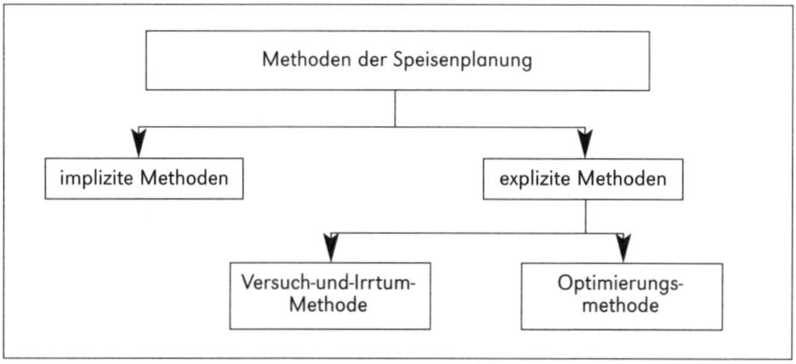

Abb. 6.1 Klassifikation der Methoden zur Speisenplanung

6.1 Implizite Methode

Bei der impliziten Methode finden keine Berechnungen statt, sondern es wird versucht, durch Einhaltung allgemeiner Regeln eine bedarfsgerechte Ernährung zu erreichen. Solche allgemeinen Regeln können z. B. die zehn Regeln der DGE oder die Regel *Fünf am Tag* sein. Es wird davon ausgegangen, dass die Empfehlungen für die Nährstoffzufuhr (z. B. richtige Energiezufuhr, ausreichende Zufuhr an Ballaststoffen und anderen essenziellen Nährstoffen, keine übermäßige Fettzufuhr) erfüllt werden, wenn diese allgemeinen Regeln eingehalten werden. Anders formuliert: es wird unterstellt, dass eine genaue Nährwertberechnung nicht notwendig ist, sondern allein die Einhaltung der allgemeinen Regeln für die ernährungsphysiologische Qualität der Verpflegung ausreicht. Diese Methode wird vor allem von solchen Küchen angewandt, die (noch) nicht über einen PC mit Nährwertberechnungsprogramm verfügen. Es ist derzeit die häufigste Methode zur Speisenplanung in der Gemeinschaftsverpflegung. Eine gute Anleitung zur Anwendung dieser Methode bietet ein aid-special-Heft *Speisenplanung in der Gemeinschaftsverpflegung* (Dirschauer 2006). Die Methode wird deshalb hier nicht weiter erläutert.

6.2 Explizite Methoden

Eine explizite Methode der Speisenplanung beinhaltet immer eine Nährwertberechnung der in dem Speisenplan enthaltenen Menüs. Diese Nährwertberechnung ist auf verschiedenen Ebenen durchzuführen (vgl. Abb. 6.2).

Abb. 6.2 Rechenweg einer expliziten Berechnung des Nährstoffgehalts eines Wochenspeisenplans

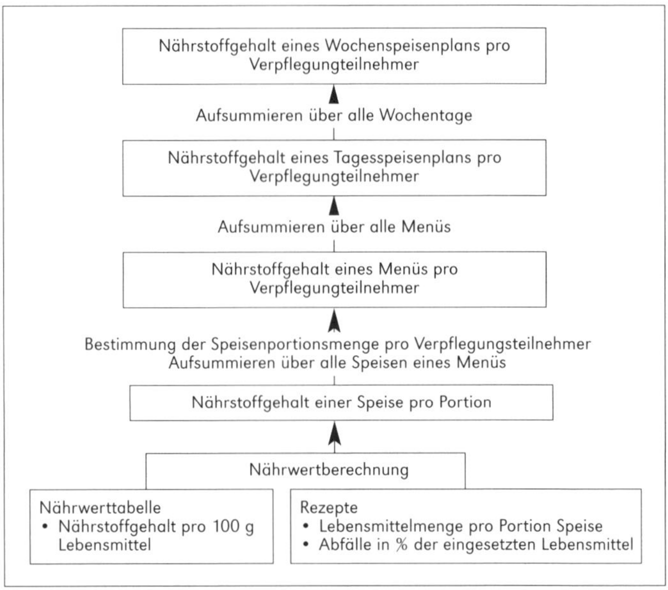

Ausgangsinformationen einer solchen Nährwertberechnung sind immer Informationen über den Nährstoffgehalt von Lebensmitteln (schriftliche oder elektronische Nährwerttabellen) sowie über die mengenmäßige Zusammensetzung der Speisen aus Lebensmitteln (Rezepte unter Berücksichtigung der im Verarbeitungsprozess anfallenden Abfälle). Daraus errechnet sich zunächst der Nährstoffgehalt einer Speise pro Portion[1],

1 Es wird empfohlen, den Nährstoffgehalt der Speisen pro Portion zu errechnen und nicht pro 100 g, da bei letzterer Größe die gewichtsmäßigen Veränderungen im Produktionsprozess (z. B. Gewichtsverlust in Folge von Austrocknung) zu erheblichen Fehlern führen können.

der in einer betriebsinternen Speisentabelle oder -datenbank gespeichert werden kann. Für die weitere Speisenplanung wird nun festgelegt, wie groß die einem Verpflegungsteilnehmer angebotene Speisenmenge (in Portionen) sein soll. Je nach Portionierbarkeit einer Speise sind hier Variationsmöglichkeiten gegeben: die Menge Reis als stärkereiche Beilage kann leichter variiert werden als die Menge Hühnerkeule als Hauptspeise. Die Bestimmung der Speisenmenge ist eine wichtige *Stellschraube* in dem Speisenplanungsprozess, um die ernährungsphysiologischen Anforderungen zu erfüllen. Im weiteren Planungsprozess werden dann die Nährwertgehalte der einzelnen Speisen zu Menüs, Tagesspeisenplänen sowie zu einem Wochenspeisenplan aufsummiert.

Dieser Wochenspeisenplan muss dann den ernährungsphysiologischen Anforderungen entsprechen.[2] Ein solcher ausgewogener Wochenspeisenplan wird prinzipiell mit zwei verschiedenen methodischen Ansätzen erarbeitet: mit der sogenannten Versuch- und Irrtum-Methode oder mit der Optimierungsmethode.

6.2.1 Versuch-und-Irrtum-Methode

Die Versuch-und-Irrtum-Methode (vgl. Abb. 6.3) ist die in der Praxis übliche Methode der expliziten Speisenplanung. Auf der Grundlage zuvor formulierter Anforderungen wird in Anlehnung an das in Abbildung 6.2 dargestellte Schema ein (Wochen-)Speisenplan aufgestellt (Versuch), und anschließend überprüft, ob die ernährungsphysiologischen (sensorischen, hygienischen, soziokulturellen etc.) Anforderungen erfüllt sind. Je nachdem, wie viele Nährstoffe berücksichtigt werden und wie streng diese sind, wird der Speisenplan mehr oder weniger wahrscheinlich von den Anforderungen abweichen (Irrtum) und muss modifiziert werden. Es können sehr viele Durchläufe notwendig sein, bis alle Anforderungen erfüllt sind. Möglicherweise kann aber gar kein Speisenplan gefunden werden, weil die Anforderungen zu streng sind bzw. sich widersprechen. Dann müssen die Anforderungen revidiert werden. Hierzu ist Erfahrung notwendig, welche Änderung der Nährstoffanforderung zum Ziel führen wird. Letztlich gibt es

2 Genau genommen ist die Zeitspanne, in der die Nährstoffbilanz ausgeglichen sein muss, von Nährstoff zu Nährstoff unterschiedlich. Bei Energie ist eine Erfüllung zu jeder Mahlzeit erforderlich, um den Verpflegungsteilnehmer ausreichend zu sättigen. Bei Vitamin B_{12} reicht ein Ausgleich über mehrere Monate bzw. sogar Jahre. Vereinfachend wird hier von einer anzustrebenden Ausgeglichenheit über eine Woche ausgegangen.

bei der Versuch-und-Irrtum-Methode keine Garantie, dass ein Speisenplan gefunden werden kann, der alle Anforderungen erfüllt.

Abb. 6.3 Versuch-und-Irrtum-Methode zur Speisenplanung

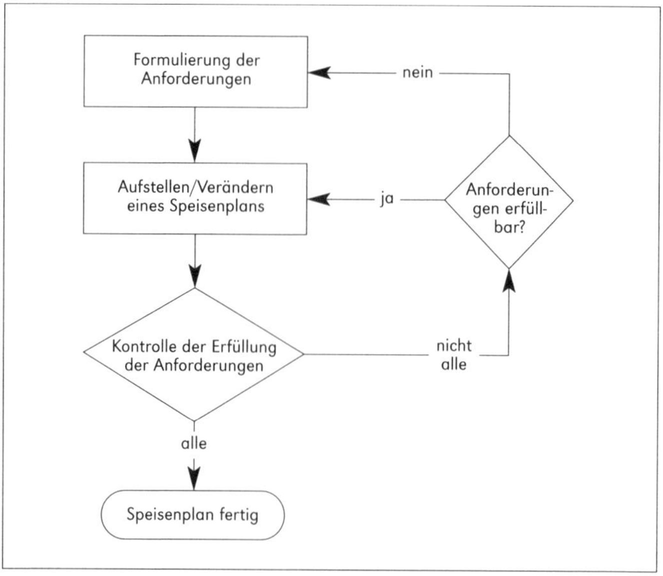

6.2.2 Optimierungsmethode

Bei der Versuch-und-Irrtum-Methode besteht keine Garantie, dass ein akzeptabler Speisenplan gefunden werden kann, der alle Anforderungen erfüllt. Einen Ausweg aus diesem Dilemma bietet nur die Optimierungsmethode.

Bei dieser Methode werden die ernährungsphysiologischen, sensorischen, soziokulturellen etc. Anforderungen in mathematische Gleichungen und Ungleichungen überführt und das Problem mit mathematischen Methoden gelöst.

Dies erfolgt immer in folgenden vier Schritten:

Erster Schritt: Definition der Variablen
Zweiter Schritt: Formulieren der Zielfunktion
Dritter Schritt: Formulieren der Nebenbedingungen
Vierter Schritt: Ermitteln der optimalen Lösung (grafisch, algebraisch oder mit PC-Programmen).

Hinsichtlich der mit der Optimierung zu bestimmenden Elemente des Speisenplans werden verschiedene Modelle der

Speisenplanoptimierung unterschieden (Steinel 1993). Hier werden das Speisenmengenmodell und das Speisenarten- und -mengenmodell erläutert.

6.2.2.1 Speisenmengenmodell

Bei dem Speisenmengenmodell wird im Vorfeld durch die planende Person festgelegt, *welche* Speisen in dem Speisenplan enthalten sind. Durch das Optimierungsmodell wird dann nur noch bestimmt, in welchen Mengen die Speisen angeboten werden. Dies wird an einem sehr einfachen Beispiel erläutert.

Es soll ein Menü geplant werden, das aus den beiden Speisen Eierpfannkuchen und Apfelmus besteht. Die jeweiligen Mengen der beiden Speisen sind so zu bestimmen, dass das Menü mindestens 400 kcal Energie, mindestens 80 g Kohlenhydrate und mindestens 10 mg Vitamin C enthält *(Nebenbedingungen)*. Sollte es mehrere Speisenpläne geben, die diese ernährungsphysiologischen Bedingungen erfüllen, ist derjenige mit den niedrigsten Lebensmittelkosten auszuwählen *(Hauptbedingung)*. Die Eigenschaften der beiden Speisen sind in Abbildung 6.4 dargestellt.

Eigenschaften	**Speise**	
	Eierpfannkuchen	**Apfelmus**
Lebensmittelkosten [€/Portion]	0,19	0,21
Energiegehalt [kcal/Portion]	417	144
Kohlenhydratgehalt [g/Portion]	47	34
Vitamin C-Gehalt [mg/Portion]	1	12

Abb. 6.4 Eigenschaften der Speisen, zum Beispiel Speisenmengenmodell

Erster Schritt: Definition der Variablen

In einem ersten Schritt werden die Variablen des Optimierungsmodells formuliert. Die Variablen sind jene Größen, die mit dem mathematischen Modell bestimmt werden sollen: Das sind in diesem Fall die Mengen der beiden Speisen:

x_1 = Menge der Speise Eierpfannkuchen (in Portionen),
x_2 = Menge der Speise Apfelmus (in Portionen).

Zweiter Schritt: Formulieren der Zielfunktion

In einem zweiten Schritt wird die Zielfunktion des Optimierungsmodells formuliert. Das ist immer eine Bedingung, die bestmöglich erfüllt werden soll; für die es also keine Unter-

oder Obergrenzen gibt. Es handelt sich also um eine Größe, die entweder minimiert oder maximiert werden soll. In diesem Beispiel sind es die Lebensmittelkosten, die möglichst niedrig sein sollen.

Die entsprechende mathematische Formulierung lautet:

$$0{,}19 \cdot x_1 + 0{,}21 \cdot x_2 \overset{!}{=} c \text{ min}$$

Dritter Schritt: Formulierung der Nebenbedingungen
In einem dritten Schritt werden die Nebenbedingungen formuliert. Es handelt sich bei dem Beispiel um die Ungleichungen der ernährungsphysiologischen Anforderungen.

Die Nebenbedingung für den Energiebedarf lautet:

$$417 \cdot x_1 + 144 \cdot x_2 \geq 400$$

Die Nebenbedingung für den Kohlenhydratgehalt lautet:

$$47 \cdot x_1 + 34 \cdot x_2 \geq 80$$

Die Nebenbedingung für den Vitamin-C-Gehalt lautet:

$$1 \cdot x_1 + 12 \cdot x_2 \geq 10$$

Vierter Schritt: Ermitteln der optimalen Lösung
Die optimale Lösung kann grafisch, algebraisch oder mit PC-Programmen bestimmt werden. Die grafische Methode ist nur bei Modellen mit zwei Variablen praktikabel. Die algebraische Methode ist mathematisch sehr anspruchsvoll. Die Anwendung von PC-Programmen ist an das Vorliegen einer Optimierungssoftware (z. B. What's Best als Add-In in Excel®) gebunden. Die Bedienung der Optimierungssoftware wird hier nicht weiter erläutert.

Die optimale Lösung lautet für dieses Beispiel:

x_1 = 1,17 Portionen Eierpfannkuchen,
x_2 = 0,74 Portionen Apfelmus.

Das eben erläuterte Schema kann für all die Speisenplanungsprobleme angewandt werden, bei denen die planende Person selbst festlegen möchte, welche Speisen in dem Speisenplan enthalten sind.

6.2.2.2 Speisenarten- und -mengenmodell

Bei dem Speisenarten- und -mengenmodell wird in einem mathematischen Modell gleichzeitig bestimmt, welche Speisen in dem Speisenplan vorkommen und in welchen Portionsmengen sie eingesetzt werden, um die ernährungsphysiologischen Anforderungen zu erfüllen. Dies wird ebenfalls an einem Beispiel erläutert. Es ist ein Speisenplan für ein Mittagessen zu bestimmen, der folgende Bedingungen erfüllt:

- die Lebensmittelkosten (LMK) sollen möglichst niedrig sein,
- der Energiegehalt soll zwischen 782 kcal und 1043 kcal betragen,
- der Eiweißgehalt soll mindestens 18 g betragen,
- der Fettgehalt soll zwischen 21,5 g und 40 g liegen,
- der Natriumchloridgehalt soll höchstens 5 g betragen,
- der Calciumgehalt soll mindestens 240 mg betragen,
- der Eisengehalt soll mindestens 5,4 mg betragen,
- der Vitamin A-Gehalt soll mindestens 0,27 mg betragen,
- Vitamin B_1 soll mindestens mit 0,07 mg enthalten sein,
- der Vitamin B_2-Gehalt soll mindestens 0,6 mg betragen,
- Vitamin C soll mindestens zu 30 mg enthalten sein.

Das Menü soll aus einer Vorsuppe, einer Fleischspeise, einer stärkereichen Beilage und einer Gemüsebeilage bestehen. Für jede der Speisengruppen stehen zwei Speisen zur Auswahl, die mit ihren Merkmalen in Abbildung 6.5 dargestellt sind.

In dem Modell soll simultan für jede Speise bestimmt werden:

1. Wird die Speise überhaupt in den Speisenplan gewählt? (= Auswahl der Speise)
2. Wenn die Speise gewählt wird: in welcher Menge ist sie in dem Speisenplan? (= Speisenmenge)

Speisen	Merkmale der Speisen pro Portion									
	LMK (€)	Energie (kcal)	Eiweiß (g)	Fett (g)	NaCl (g)	Ca (mg)	Fe (mg)	Vit. A (mg)	Vit. B_1 (mg)	Vit. B_2 (mg)	Vit. C (mg)
Speisengruppe: Vorsuppen											
(1) Möhrensuppe	0,11	79	1	4,1	1,0	26	0,5	1,05	0,04	0,03	6
(2) Kartoffelsuppe	0,17	86	2	3,3	1,2	27	0,8	0,16	0,10	0,06	21
Speisengruppe: Fleischspeisen											
(3) Königsberger Klopse	0,49	331	18	21,4	1,2	28	2,4	0,02	0,1	0,16	0
(4) Leber	0,48	190	19	9,0	0,6	13	20,6	5,42	0,29	2,95	22
Speisengruppe: Stärkereiche Beilagen											
(5) Reis	0,13	221	4	0,3	0,9	3	0,3	0	0,03	0,01	0
(6) Semmelknödel	0,53	411	18	10,4	1,8	149	2,4	0,15	0,18	0,33	3
Speisengruppe: Gemüsebeilagen											
(7) Spinat	0,21	106	5	4,6	1,8	225	8,2	1,42	0,22	0,46	105
(8) Erbsen	0,73	232	4	6,8	1,0	54	3,6	0,18	0,6	0,32	53

Abb. 6.5 Merkmale der Speisen zum Beispiel simultanes Speisenarten- und -mengenmodell

Es soll gelten:

- Wenn eine Speise nicht gewählt wird, soll die Menge dieser Speise Null betragen.
- Wenn eine Speise ausgewählt wird, soll seine Menge innerhalb sinnvoller Grenzen (zwischen speisenspezifischer Untergrenze und speisenspezifischer Obergrenze) liegen.

Erster Schritt: Definition der Variablen
Für jede Speise werden zwei Variablen benötigt.
Zum Beispiel wird für Speise 1 (Möhrensuppe) definiert:

x_{01} = Auswahl der Speise 1 (Möhrensuppe)
x_{01} ist eine Binärvariable, d. h. sie kann nur die Werte null oder eins annehmen.
x_{01} nimmt den Wert null an, wenn die Speise 1 (Möhrensuppe) nicht gewählt wird.
x_{01} nimmt den Wert eins an, wenn die Speise 1 (Möhrensuppe) gewählt wird.
x_{11} = Menge der Speise 1 (Möhrensuppe)
x_{11} ist eine kontinuierliche Variable, d. h. sie kann beliebige Werte annehmen.

Für Speise 2 (Kartoffelsuppe) lauten die Variablen:
x_{02} = Auswahl der Speise 2 (Kartoffelsuppe) (Binärvariable).

x_{12} = Menge der Speise 2 (Kartoffelsuppe) (kontinuierliche Variable).

Für Speise 3 (Königsberger Klopse) lauten sie:
x_{03} = Auswahl der Speise 3 (Königsberger Klopse) (Binärvariable).
x_{13} = Menge der Speise 3 (Königsberger Klopse) (kontinuierliche Variable) usw.

Es sind insgesamt 16 Variablen für die acht Speisen zu definieren.

Zweiter Schritt: Formulieren der Zielfunktion
Als Zielfunktion ist die Minimierung der Lebensmittelkosten mathematisch zu formulieren. Die gesamten Lebensmittelkosten des Menüs sind abhängig von der Speisen*menge*. Es gehen also die Speisen*mengen*variablen in die Zielfunktion ein.

Die Variablen werden multipliziert mit den Lebensmittelkosten pro Portion.

In unserem Beispielproblem lautet die Zielfunktion:

$$0{,}11 \cdot x_{11} + 0{,}17 \cdot x_{12} + 0{,}49 \cdot x_{13} + 0{,}48 \cdot x_{14} + 0{,}13 \cdot x_{15} + 0{,}53 \cdot x_{16} + 0{,}21 \cdot x_{17} + 0{,}73 \cdot x_{18} \overset{!}{=} c \text{ min !}$$

Dritter Schritt: Formulieren der Nebenbedingungen
Es sind insgesamt drei Typen von Nebenbedingungen zu formulieren:

- Bedingungen für die Auswahl der Speisen aus den Speisengruppen.
- Bedingungen für den Nährstoffgehalt.
- Bedingungen für die Verknüpfung von Speisenart und Speisenmenge.

Bedingungen für die Auswahl der Speisen aus den Speisengruppen
Die Auswahl der Speisen betrifft die Speisen*auswahl*variablen.

Aus den Vorsuppen Speise 1 (Möhrensuppe) und Speise 2 (Kartoffelsuppe) soll eine Speise ausgewählt werden:

$x_{01} + x_{02} = 1$

Aus den Fleischspeisen Speise 3 (Königsberger Klopse) und Speise 4 (Leber) soll eine Speise ausgewählt werden:
$x_{03} + x_{04} = 1$

Aus den stärkereichen Beilagen Speise 5 (Reis) und Speise 6 (Semmelknödel) soll eine Speise ausgewählt werden:
$x_{05} + x_{06} = 1$

Aus den Gemüsespeisen Speise 7 (Spinat) und Speise 8 (Erbsen) soll eine Speise ausgewählt werden:
$x_{07} + x_{08} = 1$

Bedingungen für den Nährstoffgehalt
Der Nährstoffgehalt ist abhängig von der Speisen*menge*. Es gehen also die Speisen*mengen*variablen in die Nährstoffbedingungen ein.

Die Nebenbedingung für den Mindestgehalt an Energie lautet:

$$79 \cdot x_{11} + 86 \cdot x_{12} + 331 \cdot x_{13} + 190 \cdot x_{14} + 221 \cdot x_{15} + 411 \cdot x_{16} + 106 \cdot x_{17} + 232 \cdot x_{18} \geq 782$$

Die Nebenbedingung für den Höchstgehalt an Energie lautet:

$$79 \cdot x_{11} + 86 \cdot x_{12} + 331 \cdot x_{13} + 190 \cdot x_{14} + 221 \cdot x_{15} + 411 \cdot x_{16} + 106 \cdot x_{17} + 232 \cdot x_{18} \leq 1043$$

Die Nebenbedingung für den Mindestgehalt an Eiweiß lautet:

$$1 \cdot x_{11} + 2 \cdot x_{12} + 18 \cdot x_{13} + 19 \cdot x_{14} + 4 \cdot x_{15} + 18 \cdot x_{16} + 5 \cdot x_{17} + 4 \cdot x_{18} \geq 18$$

usw.

Es sind so viele Bedingungen zu formulieren, wie Nährstoffe berücksichtigt werden sollen. Nährstoffe mit Unter- und Obergrenzen zählen dabei doppelt.

Verknüpfung von Speisenart und Speisenmenge
Wenn Speise 1 (Möhrensuppe) ausgewählt wird, muss die Speisenmenge innerhalb sinnvoller speisenspezifischer Grenzen (z. B. zwischen 0,6 und 1,6 Portionen) liegen.

Mathematisch ausgedrückt:
wenn $x_{01} = 1$, dann $0{,}6 \le x_{11} \le 1{,}6$.

Wenn Speise 1 (Möhrensuppe) nicht ausgewählt wird, muss die Speisenmenge null betragen. Mathematisch ausgedrückt:
wenn $x_{01} = 0$, dann $x_{11} = 0$.

Dies wird für Speise 1 (Möhrensuppe) durch folgende zwei Ungleichungen erreicht:

a) $x_{01} \ge 0{,}6 \cdot x_{01}$ (bzw. nach Umstellung: $x_{11} - 0{,}6 \cdot x_{01} \ge 0$)
und
b) $x_{11} \le 1{,}6 \cdot x_{01}$ (bzw. nach Umstellung: $x_{11} - 1{,}6 \cdot x_{01} \le 0$)

Allgemein lautet die Formulierung der Verknüpfung von Speisenart und -menge für Speise 1:

a) $x_{11} - u_1 \cdot x_{01} \ge 0$
b) $x_{11} - o_1 \cdot x_{01} \le 0$

wobei

u_1 = Untergrenze für sinnvolle Speisenmengen von Speise 1,
o_1 = Obergrenze für sinnvolle Speisenmengen von Speise 1[3].

Für Speise 2 lauten die Bedingungen analog:
a) $x_{12} - u_2 \cdot x_{02} \ge 0$
b) $x_{12} - o_2 \cdot x_{02} \le 0$

wobei

3 Die Verknüpfung von Speisenart und -menge mit diesen beiden Bedingungen funktioniert mathematisch in folgender Weise:
Wenn $x_{01} = 0$, also wenn Speise 1 (Möhrensuppe) nicht gewählt wird, lauten die beiden Bedingungen:
a) $x_{11} - 0{,}6 \cdot 0 \ge 0$, umgestellt: $x_{11} \ge 0$
b) $x_{11} - 1{,}6 \cdot 0 \le 0$, umgestellt: $x_{11} \le 0$
Diese beiden Bedingungen a) und b) sind nur erfüllt, wenn gilt: $x_{11} = 0$. Somit wird die Menge einer nicht gewählten Speise auf den Wert null gezwungen.

Wenn $x_{01} = 1$, also wenn die Speise 1 (Möhrensuppe) gewählt wird, lauten die beiden Bedingungen:
a) $x_{11} - 0{,}6 \cdot 1 \ge 0$, umgestellt: $x_{11} \ge 0{,}6$
b) $x_{11} - 1{,}6 \cdot 1 \le 0$, umgestellt: $x_{11} \le 1{,}6$
Aus a) und b) folgt dann: $0{,}6 \le x_{11} \le 1{,}6$. Somit wird erreicht, dass die Menge einer gewählten Speise sich innerhalb speisenspezifischer Unter- und Obergrenzen befinden muss.

u_2 = Untergrenze für sinnvolle Speisenmengen von Speise 2,
o_2 = Obergrenze für sinnvolle Speisenmengen von Speise 2.

usw.

Für die acht Speisen in dem Beispiel sind insgesamt 16 solche Bedingungen zu formulieren.

Schritt 4: Ermitteln der optimalen Lösung
Es handelt sich um ein gemischt-ganzzahliges Optimierungsproblem, das mit speziellen Softwareprogrammen gelöst werden kann. Die mathematische Besonderheit liegt in der Sicherstellung der Binärvariablen, die nur die Werte null oder eins annehmen dürfen. Der Branch-and-Bound-Algorithmus (ein Algorithmus, der die optimale Lösung durch schrittweises Hinzufügen der Ganzzahligkeitsbedingungen sucht) kann solche mathematischen Probleme lösen. Er ist ebenfalls in dem Add-In *What's Best* enthalten.

Die optimale Lösung des Problems lautet dann:

- $x_{01} = 1$; $x_{11} = 0{,}945$ Portionen Möhrensuppe,
- $x_{02} = 0$; $x_{12} = 0$ Portionen Kartoffelsuppe,
- $x_{03} = 1$; $x_{13} = 0{,}767$ Portionen Königsberger Klopse,
- $x_{04} = 0$; $x_{14} = 0$ Portionen Leber,
- $x_{05} = 1$; $x_{15} = 1{,}6$ Portionen Reis,
- $x_{06} = 0$; $x_{16} = 0$ Portionen Semmelknödel,
- $x_{07} = 1$; $x_{17} = 0{,}941$ Portionen Spinat,
- $x_{08} = 0$; $x_{18} = 0$ Portionen Erbsen.

Dieses Modell kann für komplexe Speisenplanungsaufgaben in der Gemeinschaftsverpflegung angewandt werden. Bedauerlicherweise ist derzeit keine Software auf dem Markt, die dem Nutzer die hier dargestellte mathematische Formulierung des Optimierungsmodells abnimmt. Nährwertberechnungsprogramme sind derzeit für Speisenplanung in der Gemeinschaftsverpflegung nur für die Versuch-und-Irrtum-Methode hilfreich. Es wäre erfreulich, wenn sich der Softwaremarkt in den nächsten Jahren in Richtung Speisenplanungsoptimierung in der Gemeinschaftsverpflegung entwickeln würde. Bis dahin wird Speisenplanoptimierung für die Praxis überwiegend nur in Fallstudien (z. B. Abschlussarbeiten von Hochschulabsolventen) durchgeführt werden können.

7 Produktionsablaufplanung

Autorinnen:
Margot Steinel
Dagmar Kelm

Produktionsablaufplanung ist die Planung der zeitlichen Anordnung der einzelnen Arbeitsschritte in der Speisenproduktion. Ein grundlegendes Problem dabei ist, dass die meisten Arbeitsschritte zeitlich nicht beliebig verschoben werden können. Kurz vor der Essensausgabe und während der Essensausgabe entsteht eine Personalspitze. Das Personal wird sowohl für die Produktion bzw. Nachproduktion der Speisen als auch für die Portionierung an der Essensausgabe benötigt.

Die kontinuierliche Nachproduktion der Speisen ist aus Qualitätsgründen erforderlich. Alle Speisen sind spätestmöglich fertig zu stellen. In der Praxis ist häufig nicht so viel Personal vorhanden, dass alle Speisen punktgenau zum Zeitpunkt der Essensausgabe fertig gestellt werden können. Einige Arbeitsschritte müssen zeitlich vorverlagert werden.

Das übergeordnete **Ziel bei der Speisenproduktion** ist die bestmögliche Erhaltung der Qualität der Speisen:

- ernährungsphysiologische Qualität,
- sensorische Qualität,
- hygienische Qualität.

Ein Aspekt der bestmöglichen Qualitätserhaltung ist die Warmhaltezeit der Speisen. Diese soll minimiert werden.

Daraus ergibt sich die **Zielsetzung für die Produktionsablaufplanung**. Der Produktionsablauf ist so zu gestalten, dass die Speisen spätest möglich fertig gestellt werden (geringst mögliche Warmhaltezeiten) und die vorhandenen Kapazitäten an Arbeitskräften und Betriebsmitteln nicht überlastet werden.

Die Produktion setzt sich aus einer Vielzahl von Teilvorgängen zusammen. Aus dem Ziel der spätest möglichen Fertigstellung der Speisen folgt somit eine spätest mögliche Anordnung der Teilvorgänge bei der Speisenproduktion.

Es gibt mehrere Möglichkeiten, den Produktionsablauf zu gestalten:

- traditionell,
- intuitiv,
- systematisch (Netzplantechnik).

7.1 Traditionelle Planung

Bei der **traditionellen Planung** wird so vorgegangen, wie es sich in der Vergangenheit bewährt hat. Dabei stellt sich meist kein Entscheidungsproblem mehr, sondern die Aufgaben werden *wie immer* gelöst. Dabei besteht allerdings die Gefahr, dass ungünstige Abläufe tradiert werden und Verbesserungsvorschläge mit dem Argument *das haben wir schon immer so gemacht* abgeschmettert werden.

7.2 Intuitive Planung

Bei der **intuitiven Planung** lässt sich die Küchenleitung von ihrem *Gefühl* leiten und sie entscheidet *aus dem Bauch heraus*, in welcher Reihenfolge die Arbeitsschritte durchgeführt werden sollen. Diese Vorgehensweise ist allerdings nicht transparent und für Außenstehende nicht nachvollziehbar.

7.3 Systematische Planung – Netzplantechnik

Bei der **systematischen Planung** wird die Netzplantechnik angewendet. Die Methode garantiert die Bestimmung eines optimalen Produktionsablaufs, also dass sämtliche Teilabschnitte so spät angeordnet werden, dass die gewichtete Warmhaltezeit (bzw. Wartezeit) der Speisen und Speisenkomponenten minimiert wird.

Das wird im Wesentlichen dadurch erreicht, dass die Anordnung der Teilvorgänge vom Ende der Produktion her geplant wird (welcher Teilvorgang muss als letztes erfolgen?) statt wie üblich bei der intuitiven Planung von Beginn der Produktion (was machen wir zuerst?).

Die Küchenleitung muss folgende Vorüberlegungen zum Produktionsablauf anstellen, um die Netzplantechnik anwenden zu können.

- Das Produktionsprogramm wird in die Zubereitung der verschiedenen Speisen und die sonstigen Tätigkeiten (wie Lebensmittelbestellung, Reinigung des Lagers) gegliedert.

- Die Zubereitung jeder Speise wird in mehrere Arbeitsschritte unterteilt.
- Die Dauer jedes Arbeitsschritts wird erfasst und es wird festgelegt, wie die Arbeitsschritte miteinander verknüpft sind. Das heißt, dass die Arbeitsschritte erst dann beginnen können, wenn der vorangegangene Arbeitsschritt bereits beendet ist. Außerdem wird erfasst, wie viel Zeit maximal zwischen den Arbeitsschritten liegen darf.
- Für jeden Arbeitsschritt wird festgelegt, wie hoch der Personalbedarf ist und welche Arbeitsgeräte benötigt werden.
- Des Weiteren müssen die Pufferzeiten bestimmt werden. Das sind die Zeiten, innerhalb derer die Anordnung eines Arbeitsschrittes variiert werden kann.
- Zum Schluss folgt die Festlegung der Prioritäten. Die höchste Priorität erhält der Arbeitsschritt, der aus ernährungsphysiologischer, sensorischer und hygienischer Sicht erst direkt vor Beginn der Essensausgabe erfolgen sollte.

Erst wenn diese Informationen vorhanden sind, kann der eigentliche Netzplan erstellt werden.

Abbildung 7.1 zeigt exemplarisch den Netzplan einer Verpflegungseinrichtung. Produziert werden eine Tomatensuppe sowie Petersilienkartoffeln mit Karottengemüse und Schnitzel. Sie sonstigen zu erledigenden Tätigkeiten sind die Verwaltungs- sowie die Reinigungstätigkeit.

Die Produktion beginnt um 7:00 Uhr und muss um 11:00 Uhr mit Beginn der Essensausgabe abgeschlossen sein. Die einzelnen Arbeitsschritte bei der Zubereitung der Speisen sind zeitlich erfasst. Daraus ergeben sich der frühest mögliche Anfang und das frühest mögliche Ende bzw. der spätest mögliche Anfang und das spätest mögliche Ende. Für die Arbeitsschritte ist festgelegt, ob eine Arbeitskraft benötigt wird. Einzelne Arbeitsschritte wie das Kartoffelnschälen und das Hacken der Petersilie können unabhängig von einander erfolgen. Das Garen der Kartoffeln sowie das Abgießen des Kochwassers müssen hingegen direkt aufeinander erfolgen.

Jedem Arbeitsschritt ist eine Priorität zugeordnet. Das Erhitzen, Binden und Abschmecken der Karotten ist der Arbeitsschritt, der direkt vor der Essensausgabe zu erfolgen hat. Er hat die Priorität *1*. Die Verwaltungs- und Reinigungstätigkeiten haben den geringsten Einfluss auf die ernährungsphysiologische, sensorische und hygienische Qualität. Deshalb haben sie die geringsten Prioritäten *16* und *17*.

Nach der Aufstellung des Netzplans erfolgt die eigentliche Planung des Produktionsablaufs. Die relativ rechenaufwändige Methode ist in der Literatur beschrieben (Lehmann/Karg 1985). Bislang ist keine nutzerfreundliche Software entwickelt, die auf die Besonderheiten der Netzplantechnik in der Gemeinschaftsverpflegung eingeht. Der Netzplan müsste jeden Tag neu erstellt werden und dabei ist zu berücksichtigen, dass jeden Tag andere Speisen und Speisenkombinationen produziert werden. Dies hat einen starken Einfluss auf die Vergabe der Prioritäten. Deshalb wird die Methode zwar in der Ausbildung z. B. von Ökotrophologen gelehrt, selten jedoch in der Praxis angewandt. Hier besteht noch Entwicklungsbedarf für die Branchensoftware. Solange es solche Software nicht gibt, wird in den Küchen weiterhin die traditionelle oder intuitive Planung realisiert.

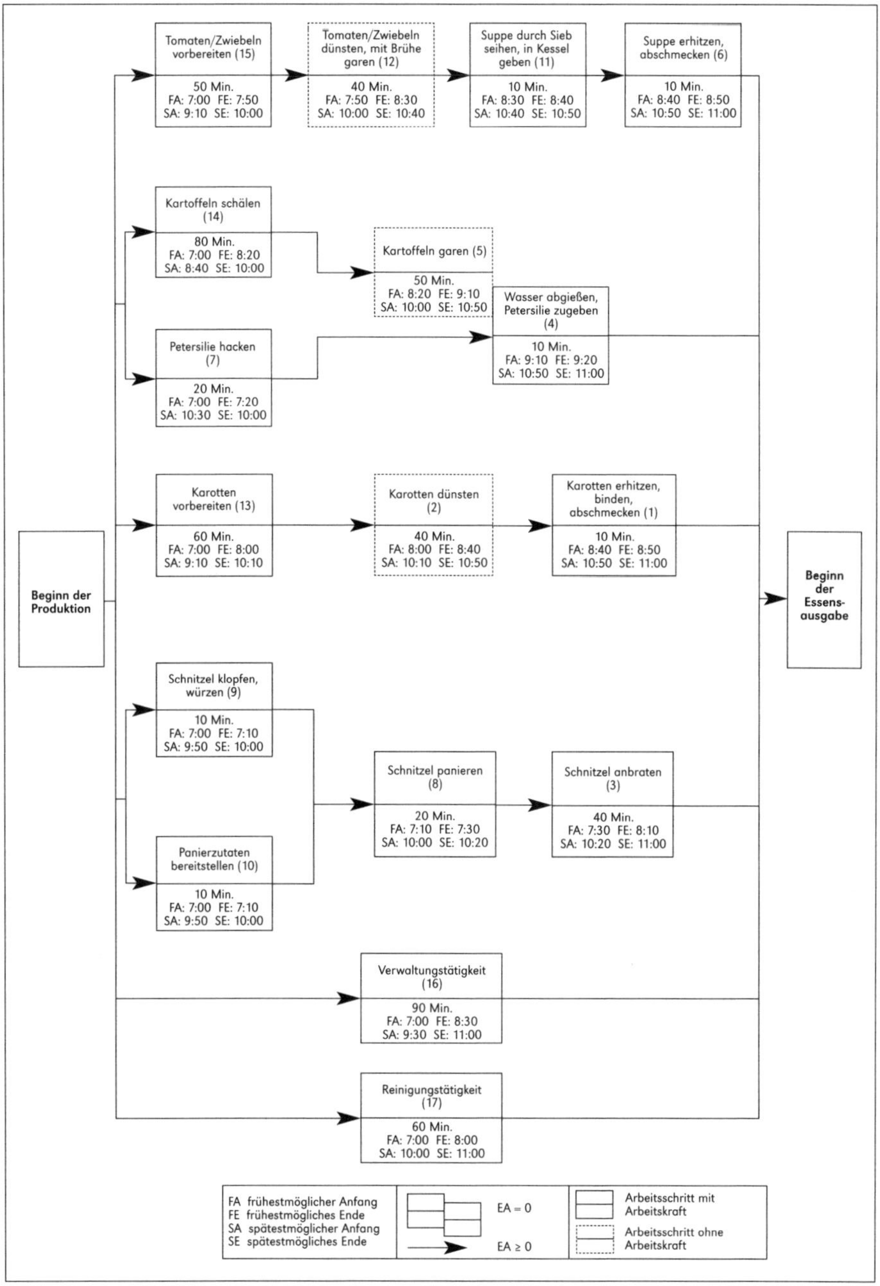

Abb. 7.1 Beispiel eines Netzplans für den gesamten Produktionsablauf

8 Kostenrechnung

Autorinnen:
Margot Steinel
Nora Timm

- Wie viel kostet uns die Erstellung eines Mittagessens?
- Sind wir teurer oder billiger als ein Caterer?
- Ist es wirtschaftlich sinnvoll, zusätzlich ein *Essen auf Rädern* anzubieten?

Solche und ähnliche Fragen werden in Zeiten *steigenden Kostendrucks* immer wieder gestellt. Deshalb ist es notwendig, ein Rechensystem aufzubauen, mit dem die Kosten des Verpflegungsbetriebs ermittelt werden können, also eine Kostenrechnung. In einem solchen Rechnungssystem wird sämtliches Geschehen in einem Verpflegungsbetrieb monetär abgebildet. Dies wird in Abbildung 8.1 dargestellt. Alles Geschehen in einem Verpflegungsbetrieb kann als ein Leistungserstellungsprozess betrachtet werden, in dem Ressourcen (Personal, Lebensmittel, Strom, Geräte usw.) verbraucht und Leistungen (Verpflegungsdienstleistungen) erstellt werden. Auf der Rechnungsebene wird dann bestimmt, wie viel Wert die für den Leistungserstellungsprozess verbrauchten Ressourcen und wie viel Wert die erstellten Leistungen haben. Wirtschaftlich ist der Betrieb dann, wenn die erstellten Leistungen mehr Wert haben als die für die Erstellung verbrauchten Leistungen. Die Kostenrechnung dient dazu, Daten zur Beurteilung der Wirtschaftlichkeit zur Verfügung zu stellen.

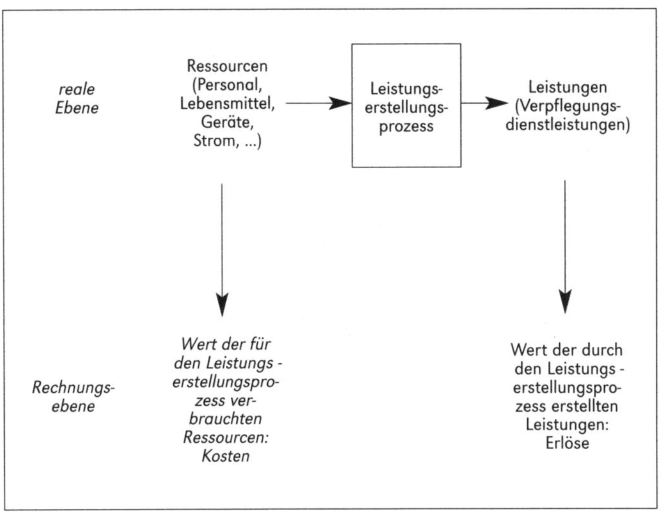

Abb. 8.1 Leistungserstellungsprozess und dessen Abbildung im Rechnungssystem

8.1 Kostenrechnung und Buchführung

Sowohl die Buchführung als auch die Kostenrechnung erfassen das Betriebsgeschehen auf einer monetären Ebene. Allerdings besteht zwischen den in der Buchführung und den in der Kostenrechnung erfassten Sachverhalten ein betriebswirtschaftlich wichtiger Unterschied. Die Buchführung wird für *externe Informationsbedürfnisse* erstellt. In ihr werden zu bestimmten Bilanzstichtagen Vermögen und Kapital des Betriebs abgebildet sowie während des Geschäftsbetriebs die Aufwendungen und Erträge erfasst. Aufwendungen und Erträge sind Veränderungen des Eigenkapitals des Betriebs.

Aufwendungen mindern das Eigenkapital des Betriebs. Erträge erhöhen das Eigenkapital.

Die Kostenrechnung wird für *interne Informationsbedürfnisse* erstellt. In ihr werden die Kosten (oder die Kosten und Erlöse) der Leistungserstellung abgebildet.

Kosten sind der Wert der Güter und Dienstleistungen, die notwendig in den Leistungserstellungsprozess eingehen (vgl. Abb. 8.1). Oder einfacher ausgedrückt: Kosten sind der Wert der Güter und Dienstleistungen, die für die Leistungserstellung verwendet werden. Erlöse sind der Wert der aus dem Leistungserstellungsprozess resultierenden Leistungen.

Der Unterschied zwischen den in der Buchführung erfassten Aufwendungen und Erträgen und den in der Kostenrechnung erfassten Kosten und Erlösen ist in der betriebswirtschaftlichen Theorie erheblich, wird aber in der Praxis nicht immer beachtet. Der Betrieb, der zusätzlich zu der schon vorhandenen Buchführung eine Kostenrechnung einführen möchte, muss deshalb zu Beginn eine strategische Entscheidung treffen, ob er

- den strengen Regeln der betriebswirtschaftlichen Theorie folgen und eine ausführliche Abgrenzungsrechnung (das ist eine Rechnung, in der Aufwendungen von Kosten und Erträge von Erlösen abgegrenzt werden) durchführen oder
- der gängigen Praxis folgen möchte, in der der Unterschied zwischen Aufwendungen und Kosten einerseits sowie zwischen Erträgen und Erlösen andererseits ignoriert wird (vgl. Abb. 8.2).

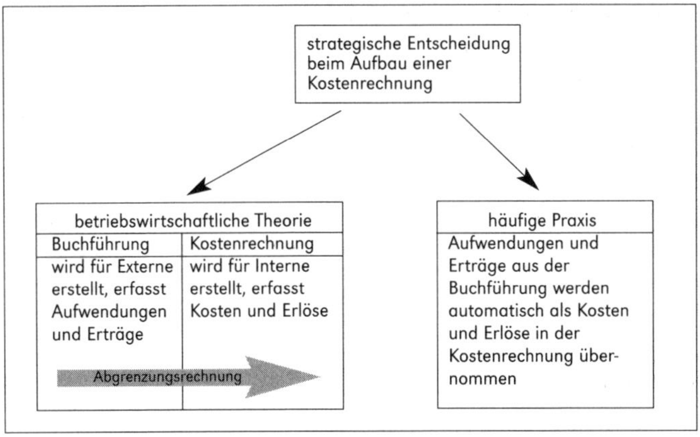

Abb. 8.2 Strategische Entscheidung beim Aufbau einer Kostenrechnung

Wer den Weg der betriebswirtschaftlichen Theorie verfolgt, muss in der Abgrenzungsrechnung unterscheiden zwischen (vgl. Abb. 8.3):

- Aufwendungen, die zugleich Kosten in gleicher Höhe sind,
- Aufwendungen, die keine Kosten sind,
- Aufwendungen, bei denen die Kosten einen anderen Betrag haben,
- Kosten, für die es keine Aufwendungen gibt.

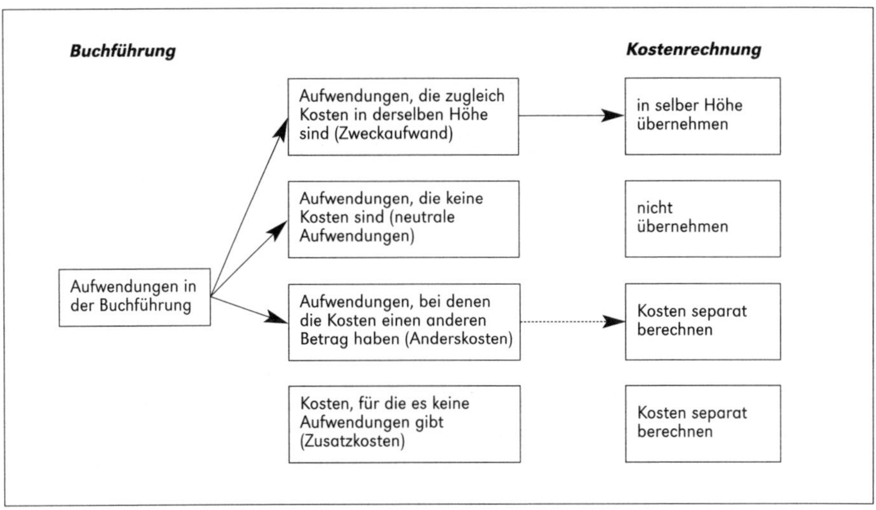

Abb. 8.3 Betriebswirtschaftlich korrekter Datenfluss von der Buchführung zur Kostenrechnung

Aufwendungen, die zugleich Kosten in selber Höhe sind (Zweckaufwand)
Zweckaufwendungen sind Aufwendungen für Güter und Dienstleistungen, die in der betreffenden Periode notwendig in den Leistungserstellungsprozess eingeflossen sind. In den meisten Betrieben stellt der weit überwiegende Anteil der Aufwendungen zugleich Kosten dar. Diese Aufwendungen können *eins zu eins* aus der Buchführung in die Kostenrechnung übernommen werden.

Aufwendungen, die keine Kosten sind (neutrale Aufwendungen)
Neutrale Aufwendungen sind solche, die zwar in der Buchführung als Verminderungen des Eigenkapitals erscheinen. Diese Verminderung des Eigenkapitals steht aber nicht in ursächlichem Zusammenhang mit dem Leistungserstellungsprozess in dieser Periode. Dazu gehören:

- periodenfremde Aufwendungen, z. B. Heizkostennachzahlungen für das vergangene Jahr oder Vorauszahlungen für eine Mitgliedschaft in einem Verband im kommenden Jahr,
- betriebsfremde Aufwendungen, z. B. Geld- oder Sachspenden an andere Organisationen, Löhne und Gehälter für Personal, das an andere Betriebe ausgeliehen ist,
- außerordentliche Aufwendungen, z. B. Wiederherstellung des Gebäudes nach Feuer-, Unwetter- oder Hochwasserschaden, Ersatz von Waren nach erheblichem Diebstahl, außergewöhnlichem Verderb oder Unbrauchbarkeit von Lebensmitteln aufgrund eines Lebensmittelskandals.

Solche neutralen Aufwendungen müssen bei der Datensammlung aus der Buchführung identifiziert werden, damit die Beträge nicht in die Kostenrechnung übernommen werden.

Aufwendungen, bei denen die Kosten einen anderen Betrag haben (Anderskosten)
Ein unterschiedlicher Betrag der Aufwendungen und Kosten kommt dann zustande, wenn die Bewertung der verbrauchten Ressourcen aufgrund gesetzlicher Vorschriften in der Buchführung anders erfolgt als in der Kostenrechnung. Das kann bei

Abschreibungen der Fall sein, wenn der Betrieb in der Kostenrechnung andere Abschreibungskriterien ansetzen möchte als es die Vorschriften für die Buchführung vorschreiben (z. B. anschaffungspreisorientierte Abschreibung in der Buchführung, wiederbeschaffungspreisorientierte Abschreibung in der Kostenrechnung, vgl. Kapitel 8.3.4). Weiterhin können Anderskosten vorkommen, wenn der Wert des Personals in der Kostenrechnung anders bewertet wird als das tatsächlich bezahlte Gehalt (z. B. wenn eine Praktikantin eine bezahlte Kraft ersetzt, vgl. Kapitel 8.3.1).

Solche Anderskosten müssen bei der Datensammlung aus der Buchführung identifiziert und die entsprechenden Kostenbeträge in Sonderrechnungen berechnet werden.

Kosten, für die es keine Aufwendungen gibt (Zusatzkosten)

Zusatzkosten sind in der Kostenrechnung dann anzusetzen, wenn Ressourcen notwendig in den Leistungserstellungsprozess eingehen, einen Wert haben, aber in der Buchführung keine Bewertung erfolgt. Das ist immer dann der Fall, wenn Ressourcen für den Leistungserstellungsprozess unentgeltlich zur Verfügung gestellt werden. Das kann unentgeltlich arbeitendes Personal sein (Praktikanten, Zivildienstleistende, mithelfende Familienangehörige), unentgeltlich zur Verfügung gestellte Lebensmittel (Sachgeschenke, Ernte aus dem eigenen Garten), mietfrei zur Verfügung gestellte Räume oder zinslos zur Verfügung gestelltes Kapital.

8.2 Aufbau der Kostenrechnung

Die klassische Vollkostenrechnung wird in drei Unterrechnungen aufgeteilt (vgl. Abb. 8.4).

- Kostenartenrechnung,
- Kostenstellenrechnung,
- Kostenträgerrechnung.

Die **Kostenartenrechnung** ist die erste Stufe der Kostenrechnung. Hier wird untersucht, welche Kosten entstanden sind. Kostenarten sind die Güter und Dienstleistungen, die für

Abb. 8.4
Ablauf der Kostenrechnung

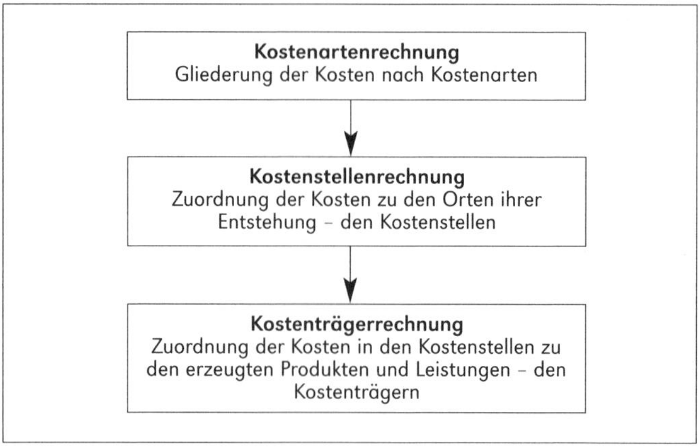

die Leistungserstellung verwendet werden. Sie werden erfasst, strukturiert und in Euro bewertet. Beispielsweise stellen Lebensmittelkosten eine typische Kostenart dar.

In der **Kostenstellenrechnung** wird untersucht, wo die Kosten entstanden sind. Es erfolgt die Zuordnung der verwendeten Güter und Dienstleistungen (Kostenarten) zu den Orten, in denen sie verbraucht wurden (Kostenstellen). Es erfolgt eine verursachungsgerechte Verrechnung der Kostenarten auf die Kostenstellen. Eine Kostenstelle kann z. B. die Geschirrreinigung, der Speisesaal oder die Warme Küche sein.

Anschließend werden die Kosten in der **Kostenträgerrechnung** den Endprodukten oder erstellten Leistungen (Kostenträger), für die sie entstanden sind, zugeordnet. Die Leitfrage in diesem Rechenschritt lautet: Wofür sind die Kosten angefallen? Ein Kostenträger kann z. B. ein Beköstigungstag oder ein Mittagessen oder auch ein Salatteller sein.

8.3 Kostenartenrechnung

In der Kostenartenrechnung werden Basisinformationen für die Kostenstellen- und Kostenträgerrechnung gewonnen. Weiterhin liefern die hier ermittelten Daten bereits aussagefähige Informationen. So können die Kostenarten nach ihrer Höhe analysiert und wichtige Kennzahlen ermittelt werden.

Beispielsweise ist der *Anteil der Lebensmittelkosten an den Gesamtkosten der Verpflegung* besonders interessant. Je höher der Lebensmittelkostenanteil an den Gesamtkosten ist, umso wirtschaftlicher arbeitet die Verpflegungseinrichtung (weil dann der Anteil der Nichtlebensmittelkosten geringer ist).

Es werden Kostenarten festgelegt, in einem Kostenartenplan gegliedert und in Geldwerten ausgewiesen.

Die Informationen werden für einen bestimmten, vom Unternehmen selbst gewählten Berechnungszeitraum (z. B. Monat, Vierteljahr, Jahr) erhoben.

8.3.1 Personalkosten

Die Personalkosten stellen in den meisten Gemeinschaftsverpflegungsbetrieben die größte Kostenart dar. Personalkostenbestandteile sind die Löhne und Gehälter selbst sowie die gesetzlichen Lohn- und Gehaltsnebenaufwendungen, die tariflichen und/oder die sonstigen Lohn- und Gehaltsnebenaufwendungen. Weitere Personalkostenbestandteile sind kalkulatorische Personalkosten in Form von Personalzusatzkosten und Personalanderskosten. Abbildung 8.5 gibt einen Überblick über die Personalkostenbestandteile.

Abb. 8.5 Personalkostenbestandteile

Personalkosten	
Personalaufwendungen	**kalkulatorische Personalkosten**
• Löhne und Gehälter • gesetzliche Lohn- und Gehaltsnebenaufwendungen • tarifliche Lohn- und Gehaltsnebenaufwendungen • sonstige Lohn- und Gehaltsnebenaufwendungen	• Personalzusatzkosten • Personalanderskosten

8.3.1.1 Personalkosten pro Monat

Zur Berechnung der Personalkosten pro Monat können die Personalaufwendungen aus der Personalbuchhaltung übernommen werden. Sie beinhalten die Löhne und Gehälter sowie die gesetzlichen und gegebenenfalls tariflichen und/oder sonstigen Lohn- und Gehaltsnebenaufwendungen.

Die **Löhne und Gehälter** werden in ihrer Höhe durch die Arbeitsverträge geregelt, die gegebenenfalls an einen Tarifvertrag angelehnt sind.

Im Verpflegungsbereich spielen unter anderem der Tarifvertrag des öffentlichen Dienstes (TVöD), der Tarifvertrag IG Metall (IGM) (insbesondere in Betriebskantinen der metallverarbeitenden Industrie) und der Tarifvertrag Nahrung-Genuss-Gaststätten (NGG) eine Rolle. Im Vergleich zum Tarif des öffentlichen Dienstes und der IG Metall sind die Vergütungen nach Tarif NGG niedriger. Beispielsweise beträgt die Bruttovergütung für Küchenpersonal nach Tarif NGG in Sachsen-Anhalt 991 € (gültig ab: 04/2007, Wochenarbeitszeit: 40 Stunden) und in Baden-Württemberg 1.420 € (gültig ab: 05/2007, Wochenarbeitszeit: 39 Stunden) (vgl. Wirtschafts- und Sozialwissenschaftliches Institut in der Hans Böckler Stiftung 2007).

In Abbildung 8.6 sind die Grundentgelte (Stufe 1) für Küchenpersonal nach Tarif TVöD für das Bundesgebiet Ost und West dargestellt.

Abb. 8.6 Beispiel für die Tarifvergütung nach TVöD für Küchenpersonal

Personalart	**Entgelt-gruppe** (Quelle: nach Studentenwerk Halle 2007)	**Grundentgelt (Stufe 1) in €/Monat** (Quelle: nach TVöD 2005)	
		Ost[1]	**West**[2]
Küchenleiter/-in (große Einrichtung)	9	1.999	2.061
Küchenleiter/-in (kleine Einrichtung)	6	1.711	1.764
Koch/Köchin	5	1.637	1.688
Beikoch/Beiköchin, Kassierer/-in, Hilfskräfte	3	1.528	1.575

1 Bemessungssatz Tarifgebiet Ost 97 v.H. (gültig ab 1. Juli 2007); das tatsächliche Entgelt kann je nach Leistung und Erfahrung im öffentlichen Dienst noch höher ausfallen (höhere Stufe).
2 das tatsächliche Entgelt kann je nach Leistung und Erfahrung im öffentlichen Dienst noch höher ausfallen (höhere Stufe).

Die **gesetzlichen Lohn- und Gehaltsnebenaufwendungen** sind Arbeitgeberanteile zur gesetzlichen Sozialversicherung (meist 50 % des gesamten Beitrags) und Beiträge zur Berufsgenossenschaft (gesetzliche Unfallversicherung).

2007 sind folgende Sozialversicherungsbeiträge durch den Arbeitgeber abzuführen:

- ca. 6,90 % Krankenversicherung (variiert je nach Krankenkasse des Arbeitnehmers) [ab 01.01.2009 gilt für alle Krankenkassen ein einheitlicher Beitragssatz (Bundesministerium für Gesundheit 2007a)],
- 9,95 % Rentenversicherung,
- 2,10 % Arbeitslosenversicherung und
- 0,85 % Pflegeversicherung (in Sachsen 0,35 %).

Die Beiträge zur gesetzlichen Unfallversicherung müssen im Rahmen der Berufsgenossenschaft in Höhe von ca. 1 % der Lohn- und Gehaltssumme gezahlt werden.

Weitere Leistungen, wie zum Beispiel das Urlaubsgeld, Weihnachtsgeld, vermögenswirksame Leistungen, Abfindungen, Jubiläumszuwendungen, Beihilfen zur Verpflegung, zu Fahrtkosten und Fortbildungen können auch anfallen. Diese sind aber nicht gesetzlich vorgeschrieben und zählen zu den **tariflichen und sonstigen Lohn- und Gehaltsnebenaufwendungen**. Sie fallen im Laufe des Jahres meist unregelmäßig an. Zum Beispiel wird im öffentlichen Dienst das Urlaubs- und Weihnachtsgeld in einer Jahressonderzahlung jeweils im November gezahlt.

Weiterhin fällt die Behindertenabgabe an. Jeder öffentliche und private Arbeitgeber mit jahresdurchschnittlich mindestens 20 Arbeitsplätzen ist verpflichtet, auf wenigstens 5 % der Arbeitsplätze schwerbehinderte Menschen zu beschäftigen (nach SGB IX § 71). Für jeden nicht besetzten Behindertenarbeitsplatz muss eine monatliche Ausgleichsabgabe abgeführt werden (nach SGB IX § 77), die je nach erreichter Behindertenbeschäftigungsquote zwischen 105 € und 260 € pro Monat liegt.

Abbildung 8.7 zeigt beispielhaft, wie die monatlichen und jährlichen Aufwendungen zu den Personalaufwendungen pro Monat verrechnet werden. Betriebsspezifisch können noch weitere Aufwendungen (z. B. Zuwendungen für Fortbildungen etc.) anfallen. Diese können dann in das Schema zusätzlich aufgenommen werden.

Weiterhin muss entschieden werden, ob auch kalkulatorische Personalkosten berechnet werden sollen. Diese kalkulatorischen Personalkosten werden als Personalaufwendungen in der Buchführung gar nicht oder in anderer Höhe verbucht (vgl. Kapitel 8.1). Personalkosten, die nicht in der Buchführung als Aufwendungen verbucht werden, sind sogenannte **Personalzusatzkosten**. Sie fallen zum Beispiel an, wenn eine Ordensfrau ohne Entgelt als Köchin in der Küche einer kirchlichen Altenhilfeeinrichtung arbeitet. In diesem Fall sind in der Kostenrechnung Zusatzkosten in Form von entgangenen Lohnaufwendungen für eine Köchin anzusetzen. Weiterhin ist es auch möglich, dass Aufwendungen nicht in gleicher Höhe aus der Buchführung übernommen werden können. Diese Auf-

Bestandteil	in Prozent	in € pro Jahr	in € pro Monat
monatliche Gehaltsbestandteile			
Vergütung			991,00
vermögenswirksame Leistungen			6,65
jährliche Gehaltsbestandteile			
Jahressonderzahlung (Urlaubsgeld, Weihnachtsgeld)		669,00	55,75
Sozialversicherungspflichtiges Brutto			1.053,40
Beiträge zur Sozialversicherung			
Krankenversicherung	6,90 %		72,68
Rentenversicherung	9,95 %		104,81
Arbeitslosenversicherung	2,10 %		22,12
Pflegeversicherung	0,85 %		8,95
Unfallversicherung	1,00 %		10,53
Summe der Sozialversicherungsabgaben			219,09
Arbeitgeber Brutto			1.272,49
Behindertenabgabe			13,00[3]
Personalaufwendungen			1.285,49

Abb. 8.7 Vereinfachtes Rechenbeispiel – Personalaufwendungen pro Monat für eine Küchenhilfe nach Tarif NGG in Sachsen-Anhalt

3 Kalkulatorischer Wert: 13,00 € Behindertenabgabe sind pro Arbeitnehmer zu kalkulieren, wenn der Betrieb jahresdurchschnittlich 60 Arbeitsplätze bereitstellt und die drei Pflichtarbeitsplätze für schwerbehinderte Menschen nicht besetzt sind.

wendungen werden in der Betragshöhe angepasst und gehen als **Personalanderskosten** in die Kostenrechnung ein.

Beispiel: In der Küche ist als Aushilfe eine Praktikantin eingestellt. Diese erledigt alle Aufgaben einer Küchenhilfe. Für die Praktikantin fallen in der Buchführung Lohnaufwendungen in Höhe von 300 € pro Monat an. Da diese Praktikantin eine Küchenhilfe ersetzt, können in der Kostenrechnung die Kosten für eine Küchenhilfe mit 1.285,49 € pro Monat angesetzt werden.

Folgende Fälle sind bei der Kalkulation von Anders- und/oder Zusatzkosten bei den Personalkosten zu überdenken:

- Arbeit von mithelfenden Familienangehörigen,
- Arbeit von Ordensfrauen und -männern,
- Arbeit von Ehrenamtlichen,
- Arbeit von Praktikanten, Zivildienstleistenden, Absolventen eines Freiwilligen Sozialen Jahres usw.

Nach dem Abschluss der Berechnungen liegen die Personalkosten für einen Abrechnungszeitraum z. B. Personalkosten pro Monat vor. Auf Grundlage dieser Daten können dann Personalkostenkennzahlen bestimmt werden.

8.3.1.2 Personalkostenkennzahlen

Personalkosten pro geleisteter Arbeitsstunde

Wenn die Informationen über die Personalkosten pro Monat nicht ausreichen und auch Informationen über die Kosten pro tatsächlich geleisteter Arbeitsstunde benötigt werden, sind folgende Berechnungen notwendig. Es muss berücksichtigt werden, dass das Personal im Fall von gesetzlichen Feiertagen, bei Urlaub, bei Krankheit oder Mutterschutz zwar bezahlt wird, aber keine Arbeit für den Betrieb verrichtet. Von den bezahlten Arbeitsstunden sind diese Abwesenheitszeiten abzurechnen. Im Folgenden wird erläutert, wie diese Abwesenheitszeiten zustande kommen.

An den **gesetzlichen Feiertagen** ist der Arbeitnehmer freigestellt, erhält aber die reguläre Vergütung weiter. Die Abwesenheitszeiten durch die gesetzlichen Feiertage sind je nach Bundesland unterschiedlich. In Bayern gibt es 13 gesetzliche Feiertage; in Bremen, Hamburg, Berlin sowie Niedersachsen nur neun gesetzliche Feiertage.

Die Anzahl der Feiertage, an denen der Arbeitnehmer freizustellen ist, ist außerdem von Jahr zu Jahr unterschiedlich. Es gibt Feiertage, die immer auf einen Wochentag fallen (z. B. Karfreitag) und Feiertage, deren Wochentag variabel ist (z. B. Neujahr ist jedes Jahr an einem anderen Wochentag). In Abbildung 8.8 wird eine Übersicht über die Feiertage und die Abwesenheitsquote durch Feiertage für das Jahr 2007 und für ein durchschnittliches Jahr für alle Bundesländer aufgezeigt. Diese Übersicht gilt für Betriebe mit einer Fünf-Tage Woche (Montag – Freitag) und einer Sechs-Tage Woche (Montag – Samstag). Der Feiertagsanteil an den bezahlten Arbeitstagen liegt je nach Bundesland, Anzahl der Betriebstage und Jahr zwischen 2,65 % und 4,60 %.

Durch **Urlaub** kommen auch Abwesenheitszeiten zustande. Der gesetzliche Mindesturlaub beträgt 24 Werktage (als Werktage werden hier auch Samstage gezählt). Individuell kann aber auch mehr Urlaub anfallen, zum Beispiel durch eine Regelung im Tarifvertrag bzw. im Arbeitsvertrag.

Während des Urlaubs erhält der Arbeitnehmer seine reguläre Vergütung weiter. Die Kosten durch Lohnfortzahlung bei

Bundesland	2007					
	Betriebe mit					
	5-Tage Woche			6-Tage Woche		
	Anzahl Montage – Freitage	Feiertage an Montagen – Freitagen	Abwesenheitsquote durch Feiertage	Anzahl Montage – Samstage	Feiertage an Montagen – Samstagen	Abwesenheitsquote durch Feiertage
Baden-Württemberg	261	11	4,21 %	313	12	3,83 %
Bayern	261	12	4,60 %	313	13	4,15 %
Berlin	261	9	3,45 %	313	9	2,88 %
Brandenburg	261	10	3,83 %	313	10	3,19 %
Bremen	261	9	3,45 %	313	9	2,88 %
Hamburg	261	9	3,45 %	313	9	2,88 %
Hessen	261	10	3,83 %	313	10	3,19 %
Mecklenburg-Vorpommern	261	10	3,83 %	313	10	3,19 %
Niedersachsen	261	9	3,45 %	313	9	2,88 %
Nordrhein-Westfalen	261	11	4,21 %	313	11	3,51 %
Rheinland-Pfalz	261	11	4,21 %	313	11	3,51 %
Saarland	261	12	4,60 %	313	12	3,83 %
Sachsen	261	11	4,21 %	313	11	3,51 %
Sachsen-Anhalt	261	10	3,83 %	313	11	3,51 %
Schleswig-Holstein	261	9	3,45 %	313	9	2,88 %
Thüringen	261	10	3,83 %	313	10	3,19 %

Urlaub sind zu unterscheiden von der Urlaubsgratifikation (sogenanntes Urlaubsgeld) und Entschädigungen bei Verzicht auf Urlaub.

Beispielrechnung:
Die Anzahl der Werktage für 2007 liegt bei einer wöchentlichen Beschäftigung von Montag bis Freitag bei 261 Arbeitstagen. Nach Abzug der gesetzlichen Feiertage (Bsp. Sachsen-Anhalt) ergeben sich 251 Betriebstage. Bei einer Abwesenheit durch Urlaub von 28 Arbeitstagen liegt die Abwesenheitsquote durch Urlaub bei 11,2 % (siehe Abb. 8.9).

Weitere Abwesenheitszeiten treten bei **Krankheit** auf. Die Arbeitnehmerin bzw. der Arbeitnehmer hat gegenüber ihrem bzw. seinem Arbeitgeber bis zu sechs Wochen Anspruch auf Entgeltfortzahlung im Krankheitsfall (nach Entgeltfortzahlungs -

	durchschnittliches Jahr					
	Betriebe mit					
	5-Tage Woche			6-Tage Woche		
	Anzahl Montage – Freitage	Feiertage an Montagen – Freitagen	Abwesenheitsquote durch Feiertage	Anzahl Montage – Samstage	Feiertage an Montagen – Samstagen	Abwesenheitsquote durch Feiertage
	260,9	10,0	3,83 %	313,1	11,0	3,51 %
	260,9	10,7	4,11 %	313,1	11,9	3,79 %
	260,9	7,6	2,90 %	313,1	8,3	2,65 %
	260,9	8,3	3,18 %	313,1	9,1	2,92 %
	260,9	7,6	2,90 %	313,1	8,3	2,65 %
	260,9	7,6	2,90 %	313,1	8,3	2,65 %
	260,9	8,6	3,29 %	313,1	9,3	2,97 %
	260,9	8,3	3,18 %	313,1	9,1	2,92 %
	260,9	7,6	2,90 %	313,1	8,3	2,65 %
	260,9	9,3	3,56 %	313,1	10,1	3,24 %
	260,9	9,3	3,56 %	313,1	10,1	3,24 %
	260,9	10,0	3,83 %	313,1	11,0	3,51 %
	260,9	9,3	3,56 %	313,1	10,1	3,24 %
	260,9	9,0	3,45 %	313,1	10,0	3,19 %
	260,9	7,6	2,90 %	313,1	8,3	2,65 %
	260,9	8,3	3,18 %	313,1	9,1	2,92 %

Abb. 8.8
Anzahl der Feiertage und Abwesenheitsquote durch Feiertage nach Bundesländern im Jahr 2007 und einem durchschnittlichen Jahr (für Betriebe mit einer Fünf-Tage-Woche und Betriebe mit einer Sechs-Tage-Woche) (Quelle: nach Bundesministerium des Innern 2007)[4].

4 Sachsen: Fronleichnam ist gesetzlicher Feiertag nur in den vom Staatsministerium des Innern durch Rechtsverordnung bestimmten Gemeinden im Landkreis Bautzen und im Westlausitzkreis.
Thüringen: Der Innenminister kann durch Rechtsverordnung für Gemeinden mit überwiegend katholischer Bevölkerung Fronleichnam als gesetzlichen Feiertag festlegen. Bis zum Erlass dieser Rechtsverordnung gilt der Fronleichnamstag in denjenigen Teilen Thüringen, in denen er 1994 als gesetzlicher Feiertag begangen wurde, als solcher fort.

Werktage (Montage bis Freitage)	261
Feiertage	10
Betriebstage	251
Urlaubstage	28
Abwesenheitsquote durch Urlaub	11,2 %

Abb. 8.9
Berechnung der Abwesenheit einer Mitarbeiterin/eines Mitarbeiters durch die Inanspruchnahme von Urlaub (für einen Betrieb mit einer Fünf-Tage-Woche in Sachsen-Anhalt im Jahr 2007).

gesetz EntgFG § 3). Während der Krankheitstage erhält die Arbeitnehmerin bzw. der Arbeitnehmer Lohn oder Gehalt, so als hätte sie bzw. er gearbeitet. Die Fehlzeiten durch Krankheit lagen 2006 durchschnittlich bei 3,3 % (Bundesministerium für Gesundheit 2007b, S. 2).

Um die Fehlzeiten durch Krankheit zu kalkulieren, kann man diesen Durchschnittswert übernehmen oder die Fehlzeitenquote individuell für den eigenen Betrieb bestimmen. Abbildung 8.10 zeigt, wie betriebsspezifische Krankheitsquoten errechnet werden. Bei der Berechnung der durchschnittlichen Abwesenheitsquote für den Betrieb ist die unterschiedliche Wochenarbeitszeit der Mitarbeiterinnen und Mitarbeiter zu berücksichtigen.

Mitarbeiter	A	B	C	D	E	F	gewichteter Mittelwert
Stellenumfang	100 %	50 %	100 %	100 %	100 %	50 %	
Sollarbeitstage[5]	223	221	225	225	221	221	
Krankheitstage	5	2	5	15	0	2	
Abwesenheit durch Krankheit	2,24 %	0,90 %	2,22 %	6,67 %	0 %	0,90 %	2,41 %

[5] Sollarbeitstage = Montage bis Freitage abzüglich gesetzliche Feiertage und Urlaubstage

Abb. 8.10 Berechnung der Abwesenheit durch Krankheit (für einen Betrieb mit einer Fünf-Tage-Woche in Sachsen-Anhalt im Jahr 2007)

Zusätzlich zu den Abwesenheitszeiten durch gesetzliche Feiertage, Urlaub und Krankheit können auch Abwesenheitszeiten durch **Mutterschutz** entstehen. Der Arbeitgeber hat in der Zeit des Mutterschutzes seiner Arbeitnehmerin Mutterschaftsgeld zu zahlen. Die Zeit des Mutterschutzes beträgt 14 Wochen (bei Früh- und Mehrlingsgeburten 18 Wochen): Sechs Wochen vor der Geburt (nach Mutterschutzgesetz MuSchG § 3 Abs. 2) und acht Wochen (bei Früh- und Mehrlingsgeburten zwölf Wochen) nach der Geburt (nach MuSchG § 6 Abs. 1) sowie den Entbindungstag selbst.

Das Mutterschaftsgeld setzt sich in den meisten Fällen aus einem Arbeitgeberanteil und dem Anteil der gesetzlichen Krankenversicherung zusammen. Die gesetzliche Krankenkasse zahlt höchstens 13 € je Kalendertag (nach MuSchG § 14 Abs. 1). Hat die Arbeitnehmerin einen höheren Durchschnittsverdienst, muss der Arbeitgeber die Differenz zum durchschnittlichen Netto-Arbeitsentgelt zahlen.

Bei der **Berechnung der Personalkosten pro geleisteter Arbeitsstunde** sind die Fehlzeiten durch gesetzliche Feiertage, Urlaub, Krankheit und evtl. Mutterschutz von den bezahlten Arbeitstagen (Werktage) abzuziehen. Nach der Berechnung der geleisteten Arbeitsstunden pro Jahr können aus den Personalkosten pro Jahr und den geleisteten Arbeitsstunden die Personalkosten pro geleistete Arbeitsstunde berechnet werden. Abbildung 8.11 zeigt die Berechnung der Personalkosten pro geleisteter Arbeitsstunde an einem Beispiel.

Werktage (Montage bis Freitage)	261
Fehlzeiten in Tagen	
Feiertage	10
Urlaub	28
Krankheit	5
geleistete Arbeitstage pro Jahr	218
Arbeitsstunden pro Tag	8
geleistete Arbeitsstunden pro Jahr	1.744
Personalkosten pro Jahr in €	15.425,88
Personalkosten pro geleisteter Arbeitsstunde in €	8,85

Abb. 8.11 Berechnung der Personalkosten einer Mitarbeiterin/eines Mitarbeiters pro geleisteter Arbeitsstunde (für einen Betrieb mit Tarifbindung NGG, Fünf-Tage-Woche in Sachsen-Anhalt im Jahr 2007)

Abwesenheitsquote im Betrieb

Aus den berechneten Abwesenheitszeiten durch Feiertage, Urlaub, Krankheit, Mutterschutz können Abwesenheitsquoten berechnet werden. Diese Quoten können für jeden Mitarbeiter einzeln und für den ganzen Betrieb berechnet werden. Die Quoten können als Kennzahlen dienen. Zum Beispiel können sie zu Vergleichen verschiedener Abteilungen im Betrieb herangezogen werden.

Bei der Berechnung der Abwesenheitsquote ist zu beachten, dass die Abwesenheit durch Urlaub und Krankheit mit der Wochenarbeitszeit des Arbeitnehmers zu gewichten ist. Für den Arbeitgeber ist das Fehlen einer Vollzeitkraft teurer als das Fehlen einer Teilzeitkraft. Abbildung 8.12 zeigt beispielhaft die Berechnung der Abwesenheitsquote für einen Betrieb.

Fachkraftquote

Eine wichtige Kennzahl bei Betriebsvergleichen ist die Fachkraftquote. Sie sagt aus, wie groß der Anteil der Fachkräfte am insgesamt im Betrieb arbeitenden Personal ist. Teilzeitstellen

Mitarbeiter	A	B	C	D	E	F	gewichteter Mittelwert
Stellenumfang	100 %	50 %	100 %	100 %	100 %	50 %	
Montage – Freitage	261	261	261	261	261	261	
Feiertage an Montagen – Freitagen	10	10	10	10	10	10	
Urlaubstage	28	30	26	26	30	30	
Krankheitstage	5	2	5	15	0	2	
Mutterschutztage	0	0	70	0	0	0	
Abwesenheitstage gesamt	43	42	111	51	40	42	
Abwesenheitsquote	16,5 %	16,1 %	42,5 %	19,5 %	15,3 %	16,1 %	22,0 %

Abb. 8.12
Berechnung der Abwesenheitsquote (für einen Betrieb mit einer Fünf-Tage-Woche in Sachsen-Anhalt im Jahr 2007)

sind bei dieser Berechnung anteilig anzurechnen. Die Fachkraftquote kann auch zum internen Benchmarking verschiedener Abteilungen im Betrieb genutzt werden. Abbildung 8.13 stellt die Berechnung der Fachkraftquote für einen Beispielbetrieb dar.

Fachpersonal	Anzahl Vollzeitstellen (100 %)	1
	Anzahl Teilzeitstellen (50 %)	1
angelerntes Personal	Anzahl Vollzeitstellen (100 %)	3
	Anzahl Teilzeitstellen (50 %)	1
Fachkraftquote		30,0 %

Abb. 8.13
Berechnung der Fachkraftquote für einen Beispielbetrieb

8.3.2 Lebensmittelkosten

Lebensmittelkosten stellen zusammen mit den Personalkosten die bedeutendste Kostenart in einem Gemeinschaftsverpflegungsbetrieb dar. Die Methoden, die zur Bestimmung der Lebensmittelkosten eingesetzt werden, sind vielfältig (vgl. Abb. 8.14).

Für Betriebe, die kaum Lebensmittel einlagern oder ihre Lagerbestände nicht erfassen, kommt nur die Festwertmethode in Frage. Betriebe, die ein Lager führen und auch dessen Wert erfassen, können sowohl mit der Inventurmethode als auch mit der Fortschreibungsmethode arbeiten.

8.3.2.1 Festwertmethode

Die Festwertmethode ist die einfachste Methode zur Bestimmung der Lebensmittelkosten. Auf eine Beobachtung des Lagerbestands wird bei dieser Methode verzichtet. Es wird davon

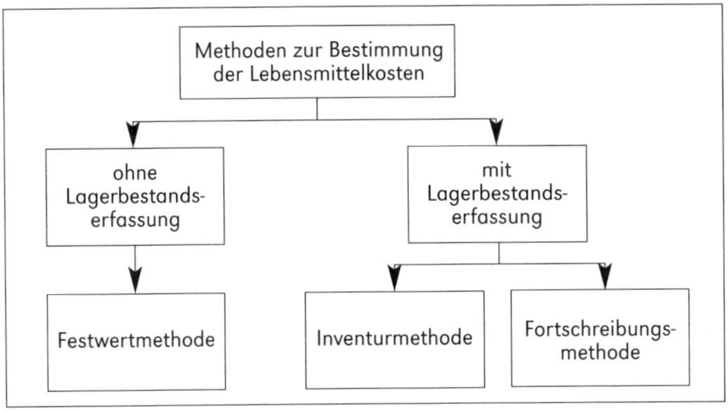

Abb. 8.14 Methoden zur Bestimmung der Lebensmittelkosten

ausgegangen, dass in einer Periode immer so viele Lebensmittel verbraucht wie auch eingekauft werden. Das ist immer dann der Fall,

- wenn die Lebensmittel eine kurze Haltbarkeitsdauer haben,
- wenn der Betrieb prinzipiell kein oder nur ein sehr kleines Lager hält, und alle Lebensmittel just-in-time anliefern lässt,
- wenn der Betrieb zwar ein Lager hält, aber die Bestandsveränderungen in diesem Lager unerheblich sind.

In diesen Fällen werden die in der Buchführung erfassten Aufwendungen für Lebensmittel in gleicher Höhe als Lebens - mittelkosten übernommen.

8.3.2.2 Inventurmethode

Bei der Inventurmethode, wird regelmäßig (z. B. monatlich, zweimonatlich, vierteljährlich, halbjährlich, jährlich) der Wert des Lebensmittellagers in Form einer Inventur erfasst. Der Wert des Lebensmittelverbrauchs kann dann aus den eingekauften Lebensmitteln zusammen mit den Lagerbestandsver - änderungen errechnet werden:

  Wert des Lebensmittellagers am Monatsanfang
\+ Wert der eingekauften Lebensmittel
– Wert des Lebensmittellagers am Monatsende

= Wert des Lebensmittelverbrauchs innerhalb des Monats

Bei der Bewertung des Lagerbestands ist es üblich, die Lebensmittelmengen mit den historischen (tatsächlich bezahlten) Anschaffungspreisen zu bewerten. Man kann sich fiktiv vorstellen, jede Lebensmittelpackung habe bei ihrem Einkauf ein Preisschild bekommen. Mit diesem Einkaufspreis wird dann der Lebensmittelbestand bewertet. Betriebe, die nicht steuerbefreit sind, verwenden die Nettopreise der Lebensmittel. Betriebe, die steuerbefreit sind, setzen die Bruttopreise der Lebensmittel ein, da die Umsatzsteuer ebenfalls kostenrelevant ist.

Die Inventurmethode ist immer dann geeignet, wenn der Lagerbestand erheblich schwankt und die Lagerentnahmen immer für die gleiche Kostenstelle (z. B. Küche) und den gleichen Kostenträger (z. B. Mittagessen) erfolgen.

8.3.2.3 Fortschreibungsmethode

Die Fortschreibungsmethode ist die aufwändigste Methode zur Bestimmung der Lebensmittelkosten, sie bringt aber auch die detailliertesten Ergebnisse. Zusätzlich zu der bereits in der Inventurmethode eingesetzten Inventur werden bei der Fortschreibungsmethode alle Lagerzugänge (Einkäufe) und Lagerabgänge (Verbräuche) in einer Lagerbuchhaltung erfasst.

Außerdem kann bei der Fortschreibungsmethode schrittweise vorgegangen werden, indem zunächst nur der mengenmäßige Verbrauch erfasst wird und anschließend mit Preisen für diese verbrauchten Lebensmittel der Wert des Verbrauchs bestimmt wird.

Erster Schritt: Erfassung der verbrauchten Lebensmittelmenge

Die verbrauchte Menge der Lebensmittel wird separat für jedes Lebensmittel physisch erfasst:

  Menge im Lebensmittellager am Monatsanfang
\+ eingekaufte Menge des Lebensmittels im Monat
– entnommene Menge des Lebensmittels im Monat

= (Soll-)Menge im Lebensmittellager am Monatsende

Dabei wird bei jeder Lebensmittelentnahme aus dem Lager bereits eine Verbuchung in dem System vorgenommen. Am

Ende des Monats wird nur überprüft, ob der in der Lagerbuchhaltung errechnete Sollbestand der Lebensmittel mit der tatsächlich im Lager befindlichen Menge übereinstimmt. Irreguläre Lagerrückgänge (*vergessene* Buchung, Warendiebstahl) werden dann erkannt, wenn man den Soll-Lagerbestand mit dem Ist-Lagerbestand vergleicht.

Zweiter Schritt: Bewertung mit zutreffenden Preisen
Wenn der mengenmäßige Verbrauch jedes einzelnen Lebensmittels bekannt ist, ist zu entscheiden, mit welchen Preisen der Lebensmittelverbrauch bewertet werden soll. Verschiedene Bewertungsverfahren stehen hierzu zur Auswahl:

- historische Anschaffungspreise, etwa so als würde jede Lebensmittelpackung ein Preisschild mit dem Einkaufspreis tragen,
- Durchschnittspreise aller Einkäufe eines Lebensmittels einer Periode in der Vergangenheit, z. B. im letzten Jahr (bei der Berechnung des Durchschnitts werden die Preise mit der jeweiligen Einkaufsmenge gewichtet),
- letzter Einkaufspreis (fiktives Verbrauchsfolgeverfahren LIFO: last in, first out),
- höchster Einkaufspreis in der Vergangenheit (fiktives Verbrauchsfolgeverfahren HIFO: highest in, first out).

Bei stark schwankenden Lebensmittelpreisen (Saisonwaren) oder bei inflationären Preisen sind die Bewertungen mit dem letzten Einkaufspreis gegenüber den historischen Anschaffungspreisen oder den Durchschnittspreisen zu bevorzugen. Denn bei steigenden Lebensmittelpreisen müssen die verbrauchten Lebensmittel teurer wiederbeschafft werden. Substanzerhaltungsorientierte Betriebe werden die Bewertung also so vornehmen, dass damit eine Wiederbeschaffung der verbrauchten Lebensmittel möglich ist.

Wegen des enormen Aufwands macht die Fortschreibungsmethode in der Praxis nur dann Sinn, wenn

- die Zuordnung der Lagerentnahmen zu verschiedenen Kostenstellen oder Kostenträgern wichtig ist und deshalb ohnehin jede Lagerentnahme verbucht werden muss oder
- wenn irreguläre Lagerentnahmen in erheblichem Umfang vorkommen.

8.3.3 Sonstige Sachkosten

Zu den sonstigen Sachkosten gehören Kosten für Heizenergie, Strom, Wasser und Reinigungsmittel.

Wenn in der Buchführung eine eigene Abrechnung der Kosten für den Verpflegungsbetrieb vorliegt, können die Aufwendungen für Heizenergie, Strom, Wasser und Reinigungsmittel aus der Buchführung ohne Änderung als Kosten in die Kostenrechnung übernommen werden.

Wenn dies nicht der Fall ist und die Aufwendungen für Heizenergie, Strom, Wasser und Reinigungsmittel nur als Gesamtbetrag für die Einrichtung (z. B. eine Altenhilfeeinrichtung mit Pflegebereich, Küche, Wäscherei und Verwaltung) in der Buchführung vorliegen, muss dieser Betrag auch zunächst in die Kostenartenrechnung übernommen werden. Die Aufteilung der Kosten auf die einzelnen Kostenstellen erfolgt später in der Kostenstellenrechnung.

8.3.4 Abschreibungen

Anlagegüter wie Kühlzellen, Convectomaten, Geschirrspüler und andere Einrichtungen in der Küche, werden zur Herstellung der Verpflegungsdienstleistung genutzt. Mit der Anschaffung von Anlagegütern fallen Ausgaben bzw. Auszahlungen an, die nicht sofort kostenrelevant sind. Erst mit der Zeit bzw. Nutzung der Geräte nimmt der Wert der Anlagegüter ab. Dies wird in der Buchführung und in der Kostenrechnung als Abschreibung kalkuliert. **Ursachen für Abschreibungen** sind zum einen Anlagenverschleiß, aber auch durch technischen Fortschritt, durch Nachfrageverschiebung und Fristablauf kommen Abschreibungen zustande.

a) **Anlagenverschleiß**
Maschinen und Geräte verschleißen durch die Nutzung. Der Wert des Anlageguts sinkt. Diese Abschreibungsursache tritt zum Beispiel bei Autoreifen für ein Lieferfahrzeug auf. Diese nutzungsabhängige Abschreibung wird in der Kostenrechnung der Gemeinschaftsverpflegung kaum angewandt, da es zu zeitaufwändig ist, die Nutzung eines Geräts zu dokumentieren.

b) **Technischer Fortschritt**
In den Betrieben werden zur Leistungserstellung immer leistungsfähigere und modernere Maschinen und Geräte

benötigt. Moderne Maschinen verursachen bei gleicher Leistung geringere Produktionskosten oder sie realisieren bei gleichen Kosten einen größeren Ausstoß. Somit verlieren ältere Geräte an Wert, obwohl sie noch funktionsfähig sind. Diese Abschreibungsursache tritt zum Beispiel bei Personalcomputern auf. Technischer Fortschnitt hat eine zeitabhängige Abschreibung zur Folge, die zumeist in der Kostenrechnung für Gemeinschaftsverpflegungsbetriebe angewandt wird.

c) **Nachfrageverschiebung (wirtschaftliche Überholung)**
Einzelne Maschinen und Geräte oder (Arten von) Anlagen können aufgrund von Nachfrageverschiebungen nicht oder nicht mehr im geplanten Umfang vom Betrieb genutzt werden. Beispielweise werden in einer Verpflegungseinrichtung keine frittierten Lebensmittel mehr angeboten. Die Fritteuse ist aufgrund von Nachfrageverschiebungen abzuschreiben. Es handelt sich dann um eine außergewöhnliche Abschreibung.

d) **Fristablauf**
Die Rechte zur Nutzung verschiedener Anlagen verstreichen vielfach durch Fristablauf. Dies trifft vor allem auf nichtmaterielle Anlagen (z. B. Software) wie Lizenzen und ähnliche Rechte zu, die regelmäßig nur für einen bestimmten Zeitraum erworben werden. Die Abschreibung durch Fristablauf hat ebenfalls eine zeitabhängige Abschreibung zur Folge und kommt häufig vor.

(vgl. Hummel/Männel 1990, S. 163 ff.)

Die häufigste Methode zur Berechnung von Abschreibungen ist die zeitabhängige lineare Abschreibung. Bei dieser Abschreibung errechnen sich die Abschreibungsbeträge aus:

$$\frac{\text{Abschreibungssumme}}{\text{Abschreibungszeitraum}} = \text{Abschreibungsbetrag.}$$

Die Abschreibungssumme wird zu gleichen Teilen auf den Abschreibungszeitraum verteilt.

Die **Abschreibungssumme** ist der Betrag, der auf die einzelnen Nutzungsjahre aufgeteilt wird. Es handelt sich dabei um den Anschaffungspreis oder den Wiederbeschaffungspreis.

Der Anschaffungspreis ist der Preis, der in der Vergangenheit für das Anlagegut gezahlt wurde. Für die Buchführung ist vorgeschrieben, diesen Anschaffungspreis für die Berechnung der Abschreibungen anzusetzen. Wenn ein Betrieb nach Substanzerhalt strebt, ist es sinnvoll, in der Kostenrechnung wiederbeschaffungspreisorientiert abzuschreiben. Dann kann mit der Summe der Abschreibungsbeträge später zum Wiederbeschaffungspreis ein neues Anlagegut gekauft werden. Der Wiederbeschaffungspreis ist in der Regel höher als der Anschaffungspreis. Die Ermittlung des Wiederbeschaffungspreises ist nicht einfach, denn es müssen Preise in der Zukunft abgeschätzt werden. Um einen Wert als Wiederbeschaffungspreis zu ermitteln, der auch für externe Personen nachvollziehbar ist (also nicht willkürlich festgelegt wurde) kann auf den Preisindex für Investitionsgüter zurückgegriffen werden, der vom Statistischen Bundesamt ermittelt wird. Dabei ist zu beachten, dass auch bei Nutzung eines Preisindex die zukünftige Entwicklung der Preise dennoch unbekannt bleibt (vgl. Steinel/Schade/Knappe 2000, S. 57 f.).

Der Preisindex für Investitionsgüterproduzenten (Statistisches Bundesamt 2007e, S. 4) weist für das Jahr 2006 den Wert 103,7 auf, wobei das Basisjahr 2000 ist. In sechs Jahren ist der Preis für Investitionsgüter also um 3,7 % gestiegen. Das entspricht einer jährlichen Preissteigerung von 0,607 % ($\sqrt[6]{1{,}037} = 1{,}00607$). Daraus errechnet sich der (fiktive) Wiederbeschaffungspreis für eine im Jahr 2001 für 6.000 € gekaufte Kippbratpfanne nach acht Jahren wie folgt:

$$6.000\ € \cdot 1{,}00607^{8} = 6.297{,}63\ €$$

Der **Abschreibungszeitraum** ist der Zeitraum, in dem ein Anlagegut abgeschrieben wird. Es wird zwischen der betriebsgewöhnlichen Nutzungsdauer und der tatsächlichen Nutzungsdauer unterschieden. Für die Buchführung ist vorgeschrieben, dass die in den sogenannten AfA-Tabellen (AfA = Absetzung für Abnutzung) aufgeführte betriebsgewöhnliche Nutzungsdauer als Abschreibungszeitraum verwendet wird. Anlagegüter mit einem Anschaffungspreis unter 410 €, sogenannte geringwertige Wirtschaftsgüter, dürfen sofort im Anschaffungsjahr abgeschrieben werden (nach Einkommensteuergesetz EStG § 6 Abs. 2). Abbildung 8.15 zeigt beispielhaft die betriebsgewöhnliche Nutzungsdauer für ausgewählte Anlagegüter. Laut Bundesministerium der Finanzen (2007) sind bis zur Veröffentlichung neuer Branchentabellen die alten Tabellen weiterhin gültig.

Anlagegut	betriebsgewöhnliche Nutzungsdauer in Jahren (gilt für alle Anlagegüter, die nach dem 31.12.1986 angeschafft oder hergestellt worden sind)
Brat- und Backofen	5
Elektro-Kleingerät	3
Fettabscheider	10
Geschirrspülmaschine	5
Herd	5
Kaffeemaschine (elektr.)	5
Kippbratpfanne	5
Kochkessel	7
Kühlanlage (elektr.)	5
Rühr-, Schlag- und Speiseeismaschine	7
Sahneautomat	7
Wärmeschrank	8

Abb. 8.15 Auszug aus der AfA-Tabelle Gastgewerbe (Quelle: Informationsdienste für Wirtschaft, Recht, Steuern 2007)

Die tatsächliche Nutzungsdauer eines Anlageguts kann von der betriebsgewöhnlichen Nutzungsdauer abweichen. Sie kann kürzer oder auch länger sein. In der Kostenrechnung sollte die tatsächliche Nutzungsdauer nach den Erfahrungswerten im Betrieb geschätzt werden.

Bei der Berechnung der Abschreibungen für den eigenen Betrieb ist abzuwägen, ob bilanziell oder kalkulatorisch abgeschrieben wird.

Bilanzielle Abschreibung bedeutet, dass (genauso wie in der Buchführung) der Anschaffungspreis über die in den AfA-Tabellen angegebene Nutzungsdauer abgeschrieben wird. Kalkulatorische Abschreibung bedeutet, dass in der Kostenrechnung andere Abschreibungen angesetzt werden als in der Buchführung und entweder eine andere Abschreibungssumme (Wiederbeschaffungspreis statt Anschaffungspreis) und/oder ein anderer Abschreibungszeitraum (tatsächliche Nutzungsdauer statt betriebsgewöhnliche Nutzungsdauer laut AfA-Tabellen) angesetzt wird.

Abbildung 8.16 zeigt mögliche Abschreibungsvarianten für den Gemeinschaftsverpflegungsbetrieb.

Abb. 8.16
Abschreibungsvarianten

Abschreibungs-methode	Abschreibungs-summe	Abschreibungs-zeitraum
bilanzielle Abschreibung	Anschaffungspreis	betriebsgewöhnliche Nutzungsdauer laut AfA-Tabellen
kalkulatorische Abschreibung	Anschaffungspreis	tatsächliche Nutzungsdauer
	Wiederbeschaffungspreis	betriebsgewöhnliche Nutzungsdauer laut AfA-Tabellen
	Wiederbeschaffungspreis	tatsächliche Nutzungsdauer

Die bilanzielle Abschreibung hat den Vorteil, dass die Daten schnell verfügbar sind und keine Extraberechnung notwendig ist. Die Daten können aus der Buchführung in gleicher Höhe in die Kostenrechnung übernommen werden. Nachteilig ist, dass Abschreibungen von Anlagegütern, die bereits bilanziell abgeschrieben sind aber noch genutzt werden (z. B. eine acht Jahre alte Kippbratpfanne), in der Buchführung nicht mehr auftauchen und somit auch nicht in die Kostenrechnung einfließen.

Bei der Anwendung der kalkulatorischen Abschreibung stehen zusätzliche Berechnungen an, die kostenrechnerisch richtige Daten liefern.

Neben der ausschließlichen bilanziellen Abschreibung und der ausschließlichen kalkulatorischen Abschreibung ist auch eine Kombination beider möglich. Zur Vereinfachung können bilanziell noch nicht abgeschriebene Anlagegüter auch in der Kostenrechnung bilanziell abgeschrieben werden. Eine Zusatzrechnung fällt dann nur für Anlagegüter an, die in der Buchhaltung bereits abgeschrieben sind. Für diese sind kalkulatorische Abschreibungen zu berechnen. Die Berechnung kalkulatorischer Abschreibungen für bilanziell bereits abgeschriebene Anlagegüter ist dann sinnvoll, wenn das Anlagegut noch voll einsatzfähig ist, das Anlagegut noch voll genutzt wird und noch kein Ersatzanlagegut angeschafft wurde.

Abbildung 8.17 zeigt ein Kalkulationsschema zur Berechnung der bilanziellen und kalkulatorischen Abschreibung für ausgewählte Anlagegüter.

8.3.5 Kapitalkosten

Kapital ist in verschiedener Form im Verpflegungsbetrieb gebunden. Eine Kapitalbindung findet zum Beispiel durch Maschinen und Anlagen, durch das Lebensmittellager und durch noch ausstehende Forderungen statt.

Kapitalkosten sind Kosten für Zinsen, die für die Nutzung von Fremd- und Eigenkapital anfallen. Ein Verpflegungsbetrieb kann nur mit Fremdkapital oder nur mit Eigenkapital oder mit einer Kombination aus Fremd- und Eigenkapital finanziert werden.

Finanzierung des Verpflegungsbetriebs mit Fremdkapital
Fremdkapital kann einem Verpflegungsbetrieb verzinslich (z. B. über einen Bankkredit) oder zinsfrei (z. B. über Subventionen, Lieferantenkredite) zur Verfügung stehen. Bei der Fremdfinanzierung mit verzinslichem Kapital werden in der Buchführung Zinsaufwendungen berechnet. Diese Zinsaufwendungen können in die Kostenrechnung als Kapitalkosten übernommen werden. Für das zinsfreie Fremdkapital werden keine Zinsen angesetzt.

Finanzierung des Verpflegungsbetriebs mit Eigenkapital
Bei der ausschließlichen Finanzierung mit Eigenkapital werden in der Buchführung keine Zinsaufwendungen berechnet. Was spricht für und was gegen die Berechnung kalkulatorischer Kapitalkosten? Gegen die Berechnung kalkulatorischer Kapitalkosten spricht die Tatsache, dass im Verpflegungsbetrieb keine belastenden Zahlungen für die Nutzung von Kapital anfallen und die Berechnung der kalkulatorischen Kapitalkosten eine zusätzliche und aufwändige Berechnung darstellt. Warum sollte der Verpflegungsbetrieb trotz des zusätzlichen Aufwands kalkulatorische Kapitalkosten berechnen? Der tatsächliche Wert der Verpflegungsdienstleistung wird nur realistisch dargestellt, wenn alle Güter und Dienstleistungen, die zur Leistungserstellung notwendig sind, in die Rechnung einbezogen werden (dazu gehört auch die Zurverfügungstellung von Kapital). Bei einem Betriebsvergleich würde sich das Ignorieren der kalkulatorischen Kapitalkosten bemerkbar machen. Ein Betrieb, der ausschließlich eigenfinanziert ist und keine kalkulatorischen Kapitalkosten berechnet, hat in der Summe geringere Kosten als ein Betrieb, der ausschließlich fremdfinanziert oder mischfinanziert ist. Die Kosten beider Verpflegungsbetriebe wären nicht vergleichbar.

Anlagegut	Anschaffungsjahr	Nutzungsdauer laut AfA-Tabelle	prognostizierte Nutzungsdauer	Anschaffungspreis	bilanzielle		
					bilanzielle Nutzungsdauer [Jahre]	bilanziell bereits abgeschrieben	
Brat- und Backofen	2001	5	8	2.500,00 €	5	ja	
Elektro-Kleingerät	2002	3	6	510,00 €	3	ja	
Fettabscheider	2001	10	13	10.000,00 €	10	nein	
Geschirrspülmaschine	2001	5	7	3.000,00 €	5	ja	
Herd	2001	5	7	4.000,00 €	5	ja	
Kaffeemaschine (elektr.)	2001	5	8	800,00 €	5	ja	
Kippbratpfanne	2000	5	8	6.000,00 €	5	ja	
Kochkessel	2001	7	10	1.500,00 €	7	nein	
Kühlanlagen (elektr.)	2001	5	8	15.000,00 €	5	ja	
Speiseeismaschine	2001	7	7	1.200,00 €	7	nein	
Sahneautomat	2001	7	7	900,00 €	7	nein	
Wärmeschrank	2001	8	10	2.500,00 €	8	nein	
Gesamt							

Abb. 8.17 Kalkulationsschema zur Berechnung der bilanziellen und kalkulatorischen Abschreibung für ausgewählte Anlagegüter [6]

6 Die Berechnung der Abschreibung erfolgte für das Jahr 2007. Der Wiederbeschaffungspreis wurde mit einem zu erwartenden Preisanstieg von 0,607 % pro Jahr ermittelt.

Finanzierung des Verpflegungsbetriebs mit Fremd- und Eigenkapital

Bei der Finanzierung eines Verpflegungsbetriebs mit Fremd- und Eigenkapital gibt es zwei Methoden zur Berechnung der Kapitalkosten – die Methode der getrennten Führung von Fremd- und Eigenkapitalzinsen und die Methode der Verzinsung des betriebsnotwendigen Kapitals. Abbildung 8.18 zeigt die Methoden zur Bestimmung kalkulatorischer Zinsen.

Abb. 8.18 Methoden zur Berechnung kalkulatorischer Zinsen.

Methoden zur Bestimmung kalkulatorischer Zinsen	
getrennte Berechnung von Fremdkapitalzinsen (aus Buchführung) und Eigenkapitalzinsen (Durchschnittswertmethode)	gemeinsame Berechnung von Fremd- und Eigenkapitalzinsen = Verzinsung des betriebsnotwendigen Kapitals

Abschreibung		kalkulatorische Abschreibung				
bilanzielle Abschreibung		kalkulatorische Nutzungsdauer [Jahre]	kalkulatorisch bereits abgeschrieben	Wiederbeschaffungspreis	kalkulatorische Abschreibung	
[€/Jahr]	[€/Monat]				[€/Jahr]	[€/Monat]
- €	- €	8	nein	2.624,01 €	328,00 €	27,33 €
- €	- €	6	nein	528,86 €	88,14 €	7,35 €
1000,00 €	83,33 €	13	nein	10.818,49 €	832,19 €	69,35 €
- €	- €	7	nein	3.129,81 €	447,12 €	37,26 €
- €	- €	7	nein	4.173,09 €	596,16 €	49,68 €
- €	- €	8	nein	839,68 €	104,96 €	8,75 €
- €	- €	8	nein	6.297,63 €	787,20 €	65,60 €
214,29 €	17,86 €	10	nein	1.593,58 €	159,36 €	13,28 €
- €	- €	8	nein	15.744,06 €	1.968,01 €	164,00 €
171,43 €	14,29 €	7	nein	1.251,93 €	178,85 €	14,90 €
128,57 €	10,71 €	7	nein	938,94 €	134,13 €	11,18 €
312,50 €	26,04 €	10	nein	2.655,96 €	265,60 €	22,13 €
1.826,79 €	**152,23 €**				**5.889,71 €**	**490,81 €**

Bei der *getrennten Berechnung von Fremd- und Eigenkapitalzinsen* werden in einem ersten Berechnungsschritt die Fremdkapitalzinsen bestimmt. Diese werden in der Buchführung als Zinsaufwendungen geführt und können in die Kostenrechnung unverändert übernommen werden. In einem zweiten Schritt werden die Eigenkapitalzinsen bestimmt. Dazu sind alle eigenfinanzierten Anlagen aus der Anlagenbuchhaltung herauszusuchen. Vereinfachend wird davon ausgegangen, dass in einer Anlage über die Jahre durchschnittlich die Hälfte des Anschaffungspreises gebunden ist (Durchschnittswertverzinsung), denn mit den Abschreibungen fließt das investierte Kapital wieder in den Betrieb zurück. Zur Berechnung der kalkulatorischen Zinsen ist das durchschnittlich gebundene Kapital mit dem kalkulatorischen Zinssatz (die Bestimmung des kalkulatorischen Zinssatzes wird weiter unten erläutert) zu multiplizieren. Abbildung 8.19 zeigt die Berechnung der kalkulatorischen Zinsen am Beispiel des Anlagegutes Kippbratpfanne.

Nach der Berechnung der kalkulatorischen Zinsen für alle eigenfinanzierten Anlagegüter des Verpflegungsbetriebs mit-

Abb. 8.19
Berechnung der kalkulatorischen Zinsen mittels Durchschnittswertverzinsung für eine Kippbratpfanne

Anschaffungspreis	6.000 €
Kalkulatorischer Zinssatz	4,0 %
durchschnittlich gebundenes Kapital	3.000 €
Kalkulatorische Zinsen pro Jahr	120 €
Kalkulatorische Zinsen pro Monat	10 €

tels Durchschnittswertverzinsung können die kalkulatorischen Zinsen zu den bereits bestimmten Fremdkapitalzinsen aus der Buchführung addiert werden.

Bei der *Verzinsung des betriebsnotwendigen Kapitals* werden die Fremd- und Eigenkapitalzinsen nicht getrennt. Hier wird in einem ersten Berechnungsschritt das betriebsnotwendige Kapital bestimmt. Dieses betriebsnotwendige Kapital umfasst das betriebsnotwendige Vermögen (Aktiva: Anlage- und Umlaufvermögen abzüglich jener Vermögensteile, die nicht betriebsnotwendig sind) ohne das Abzugskapital. Abzugskapital ist zinsfrei zur Verfügung stehendes Fremdkapital (z. B. Lieferantenkredite und Subventionen).

Betriebsnotwendiges Vermögen
– Abzugskapital (zinsfrei zur Verfügung gestelltes Fremdkapital)

= Betriebsnotwendiges Kapital

Nach der Bestimmung des betriebsnotwendigen Kapitals können in einem zweiten Berechnungsschritt die kalkulatorischen Zinsen berechnet werden. Dazu wird das betriebsnotwendige Kapital mit dem zuvor bestimmten Zinssatz (die Bestimmung des kalkulatorischen Zinssatzes wird weiter unten erläutert) multipliziert. Abbildung 8.20 zeigt die Berechnung der kalkulatorischen Zinsen mittels Verzinsung des betriebsnotwendigen Kapitals für einen Beispielbetrieb.

Bestimmung des kalkulatorischen Zinssatzes

Der Zinssatz ist eine wesentliche Einflussgröße auf die Höhe der kalkulatorischen Zinsen. Hierzu gibt es in der Kostenrechnung keine Vorschrift, welcher Zinssatz angesetzt wird, sondern die Controllerin bzw. der Controller wählt den Zinssatz nach eigenem Ermessen.

	Buchwert		Kalkulatorischer Wert	Bemerkung
	Anfang des Geschäftsjahrs	Ende des Geschäftsjahrs		
Aktiva				
Anlagevermögen				
Unbebautes Grundstück	30.000 €	30.000 €	-	nicht betriebsnotwendig
Grundstück mit Betriebsgebäude	180.000 €	174.000 €	177.000 €	Mittelwert
Maschinen und Anlagen	150.000 €	120.000 €	135.000 €	Mittelwert
Betriebsausstattung	25.000 €	30.000 €	27.500 €	Mittelwert
Beteiligungen	45.000 €	45.000 €	-	nicht betriebsnotwendig
Umlaufvermögen				
Vorratsvermögen	110.000 €	115.000 €	112.500 €	Mittelwert
Kasse und Bank	8.000 €	8.000 €	8.000 €	Mittelwert
Forderungen	190.000 €	196.000 €	193.000 €	Mittelwert
Forderungen aus Warenlieferungen	18.000 €	22.000 €	20.000 €	Mittelwert
Summe	756.000 €	740.000 €	673.000 €	
Passiva				
Eigenkapital	482.000 €	488.000 €	-	-
Hypotheken	40.000 €	40.000 €	-	-
Anzahlungen	70.000 €	90.000 €	80.000 €	Mittelwert
Verbindlichkeiten aus Warenbezügen	164.000 €	122.000 €	143.000 €	Mittelwert
Summe	756.000 €	740.000 €	223.000 €	

Berechnungsgröße	**Wert**
Betriebsnotwendiges Vermögen	673.000 €
Abzugskapital	223.000 €
Betriebsnotwendiges Kapital	450.000 €
Kalkulatorischer Zinssatz	4,0 %
Kalkulatorische Zinsen pro Jahr	**18.000 €**
Kalkulatorische Zinsen pro Monat	**1.500 €**

Abb. 8.20 Berechnung der kalkulatorischen Zinsen mittels Verzinsung des betriebsnotwendigen Kapitals für einen Beispielbetrieb

Hier gibt es zwei Varianten:

1. die Bestimmung eines Zinssatzes für entgangene Zinserträge oder
2. die Bestimmung eines Zinssatzes für entgangene Zinsaufwendungen.

Bei der Variante der Bestimmung des Zinssatzes für entgangene Zinserträge kann sich die Controllerin bzw. der Controller an den Zinssätzen für langfristige Kapitalanlagen (z. B. Verzinsung von Bundesschatzbriefen: 4 %; Quelle: Bundesrepublik Deutschland Finanzagentur 2007) orientieren. Bei der Bestimmung des Zinssatzes für entgangene Zinsaufwendungen kann der Basiszinssatz gemäß § 247 BGB (seit 01.07.2007: 3,19 %; Quelle: Deutsche Bundesbank 2007) oder der Durchschnittszinssatz der in Anspruch genommenen Kredite des Verpflegungsbetriebs oder der höchste Zinssatz der in Anspruch genommenen Kredite des Verpflegungsbetriebs angesetzt werden.

8.3.6 Sonstige Kosten

In der Kostenartengruppe *Sonstige Kosten* können weitere Kosten, die bei der Dienstleistungserstellung anfallen, zusammengefasst werden.

Overhead-Kosten vom Träger der Einrichtung

In großen Einrichtungen kommt es oft vor, dass sogenannte *Overhead-Kosten* vom Träger der Einrichtung an die einzelnen Abteilungen der Einrichtung weitergeleitet werden. Diese Gemeinkosten fallen z. B. für das Management oder für Marketing an.

Verwaltungskosten

Unter Verwaltungskosten können die Kosten für Büromaterial, Telefon, Porti und Fachliteratur des Verpflegungsbetriebs zusammengefasst werden. Diese Kosten tauchen als Aufwendungen in der Buchführung auf und können ohne Änderung in die Kostenrechnung übernommen werden.

Dienstleistungskosten

Dienstleistungskosten fallen z. B. für eine Reinigung durch eine Fremdfirma, für die Müllentsorgung und Straßenreinigung an.

Wenn in der Buchführung nur die Aufwendungen bei dieser Kostenartengruppe für die gesamte Einrichtung ausgewiesen werden, sind die Kosten zunächst für die gesamte Einrichtung zu übernehmen. Später werden dann in der Kostenstellenrechnung die Kosten für die Kostenstelle Verpflegung über Schlüssel ermittelt (vgl. Kapitel 8.4).

Gebühren, Beiträge, Steuern

In der Kostenartengruppe *Gebühren, Beiträge, Steuern* werden alle Gebühren, Beiträge und Steuern zusammengefasst, die notwendig sind, damit der Verpflegungsbetrieb seine Dienstleistung erstellen kann.

Sonstige kalkulatorische Kosten[7]

Zu den kalkulatorischen Kosten gehören kalkulatorische Löhne, kalkulatorische Abschreibungen, kalkulatorische Zinsen, kalkulatorische Mieten und kalkulatorische Wagnisse.

Kalkulatorische Mieten sind in der Kostenrechnung dann zu berücksichtigen, wenn der Verpflegungsbetrieb zur Leistungserstellung eine eigene Immobilie nutzt. Das Ansetzen kalkulatorischer Mieten ist wichtig, da eine Immobilie zur Leistungserstellung notwendig ist und es bei einem Betriebsvergleich zu verfälschten Ergebnissen kommt, wenn der Vergleichsbetrieb seine Immobilie gemietet hat.

Die kalkulatorischen Mieten sind in der Höhe anzusetzen,

- wie für das Mieten einer ähnlichen Immobilie bezahlt werden müsste (entgangene Mietaufwendungen) oder
- wie beim Vermieten dieser Immobilie an Miete eingehen würde (entgangene Mieterträge).

Kalkulatorische Wagniskosten sollten für Risiken angesetzt werden, die der Betrieb versichern könnte, aber nicht versichert.

Beispiel: Eine Verpflegungseinrichtung hat eine Sachschadensversicherung abgeschlossen, die aber nicht für größere Wasserschäden aufkommt. Das Management des Verpflegungsbetriebs hat sich entschieden, statt der Aufnahme einer Wasserschadensversicherung kalkulatorische Wagniskosten anzusetzen. Der Wert der kalkulatorischen Wagniskosten entspricht dem Betrag, den der Verpflegungsbetrieb durch den Abschluss einer Wasserschadensversicherung an ein Versicherungsunternehmen bezahlen müsste (vgl. Steinel/Schade/Knappe 2000, S. 61).

7 Die kalkulatorischen Löhne, kalkulatorischen Abschreibungen und kalkulatorischen Zinsen werden in den Kapiteln 8.3.1, 8.3.4 und 8.3.5 behandelt. Hier ist zu beachten, dass es aber auch Kostenartenpläne gibt, die die gesamten kalkulatorischen Kosten separat ausweisen.

Kostenarten \ Kostenstellen	Summe	Vorkostenstellen[8]			
		Gebäude	Verwaltung	Topf- und Geschirrreinigung	
Löhne und Gehälter	27.922,34 €	1.230,00 €	2.154,00 €	2.156,00 €	
Sonst. Personalkosten	24.536,00 €	1.080,83 €	1.892,77 €	1.894,53 €	
Lebensmittel	31.248,22 €	0,00 €	0,00 €	0,00 €	
Wasser	502,89 €	13,82 €	0,00 €	230,26 €	
Strom	2.635,00 €	72,95 €	0,00 €	265,54 €	
Heizöl	1.876,00 €	1.876,00 €	0,00 €	0,00 €	
Reinigungsmittel	1.902,00 €	560,00 €	0,00 €	562,00 €	
Fremdreparaturen	1.100,00 €	1.100,00 €	0,00 €	0,00 €	
Fremdleistungen Wäschereinigung	1.589,00 €	88,28 €	147,13 €	235,41 €	
Fremdleistungen Fensterreinigung	213,80 €	213,80 €	0,00 €	0,00 €	
Büromaterial	98,00 €	0,00 €	98,00 €	0,00 €	
Beiträge zu Verbänden	670,00 €	0,00 €	670,00 €	0,00 €	
Fremdleistungen Beratung	2.589,00 €	0,00 €	2.589,00 €	0,00 €	
Versicherungen	2.800,00 €	1.664,26 €	67,47 €	157,43 €	
kalk. Zinsen (Eigen- und Fremdkapital)	7.893,00 €	4.691,42 €	190,19 €	443,77 €	
kalk. Abschreibungen	38.367,00 €	15.639,00 €	0,00 €	2.560,00 €	
Summe Primärkostenrechnung	**145.942,25 €**	**28.230,35 €**	**7.808,56 €**	**8.504,93 €**	

8 Vorkostenstellen erbringen Leistungen für andere Kostenstellen.

8.4 Kostenstellenrechnung

In der Kostenstellenrechnung werden die Kosten den Kosten - stellen, den Orten der Kostenentstehung zugeordnet.

Hierzu wird der Betrieb zunächst in solche Kostenstellen, das sind funktionale Betriebsbereiche, eingeteilt. Es entsteht dann ein Kostenstellenplan. In der Primärkostenrechnung werden dann alle Kosten aus der Kostenartenrechnung den Kos - tenstellen zugeordnet. Anschließend wird eine Sekundärkostenrechnung, eine innerbetriebliche Leistungsverrechnung durchgeführt.

8.4.1 Primärkostenrechnung

Alle Rechnungen der Kostenstellenrechnung werden in einem sogenannten Betriebsabrechnungsbogen (BAB) durchgeführt.

	Endkostenstellen[9]		
Lebensmittellager	**Kantine**	**Pizza-Eck**	**Summe Kontrolle**
0,00 €	17.698,00 €	4.684,34 €	27.922,34 €
0,00 €	15.551,64 €	4.116,24 €	24.536,00 €
0,00 €	23.658,99 €	7.589,23 €	31.248,22 €
0,92 €	184,21 €	73,68 €	502,89 €
882,71 €	943,99 €	469,81 €	2.635,00 €
0,00 €	0,00 €	0,00 €	1.876,00 €
0,00 €	630,00 €	150,00 €	1.902,00 €
0,00 €	0,00 €	0,00 €	1.100,00 €
0,00 €	941,63 €	176,56 €	1.589,00 €
0,00 €	0,00 €	0,00 €	213,80 €
0,00 €	0,00 €	0,00 €	98,00 €
0,00 €	0,00 €	0,00 €	670,00 €
0,00 €	0,00 €	0,00 €	2.589,00 €
191,17 €	629,72 €	89,96 €	2.800,00 €
538,89 €	1.775,13 €	253,59 €	7.893,00 €
1.603,00 €	15.003,00 €	3.562,00 €	38.367,00 €
3.216,68 €	**77.016,31 €**	**21.165,41 €**	**145.942,25 €**

Abb. 8.21 Betriebsabrechnungsbogen mit Primär - kostenrechnung für eine Betriebskantine

9 Endkostenstellen erbringen Leistungen, die an die Kunden abgegeben werden.

In ihm sind die Kostenarten in den Zeilen und die Kostenstellen in den Spalten aufgelistet. Es ergeben sich daraus Felder, in denen eingetragen wird, welcher Teil einer Kostenart der entsprechenden Kostenstelle zugeordnet wird. Abbildung 8.21 zeigt einen Betriebsabrechnungsbogen mit Primärkostenrechnung für eine Betriebskantine.

Die Zuordnung der Kostenarten zu den Kostenstellen soll verursachungsgerecht erfolgen. Das heißt, eine Kostenstelle soll so viel von den Kosten einer Kostenart erhalten, wie sie auch zur Kostenentstehung beigetragen hat. Diese Kostenzu - weisung kann direkt oder indirekt erfolgen.

Eine direkte Kostenzuweisung ist immer dann möglich, wenn es detaillierte Informationen zur Kostenverursachung der einzelnen Kostenstellen gibt. Das ist beispielsweise oft bei den Personalkosten der Fall, wenn jede einzelne Kraft ausschließlich für eine Kostenstelle arbeitet. Wenn Frau Meier ausschließlich in der Kantine arbeitet, können die Personalkosten für Frau Meier direkt der Kantine zugeordnet werden. Wann immer möglich, sollte die direkte Kostenzuordnung bevorzugt werden, denn sie ist immer zutreffender als die im Folgenden erläuterte indirekte Zuordnung mit Schlüsseln.

Schlüssel zur Verteilung der Kosten für Heizenergie
Die Zuordnung der Kosten für Heizenergie kann nach folgenden Schlüsseln erfolgen:

- Quadratmeter Fläche (m^2) oder
- Kubikmeter umbauter Raum (m^3) oder
- (Zwischen-) Zähler.

Bei der Wahl des Schlüssels für die Zuordnung der Kosten für Heizenergie zu den einzelnen Kostenstellen ist die Beschaffenheit der Räume zu beachten. Sind die Räume gleich hoch und werden sie gleich beheizt, ist die Nutzung des Schlüssels *Quadratmeter Fläche (m^2)* geeignet. Bei unterschiedlich hohen Räumen ist eher der Schlüssel *Kubikmeter umbauter Raum (m^3)* zu empfehlen. Der dritte Schlüssel, die Zuordnung der Kosten über *(Zwischen-) Zähler* ist am genauesten, aber auch sehr aufwändig. Er ist dann zu empfehlen, wenn die Räume sehr unterschiedlich beheizt werden.

Schlüssel zur Verteilung der Kosten für Strom
Für die Kalkulation der Kosten für Strom kommen folgende Schlüssel in Frage:

- Anschlusswert der Geräte oder
- Anschlusswert der Geräte, gewichtet mit der Einschaltdauer oder
- Anschlusswert der Geräte, gewichtet mit der Einschaltdauer und Taktung der Stromentnahme oder
- verursachungsgerechte Schätzung unter Berücksichtigung von *Großabnehmern* (z. B. wärmeerzeugende Geräte in der Küche) oder
- (Zwischen-) Zähler.

Der Anschlusswert ist die Stromaufnahme eines Geräts, wenn es eingeschaltet ist. Beispiel: Eine 100 W-Glühbirne verbraucht doppelt so viel Strom wie eine 50 W-Glühbirne. Der Stromverbrauch wird also im einfachsten Fall nach dem Anschlusswert der Geräte verteilt. Dazu ist es notwendig, den Anschlusswert aller elektrischen Geräte in den einzelnen Betriebsbereichen zu sammeln. Allerdings sind ja nicht alle elektrischen Geräte ständig in Betrieb. Ein Faxgerät ist in der Regel 24 Stunden in Betrieb, eine Kippbratpfanne nur dann, wenn etwas gebraten wird. Der Schlüssel zur Verteilung der Stromkosten ist also eher verursachungsgerecht, wenn der Anschlusswert der Geräte mit der durchschnittlichen Einschaltdauer gewichtet wird. Allerdings ist auch dieser Schlüssel nicht immer verursachungsgerecht. So gibt es Geräte, die ständig die gleiche Menge Strom entnehmen, wenn sie eingeschaltet sind (z. B. Glühbirne) und solche, die in Intervallen Strom verbrauchen (z. B. eine Elektroherdplatte). Wenn die Taktung der Stromentnahme bei diesen Geräten bekannt ist, kann sie zur Bildung des Schlüssels für die Verteilung der Stromkosten herangezogen werden. Dieses Verfahren ist jedoch sehr aufwändig.

Eine weitere Möglichkeit ist die, den Stromverbrauch von besonders stromintensiven Geräten zu schätzen. Hierzu können beispielsweise Herstellerangaben helfen.

Für die restlichen, nicht stromintensiven Geräte können dann andere Verteilerschlüssel, z. B. Verteilung nach dem Anschlusswert der Geräte, verwendet werden.

Ideal ist es, wenn Zwischenzähler für die Messung des Stromverbrauchs in den einzelnen Betriebsbereichen bereitstehen.

Schlüssel zur Verteilung der Kosten für Wasser

Für die Kalkulation der Wasserkosten können folgende Schlüssel angewendet werden:

- verursachungsgerechte Schätzung des Wasserverbrauchs (in l) unter Berücksichtigung von Großverbrauchern (Küche, Wäscherei) oder
- (Zwischen-) Zähler.

Auch hier ist natürlich die Variante mit (Zwischen-) Zählern genauer, aber auch aufwändiger. Wenn dies nicht möglich ist, sollte der Wasserverbrauch unter der Berücksichtigung von Großverbrauchern geschätzt werden. Beispielsweise werden in einer Altenhilfeeinrichtung sicherlich die Küche und die Wäscherei im Vergleich zu den Bereichen Pflege und Verwaltung den größeren Wasserverbrauch verursachen.

Schlüssel zur Verteilung der Kosten für Reinigungsmittel
Wenn Reinigungsmittel in einem Reinigungsmittellager für die gesamte Einrichtung vorgehalten werden, kann die Kostenkalkulation für Reinigungsmittel (wie bei Lebensmitteln) über die Fortschreibungsmethode mittels Lagerentnahmescheinen (vgl. Kapitel 8.3.2) für den Verpflegungsbereich vorgenommen werden. Dies ist dann eine direkte Zuordnung. Falls es eine solche Lagerbuchhaltung nicht gibt, sind die Anteile der Kostenstellen am Reinigungsmittelverbrauch sinnvoll zu schätzen.

Schlüssel zur Verteilung der Dienstleistungskosten
Folgende Schlüssel zur Aufteilung der Kosten auf die einzelnen Abteilungen der Einrichtung können zur Verteilung der Dienstleistungskosten in Frage kommen:

- Reinigungsarbeiten durch eine Fremdfirma:
  - Quadratmeter Reinigungsfläche oder
  - Quadratmeter Reinigungsfläche unter Berücksichtigung des Reinigungszyklus oder
  - Quadratmeter Reinigungsfläche unter Berücksichtigung des Reinigungszyklus und Reinigungsaufwands,
- Müllentsorgung: entsorgte Müllmenge (z. B. in Liter) in den einzelnen Abteilungen der Einrichtung,
- Straßenreinigung: Gleichverteilung über alle Kostenstellen der Einrichtung.

Schlüssel zur Verteilung der Versicherungskosten
Für die Verteilung der Versicherungskosten kann der Schlüssel *Wert des Anlagenbestands* herangezogen werden.

8.4.2 Sekundärkostenrechnung (innerbetriebliche Leistungsverrechnung)

Eine Sekundärkostenrechnung (innerbetriebliche Leistungsverrechnung) ist immer dann notwendig, wenn eine Kostenstelle (Vor-)Leistungen für andere Kostenstellen erbringt. Die Kostenstellen werden dann in zwei Gruppen unterschieden: Vorkostenstellen und Endkostenstellen. Die Vorkostenstellen erbringen Leistungen für andere Kostenstellen. Die Endkostenstellen erbringen Leistungen, die an die Kunden abgegeben werden. Ziel der innerbetrieblichen Leistungsverrechnung ist es dann, sämtliche Kosten den Endkostenstellen zuzuordnen, also alle Vorkostenstellen von den Kosten zu entlasten. Nur dann wird es möglich sein, sämtliche entstandenen Kosten den Produkten zuzuordnen (Kostenträgerrechnung).

Zu diesem Zweck ist es in einem ersten Schritt notwendig, die innerbetrieblichen Leistungsströme zu analysieren: Welche Kostenstelle erbringt für welche andere Kostenstelle Leistungen? Gibt es Kostenstellen, die ausschließlich Leistungen für andere erbringen, aber keine erhalten? Gibt es Kostenstellen, die sowohl Leistungen für andere Kostenstellen erbringen als auch welche empfangen? Gibt es Kostenstellen, die ausschließlich Leistungen von anderen Kostenstellen empfangen? Aus der Beantwortung dieser Fragen sind die Kostenstellen möglichst in eine Reihenfolge zu bringen, die den Leistungsstrom von links nach rechts fließen lässt. Wenn das möglich ist, liegen nur einseitige Leistungsströme vor. Die Reihenfolge der Kostenstellen sollte bereits bei der Primärkostenrechnung im Betriebsabrechnungsbogen so erfolgen, dass der Leistungsstrom von links nach rechts fließt. Sollte sich keine Reihenfolge der Kostenstellen ermitteln lassen, die den Leistungsstrom von links nach rechts fließen lässt, liegt ein wechselseitiger Leistungsstrom vor, für dessen Verrechnung spezielle mathematische Verfahren angewandt werden müssen (vgl. Hummel/Männel 1990, S. 203 f.).

Die innerbetriebliche Leistungsverflechtung erfolgt dann im Betriebsabrechnungsbogen von links nach rechts. Das heißt, zuerst werden die Kosten der ganz links stehenden Kostenstelle zugeordnet. Anschließend wird für alle Kostenstellen eine Zwischensumme gebildet, dann werden die Kosten der an zweiter Stelle stehenden Kostenstelle zugeordnet und so weiter. Dadurch wird sichergestellt, dass alle Vorkostenstellen von den Kosten entlastet sind, sofern keine wechselseitigen Leistungsströme vorliegen.

Die Zuordnung der Kosten der Vorkostenstellen zu den Endkostenstellen erfolgt wiederum mit Schlüsseln, die die Kostenentstehung in den Vorkostenstellen verursachungsgerecht mit den abgegebenen innerbetrieblichen Leistungen in Zusammenhang bringt. Abbildung 8.22 zeigt beispielhaft einige solche Schlüssel.

Vorkostenstelle	Schlüssel zur Zuordnung zu den Endkostenstellen
Gebäude	• Quadratmeter Fläche in den einzelnen Kostenstellen oder • Kubikmeter umbauter Raum in den einzelnen Kostenstellen
Heimleitung	• Anteil der Arbeitsstunden für die einzelnen Kostenstellen
Personalbüro	• Anzahl der Mitarbeiter in den einzelnen Kostenstellen
Finanzbuchhaltung	• Anzahl der Konten in den einzelnen Kostenstellen oder • Anzahl der Buchungen für die einzelnen Kostenstellen
Wareneingangskontrolle	• Wert der für die einzelnen Kostenstellen eingehenden Waren
Hausmeister	• Zeitaufwand des Hausmeisters für die einzelnen Kostenstellen
Küche	• Anzahl der abgegebenen Essen oder • Anzahl der abgegebenen Beköstigungstage oder • Anzahl der abgegebenen gewichteten Beköstigungstage (Diätessen werden stärker gewichtet als Vollkostessen)
Wäscherei	• Menge der für die einzelnen Kostenstellen gewaschenen Wäsche in kg oder • Menge der für die einzelnen Kostenstellen gewaschenen Wäsche in kg gewichtet mit dem Zeitaufwand für die verschiedenen Wäschearten
Reinigungsdienst	• Quadratmeter Reinigungsfläche oder • Quadratmeter Reinigungsfläche unter Berücksichtigung des Reinigungszyklus oder • Quadratmeter Reinigungsfläche unter Berücksichtigung des Reinigungszyklus und Reinigungsaufwands
Transportfahrzeug	• Anzahl der Transportaufträge oder • Anzahl der Transportkilometer
Personaleinrichtungen	• Anzahl der Beschäftigten in den einzelnen Kostenstellen

Abb. 8.22
Beispiele für Schlüssel zur Verrechnung der innerbetrieblichen Leistungen

Abbildung 8.23 zeigt einen Betriebsabrechnungsbogen mit vollständiger Kostenstellenrechnung für eine Betriebskantine (Fortsetzung des Beispiels aus Abb. 8.21).

8.5 Kostenträgerrechnung

Kostenträger sind die erstellten Leistungen bzw. Produkte eines Verpflegungsbetriebs. Je nach Breite und Tiefe des Angebots und des Informationsbedürfnis des Verpflegungsbetriebs können die Kostenträger in ihrer Art und Anzahl unterschiedlich ausfallen. Beispielweise ist ein Kostenträger ein Beköstigungstag oder ein Mittagessen oder ein Salatteller.

Die Kostenträgerrechnung dient hauptsächlich der Preiskalkulation. Dabei geht es häufig um die Festlegung von Preisuntergrenzen.

In der Kostenträgerrechnung gibt es mehrere Verrechnungsmethoden. Allen gemeinsam ist die Verteilung der Kosten aus der Kostenstellenrechnung auf die einzelnen Kostenträger der Kostenstelle. Im Folgenden werden die Verrechnungsmethoden Divisionskalkulation und Äquivalenzziffernrechnung erläutert.

8.5.1 Divisionskalkulation

Die Divisionskalkulation ist die einfachste Verrechnungsmethode in der Kostenträgerrechnung. Die Gesamtkosten der Abrechnungsperiode werden durch die in dieser Zeit erzeugte Menge an Produkten bzw. Leistungen (Kostenträger) dividiert.

$$\text{Kosten pro Kostenträger} = \frac{\text{Gesamtkosten der Abrechnungsperiode}}{\text{Anzahl erzeugter Kostenträger}}$$

Die Divisionskalkulation ist für Kostenstellen geeignet, die jeweils nur ein Produkt herstellen oder die ihre Produkte nicht weiter unterscheiden. Zum Beispiel werden die Kosten pro Essen berechnet, wobei keine Unterscheidung nach Menülinien (z. B. Voll- oder Diätkost) erfolgt. Abbildung 8.24 zeigt die Kostenträgerrechnung mittels Divisionskalkulation für einen Beispielbetrieb mit zwei Kostenstellen.

	Kostenstelle Kantine	Kostenstelle Pizza-Eck
Gesamtkosten je Monat	113.205,78 €	32.736,47 €
gefertigte Essen je Monat	34.000 Stück	12.000 Stück
Kosten pro Essen	3,33 €/Stück	2,73 €/Stück

Abb. 8.24 Kostenträgerrechnung mittels Divisionskalkulation für einen Beispielbetrieb

Kostenstellen / Kostenarten	Summe	Vorkostenstellen		
		Gebäude	Verwaltung	Topf- und Geschirrreinigung
Löhne und Gehälter	27.922,34 €	1.230,00 €	2.154,00 €	2.156,00 €
Sonst. Personalkosten	24.536,00 €	1.080,83 €	1.892,77 €	1.894,53 €
Lebensmittel	31.248,22 €	0,00 €	0,00 €	0,00 €
Wasser	502,89 €	13,82 €	0,00 €	230,26 €
Strom	2.635,00 €	72,95 €	0,00 €	265,54 €
Heizöl	1.876,00 €	1.876,00 €	0,00 €	0,00 €
Reinigungsmittel	1.902,00 €	560,00 €	0,00 €	562,00 €
Fremdreparaturen	1.100,00 €	1.100,00 €	0,00 €	0,00 €
Fremdleistungen Wäschereinigung	1.589,00 €	88,28 €	147,13 €	235,41 €
Fremdleistungen Fensterreinigung	213,80 €	213,80 €	0,00 €	0,00 €
Büromaterial	98,00 €	0,00 €	98,00 €	0,00 €
Beiträge zu Verbänden	670,00 €	0,00 €	670,00 €	0,00 €
Fremdleistungen Beratung	2.589,00 €	0,00 €	2.589,00 €	0,00 €
Versicherungen	2.800,00 €	1.664,26 €	67,47 €	157,43 €
kalk. Zinsen (Eigen- und Fremdkapital)	7.893,00 €	4.691,42 €	190,19 €	443,77 €
kalk. Abschreibungen	38.367,00 €	15.639,00 €	0,00 €	2.560,00 €
Summe Primärkostenrechnung	**145.942,25 €**	**28.230,35 €**	**7.808,56 €**	**8.504,93 €**
Verrechnung der Gebäudekosten			441,10 €	1.146,86 €
Zwischensumme			8.249,66 €	9.651,79 €
Verrechnung der Verwaltungskosten				117,85 €
Zwischensumme				9.769,64 €
Verrechnung der Kosten für Topf- und Geschirrreinigung				
Zwischensumme				
Verrechnung der Kosten für Lebensmittellager				
Summe Sekundärkostenrechnung				

8.5.2 Äquivalenzziffernrechnung

Die Äquivalenzziffernrechnung ist für die Kostenstellen geeignet, die verschiedene Kostenträger (hergestellte Produkte und Leistungen des Verpflegungsbetriebs) erstellen. Es wird davon ausgegangen, dass die verschiedenen Kostenträger einer Kostenstelle zwar keine identische, aber doch eine sehr ähnliche Kostenstruktur aufweisen. Das heißt, die Kostenträger sind sich sehr ähnlich (Beispiel: 400 g-Pizza und 600 g-Pizza im

	Endkostenstellen		**Summe Kontrolle**
Lebensmittel-lager	**Kantine**	**Pizza-Eck**	
0,00 €	17.698,00 €	4.684,34 €	27.922,34 €
0,00 €	15.551,64 €	4.116,24 €	24.536,00 €
0,00 €	23.658,99 €	7.589,23 €	31.248,22 €
0,92 €	184,21 €	73,68 €	502,89 €
882,71 €	943,99 €	469,81 €	2.635,00 €
0,00 €	0,00 €	0,00 €	1.876,00 €
0,00 €	630,00 €	150,00 €	1.902,00 €
0,00 €	0,00 €	0,00 €	1.100,00 €
0,00 €	941,63 €	176,56 €	1.589,00 €
0,00 €	0,00 €	0,00 €	213,80 €
0,00 €	0,00 €	0,00 €	98,00 €
0,00 €	0,00 €	0,00 €	670,00 €
0,00 €	0,00 €	0,00 €	2.589,00 €
191,17 €	629,72 €	89,96 €	2.800,00 €
538,89 €	1.775,13 €	253,59 €	7.893,00 €
1.603,00 €	15.003,00 €	3.562,00 €	38.367,00 €
3.216,68 €	**77.016,31 €**	**21.165,41 €**	**145.942,25 €**
6.175,39 €	14.468,06 €	5.998,95 €	28.230,35 €
9.392,07 €	91.484,37 €	27.164,36 €	145.942,25 €
4.949,80 €	2.474,90 €	707,11 €	8.249,66 €
14.341,87 €	93.959,27 €	27.871,47 €	145.942,25 €
0,00 €	8.387,84 €	1.381,80 €	9.769,64 €
14.341,87 €	102.347,10 €	29.253,28 €	145.942,25 €
	10.858,67 €	3.483,20 €	14.341,87 €
	113.205,78 €	**32.736,47 €**	**145.942,25 €**

Abb. 8.23 Betriebsabrechnungsbogen mit vollständiger Kostenstellenrechnung für eine Betriebskantine

Pizza-Eck einer Betriebskantine). Bei der Äquivalenzziffernrechnung werden die Kostenrelationen mit Hilfe der Äquivalenzziffern berechnet. Diese Äquivalenzziffern geben an, in welchem Verhältnis die Kosten der Produktarten zueinander stehen (z. B. liegen die Kosten für eine 600 g-Pizza 1,5-mal so hoch wie für eine 400 g-Pizza). Dadurch werden die hergestellten Kostenträger eines Verpflegungsbetriebs künstlich *homogenisiert*.

Bestimmung der Äquivalenzziffern

Der erste Schritt in der Äquivalenzziffernrechnung besteht in der Bestimmung der Äquivalenzziffern. Hier gibt es mehrere Möglichkeiten:

a) Speiseneigenschaften

Die Äquivalenzziffern können aus den Eigenschaften der Kostenträger, in der Regel aus Größe und Gewicht, bestimmt werden.

Beispiel:
- Gewicht von Pizzen der gleichen Art (400 g und 600 g),
- Volumen von Flüssigkeiten (300 ml-Suppe und 600 ml-Suppe),
- Energiegehalt von Menüs (300 kcal und 500 kcal).

b) Arbeitszeitbedarf

Die Äquivalenzziffern können aus dem Zeitaufwand bei der Herstellung der Kostenträger bestimmt werden.

Beispiel: In der Küche werden täglich sechs Arbeitskraftstunden für das Frühstück, 18 Arbeitskraftstunden für das Mittagessen und 15 Arbeitskraftstunden für das Abendessen aufgewendet.

c) Erfahrungswerte

Teilweise verfügen die Verpflegungsbetriebe über Äquivalenzziffern, die schon seit vielen Jahren verwendet werden.

Beispiel (vgl. Abb. 8.25): In der Kostenrechnung von Krankenhausküchen ist es üblich, die Kosten über Beköstigungstage zu verrechnen. Ein Beköstigungstag Vollkost splittet sich auf in 0,2 BKT[10] Frühstück, 0,5 BKT Mittagessen und 0,3 BKT Abendessen (vgl. Wibera Wirtschaftsberatungsgesellschaft AG 1980). Die Herstellung von Diätkost ist im Vergleich zur Vollkost 1,3-mal aufwändiger (vgl. Bayerischer Kommunaler Prüfungsverband 1998, S. 146).

Für die Berechnung der Äquivalenzziffern muss zunächst eine Bezugsgröße bestimmt werden. Dabei handelt es sich um einen Kostenträger, der im Verpflegungsbetrieb hergestellt wird und an dem sich die Kosten für die anderen Produkte messen werden, z. B. eine 400 g-Pizza oder ein Verpflegungs-

10 BKT=Beköstigungstage.

	Vollkost	Diätkost
Frühstück	0,20 BKT	0,26 BKT
Mittagessen	0,50 BKT	0,65 BKT
Abendessen	0,30 BKT	0,39 BKT
Verpflegungstag gesamt	1,00 BKT	1,30 BKT

Abb. 8.25
Bildung von Äquivalenzziffern über die Verwendung von Beköstigungstagen in der Krankenhausverpflegung

tag Vollkost. Die Bezugsgröße erhält die Äquivalenzziffer (ÄZ) 1,0. Nun bestimmt man die Äquivalenzziffern der anderen Kostenträger, indem man den Herstellungsaufwand oder die Produktabmessungen ins Verhältnis zum Bezugsprodukt setzt.

Beispiel: Die 600 g-Pizza ist 1,5-mal so schwer wie die 400 g-Pizza. Es wird deshalb davon ausgegangen, dass die Herstellung einer 600 g-Pizza 1,5-mal so hohe Kosten verursacht wie die Herstellung einer 400 g-Pizza. Daraus ergeben sich folgende Äquivalenzziffern:

Äquivalenzziffer für die 400 g-Pizza: 1,0
Äquivalenzziffer für die 600 g-Pizza: 1,5.

Berechnung der Kosten pro Kostenträger mit einer Äquivalenzziffernreihe

Abbildung 8.26 zeigt ein Rechenbeispiel zur Kostenträgerrechnung mit zwei Kostenträgern: kleine und große Pizza. Im Beispielbetrieb Betriebskantine (Kostenstelle Pizza-Eck) wurden in der Abrechnungsperiode 7.000 kleine Pizzen und 5.000 große Pizzen hergestellt. Die Gesamtkosten auf der Kostenstelle betragen 32.736,47 €. Die Kosten werden mit Hilfe einer Äquivalenzziffernreihe (Vorüberlegung siehe oben: kleine Pizza: ÄZ = 1 und große Pizza: ÄZ = 1,5) verrechnet.

Die Äquivalenzziffernreihe wird in folgender Weise angewendet. Zunächst werden für jeden Kostenträger die Äquivalenzziffern mit der Anzahl der hergestellten Kostenträger multipliziert. Die resultierende Größe wird *Rechnungseinheit* genannt. Die Rechnungseinheiten aller Kostenträger werden dann addiert. Anschließend werden die Gesamtkosten der Kostenstelle durch die Summe der Rechnungseinheiten dividiert. Es ergeben sich dann *Kosten pro Rechnungseinheit*. Danach werden die Kosten pro Kostenträger berechnet, indem man für jeden Kostenträger die Äquivalenzziffer mit den Kosten pro Rechnungseinheit multipliziert. Zum Schluss können die Gesamtkosten für die hergestellten Kostenträger in der Summe berechnet werden, dazu sind die Kosten pro Kostenträger mit der hergestellten Menge an Kostenträgern zu multiplizieren.

Abb. 8.26 Rechenbeispiel einer Kostenträgerrechnung mittels Äquivalenzziffernrechnung (mit einer Äquivalenzziffernreihe)

	kleine Pizza	große Pizza
Vorüberlegungen		
Gewicht pro Stück	400 g	600 g
Äquivalenzziffer	1	1,5
Kostenträgerrechnung		
Gesamtkosten der Kostenstelle		32.736,47 €
Anzahl der hergestellten Kostenträger	7.000	5.000
Rechnungseinheiten	7.000	7.500
Summe der Rechnungseinheiten		14.500
Kosten pro Rechnungseinheit		2,26 €
Kosten pro Kostenträger	2,26 €	3,39 €
Gesamtkosten für den Kostenträger	15.803,82 €	16.932,66 €
Gesamtkosten der Kostenstellen (Kontrolle)		32.736,47 €

Die Rechenschritte in der Kostenträgerrechnung lassen sich wie folgt zusammenfassen:

1. Bestimmung der Äquivalenzziffern.
2. Bestimmung der Rechnungseinheiten für die Kostenträger (Äquivalenzziffer mal Produktmenge).
3. Summierung der Rechnungseinheiten.
4. Berechnung der Kosten (für diese Kostenart oder Kostengruppe) pro Rechnungseinheit.
5. Berechnung der Kosten pro Kostenträger (Äquivalenzziffer mal Kosten pro Rechnungseinheit).
6. Berechnung der Gesamtkosten für den Kostenträger (Produktmenge mal Kosten pro Rechnungseinheit).

Berechnung der Kosten pro Kostenträger mit mehreren Äquivalenzziffernreihen

Bei der Anwendung mehrerer Äquivalenzziffernreihen unterscheidet sich die Kostenstruktur des Kostenträgers nicht nur in einem Merkmal, sondern in mehreren Merkmalen.

Beispiel: In einer Betriebskantine werden verschiedene Gerichte in verschiedener Anzahl hergestellt. Die Kosten sollen wie folgt auf die Kostenträger (Gerichte) verteilt werden:

- Die Personalkosten sollen nach dem Zeitaufwand für die Zubereitung der Gerichte verteilt werden.
- Die Lebensmittelkosten sollen nach dem jeweiligen Anteil der Lebensmitteleinzelkosten (Erfasste Lebensmitteleinzelkosten) verteilt werden.
- Die übrigen Kosten sollen zu gleichen Teilen auf die Gerichte verteilt werden.

In der Praxis sieht dieses Verfahren so aus, dass für jede Kostenart (oder Gruppe von Kosten) eine Äquivalenzziffernreihe mit den schon bekannten Rechenschritten durchgeführt wird. Abbildung 8.27 zeigt die Kostenträgerrechnung für dieses Beispiel.

Abb. 8.27 Rechenbeispiel einer Kostenträgerrechnung mittels Äquivalenzziffernrechnung (mit mehreren Äquivalenzziffernreihen)[11]

Kostenträger	Hauptgericht	Salat	Pastagericht	Summe
Anzahl der hergestellten Kostenträger	14.500	12.000	7.500	
Personalkosten				33.249,64 €
Arbeitskraftstunden pro Tag	16,50 h	5,50 h	2,50 h	
Äquivalenzziffernreihe	6,60	2,20	1,00	
Rechnungseinheiten	95.700,00	26.400,00	7.500,00	129.600,00
Personalkosten pro Rechnungseinheit				0,26 €
Personalkosten pro Kostenträger	1,69 €	0,56 €	0,26 €	
Personalkosten für alle Gerichte	24.552,39 €	6.773,07 €	1.924,17 €	33.249,64 €
Lebensmittelkosten				23.658,99 €
Erfasste Lebensmitteleinzelkosten	0,94 €	0,36 €	0,40 €	
Äquivalenzziffernreihe	2,35	0,90	1,00	
Rechnungseinheiten	34.075,00	10.800,00	7.500,00	52.375,00
Lebensmittelkosten pro Rechnungseinheit				0,45 €
Lebensmittelkosten pro Kostenträger	1,06 €	0,41 €	0,45 €	
Lebensmittelkosten für alle Gerichte	15.392,46 €	4.878,61 €	3.387,92 €	23.658,99 €
Übrige Kosten				56.297,15 €
zu gleichen Teilen	1,00	1,00	1,00	
Äquivalenzziffernreihe	1,00	1,00	1,00	
Rechnungseinheiten	14.500,00	12.000,00	7.500,00	34.000,00
übrige Kosten pro Rechnungseinheit				1,66 €
übrige Kosten pro Kostenträger	1,66 €	1,66 €	1,66 €	
übrige Kosten für alle Gerichte	24.009,08 €	19.869,58 €	12.418,49 €	56.297,15 €
Summe der Kosten für die Kostenträger	**4,41 €**	**2,63 €**	**2,37 €**	

11 Zahlen sind mit zwei Dezimalstellen dargestellt, aber mit mehr Dezimalstellen kalkuliert.

Berechnung der Kosten pro Kostenträger mit kombinierten Äquivalenzziffernreihen

Eine weitere Variante der Kostenträgerrechnung ist die Anwendung kombinierter Äquivalenzziffernreihen. Hier werden zur Bildung von Äquivalenzziffernreihen mehrere Merkmale zusammengekoppelt. Abbildung 8.28 zeigt ein Beispiel für eine Kostenträgerrechnung in einer Krankenhausküche. Zur Bildung der Äquivalenzziffernreihen werden die beiden Merkmale Arbeitszeitaufwand für die einzelnen Mahlzeiten (Frühstück, Mittagessen und Abendessen) und der Arbeitszeitaufwand für die Kostformen Vollkost und Diätkost kombiniert. Nach der Berechnung der Äquivalenzziffernreihen erfolgen zur Berechnung der Kosten pro Kostenträger die bereits bekannten Rechenschritte. Bei der Bildung der Äquivalenzziffernreihen ist zu beachten, dass die Verwendung von Beköstigungstagen nur in Kranken- und Pflegeeinrichtungen sinnvoll ist.

Abb. 8.28 Rechenbeispiel einer Kostenträgerrechnung mittels Äquivalenzziffernrechnung (mit kombinierten Äquivalenzziffernreihen)

Vorüberlegung			
Mahlzeit	Frühstück	Mittagessen	Abendessen
Bewertung der Mahlzeiten	0,20	0,50	0,30
Kostform	Vollkost	Diätkost	
Bewertung der Kostformen	1,00	1,30	
kombinierte Äquivalenzziffernreihen			
Kostform	Frühstück	Mittagessen	Abendessen
Vollkost	0,20	0,50	0,30
Diätkost	0,26	0,65	0,39
Anzahl der Verpflegungsteilnehmer			
Kostform	Frühstück	Mittagessen	Abendessen
Vollkost	16.000	18.000	15.500
Diätkost	3.500	4.100	3.200
Berechnung der Rechnungseinheiten			
Kostform	Frühstück	Mittagessen	Abendessen
Vollkost	3.200	9.000	4.650
Diätkost	910	2.665	1.248
Summe Rechnungseinheiten			21.673
Berechnung der Kosten pro Kostenträger			
Gesamtkosten der Krankenhausküche	150.000,00 €		
Kosten pro Beköstigungstag	6,92 €		

8.6 EDV-gestützte Kostenrechnung

Für die EDV-gestützte Kostenrechnung stehen verschiedene Softwareprodukte zur Verfügung. Es handelt sich meist um Zusatzmodule der Buchführungsprogramme, bei denen die Informationen aus der Buchführung automatisch in die Kostenrechnung übernommen werden. Die Berechnungsmethoden lassen sich in solchen Softwareprodukten nur schwer nachvollziehen oder verändern. Flexibler, aber auch zeitaufwändiger ist es hingegen, ein eigenes Kostenrechnungssystem mit einem Tabellenkalkulationsprogramm (z. B. Microsoft Excel®) zu erstellen. Dieser Weg erfordert umfangreiche Kenntnisse im Umgang mit dem Tabellenkalkulationsprogramm, hat aber dafür den Vorteil, dass alle Rechenwege selbst nachvollziehbar und veränderbar sind. Bei der Erstellung eines Kostenrechnungssystems mit einem Tabellenkalkulationsprogramm werden folgende Regeln empfohlen:

- Jede Zahl ist prinzipiell nur einmal in einer Zelle in das Rechensystem einzutragen. Sollte die selbe Zahl an anderer Stelle noch einmal benötigt werden, ist mit Formel auf die entsprechende Zelle zu verweisen. Dadurch muss nur an einer Stelle korrigiert werden, wenn sich diese Zahl ändert.
- In den Formeln sollten keine Zahlen enthalten sein. Dadurch wird das Rechensystem flexibler, wenn sich der entsprechende Multiplikator (z. B. Mehrwertsteuersatz) ändert.
- Jede Formel ist nur einmal einzugeben und dann sinnvoll zu kopieren. Dadurch werden Fehler beim Eingeben von Formeln vermieden.

Dadurch entsteht ein dynamisches Kalkulationsschema, bei dem sich die Änderung einer einzelnen Zahl auf das gesamte Kalkulationsschema (Kostenartenrechnung, Kostenstellenrechnung, Kostenträgerrechnung) auswirkt.

9 Qualitätsmanagement

Autorin:
Annegret Reiprich

Begriffe werden in der Fachliteratur zum Qualitätsmanagement nicht immer eindeutig gebraucht. Aus diesem Grund werden die Begriffe, die in diesem Kapitel eine Rolle spielen, zunächst kurz beschrieben und deren Beziehung zueinander in Abbildung 9.1 dargestellt.

In der Qualitätsphilosophie (vgl. Kapitel 9.2) beschreibt ein Betrieb das angestrebte (definierte) Qualitätsniveau unter Berücksichtigung der Qualitätsdimensionen Struktur-, Prozess- und Ergebnisqualität (vgl. Kapitel 9.1) und das Qualitätsmanagementsystem (vgl. Kapitel 9.3), das dazu dient, dieses definierte Qualitätsniveau zu erreichen. Qualitätsmanagementsysteme können sein:

- Qualitätskontrolle (vgl. Kapitel 9.3.1),
- Qualitätssicherung (vgl. Kapitel 9.3.2),
- Qualitätsmanagement mit Vorgaben nach Modellen (vgl. Kapitel 9.3.3.1), mit Vorgaben nach Methoden (vgl. Kapitel 9.3.3.2) oder ohne Vorgaben (vgl. Kapitel 9.3.3.3).

Um die Qualitätsmanagementsysteme in der Praxis umzusetzen und damit die Qualitätsphilosophie zu erfüllen, sollte

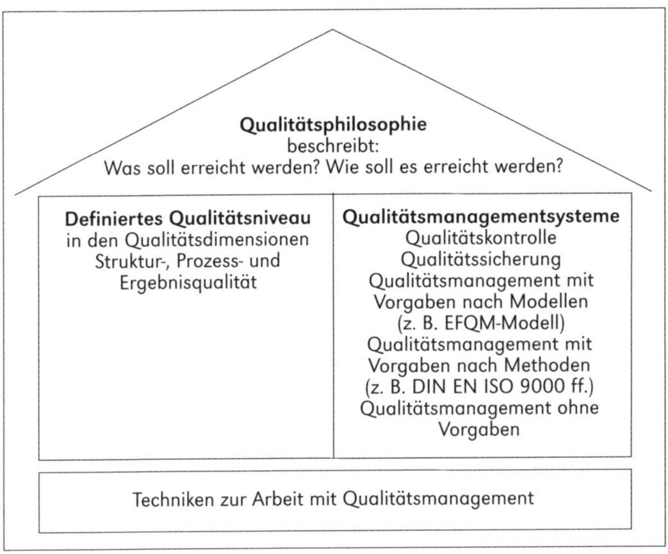

Abb. 9.1
Begriffe des Qualitäts - managements im Überblick

ein Betrieb entsprechende Techniken kennen und anwenden (vgl. Kapitel 9.4).

9.1 Qualität und Qualitätsdimensionen

In der Alltagssprache spricht man von Qualität, wenn eine Leistung gut oder sehr gut ist. Qualität ist in der Regel positiv besetzt und deutet darauf hin, dass die Kundinnen und Kunden zufrieden sind, sich motivierte Mitarbeiterinnen und Mitarbeiter engagieren, ein Unternehmen nicht an Investitionen spart, um Kundinnen und Kunden zufriedenzustellen und das Management und die Organisation einwandfrei funktionieren. Dennoch kann Qualität subjektiv empfunden werden, denn was für die eine Person *Qualität* ist, kann für eine andere Person Anlass zur Beschwerde sein, ohne dass sich das Produkt oder die Leistung voneinander unterscheidet.

Qualität wird nach DIN ISO 9000 definiert als *Grad, in dem ein Satz inhärenter Merkmale Anforderungen erfüllt* (vgl. DIN EN ISO 9000:2000, S. 18).

Qualität misst demnach, in welchem Umfang die Merkmale eines Produkts oder einer Leistung den Anforderungen entsprechen, die an das jeweilige Produkt bzw. die jeweilige Leistung gestellt werden (vgl. Abb. 9.2) (vgl. Leicht-Eckardt et al. 2004, S. 84).

Abb. 9.2
Definition der Qualität

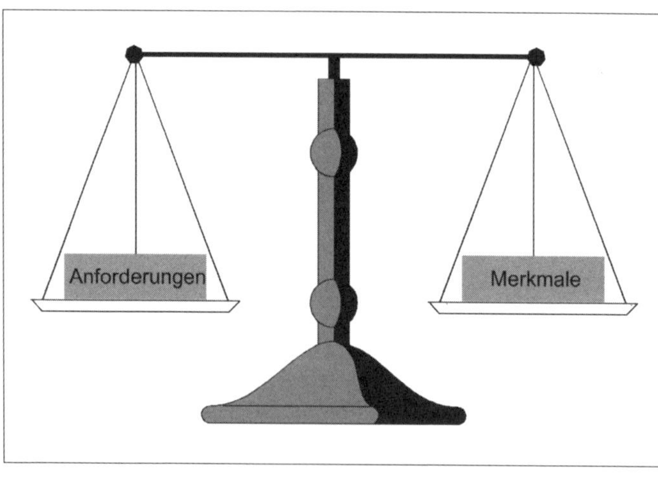

Wenn ein Produkt oder eine Leistung in allen Merkmalen den gestellten Anforderungen entspricht, kann man von hoher Qualität sprechen.

Qualität kann für einen Verpflegungsbetrieb eine große Rolle spielen. Qualität und Preis sind für die Kundinnen und Kunden zwei wichtige Entscheidungskriterien, eine Leistung in Anspruch zu nehmen. Letztlich entscheidet das Preis-Leistungsverhältnis, ob das Mittagessen im Betriebsrestaurant oder beim Imbiss um die Ecke eingenommen wird.

Die täglichen Abläufe eines Betriebs können auf drei Ebenen betrachtet werden:

- Input bzw. Struktur (Was fließt in den Leistungserstellungsprozess ein?),
- Prozess (Wie läuft der Leistungserstellungsprozess ab?),
- Output bzw. Ergebnis (Was sind die Ergebnisse des Leistungserstellungsprozesses?).

Für die Kundinnen und Kunden ist meist nur die Qualität der Endleistung (Ergebnisse) sichtbar. Diese Qualität wird jedoch maßgeblich durch die Qualität der Prozesse und Strukturen (Input) bestimmt. Deshalb ist Qualität in allen drei Dimensionen, Struktur, Prozess und Ergebnis, wichtig. Die Qualitätsdimensionen und deren Beziehung zueinander werden in Abbildung 9.3 dargestellt (vgl. Donabedian 1966, S. 166 ff.).

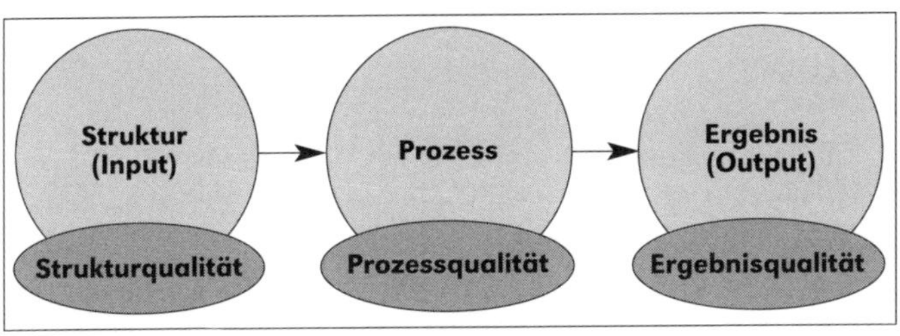

Abb. 9.3 Darstellung der Qualitätsebenen (vgl. Donabedian 1966, S. 166)

Die **Strukturqualität** bezieht sich auf den strukturellen Rahmen und umfasst die personelle und sachliche Ausstattung sowie organisatorische und gesetzliche Rahmenbedingungen.

Die personelle Ausstattung beinhaltet die Anzahl und Qualifikation der Mitarbeiterinnen und Mitarbeiter (vgl. Kapitel 5).

Qualifikation bezieht sich sowohl auf Aus- und Weiterbildung als auch auf die Berufserfahrung der Mitarbeiterinnen und Mitarbeiter.

Unter sachlicher Ausstattung werden die räumlichen Voraussetzungen und Sachmittel verstanden.

Zum organisatorischen Rahmen gehören die Dienstplanung, das Organigramm, die Zeitplanung, die Leistungsstruktur, der Anteil der Fremdleistungen und das Vorhandensein eines Qualitätsmanagementsystems.

Die gesetzlichen Rahmenbedingungen müssen eingehalten werden.

Beispiel zur Strukturqualität

An einem Montag gibt es in einer Betriebskantine Eierpfannkuchen, Kartoffelsalat mit Wiener Würstchen und einen großen Salatteller. Für den Kochprozess ist laut Dienstplan mindestens eine ausgebildete Köchin eingeteilt. Für die *Stoßzeiten* an der Ausgabe ist eine zweite Kassiererin eingeplant. Den Mitarbeiterinnen stehen Rezepturen, Verfahrensanweisungen und Arbeitsanweisungen zur Verfügung.

In der Küche sind die baulichen Voraussetzungen für die Zubereitung der genannten Speisen gegeben. Die Geräte (Gargerät, Pfanne, Schneidwerkzeuge usw.) sind ebenfalls geeignet und in einem einwandfreien sauberen Zustand. Für die Ausgabe stehen ausreichend Teller, Besteckteile und Servietten zur Verfügung. Die Mitarbeiterinnen und Mitarbeiter sind alle im Besitz eines gültigen Gesundheitszeugnisses, denn dies wird vom Gesetzgeber gefordert.

Die **Prozessqualität** umfasst alle Tätigkeiten während des Leistungserstellungsprozesses. Sie betrachtet die personenbezogene und sachbezogene Qualität.

Zur personenbezogenen Qualität gehört das Verhalten der Mitarbeiterinnen und Mitarbeiter während des Prozesses.

Die sachbezogene Qualität setzt sich aus Produktionsmitteln (z. B. Lebensmittel) und Produktionshilfsmitteln (z. B. Schüsseln, Mixer, Pfannen usw.) zusammen.

Beispiel zur Prozessqualität

Die eingeteilten Mitarbeiterinnen erscheinen pünktlich zum Dienst. Die Arbeitsschritte erfolgen in der in den Verfahrens-

und Arbeitsanweisungen festgelegten Reihenfolge. Die Mitarbeiterinnen beginnen zügig mit der Arbeit, halten Zeitvorgaben ein, waschen und desinfizieren sich vor Dienstbeginn und nach Benutzung der Toilette die Hände.

Die Zubereitung des Eierpfannkuchenteigs findet nach Rezeptur unter Einsatz der notwendigen Zutaten und Küchengeräte statt. Zum Abbacken der Eierpfannkuchen werden die dafür vorgesehenen Geräte verwendet.

Die **Ergebnisqualität** beschreibt das Resultat, in dem sich die anderen Qualitätsdimensionen widerspiegeln.

Beispiel zur Ergebnisqualität
Die Eierpfannkuchen sind schmackhaft und angenehm duftend, nicht zu fettig, angenehm warm, aber nicht zu heiß und in ausreichender Menge um 12:00 Uhr verzehrfertig. Der Salat ist knackig frisch und schmackhaft angerichtet. Die Würstchen sind warm und können zusammen mit dem Kartoffelsalat ausgegeben werden.

Die einzelnen Qualitätsdimensionen sind voneinander abhängig. Es können beispielsweise die Eierpfannkuchen verbrannt sein (Ergebnisqualität), weil eine Aushilfskraft spontan und ohne die erforderliche Anweisung einspringen musste (Strukturqualität) und die falsche Pfanne benutzt hat (Prozessqualität) (vgl. Reiprich/Steinel 2003, S. 5).

9.2 Qualitätsphilosophie

In der Qualitätsphilosophie beschreibt der Betrieb einerseits, was erreicht werden soll. Damit wird ein Qualitätsniveau festgelegt. Andererseits werden in der Qualitätsphilosophie die Wege aufgezeigt, also das Qualitätsmanagementsystem benannt oder beschrieben, um dieses definierte Qualitätsniveau zu erreichen.

Die Qualitätsphilosophie ist das oberste Ziel bezüglich Qualität und sollte im Leitbild (vgl. Kapitel 2) der Einrichtung verankert sein. Den Zusammenhang zwischen dem Leitbild und der Qualitätsphilosophie zeigt Abbildung 9.4.

Abb. 9.4
Zusammenhang zwischen Leitbild und Qualitätsphilosophie

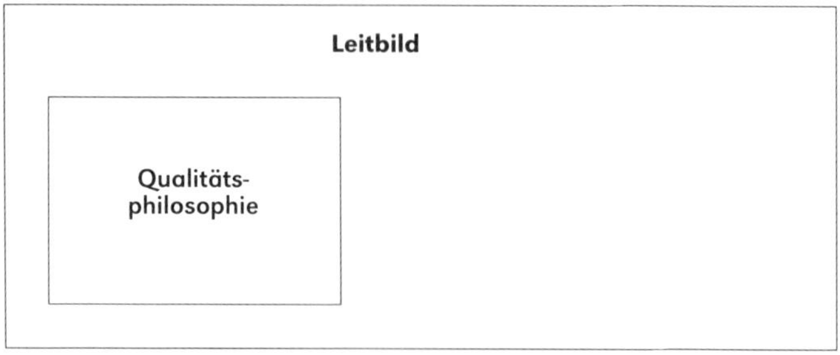

Abbildung 9.5 zeigt ein Beispiel der Qualitätsphilosophie eines Verpflegungsbetriebs.

Abb. 9.5
Beispiel einer Qualitätsphilosophie

„Wir bieten qualitativ hochwertige Leistungen an. Qualität ist bei uns kein Zufallsprodukt, denn um die Qualität sicherzustellen, arbeiten wir nach einem individuellen, genau auf unsere Bedürfnisse abgestimmten Qualitätsmanagementsystem. Externe Fachleute stehen uns dabei zur Seite. Unser Verständnis von Qualität beginnt schon dabei, gute Voraussetzungen und Strukturen zu schaffen, damit die Prozesse gezielt und reibungslos verlaufen können, denn nur auf diesem Wege können unsere Leistungen gezielt und dauerhaft den Anforderungen unserer Kundinnen und Kunden entsprechen."

Für Betriebe, die künftig stärker auf Qualität achten und ein entsprechendes Managementsystem einführen wollen, ist es sinnvoll, zunächst mit der Qualitätsphilosophie zu beginnen. Betriebe, die schon dabei sind, ein Qualitätsmanagementsystem aufzubauen, sollten innehalten und ebenfalls eine Qualitätsphilosophie formulieren. Die Qualitätsphilosophie ist richtungsweisend für die weitere Arbeit und kann unter Umständen verhindern, dass die Bemühungen in eine falsche Richtung gehen.

9.3 Qualitätsmanagementsysteme

Qualitätsmanagementsysteme stellen Wege und Möglichkeiten dar, wie ein bestimmtes Qualitätsniveau erreicht werden soll.

9.3.1 Qualitätskontrolle

Bei einer Qualitätskontrolle wird das Produkt oder die Leistung nach bestimmten Parametern überprüft, ob es/sie den Anforderungen entspricht.

Qualitätskontrollen sind der erste Schritt zum heutigen Qualitätsmanagement.

Qualitätskontrollen können in allen drei Qualitätsdimensionen erfolgen. Die Ergebnisqualität kann kontrolliert werden, indem die verzehrfertige Speise verkostet wird. Die Kontrolle der Prozessqualität kann die Kerntemperaturmessung beim Zubereiten eines Schweinebratens sein. Die Kontrolle der Strukturqualität kann die Überprüfung sein, ob alle Mitarbeiter einen *Gesundheitspass* vorweisen können.

9.3.2 Qualitätssicherung

Qualitätssicherung geht über die Qualitätskontrolle hinaus und schließt die Qualitätskontrolle mit ein (vgl. Abb. 9.6).

Abb. 9.6 Qualitätssicherung und Qualitätskontrolle

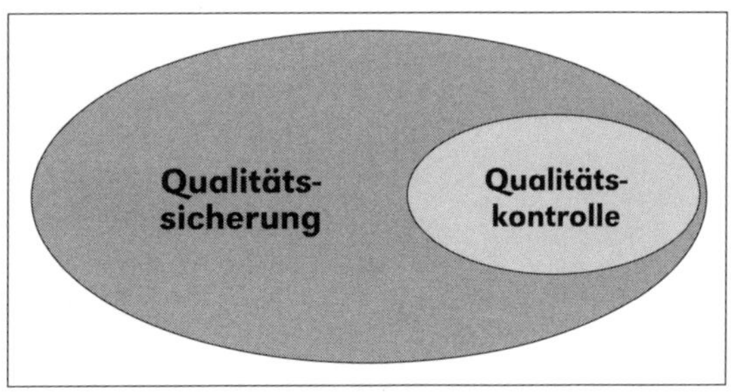

Neben der Überprüfung definierter Parameter (Qualitätskontrolle), werden bei der Qualitätssicherung Maßnahmen eingeführt, die dazu beitragen, dass das Produkt bzw. die Leistung die entsprechend geforderten Eigenschaften aufweist und somit den Anforderungen entspricht. Derartige Maßnahmen können die Dokumentation wichtiger Abläufe (z. B. Verfahrensanweisungen, Arbeitsanweisungen oder Rezepturen), Veränderungen des Produktionsablaufs oder die Einführung eines neuen Menüplans sein. Die Qualitätssicherung setzt den Schwerpunkt auf die Prozessqualität.

9.3.3 Qualitätsmanagement

Qualitätsmanagement beinhaltet sowohl die Qualitätskontrolle als auch die Qualitätssicherung (vgl. Abb. 9.7).

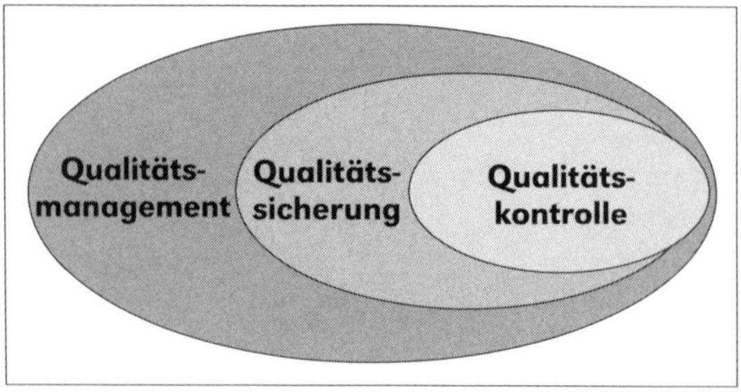

Abb. 9.7 Qualitätsmanagement, Qualitätssicherung und Qualitätskontrolle

Aufbauend auf Qualitätskontrolle und Qualitätssicherung installiert ein Betrieb, der Qualitätsmanagement einführt, ein sich selbst überprüfendes System, das in jedem Fall gewährleistet, dass ein Produkt oder eine Leistung die Merkmale aufweist, die den Anforderungen entsprechen. Beim Qualitätsmanagement werden für alle Maßnahmen der Qualitätssicherung in regelmäßigen Abständen überprüft, ob diese noch den gesetzlichen Bestimmungen, den Anforderungen der Kundinnen und Kunden bzw. dem aktuellen Produktionsprozess entsprechen.

Hier ein Beispiel: Aufgrund mangelnder Teilnahme an der Verpflegung in einem Betriebsrestaurant wurde eine Befragung der Kundinnen und Kunden durchgeführt. Die Ergebnisse der Befragung zeigen, dass die Kundinnen und Kunden mit dem Angebot nicht zufrieden sind. Das Angebot wird umgestellt. Neue Gerichte werden eingeführt. Dies erfordert, dass die Abläufe in der Küche verändert werden. Verfahrensanweisungen sowie der Rezeptkatalog müssen entsprechend angepasst werden. Qualitätsmanagement heißt letztlich *Managen der Qualität*. Management umfasst Gestalten, Lenken und Entwickeln. Es kommt schließlich darauf an, die Veränderungen der externen und internen Bedingungen wahrzunehmen und Tendenzen zu erkennen und zeitnah die Produktion oder Leistungserstellung anzupassen und zu verändern.

Ein Betrieb sollte sich zunächst entscheiden, ob das definierte Qualitätsniveau mit Qualitätskontrolle, Qualitätssicherung (einschließlich Qualitätskontrolle) oder Qualitätsmanagement (einschließlich Qualitätssicherung und Qualitätskontrolle) erreichbar ist (vgl. Abb. 9.8).

Entscheidet sich ein Betrieb für Qualitätsmanagement, sind weitere Entscheidungen zu treffen: Das Qualitätsmanagement kann sich an einem Modell oder einer Methode orientieren

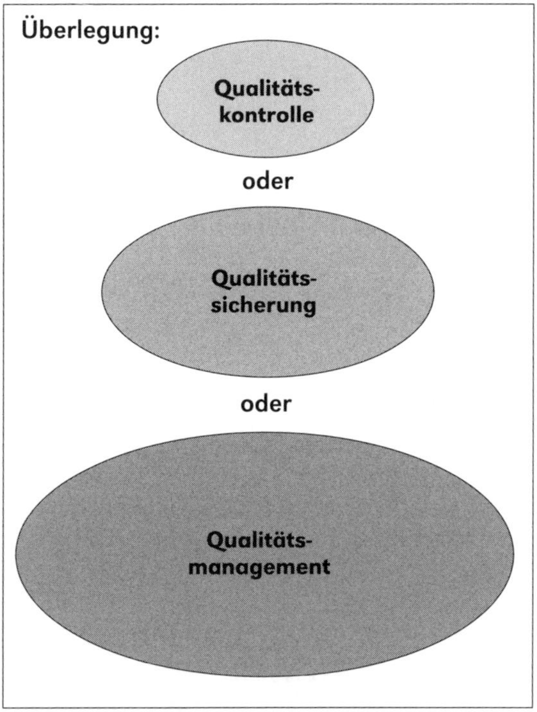

Abb. 9.8
Überlegung eines Betriebs zum Qualitätsmanagementsystem

oder es kann frei von jeden Vorgaben und damit ganz individuell sein.

9.3.3.1 Qualitätsmanagement mit Vorgaben nach Modell

Ein Managementmodell dient dazu, ein Qualitätsmanagementsystem zu entwickeln und bildet das jeweilige Managementsystem ab, das in einem Betrieb installiert werden soll oder bereits eingeführt ist und umgesetzt wird. Ein Managementmodell trifft aber keine Aussagen über die schrittweise Umsetzung und Einführung.

Beispiel für ein Qualitätsmanagementmodell ist das **EFQM-Modell (European Foundation of Quality Management-Modell).**

Die European Foundation for Quality Management (EFQM) ist 1988 mit dem Ziel gegründet worden, ein Programm zur Erhöhung der Wettbewerbsfähigkeit zu entwickeln. Die EFQM vergibt anhand von festgelegten Kriterien jährlich an Betriebe einen Qualitätspreis – den European Quality Award (EQA) (Kamiske/Brauer 1999, S. 172; Mayländer 2000, S. 20 ff.).

Das EFQM-Modell gliedert sich in neun Kriterien, die im Wesentlichen drei Säulen bilden:

- Einbindung aller beteiligten Personen,
- kontinuierliche Verbesserung,
- Erzielung besserer Ergebnisse (Kämmer et al. 2001, S. 65).

Die Kriterien sind unterteilt in Befähigerkriterien und Ergebniskriterien. Man kann statt Befähiger auch von *Mitteln und Wegen* sprechen. Verglichen mit den Qualitätsdimensionen bedeutet dies nichts anderes als Struktur- und Prozessqualität. Die Ergebniskriterien des EFQM beziehen sich dann auf die Ergebnisqualität. Befähiger- und Ergebniskriterien sind in der Bewertung jeweils mit 50 % gewichtet. Das EFQM-Modell ist in Abbildung 9.9 dargestellt.

Abb. 9.9 Aufbau des EFQM-Modells für Excellence (Mayländer 2000, S. 27)

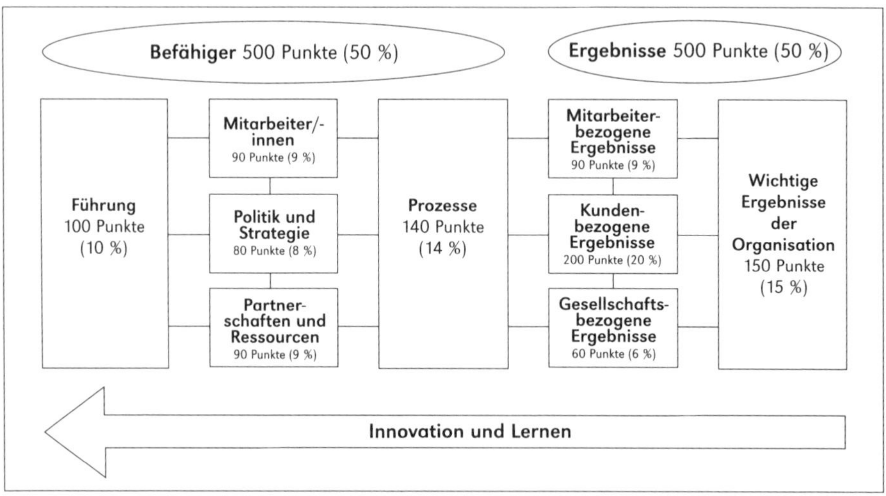

Der Pfeil *Innovation und Lernen* in Abbildung 9.9 bezieht sich auf alle Kriterien. Ausgehend von den Ergebnissen kann durch die ständige Bereitschaft zum Lernen, d. h. neue Erkenntnisse zu erzielen und anzuwenden, eine ständige Verbesserung gewährleistet werden.

Um zu verstehen, was sich hinter den genannten neun Kriterien verbirgt, ist eine weitere Spezifizierung der Kriterien in Unterkriterien erforderlich. In Abbildung 9.10 werden nur eini-

	Kriterien	Beispiele
Befähiger	Führung (Verhalten der Führung im Sinne der Philosophie)	• Unter der Verantwortung des Leitungsteams ist ein Leitbild erarbeitet worden, in dem die Philosophie niedergeschrieben ist. • Das Leitungsteam besucht Seminare, um den Führungsaufgaben bestmöglich nachzukommen. • Die Geschäftsleitung sendet jedes Jahr an die Kunden eine persönliche Weihnachtskarte.
	Mitarbeiterinnen und Mitarbeiter (Umgang mit den Mitarbeiterinnen und Mitarbeitern)	• Durch gezielte Personaleinsatzplanung ist gewährleistet, dass die Mitarbeiterinnen und Mitarbeiter ihre Arbeit in der Regel pünktlich beenden können. • Jede Mitarbeiterin/jeder Mitarbeiter wird mindestens einmal jährlich geschult. • In regelmäßigen Personalgesprächen werden Ziele vereinbart und die Zielerreichung überprüft. • Die Führungskraft ist offen für neue Ideen der Mitarbeiterinnen und Mitarbeiter. • Die Führungskraft bittet ihre Mitarbeiterinnen und Mitarbeiter, nach Hause zu gehen, wenn sie merkt, dass diese sich gesundheitlich nicht wohl fühlen.
	Politik und Strategie (Werte, Leitlinien und Zweck des Unternehmens und deren Verwirklichung)	• Aus den Ergebnissen der Kundenbefragung werden neue Ziele formuliert. • Das Leitungsteam stellt den Mitarbeiterinnen und Mitarbeitern die Leitlinien vor. Die Leitlinien hängen an der Pinnwand aus. • Der bzw. die Qualitätsbeauftragte ist dafür zuständig, dass die Ziele ständig aktualisiert werden.
	Partnerschaften und Ressourcen (Einsatz der Partnerschaften und Ressourcen für die Umsetzung der Philosophie)	• Dem Lieferanten wird ein Ansprechpartner im Betrieb genannt. • Entscheidungskompetenzen zur Vergabe von Mitteln für Investitionen werden festgelegt. • Zuständigkeiten und Zeitintervalle für die Wartung von Anlagen werden festgelegt, eingehalten und geprüft. • Firmengeheimnisse werden nicht an externe Personen preisgegeben. Jede Mitarbeiterin und jeder Mitarbeiter bestätigt die Einhaltung dieser Regel mit seiner Unterschrift.
	Prozesse (ständige Verbesserung der Prozesse)	• Verfahrensanweisungen und Flussdiagramme stellen sicher, dass die einzelnen Prozessschritte in einer logischen und rationellen Reihenfolge ablaufen. • Zur Überprüfung der Prozesse finden in regelmäßigen Abständen Audits statt. • Anhand der Ergebnisse der Überprüfung der Prozesse erfolgt eine stetige Verbesserung.
Ergebnisse	Mitarbeiterbezogene Ergebnisse (Erfüllung der Anforderungen der Mitarbeiterinnen und Mitarbeiter)	• Es werden kontinuierlich Mitarbeiterbefragungen durchgeführt und Krankenstand sowie Fluktuation erfasst.
	Kundenbezogene Ergebnisse (Erfüllung der Anforderungen der Kundinnen und Kunden)	• Es werden kontinuierlich Kundenbefragungen durchgeführt und ein Buch bereitgelegt, in das Kundinnen und Kunden Wünsche, Beschwerden und Anerkennung einschreiben können.
	Gesellschaftsbezogene Ergebnisse (Erfüllung der Anforderungen der Gesellschaft)	• Mit Umweltverbänden, Interessenverbänden, Kommunen oder anderen professionellen Partnern werden Gespräche geführt.
	Wichtige Ergebnisse der Organisation (Erreichung der Geschäftsziele)	• Der Zielerreichungsgrad wird aus ökonomischer und ideeller Sicht bestimmt.

Abb. 9.10 Spezifizierung der Kriterien des EFQM-Modells (eigene Darstellung in Anlehnung an Mayländer 2000, S. 23 ff.; Kamiske/Brauer 1999, S. 175 f.)

ge Beispiele zu den Kriterien erläutert, um das System zu veranschaulichen. Betriebe, die nach EFQM arbeiten wollen, sollten weiterführende Literatur zu Rate ziehen oder mit einer externen Beratung zusammenarbeiten.

Die Bewertung der Kriterien und Unterkriterien erfolgt nach dem sogenannten RADAR-Prinzip, dargestellt in Abbildung 9.11. RADAR steht für die Begriffe Result (Ergebnis), Approach (Annäherung), Development (Entwicklung), Asses (Bewertung) und Review (Überprüfung).

Abb. 9.11 Darstellung des RADAR-Prinzips (eigene Darstellung in Anlehnung an Kamiske/Brauer 1999, S. 177)

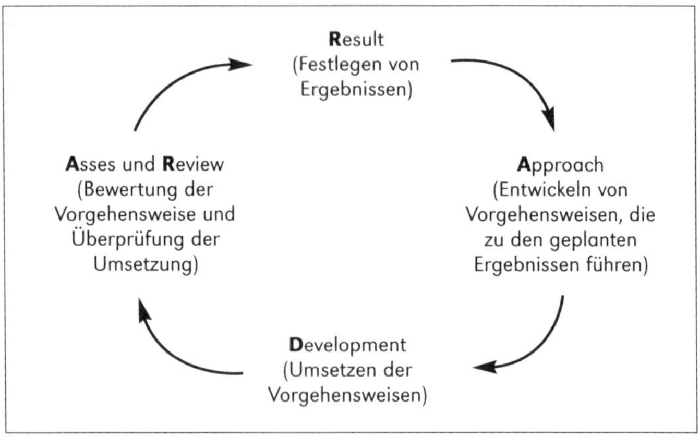

Das RADAR-Prinzip wird in Abbildung 9.12 an einem einfachen Beispiel, dem Umgang mit Gebäuden, Anlagen, Gebrauchs- und Verbrauchsgütern erläutert.

Das Bewertungsschema des RADAR-Prinzips ist eine Skala von Null bis Hundert, wobei eine Bewertung von Null bedeutet, dass keine Ergebnisse, keine Vorgehensweise, keine Durchführung bzw. keine Bewertung und Überprüfung erfolgte. Eine Bewertung von Hundert hingegen sagt aus, dass für alle Ergebnisse umfangreiche Vorgehensweisen, eine umfangreiche Durchführung und eine umfangreiche Bewertung und Überprüfung erfolgte (Kamiske/Brauer 1999, S. 177).

9.3.3.2 Qualitätsmanagement mit Vorgaben nach Methoden

Managementmethoden dienen genau wie Managementmodelle dazu, ein Qualitätsmanagementsystem zu entwickeln und bilden ebenfalls Managementsysteme ab. Der Unter-

Schritte des RADAR-Kreislaufs	Beispiel
Festlegen des Ergebnisses (Result):	Die Anlagen werden regelmäßig gewartet.
Entwickeln von Vorgehensweisen, die zu den geplanten Ergebnissen führen (Approach):	Um sicherzustellen, dass die Anlagen regelmäßig gewartet werden, muss ein Wartungsplan entwickelt werden.
Umsetzen der Vorgehensweisen (Development):	Der Wartungsplan wird von der technischen Leitung entwickelt, von der Geschäftsleitung freigegeben und von dem technischen Personal befolgt.
Bewertung der Vorgehensweisen und Überprüfung der Umsetzung (Asses and Review):	Die Vorgehensweise und Durchführung führen zu dem angestrebten Ergebnis, denn Kontrollen ergaben, dass die Wartung jetzt regelmäßig erfolgt.

Abb. 9.12 Beispielhafte Umsetzung des RADAR-Prinzips

schied besteht jedoch darin, dass Managementmethoden eine schrittweise Aussage dazu treffen, wie das Managementsystem eingeführt werden soll bzw. wie mit und nach dem Managementsystem gearbeitet werden soll. Dies ist bei Managementmodellen nicht der Fall.

Ein Beispiel für eine Qualitätsmanagementmethode ist die DIN EN ISO 9000 ff.

Die DIN EN ISO 9001 schreibt die Anforderungen an ein Qualitätsmanagementsystem fest. Im Mittelpunkt der Norm stehen Prozessorientierung und Kundenorientierung. Nach dieser Norm kann sich ein Betrieb zertifizieren lassen.

Die DIN EN ISO 9004 verfolgt weiterhin das Ziel der ständigen Verbesserung und der Orientierung an den Wünschen weiterer Personengruppen (z. B. Mitarbeiterinnen und Mitarbeiter, Gesellschaft, Träger usw.). Dabei schließt die DIN EN ISO 9004 die DIN EN ISO 9001 mit ein. Nach DIN EN ISO 9004 erfolgt keine Zertifizierung. Die Norm ist als Leitfaden zur Selbstanalyse zu verstehen (vgl. Abb. 9.13).

DIN EN ISO 9001

In der DIN wird jegliches Geschehen in einem Betrieb als Prozess betrachtet. Input sind dabei Materialien, Dienstleistungen, Informationen, Energien oder Kombinationen daraus, Output des Prozesses sind ebenfalls Materialien, Dienstleistungen, Informationen oder Kombinationen daraus. Das ge-

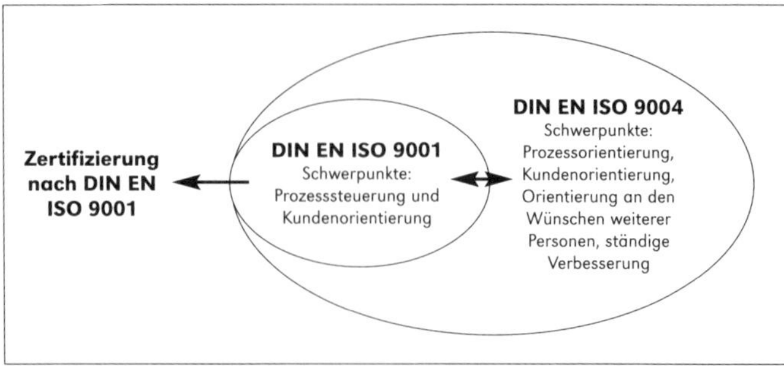

Abb. 9.13 Zusammenhang von DIN EN ISO 9001, DIN EN ISO 9004 (eigene Darstellung nach Bund für Lebensmittelrecht und Lebensmittelkunde e. V. 2000, S. 13)

samte Betriebsgeschehen kann als *ein* Prozess betrachtet werden oder als *ein Netzwerk von vielen Prozessen*, die miteinander verbunden und damit voneinander abhängig sind. Das Gesamtergebnis in einer Organisation ist abhängig von der Qualität jedes einzelnen Prozesses.

Dabei betrachtet die DIN EN ISO 9001 folgende vier Prozesskategorien:

- Managementprozesse,
- Ressourcenmanagementprozesse,
- Leistungserstellungsprozesse,
- Prozesse zur Messung, Analyse und Verbesserung.

Abbildung 9.14 stellt den Grundgedanken der DIN EN ISO 9001 dar. Jede der vier Prozesskategorien läuft nach dem Deming-Kreis (genannt nach dem Amerikaner W. E. Deming) ab. Eine andere Bezeichnung für diesen Kreis ist PDCA-Kreis. PDCA steht für *Plan – Do – Check – Act*. Dieser Kreis führt sämtliches zielorientiertes Handeln auf folgende vier Schritte zurück:

- **Plan**: Festlegen der Ziele und der Prozesse zur Erzielung der Ergebnisse,
- **Do**: Verwirklichen der Prozesse,
- **Check**: Überwachen und Messen der erzielten Ergebnisse und Berichten über die Prüfergebnisse,
- **Act**: Einleiten von Maßnahmen zur Verbesserung des Prozesses.

(vgl. Deutsches Institut für Normung e. V. 2001, S. 13 ff.)

Die Vorgehensweise nach dem PDCA-Kreis ist auch dann sinnvoll, wenn ein Betrieb nicht nach DIN EN ISO 9001 arbeitet.

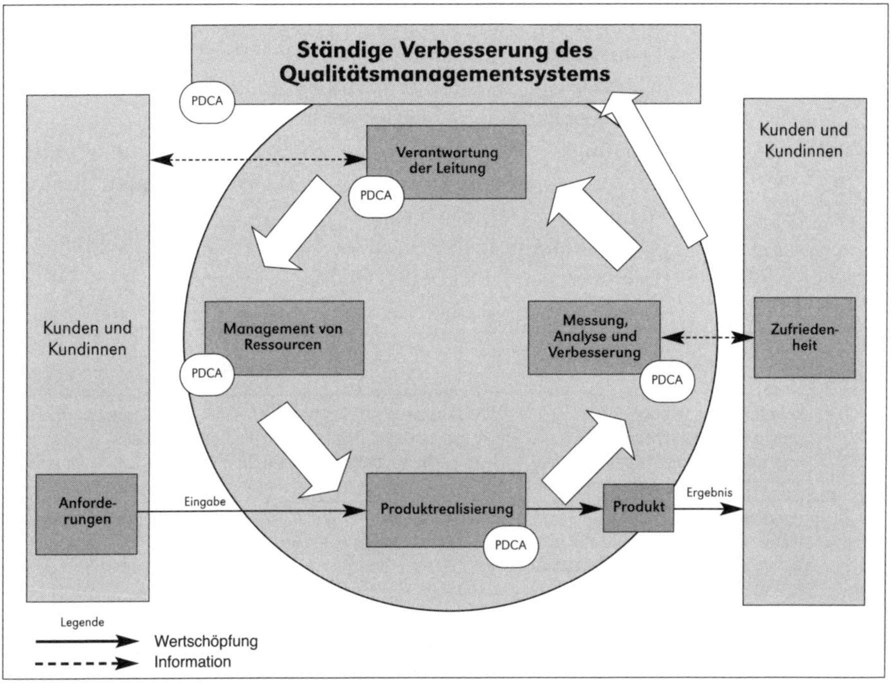

Abb. 9.14 Qualitätsmanagementsystem nach DIN EN ISO 9001 (Deutsches Institut für Normung e. V. 2001, S. 15)

Die Norm kann dem Betrieb nicht vorschreiben, wie sein Qualitätsmanagementsystem auszusehen hat. Die Norm legt aber fest, welche Elemente in einem vollständigen Qualitätsmanagementsystem eines Betriebs vorkommen müssen.

Abweichungen von der Norm sind in begrenztem Maße möglich, ohne dass die Zertifizierung gefährdet ist. Ein Betrieb kann nämlich ein Element der Norm für sein Qualitätsmanagementsystem ausschließen, wenn er nachweisen kann, dass dieses Element für seinen Betrieb nicht relevant ist (z. B. *Entwicklung* in Betrieben, die keine eigene Entwicklungsabteilung haben). Zusätzlich kann der Betrieb betriebsspezifische Elemente hinzufügen, die ihm wichtig erscheinen.

Abweichungen von der Norm sind in jedem Fall möglich, wenn sich ein Betrieb nicht zertifizieren lassen möchte.

DIN EN ISO 9004

Die DIN EN ISO 9004 stellt einen Leitfaden zur Selbstanalyse des Qualitätsmanagementsystems dar. Dabei bietet die Norm 27 Fragenkomplexe, die sich auf den Inhalt der Norm 9001, d. h. auf das Qualitätsmanagementsystem, Verantwortung der Leitung, Management der Ressourcen, Produktrealisierung sowie Messung, Analyse und Verbesserung beziehen. Jeder dieser Fragenkomplexe enthält eine oder mehrere Fragen. Das Leistungsniveau für die Fragenkomplexe wird jeweils mit einem Reifegrad von 1 – 5 bewertet (Deutsches Institut für Normung e. V. 2001, S. 73 ff.).

Abbildung 9.15 erläutert die **Reifegrade** bei der Selbstbewertung nach DIN EN ISO 9004.

Abb. 9.15 Reifegrade bei der Selbstbewertung (eigene Darstellung nach Deutsches Institut für Normung e. V. 2001, S. 151)

Reifegrad	Leistungsniveau	Beispiel
1	**kein formaler Ansatz** (kein systematischer Ansatz erkennbar, keine Ergebnisse, schlechte oder nicht vorhersagbare Ergebnisse)	Jede diensthabende Mitarbeiterin bereitet das Frühstück nach eigenem Ermessen zu. Dabei werden die Bedürfnisse der Bewohnerinnen und Bewohner nicht immer in vollem Maße erfüllt.
2	**reaktiver Ansatz** (problem- und korrekturorientierter systematischer Ansatz, Mindestdaten zu Verbesserungsergebnissen vorhanden)	Im Küchenbereich hängt ein Leitfaden für die Frühstücksversorgung aus. Neue Mitarbeiterinnen und Mitarbeiter richten sich anfangs häufig danach. Das Stammpersonal kennt diesen Leitfaden kaum.
3	**stabiler formaler systematischer Ansatz** (systematischer prozessgestützter Ansatz, systematische Verbesserungen im Frühstadium, Daten über die Einhaltung von Qualitätszielen vorhanden, Verbesserungstrends vorhanden)	Im Küchenbereich hängt ein Leitfaden zur Frühstücksversorgung aus. In Dienstberatungen wird gelegentlich an diesen Leitfaden erinnert. Der Leitfaden wird sporadisch an die Bedürfnisse der Bewohnerinnen und Bewohner angepasst.
4	**Schwerpunkt auf ständiger Verbesserung** (Verbesserungsprozesse eingeführt; gute Ergebnisse und nachhaltige Verbesserungstrends)	Im Küchenbereich hängt ein Leitfaden zur Frühstücksversorgung aus. Der Leitfaden wird kontinuierlich an die Bedürfnisse der Bewohnerinnen und Bewohner angepasst. Dafür ist ein Qualitätszirkel zuständig. Rückmeldungen der Mitarbeiterinnen und Mitarbeiter zeigen, ob durch die Anpassung des Leitfadens die Bedürfnisse der Bewohnerinnen und Bewohner besser erfüllt werden als zuvor. Sollte dies nicht der Fall sein, erfolgt eine weitere Anpassung. Über eine Änderung im Leitfaden wird in Dienstberatungen informiert.
5	**Bestleistung** (fest integrierter Verbesserungsprozess, Nachweis der Bestleistung durch Benchmark-Ergebnisse)	Die Ergebnisse im trägerinternen Benchmarking zeigen, dass diese Altenpflegeeinrichtung die besten Ergebnisse beim Management der Frühstücksversorgung erzielt.

Neben den oben genannten Qualitätsmanagementmodellen und Qualitätsmanagementmethoden gibt es ebenso trägerspezifische Methoden oder Modelle, z. B. das Diakoniesiegel Pflege und andere. Dies soll aber nicht Gegenstand dieses Buches sein, da sich die betreffenden Einrichtungen speziell mit dem jeweiligen System auseinandersetzen und entsprechend Schulungen und Handlungsrichtlinien vom Träger gegeben werden. Sofern es trägerspezifische Methoden oder Modelle gibt, ist es sinnvoll, danach zu arbeiten, denn sie sind dann in der Regel genau auf die Branche (z. B. soziale Einrichtungen) ausgerichtet.

9.3.3.3 Qualitätsmanagement ohne Vorgaben

Ein Qualitätsmanagementsystem kann ebenso gut frei von jeglichen Vorgaben installiert werden. Der Vorteil dabei ist, dass dieses System individuell an die betriebsspezifischen Gegebenheiten angepasst werden kann. Ohne Vorgabe kann es aber leicht passieren, dass sich ein Betrieb nur auf bestimmte Aspekte konzentriert, andere ebenso wichtige Aspekte aber unbeabsichtigt außer Acht lässt. Eine Zertifizierung nach einem System ohne Vorgaben ist nicht möglich.

9.3.4 Qualitätsmanagementsysteme im Vergleich

Abbildung 9.16 zeigt die Vor- und Nachteile der beschriebenen Qualitätsmanagementsysteme.

9.4 Techniken zur Arbeit mit Qualitätsmanagementsystemen

Im Folgenden werden einfache und komplexe Techniken zur Arbeit mit Qualitätsmanagementsystemen beschrieben. Diese Techniken können je nach Bedarf bei der Erstellung, Einführung oder Umsetzung des Qualitätsmanagements im Alltag eingesetzt werden. Dabei ist nicht immer jede Technik für jedes Qualitätsmanagementsystem geeignet. Jede Betriebsleiterin und jeder Betriebsleiter sollte einige dieser Techniken kennen und je nach Bedarf anwenden.

Qualitätsmanagementsysteme	Vorteile	Nachteile	Geeignet für ...
Qualitätskontrolle	• Sehr einfach zu handhaben • Geringer zeitlicher und personeller Aufwand	• Genügt den heutigen Anforderungen nicht	Betriebe, die bisher noch keine Aktivitäten in Bezug auf Qualität unternommen haben, können zunächst mit Qualitätskontrolle beginnen.
Qualitätssicherung	• Einfach zu handhaben • Relativ geringer zeitlicher und personeller Aufwand	• Genügt den heutigen Anforderungen nur zum Teil	Kleine überschaubare Betriebe
Qualitätsmanagement nach EFQM	• Umfassend • Starke Tendenz zur ständigen Verbesserung	• Keine vorgegebene Schrittfolge zur Einführung und Umsetzung • Legt fest, welche Elemente enthalten sein müssen (eher starres System)	Für große Betriebe
Qualitätsmanagement nach DIN EN ISO 9001	• Umfassend • Gibt Schritte zur Einführung und Umsetzung vor	• Legt fest, welche Elemente enthalten sein müssen (eher starres System)	Für mittlere und große Betriebe, deren Ziel eine Zertifizierung ist
Qualitätsmanagement nach DIN EN ISO 9004	• Umfassend • Tendenz zur ständigen Verbesserung • Gibt Schritte zur Einführung und Umsetzung vor	• Legt fest, welche Elemente enthalten sein müssen (eher starres System)	Für mittlere und große Betriebe, deren vordergründiges Ziel nicht die Zertifizierung ist, bzw. aufbauend auf ISO 9001
Qualitätsmanagement ohne Vorgaben	• Individuell an die Gegebenheiten des Betriebs angepasst	• Gefahr, dass wichtige Aspekte vergessen werden	Für mittlere und große Betriebe, deren vordergründiges Ziel nicht die Zertifizierung ist und die schon ein *gewachsenes* Qualitätsmanagement - system haben, an dem es sich lohnt weiterzuarbeiten.

Abb. 9.16 Qualitätsmanagement - systeme im Vergleich

9.4.1 Brainstorming

Brainstorming ist eine Technik, die der Sammlung von möglichst vielen Ideen dient. Spontane Einfälle zu einem Problem oder Thema werden auf Kärtchen, Flipchart, Tafel oder ähnlichen Medien gesammelt. Dabei werden auch scheinbar unmögliche Ideen notiert.

Die Ideen werden in einem zweiten Schritt nach selbst ausgewählten Kriterien geordnet. In einem dritten Schritt wird darüber diskutiert, welche der Ideen weiterverfolgt werden und welche nicht.

9.4.2 6-3-5-Methode

Die 6-3-5-Methode ist ebenfalls eine Technik, die der Sammlung von möglichst vielen Ideen dient. Bei dieser Technik erarbeiten sechs Personen drei Lösungsvorschläge in fünf Minuten, daher der Name 6-3-5-Methode. Jede teilnehmende Person trägt drei Lösungsvorschläge zu einem vorgegebenen Problem in die erste Spalte einer Tabelle ein und gibt das Blatt nach ca. fünf Minuten an die nächste Person weiter. Diese füllt die zweite Spalte aus. Dabei greift sie die vorangegangenen Vorschläge auf oder bringt neue Ideen ein. Dieser Vorgang wird so lange wiederholt, bis die Tabelle ausgefüllt ist. Zur Auswertung werden die Lösungsvorschläge systematisch in der Gruppe besprochen. Es wird darüber entschieden, welche der Vorschläge weiter verfolgt und ggf. umgesetzt werden.

Voraussetzung für diese Methode ist, dass die Teilnehmerinnen und Teilnehmer offen genug sind, um spontane Gedanken in Schriftform zu formulieren (vgl. Malorny et al. 1997, S. 89 f.).

Abbildung 9.17 zeigt ein Beispiel für eine 6-3-5-Methode.

Was muss getan werden, um die Mitarbeiterzufriedenheit des Küchenpersonals zu verbessern?						
Teilnehmerin/ Teilnehmer	1	2	3	4	5	6
Vorschlag 1	mehr Anerkennung	Blumenstrauß zum Geburtstag	bessere Bedingungen am Arbeitsplatz	Lob von der Küchenleiterin	*Dankeschön* für zusätzliches Engagement	Anschaffung neuer Technik
Vorschlag 2	weniger Stress	mehr Personal einstellen	Stundenumfang der Teilzeitstellen vergrößern	Kurs für Rückenschule	Arbeitszeitregelung familienfreundlicher gestalten	mehr Weiterbildung
Vorschlag 3	bessere Absprachen	Stellenbeschreibung	bessere Zusammenarbeit mit der Verwaltung	klare Zuständigkeiten festlegen	langfristige Planung – nicht alles auf die letzte Minute	offener Umgang mit Problemen

Abb. 9.17 Beispiel zur 6-3-5-Methode (vgl. Reiprich/ Steinel 2003, S. 12)

9.4.3 Mind Mapping

Beim Mind Mapping geht es darum, die Zusammenhänge einzelner Aspekte eines Themas grafisch darzustellen (vgl. Abb. 9.18). Dazu wird ein Thema oder eine Frage in die Mitte des

Blatts oder der Tafel geschrieben. Um dieses Thema oder diese Frage werden in Astform Lösungsansätze nach dem Grundsatz *vom Allgemeinen zum Speziellen Denken* formuliert. Um die Übersicht zu behalten, werden vorwiegend einzelne Wörter oder kurze Wortgruppen verwendet (Malorny et al. 1997, S. 69 ff.).

Abb. 9.18 Beispiel zum Mind-Mapping (vgl. Reiprich/Steinel 2003, S. 12)

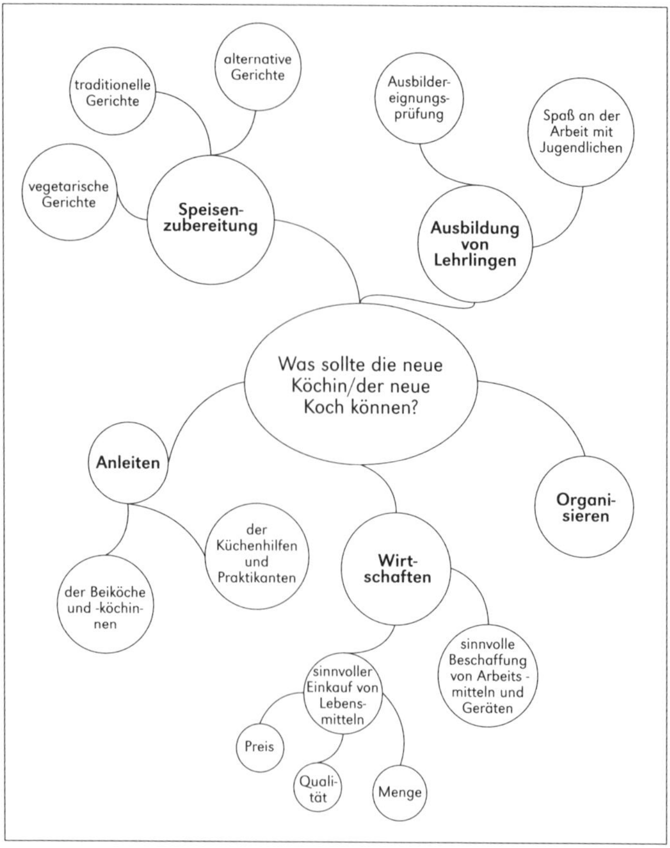

9.4.4 Sensorische Prüfung

Bei einer sensorischen Prüfung wird die Übereinstimmung der sensorischen Anforderungen (vgl. Kapitel 2.2.3.2) und der Merkmale des Produkts geprüft.

Nicht selten kommt es in der Praxis vor, dass die Köchin oder der Koch eine Mitarbeiterin oder einen Mitarbeiter mit den Worten „Kosten Sie mal, die Suppe schmeckt aber heute gut" zur Verkostung einlädt. Das Ergebnis der Verkostung steht schon in diesem Augenblick fest. Die Mitarbeiterin oder der Mitarbeiter kann eigentlich nur zustimmen. Um dies zu verhindern, ist es ratsam, einer sensorischen Prüfung ein bestimmtes Schema zugrunde und einen bestimmten Personenkreis für die Prüfung festzulegen. Dabei müssen es nicht immer die gleichen Personen sein, die die Prüfung durchführen. Die Prüfung kann z. B. immer von der diensthabenden Wohnbereichsleitung, der Hauswirtschaftsleitung und einer diensthabenden Mitarbeiterin bzw. einem diensthabenden Mitarbeiter der Küche erfolgen.

Geprüft werden sollten die Eigenschaften, die für die zu prüfende Speise wichtig und kennzeichnend sind. So sollte eine Erdbeerbowle beispielsweise nach Erdbeeren schmecken und nicht in erster Linie nach Zucker. Ein Betrieb kann sich eine Liste mit den Eigenschaften selbst erarbeiten oder sich an bereits bestehenden Schemen orientieren. Ein bekanntes Schema für die sensorische Prüfung ist das DLG-Prüfschema. Die DLG (Deutsche Landwirtschafts-Gesellschaft) prüft und prämiert die Qualität von Lebensmitteln (z. B. Kartoffeln), nicht aber von Speisen (z. B. Wiener Schnitzel mit Kartoffeln und Mischgemüse). Prämiert werden die Produkte mit den DLG-Preisen in Gold, Silber oder Bronze. Die Prüfungen werden von Experten durchgeführt, die für sensorische Prüfungen des entsprechenden Lebensmitteltyps spezialisiert sind. Die Verleihung eines DLG-Preises anzustreben, ist für Betriebe der Gemeinschaftsverpflegung sicher nicht das Ziel. Das Prüfschema der DLG-Prüfung kann aber Grundlage für eine betriebsinterne Sensorikprüfung sein. Hierzu ist die Checkliste in Abbildung 9.19 auf Grundlage des DLG-Prüfschemas erstellt worden. Diese Checkliste erfüllt nicht ganz die Anforderung, allgemeingültig zu sein; dazu ist die Speisenvielfalt zu groß. Die Liste kann und sollte beliebig an die Anforderungen der Kundinnen und Kunden bzw. an die Speise angepasst werden, indem sie erweitert oder gekürzt wird. In der Spalte *Bewertung* werden die betreffenden Merkmale/Fehler angekreuzt. In der Spalte *Bemerkung* kann und soll der Mangel näher erläutert werden.

Wenn Kundinnen und Kunden gebeten werden, eine Speise zu verkosten oder deren sensorische Qualität nach Einnahme der Speise zu bewerten, ist es sinnvoll, typische Merkmale und

Merkmale/Fehler	Bewertung	Bemerkung
I Aussehen, Farbe, Zusammensetzung		
zu hell		
zu dunkel		
fleckig/unregelmäßig		
zu stark zerkleinert		
zu wenig zerkleinert		
ungleichmäßig zerkleinert		
Anteile der Komponenten nicht ausgewogen		
Gesamtbild nicht ansprechend		
sonstiges		
II a Konsistenz (Beschaffenheit) für feste Komponente		
zu weich		
zu hart		
zu trocken		
zu wässrig		
pappig/kleistrig/lehmig		
zäh		
atypisch		
inhomogen		
sonstiges		
II b Konsistenz (Beschaffenheit) für flüssige Komponente		
zu dick		
zu dünn		
zu breiig		
zu schleimig		
klumpig		
entmischt		
geliert		
grießig		
atypisch		
inhomogen		
sonstiges		
III Geruch und Geschmack		
zu salzig		
zu sauer		
zu bitter		
zu süß		
Würze nicht abgestimmt		
überwürzt		
aromaarm/fade		
alt		
Kochgeschmack		
wässrig		
fremdartig		
sonstiges		

Abb. 9.19
Beispiel für eine Checkliste zur sensorischen Prüfung einer tischfertigen Speise (nach Deutsche Landwirtschafts-Gesellschaft e.V. 1999)

Merkmalsfehler im Vorfeld genau für diese Speise zu definieren. Deshalb sollten für jede Speise die typischen Merkmale und Merkmalsfehler erarbeitet werden. Die in Abbildung 9.20 dargestellte Checkliste kann dazu Grundlage sein.

Auf diese Weise könnten auch Laien die sensorische Qualität der Speisen beurteilen.

Hauptgericht: Jägerschnitzel mit Tortellini und Tomatensoße

➢ Gesamteindruck
o appetitlich o nicht appetitlich o geht so
o sonstiges ____________________

➢ Zusammensetzung des Hauptgerichtes
o zu wenig Jägerschnitzel o zu wenig Tortellini o zu wenig Tomatensoße
o zu viel Jägerschnitzel o zu viel Tortellini o zu viel Tomatensoße
o genau richtig o sonstiges ____________________

Jägerschnitzel

➢ Verzehrstemperatur
o zu kalt o zu heiß o genau richtig
o sonstiges ____________________

➢ Aussehen
o appetitlich o nicht appetitlich o geht so
o sonstiges ____________________

➢ Konsistenz
o zu fest o zu weich o genau richtig
o sonstiges ____________________

➢ Geruch/Geschmack
o überwürzt o zu salzig o verbrannt
o aromaarm/fade o zu wenig salzig o genau richtig
o sonstiges ____________________

Tortellini

➢ Verzehrstemperatur
o zu kalt o zu heiß o genau richtig
o sonstiges ____________________

➢ Aussehen
o appetitlich o nicht appetitlich o geht so
o sonstiges ____________________

➢ Konsistenz
o zu fest o zu weich o genau richtig
o sonstiges ____________________

➢ Geruch/Geschmack
o überwürzt o zu salzig o genau richtig
o aromaarm/fade o zu wenig salzig
o sonstiges ____________________

Tomatensoße

➢ Verzehrstemperatur
o zu kalt o zu heiß o genau richtig
o sonstiges ____________________

➢ Aussehen
o appetitlich o nicht appetitlich o geht so
o sonstiges ____________________

➢ Konsistenz
o zu dick o zu dünn o klumpig o genau richtig
o sonstiges ____________________

➢ Geruch/Geschmack
o überwürzt o zu salzig o zu wenig nach Tomate
o aromaarm/fade o zu wenig salzig o genau richtig
o sonstiges ____________________

Abb. 9.20 Sensorische Prüfung durch Kundinnen und Kunden am Beispiel Jägerschnitzel mit Tortellini und Tomaten - soße (vgl. Timm 2002, S. 25)

9.4.5 Speisenplanauszählung

Mit der Technik der Speisenplanauszählung werden die Verzehrgewohnheiten der Gäste ermittelt.

Zunächst werden täglich über einen längeren Zeitraum die Anzahl der ausgegebenen Portionen pro Menü bzw. pro Speise notiert. Wird z. B. in einem Betriebsrestaurant als Menü 1 Gemüsesuppe, Fischfilet mit Kartoffelsalat und Birnenkompott und als Menü 2 ein kleiner Salatteller, Kartoffelsuppe und Wiener Würstchen angeboten, dann wird erfasst, wie viele Gäste Menü 1 und wie viele Gäste Menü 2 gewählt haben. Es ist davon auszugehen, dass ein Menü, wenn es gut geschmeckt hat, wieder verzehrt wird. Wird also die Kartoffelsuppe häufig gewählt, sollte sie häufiger angeboten werden. Dabei ist jedoch der Speisenwiederholrhythmus zu beachten. Bei ständig wechselnden Gästen (z. B. Tagungshaus) kann eine Speise oder ein Menü häufiger angeboten werden als in Einrichtungen, in denen die Gäste häufig die gleichen sind (z. B. Betriebsrestaurant).

9.4.6 Ursache-Wirkungs-Diagramm

Mit dem Ursache-Wirkungs-Diagramm (synonym auch Fischgräten-Diagramm oder Ishikawa-Diagramm) lassen sich die Ursachen eines Problems darstellen.

In einem ersten Schritt werden zu einem Problemfall beispielsweise durch Brainstorming Ursachen gesammelt. Die Ursachen werden systematisiert und es werden Einflussgrößen gebildet. Die Einflussgrößen können Mensch, Methode, Mitwelt, Maschine und Material (*5M*) sein oder frei gewählt werden. Anschließend wird das Diagramm geordnet und bewertet. Bei der Bewertung gilt es, die Hauptursachen für das Problem herauszufinden (vgl. Masing 1999, S. 393). Abbildung 9.21 zeigt ein Beispiel für ein Ursache-Wirkungs-Diagramm.

9.4.7 5-W-Fragen

Die 5-W-Fragen-Technik wird eingesetzt, um die ursprüngliche Ursache für einen Fehler zu finden. *WARUM* ist ein Fehler passiert? Oft wird diese Frage nicht bis zu Ende gedacht. Aber es lohnt sich, die Frage nach dem *WARUM* so oft zu stellen, bis die Ursache für den Fehler gefunden ist. Dabei steht nicht im Vordergrund, wem der Fehler passiert ist und das Fragen nach

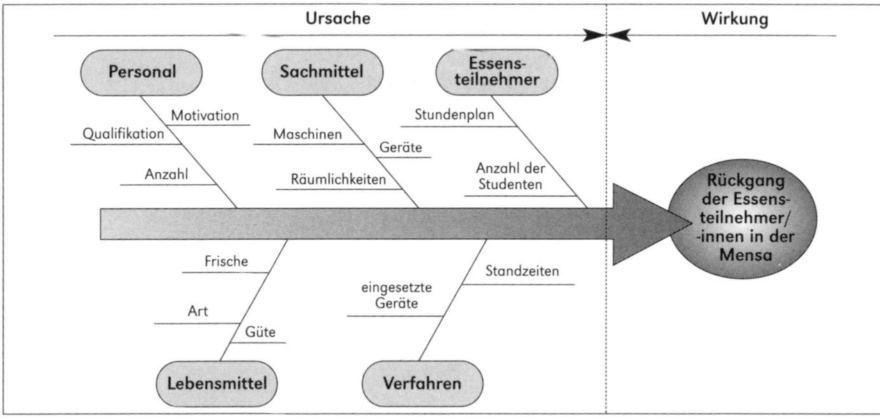

Abb. 9.21
Beispiel zum Ursache-Wirkungs-Diagramm (vgl. Reiprich/Steinel 2003, S. 12)

dem *WARUM* sollte auch dann nicht abgebrochen werden, wenn sich herausstellt, dass *das schon immer so war* oder *dies und jenes nicht zu ändern geht*. In der Regel werden nach ca. fünf Fragen die tatsächlichen Ursachen deutlich. Die Abbildung 9.22 zeigt ein Beispiel für diese Technik (vgl. Reiprich/Steinel 2003, S. 12).

Fehler/Problem:
Salate und aufgeschnittenes Obst sehen nicht mehr frisch aus, wenn sie an die Bewohnerinnen und Bewohnern in den Wohnbereichen eines Altenpflegeheims ausgegeben werden.

Warum sehen Salate und aufgeschnittenes Obst nicht mehr frisch aus?
Das verzehrfertige Essen steht zu lange, bis es ausgegeben wird.
Warum steht das verzehrfertige Essen so lange?
Weil es von dem Küchenpersonal zu früh bereitgestellt wird.
Warum wird das Essen zu früh bereitgestellt?
Weil das Essen spätestens bis 10.30 Uhr fertig sein muss.
Warum muss die Speisenproduktion so früh abgeschlossen sein, wenn es doch erst um 12.00 Uhr Mittagessen gibt?
Bis 13.00 Uhr muss die Küche aufgeräumt und gereinigt sein.
Warum muss dies bis 13.00 Uhr geschehen?
Der Dienst des gesamten Küchenpersonals endet 13.00 Uhr.
Fazit: Der Dienstplan muss verändert werden.

Abb. 9.22
5-W-Fragen-Technik, dargestellt an einem Beispiel (vgl. Reiprich/Steinel 2003, S. 12)

9.4.8 Soll-Ist-Vergleich

Ausgangspunkt für den Soll-Ist-Vergleich kann beispielsweise das Ergebnis eines Brainstormings, Mind Mappings, der 6-3-5-Methode oder ein Ziel, das in der Zielhierarchie (vgl. Kapitel 2.3.1) definiert ist, sein. Damit wird zunächst der **Soll-Zustand** beschrieben. Wichtig dabei ist, dass der definierte Soll-Zustand realistisch ist und von allen beteiligten Bereichen sowie der Leitung getragen wird. Ist ein Ziel Grundlage für den Soll-Zustand, so ist dies in der Regel gewährleistet. Definiert aber beispielsweise der Qualitätszirkel einen Soll-Zustand, sollte dieser unbedingt mit der Leitung und den beteiligten Bereichen abgesprochen werden. Für den Soll-Zustand sind weiterhin Kriterien festzulegen, die nach Abschluss der Arbeit überprüfbar sind. Werden dabei die Qualitätsdimensionen (Struktur-, Prozess- und Ergebnisqualität) betrachtet, so kann sichergestellt werden, dass keine wichtigen Aspekte vergessen werden.

Ist der Soll-Zustand definiert, werden die Daten für den **Ist-Zustand** erhoben.

Dies kann je nach Themenstellung durch Beobachtung, Bericht aus Erfahrungen im Arbeitsalltag oder aus der Auswertung von Statistiken oder Berichten (z. B. Kundenbefragung) erfolgen.

Ob zuerst der Soll-Zustand und dann der Ist-Zustand ermittelt wird oder ob dies in umgekehrter Reihenfolge erfolgt, hängt von der Themenstellung ab. Ausgangspunkt kann ebenso gut der Ist-Zustand sein, wenn beispielsweise die Bedürfnisse der Kundinnen und Kunden nicht mehr erfüllt werden. Mit dem Vorsatz, dass sich *etwas* ändern muss, kann ausgehend von dem Ist-Zustand der Soll-Zustand beschrieben werden.

Sind Ist- und Sollzustand beschrieben, erfolgt die **Beurteilung**. Abweichungen zwischen Ist- und Soll-Zustand werden ermittelt.

Danach wird ein **Maßnahmenplan** erarbeitet. Der Maßnahmenplan stellt dar, wie der Ist-Zustand in den Soll-Zustand überführt werden kann. Maßnahmen, Verantwortlichkeiten und der Zeitrahmen werden festgelegt, d. h. wer hat bis wann was zu tun.

Anschließend erfolgt die **Ausführung des Maßnahmenplans.** Empfohlen wird ein Probelauf mit allen Veränderungen.

Ist die Änderung nicht praktikabel, so ist eine Korrektur der Maßnahmenpläne vorzunehmen. Im Folgenden wird diese Methode an einem Beispiel erläutert.

In einem Altenheim kommen z. B. oft Enkel oder Urenkel zu Besuch. Für die Bewohner ist das oft ein Erlebnis, von dem sie noch lange erzählen. Sitzen Bewohner und Angehörige gemeinsam in dem hausinternen Cafe, so ist es für die Kinder schnell langweilig, denn es gibt keine Möglichkeit für Kinder, etwas zu entdecken oder zu spielen **(Ist-Zustand)**. Daraus ergibt sich die Frage: *Wie kann das Cafe kinderfreundlicher werden?* Die Ideen dazu reichen von: *zwei Kindergerichte anbieten, eine Malecke und/oder Spielecke einrichten*, bis hin zu *einen Spielplatz bauen*. Die **Ideen werden gemeinsam beurteilt** und damit auf ihre Umsetzbarkeit geprüft. Ein Spielplatz würde allerdings den Kostenrahmen weit übersteigen. Diese Idee ist zwar schön, aber nicht durchsetzbar. Aber alle anderen genannten Ideen werden festgehalten und als **Soll-Zustand** definiert. Letztlich entsteht ein **Maßnahmenplan**. So erhält die Köchin den Auftrag, bis zur nächsten Sitzung zwei Kindergerichte vorzustellen, die Hauswirtschaftleitung stellt ebenfalls bis zur nächsten Sitzung einen Entwurf für eine Mal- und Spielecke vor. Diese **Vorschläge werden diskutiert, ggf. verändert und anschließend umgesetzt**. Abschließend berichten die Mitarbeiter des Cafes, dass sich die Kinder jetzt wohler fühlen.

9.4.9 Befragungen

Befragungen können je nach Themenstellung sehr verschieden sein. Aus diesem Gund ist es wichtig, zuerst genau zu definieren, mit welcher Zielsetzung die Befragung stattfinden soll. Unter Beachtung der Zielstellung ist u. a. folgendes festzulegen:

Zielgruppe für die Befragung (Probandinnen und Probanden)

Es ist zu bedenken, dass die Menschen, je nach Gesundheitszustand, Alter und Bildungsstand mehr oder weniger gut in der Lage sind, Fragen zu beantworten. Eine Befragung der Kundinnen und Kunden in einem Betriebsrestaurant wird aus diesem Grund ganz anders sein als eine Befragung der Bewohnerinnen und Bewohner in einer Altenhilfeeinrichtung.

Methode der Befragung

Methoden zur Durchführung einer Befragung sind z. B. mündliche Befragungen (Interviews), schriftliche bzw. elektronische Befragungen, Story Telling oder die sequenzielle Ereignismethode. Diese Methoden werden in den folgenden Abschnitten beschrieben.

Anzahl der Probandinnen und Probanden

Je mehr Probandinnen und Probanden an der Befragung teilnehmen, desto größer wird (bei richtiger Stichprobenziehung) die Wahrscheinlichkeit, dass damit ein repräsentatives Ergebnis erreicht wird. Desto größer ist aber auch der zeitliche Aufwand für Werbung der Probandinnen und Probanden sowie für Durchführung und Auswertung der Befragung.

Art der Fragen

Befragungen bestehen in der Regel aus geschlossenen und offenen Fragen. Die klassische geschlossene Frage, deren Antwort entweder *Ja* oder *Nein* ist, lässt dem Befragten wenig Spielraum. Vorteil einer solchen Frage ist die leichte Auswertbarkeit. Je mehr Antwortmöglichkeiten (Multiple choice) vorgegeben werden, desto besser kann man von einer *Schwarz-Weiß-Sicht* die *Grautöne* unterscheiden.

Mit geschlossenen Fragen legt meist das Unternehmen die Qualitätsmerkmale (z. B. Temperatur der Speise) und deren Ausprägung (z. B. zu heiß, genau richtig, zu kalt) sehr genau fest, die die Kundin oder der Kunde bewerten soll.

Offene Fragen lassen den Befragten noch mehr Spielraum. Beispiel für eine offene Frage ist: *Wie hat es Ihnen geschmeckt?* Die Kundin oder der Kunde kann darauf nur mit einem kurzen *danke – sehr gut* oder mit einem ausschweifenden Satz antworten. Hier gibt der Betrieb das Qualitätsmerkmal (den Geschmack) vor, über die Ausprägung (ob der Geschmack gut, die Soße zu würzig, das Fleisch zu fest usw. ist), entscheidet die Kundin oder der Kunde. Dabei kann sich die Frage auf eine ganz bestimmte Sache konzentrieren. Die Frage, ob es geschmeckt hat, bezieht sich in der Regel auf die betreffende Speise an dem betreffenden Tag. Die Frage: *Was erleben Sie, wenn Sie jeden Tag im Betriebsrestaurant Ihre Mittagspause verbringen?* ist noch viel offener. Die Antworten können sehr unterschiedlich ausfallen. Die Auswertung kann dadurch problematisch werden. (vgl. Bruhn 1997, S. 65; Schätzing 1987, S. 127 ff.). Eine geschlossene Frage, die wenig Spielraum bietet, lässt sich besser beantworten als eine offene Frage. In der Praxis kommt es darauf an, die Fragen unter Berücksichtigung der Zielgruppe der Probanden und der Zielstellung der Befragung zu stellen.

Es ist ratsam, sich nicht auf eine Frageart zu beschränken. So wird die Befragung nicht eintönig und die Befragten werden nicht unterfordert.

Auswahl der Antwortmöglichkeiten für geschlossenen Fragen

Die Vorgabe von zwei Antwortmöglichkeiten ist dann geeignet, wenn es nur eine Antwort geben kann, z. B. auf die Frage, ob der oder die Befragte heute eine Vorsuppe verzehrt hat, kann nur mit *Ja* oder *Nein* geantwortet werden.

Die Vorgabe von drei und mehr Antwortmöglichkeiten erhöht die Aussagekraft. Zu beachten ist, dass bei einer ungeraden Anzahl von Antwortmöglichkeiten der oder die Befragte gern die mittlere Antwort wählt. Diese Antwort lautet oft *teils teils* oder *teilweise* oder *weder noch*. Hier ist bei der Auswertung Vorsicht geboten, denn Befragte, die diese Antwort wählen, können ausweichend geantwortet haben. Sie haben keinen Mut zu einer schlechten Bewertung. Das Ausweichen kann je nach Zielstellung gewollt oder ungewollt sein. Eine Orientierung am Schulnotensystem (1 – 5 oder 1 – 6) bei der Wahl der Antwortmöglichkeiten hat sich in der Praxis als geeignet erwiesen. Mehr als sieben Antwortmöglichkeiten sollten nicht vorgegeben werden.

Anzahl der einzelnen Fragen

Es ist zu bedenken, dass zu viele Fragen die Befragten überfordern. Eine zu umfangreiche Befragung erfordert zu viel Zeit und stößt daher oft auf Ablehnung. Werden zu wenig Fragen gestellt, kann die Aussagekraft der Befragung negativ beeinflusst werden.

Schwerpunkte der einzelnen Fragen

Es ist weiterhin zu beachten, dass die Fragen und Antwort - möglichkeiten inhaltlich logisch aufgebaut und gut nachvollziehbar formuliert sind.

Art und Weise der Fragestellung
Eine Frage kann formuliert sein als

- Frage (z. B. *Hat das Personal Sie heute freundlich bedient?* Als Antwort könnte dann vorgegeben sein: *ja, nein, zum Teil*),
- Feststellung (z. B. *Das Personal hat mich heute freundlich bedient.* Die Antwortmöglichkeiten wären dann: *stimmt genau, stimmt teilweise, stimmt nicht*),
- oder Wortgruppe aus Adjektiv und Substantiv formuliert sein (z. B. *freundliches Personal;* die Antwortmöglichkeiten wären dann analog der Feststellung zu wählen).

Diese zuletzt genannte Art der Fragestellung verzichtet auf überflüssige sprachliche Ausschmückung. Die Eignung dieser Fragen hängt von der Zielgruppe ab. Für ältere Menschen ist dieser *Telegrammstil* eher unangenehm (vgl. Mummenday 1987, S. 54; Hüttner 1997, S. 122).

Die Abbildung 9.23 zeigt einen Beispielfragebogen.

Bevor jedoch die Erhebung erfolgt, sollten der Fragebogen und die Auswertung getestet werden. Dabei findet die Befragung unter möglichst realistischen Studienbedingungen statt. Erst nach dieser Überprüfung findet die eigentliche Befragung statt (vgl. Statistisches Bundesamt 1996, S. 11).

9.4.9.1 Story Telling

Bei der Methode des Story Telling (engl. Geschichtenerzählen) erzählen die Kundinnen und Kunden über besonders gute oder besonders schlechte Erlebnisse, die sie bei der Nutzung der Dienstleistung hatten. Das ist eine unstrukturierte Befragung, d. h. bei dem Gespräch zwischen der interviewenden Person und der Kundin oder dem Kunden, gibt es keinen Ablaufplan für das Interview. Die Kundin oder der Kunde entscheidet selbst, über welche Ereignisse mit dem Dienstleistungsbetrieb sie oder er berichten möchte. Die interviewende Person und der Betrieb erhalten auf diese Weise Einsicht in besondere Ereignisse der Dienstleistung (vgl. Bruhn 1997, S. 82 ff.).

Story Telling eignet sich, um für weiteres Vorgehen Schwerpunkte zu setzen. Berichten beispielsweise viele Teilnehmerinnen und Teilnehmer beim Story Telling häufig über die ange-

Fragebogen

Sehr geehrter Gast!
Im Rahmen einer Kundenzufriedenheitsmessung bitten wir Sie, folgenden Fragebogen auszufüllen. SAGEN SIE UNS IHRE MEINUNG! Wir versichern Ihnen, dass alle Daten vertraulich behandelt werden.

Datum   Uhrzeit:
Ort: ❑ Bahnhof   ❑ Flughafen   Restaurant:

Freundlichkeit der MitarbeiterInnen

1. Wie fanden Sie heute die Freundlichkeit der MitarbeiterInnen?
   - ❑ Die MitarbeiterInnen begrüßten mich sehr freundlich, mit Blickkontakt und einem Lächeln. Während der gesamten Begegnung spürte ich eine sehr angenehme, natürliche Freundlichkeit.
   - ❑ Die MitarbeiterInnen begrüßten mich freundlich, mit Blickkontakt. Während des gesamten Kundenkontakts herrschte eine freundliche Atmosphäre.
   - ❑ Die MitarbeiterInnen begrüßten mich unfreundlich. Man versuchte aber trotzdem noch höflich zu sein.
   - ❑ Die MitarbeiterInnen begrüßten mich nicht. Die gesamte Bedienung war recht lieblos.
2. Entsprach die Freundlichkeit Ihren Erwartungen?
   - ❑ Übertrifft sie
   - ❑ Stimmt überein
   - ❑ Ist schlechter

Qualität des Services

3. Wie empfanden Sie heute die Qualität des Services?
   - ❑ Ich musste überhaupt nicht warten. Der gesamte Bestellvorgang ging sehr zügig und ohne Fehler vonstatten.
   - ❑ Ich musste kurz warten. Ansonsten wurde meine Bestellung schnell und zügig aufgenommen und bearbeitet.
   - ❑ Ich brauchte ein wenig Geduld, ehe ich meine Bestellung aufgeben konnte. Die gesamte Bestellung wurde schleppend abgewickelt.
   - ❑ Ich wartete sehr lange bis ich meine Bestellung aufgeben konnte. Die gesamte Bestellung wurde schleppend abgewickelt. Ich konnte nicht erkennen, dass versucht wurde, die Wartezeit zu minimieren.
4. Entsprach der Service Ihren Erwartungen?
   - ❑ Übertrifft sie
   - ❑ Stimmt überein
   - ❑ Ist schlechter

Qualität der Getränke

5. Wie beurteilen Sie heute die Qualität der Getränke?
   - ❑ Die Getränke waren hervorragend. Geschmack und Temperatur waren einwandfrei. Es gibt nichts zu verbessern.
   - ❑ Die Getränke waren im Wesentlichen schmackhaft. Geschmack und Temperatur waren gut.
   - ❑ Die Getränke waren akzeptabel. Es gab geringfügige Abstriche beim Geschmack und der Temperatur.
   - ❑ Die Getränke waren nicht schmackhaft. Es gab große Mängel beim Geschmack und der Temperatur.
   - ❑ Ich habe nichts getrunken. (Weiter mit Frage 7.)
6. Entsprach die Qualität der Getränke Ihren Erwartungen?
   - ❑ Übertrifft sie
   - ❑ Stimmt überein
   - ❑ Ist schlechter

Qualität der Speisen

7. Wie beurteilen Sie heute die Qualität der Speisen?
   - ❑ Die Speisen waren ausgezeichnet. Geschmack und Temperatur der Speisen waren hervorragend und tadellos. Es gibt nichts zu verbessern.
   - ❑ Die Speisen waren im Wesentlichen schmackhaft. Geschmack und Temperatur waren gut.
   - ❑ Die Speisen waren zufriedenstellend. Es gab geringfügige Abstriche beim Geschmack und der Temperatur.
   - ❑ Die Speisen waren nicht schmackhaft. Es gab große Mängel beim Geschmack und der Temperatur.
   - ❑ Ich habe nichts verzehrt. (Weiter mit Frage 9.)
8. Entsprach die Qualität der Speisen Ihren Erwartungen?
   - ❑ Übertrifft sie
   - ❑ Stimmt überein
   - ❑ Ist schlechter

Sauberkeit und Atmosphäre

9. Welchen Eindruck hatten Sie heute vom Umfeld des Restaurants?
   - ❑ Das gesamte Umfeld wirkte äußerst gepflegt und lud zum Verweilen ein.
   - ❑ Das Umfeld wirkte gepflegt. Ich hielt mich gern auf.
   - ❑ Das Umfeld wirkte ungepflegt.
   - ❑ Das gesamte Umfeld wirkte sehr ungepflegt und schmutzig.
10. Wie fanden Sie heute die Sauberkeit und die Atmosphäre im Restaurant selbst?
   - ❑ Der Raum lud zum Verweilen ein. Alles war äußerst sauber. Es roch sehr angenehm. Ich habe mich sehr wohl gefühlt.
   - ❑ Der Raum war im Wesentlichen sauber. Es roch angenehm. Ich habe mich wohl gefühlt.
   - ❑ Sauberkeit war akzeptabel. Ein leichter unangenehmer (Küchen-, Zigaretten-) Geruch lag in der Nase. Ich habe mich nicht sehr wohl gefühlt.
   - ❑ Es ist stark verschmutzt. Grobe Verunreinigungen sind noch vorhanden. Es roch unangenehm (nach Küche, Zigarette). Ich habe mich unwohl gefühlt.
11. Entsprach die Atmosphäre im Restaurant Ihren Erwartungen?
   - ❑ Übertrifft sie
   - ❑ Stimmt überein
   - ❑ Ist schlechter

Sonstiges

12. Würden Sie das Restaurant weiterempfehlen?
   - ❑ Ja
   - ❑ Vielleicht
   - ❑ Nein
13. Haben Sie weitere Wünsche/Anregungen/Kritik?

Vielen Dank für Ihre Mühe! Wir würden uns freuen, Sie bald wieder bei uns begrüßen zu dürfen.

Abb. 9.23 Beispiel eines Fragebogens (Kelm 2002, S. 60)

nehme und freundliche Bedienung eines Tagungshauses, so ist das sicher ein Lob wert. Wird aber im Story Telling verstärkt das Preis-Leistungs-Verhältnis bemängelt, könnten in einem nächsten Schritt die Kundinnen und Kunden eines Betriebs - restaurants genauer zum Preis-Leistungs-Verhältnis befragt werden. Nicht nur der quantitative Aspekt beim Story Telling ist wichtig, sondern die Stärke liegt darin, das Erlebnis der Kundinnen und Kunden überhaupt in der Tiefe zu erfahren.

Story Telling kostet viel Zeit und kann aus diesem Grund nur bei wenigen Kundinnen und Kunden durchgeführt werden. Die einzelnen Ergebnisse sind sehr realitätsnah, denn die Teilnehmerinnen und Teilnehmer berichten, was sie tatsächlich bewegt. Durch die Offenheit der Frage ist die statistische Auswertung schwer.

9.4.9.2 Sequenzielle Ereignismethode

Sequenzielle Ereignismethode bedeutet, dass die Schritte der Dienstleistung nacheinander beurteilt werden. Diese Methode ist eine Weiterentwicklung des Story Telling.

Der Dienstleistungsprozess wird dazu in Teilschritte zerlegt und in einem Ablaufdiagramm dargestellt. Es dient der Kundin und dem Kunden als Gedächtnisstütze beim Nacherleben der Dienstleistungssituation (vgl. Bruhn 1997, S. 82 f.).

Hierzu ein Beispiel:

Eine Betriebskantine will von ihren Kundinnen und Kunden wissen, wie diese die Gesamtleistung beurteilen. Es wurde entschieden, dass die Methode der sequenziellen Ereignismethode Anwendung finden soll. Die Dienstleistung wird in mehrere Teilschritte zerlegt. Dabei gibt es drei verschiedene Arten von Teilschritten:

- Teilschritte, die sich dem Blickfeld des Kunden entziehen (z. B. Essenszubereitung),
- Teilschritte, bei denen die Kundin/der Kunde allein ist (z. B. Ankunft in der Kantine),
- Teilschritte, bei denen es zu Interaktionen zwischen dem Dienstleister und der Kundin/dem Kunden kommt (z. B. Essensbestellung und Ausgabe).

Die Teilschritte, die für die Kundinnen und Kunden sichtbar sind, werden mit der Sichtbarkeitslinie markiert. Nur diese

Teilschritte können von den Kundinnen und Kunden beurteilt werden. Die Abbildung 9.24 zeigt das Ablaufdiagramm für eine Betriebskantine.

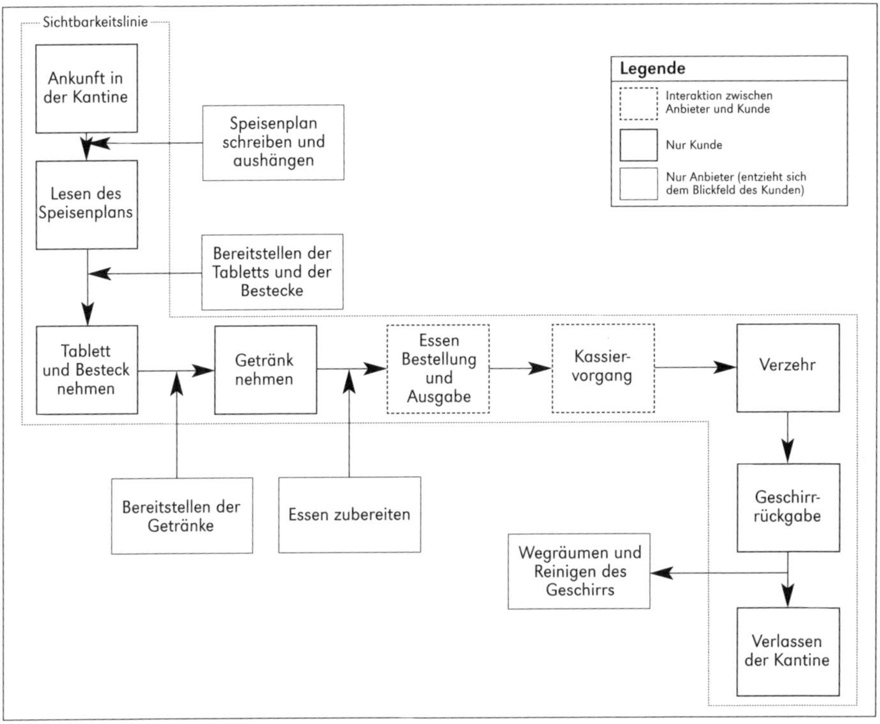

Abb. 9.24 Ablaufdiagramm am Beispiel einer Betriebs-kantine

Beim Interview im Rahmen einer sequenziellen Ereignismethode wird der Kundin oder dem Kunden dieses Ablaufdiagramm vorgelegt. Es wird gefragt, welche Erlebnisse sie oder er bei der Ankunft in der Kantine hatte. Danach werden die Erlebnisse beim Lesen der Speisenkarte erfasst. So werden die Geschehnisse an jedem Teilschritt nach und nach abgefragt.

Bei dieser Methode werden neben wichtigen positiven oder negativen Erlebnissen der Kundinnen und Kunden auch Selbstverständlichkeiten erfasst, die problemlos laufen. Die quantitative Erfassung solcher reibungslosen Abläufe ist ebenfalls interessant.

9.4.9.3 Fragebogen

Während die bisher genannten Befragungen wenig strukturiert sind, ist das Vorgehen einer Befragung durch einen Fragebogen von einer mehr oder weniger starken Struktur geprägt. Fragebögen können bei mündlichen, schriftlichen oder elektronischen Befragungen eingesetzt werden.

Bei **mündlichen Interviews** liest die interviewende Person der befragten Person die Fragen auf dem Bogen vor oder stellt die Fragen frei. Die Fragen werden durch die befragte Person beantwortet. Die interviewende Person kann die Antworten aufzeichnen oder mitschreiben. Dabei sollte sie auf die Kundinnen und Kunden zugehen können und diese aktiv zur Teilnahme am Interview motivieren. Die interviewende Person sollte neutral sein und damit die Antworten nicht beeinflussen. Wird eine Person von zwei verschiedenen interviewenden Personen unter sonst gleichen Bedingungen nach dem gleichen Fragebogen interviewt, dann sollten die Ergebnisse identisch sein. Fatal wäre es, wenn die interviewende Person beim Lesen der Fragen Nuancen setzt oder gar richtungsweisende Worte hinzufügt.

Auch für eine **schriftliche Befragung** können interviewende Personen eingesetzt werden. Diese haben dann die Aufgabe der Akquise der Befragungsteilnehmer/-innen. Die befragte Person füllt selbstständig den Fragebogen aus. Auch hier ist der Einfluss der interviewenden Person nicht unerheblich. Ein *über die Schulter schauen* irritiert die befragte Person und kann zu einer realitätsfernen Antwort führen. Eine schriftliche Befragung ohne interviewende Person ist ebenfalls möglich. Das kann ein Formular sein, das Teilnehmerinnen und Teilnehmer einer Tagung am Ende der Veranstaltung in ihren Unterlagen finden, um damit die Qualität der Verpflegung im Tagungshaus zu beurteilen. Ein anders Beispiel sind Fragebögen, die auf den Tischen im Gastraum ausliegen und die Gäste zur Meinungsabgabe einladen.

Eine Variante der schriftlichen Befragung stellt die **elektronische Befragung** dar. Die Fragen erscheinen auf einem Bildschirm. Durch das Klicken einer bestimmten Taste oder der Berührung des Bildschirms können die Antworten der Kundinnen und Kunden erfasst werden. Internetbefragungen werden immer beliebter, weil damit sehr viele Probandinnen und Probanden in kurzer Zeit befragt werden können und die Eingabe der Daten durch das Forschungsteam entfällt.

9.4.10 FMEA-Analyse

Die FMEA-Analyse (Failure Mode and Effects Analysis) ist eine Vorgehensweise, bei der systematisch die wichtigsten Fehler in einem Betrieb erkannt und bewertet werden können. Die Bewertung der Fehler erfolgt nach ihrer Auftrittswahrscheinlichkeit, nach ihrer Entdeckbarkeit sowie nach der Bedeutung der Fehlerfolgen für die Kundinnen und Kunden. Diese Faktoren fließen in der sogenannten Risikoprioritätskennzahl zusammen.

Die FMEA-Analyse wird in fünf Schritten durchgeführt.

1. Strukturanalyse

In der Strukturanalyse wird ein ausgewählter Leistungserstellungsprozess in die Teilprozesse untergliedert. Zum besseren Verständnis aller beteiligten Personen ist ein Flussdiagramm geeignet.

Beispiel:

Servicequalität bei der Ausgabe und beim Kassieren des Mittagsmenüs in einem Betriebsrestaurant (vgl. Abb. 9.25).

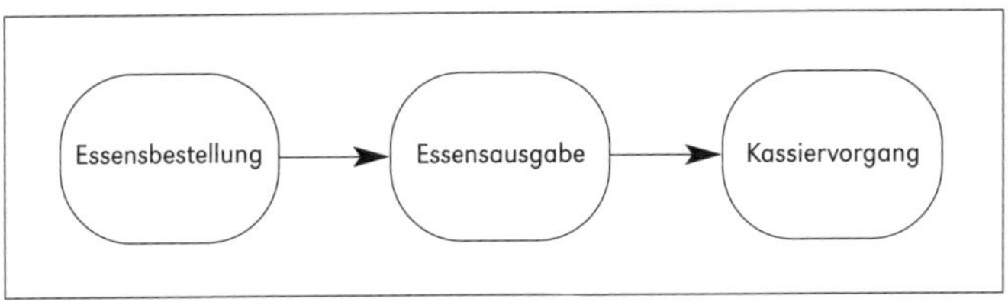

Abb. 9.25 Flussdiagramm für die Strukturanalyse der FMEA-Analyse an einem Beispiel

2. Funktionsanalyse

Im Rahmen der Funktionsanalyse werden für die einzelnen im vorangegangenen Schritt gebildeten Teilprozesse Merkmale und Merkmalsausprägung festgelegt. Es wird sozusagen der *Soll-Zustand* bestimmt (vgl. Abb. 9.26).

3. Fehleranalyse

In der Fehleranalyse werden Abweichungen von den festgelegten Merkmalsausprägungen benannt (siehe Abb. 9.27). Dabei ist diese Vorgehensweise die gleiche wie beim Soll-Ist-Vergleich (vgl. Kapitel 9.4.8).

Abb. 9.26
Merkmale und Merkmalsausprägungen für die Teilprozesse der Funktionsanalyse der FMEA-Analyse an einem Beispiel

Teilprozesse	Merkmale	Merkmalausprägung
Essens-bestellung	zügige Bedienung	Wenn ein Gast kommt, steht sofort eine Mitarbeiterin oder ein Mitarbeiter zur Verfügung. Bei Bedarf werden zwei Mitarbeiter eingesetzt.
Essens-ausgabe	Wünsche der Gäste werden berücksichtigt	Die Mitarbeiterin/der Mitarbeiter fragt nach, z. B.: *Ist es Ihnen recht so?* Alle Gäste werden gleich behandelt.
Kassiervorgang	zügiges Kassieren	Die Kassiererin/der Kassierer kennt die Preisliste gut. Die Kassiererin/der Kassierer kann die Kasse problemlos bedienen.

Abb. 9.27
Merkmalsausprägungen und Abweichungen der Fehleranalyse der FMEA-Analyse an einem Beispiel

Merkmalausprägung	Abweichungen
Wenn ein Gast kommt, steht sofort eine Mitarbeiterin oder ein Mitarbeiter zur Verfügung.	Gäste müssen oft klingeln und einige Minuten warten, bis eine zuständige Mitarbeiterin oder ein Mitarbeiter kommt.
Bei Bedarf werden zwei Mitarbeiter eingesetzt.	Zwei Mitarbeiter stehen nicht zur Verfügung.
Die Mitarbeiterin/der Mitarbeiter fragt nach, z. B.: *Ist es Ihnen recht so?*	Dies erfolgt in der Regel. - keine Abweichung -
Alle Gäste werden gleich behandelt.	Eine Gleichbehandlung ist nicht immer gegeben. Befreundete Gäste und Gäste in Leitungspositionen werden bevorzugt.
Die Kassiererin/der Kassierer kennt die Preisliste gut.	Die Preisliste ist nicht allen Kassiererinnen und Kassierern geläufig, oft muss lange nachgeschaut werden.
Die Kassiererin/der Kassierer kann die Kasse problemlos bedienen.	Dies erfolgt in der Regel. - keine Abweichung -

4. Risikobewertung

Bei der Risikobewertung werden

- die Auftrittswahrscheinlichkeit,
- die Bedeutung der Fehlerfolgen und
- die Entdeckbarkeit des Fehlers durch die Kundinnen und Kunden

bestimmt. Anhand einer 10-Punkte-Skala erfolgt dann die Bewertung. Eine hohe Punktzahl wird dann vergeben, wenn jeweils ein hohes Risiko besteht, d. h. der Fehler wahrscheinlich oft auftritt, die Fehlerfolgen sehr bedeutend für den Gast sind bzw. der Gast den Fehler leicht entdecken kann. Eine niedrige Punktzahl wird dann vergeben, wenn jeweils ein niedriges Risiko besteht.

Zur Ermittlung des Gesamtrisikos, wird die Risikoprioritätskennzahl (RPZ) gebildet. Sie ist das Produkt aus der Auftritts - wahrscheinlichkeit, der Bedeutung der Fehlerfolgen und der Entdeckbarkeit des Fehlers (vgl. Abb. 9.28).

Abweichungen	Auftrittswahrscheinlichkeit	Bedeutung der Fehlerfolgen	Entdeckbarkeit	RPZ
Gäste müssen oft klingeln und einige Minuten warten, bis eine zuständige Mitarbeiterin/Mitarbeiter kommt.	2	6	10	120
Zwei Mitarbeiter stehen nicht zur Verfügung.	10	4	4	160
Eine Gleichbehandlung ist nicht immer gegeben. Befreundete Gäste und Gäste in Leitungspositionen werden bevorzugt.	9	10	3	270
Die Preisliste ist nicht allen Kassiererinnen und Kassierern geläufig, oft muss lange nachgeschaut werden.	2	3	7	42

Abb. 9.28 Bildung der Risikoprioritätskennzahl (RPZ) der Risikoanalyse der FMEA-Analyse an einem Beispiel

Risikominimierung

Bei der Risikominimierung wird der Prozess so verändert, dass die Fehler minimiert werden. Dabei sollten zuerst die Fehler betrachtet werden, die mit einer hohen RPZ bewertet worden sind. Es ist empfehlenswert, einen Maßnahmenplan aufzustellen, aus dem ersichtlich wird, wer welche Aufgaben bis wann zu erledigen hat. Abschließend werden die Ergebnisse überprüft (vgl. Masing 1999, S. 358 ff., 440 ff. 1033 ff.; Kamiske/Brauer 1999, S. 69 ff.).

9.4.11 HACCP

Die Abkürzung HACCP steht für **H**azard **A**nalysis and **C**ritical **C**ontrol **P**oints. Übersetzt versteht man unter HACCP die *Ge - fahrenanalyse an kritischen Lenkungspunkten.*

Ursprünglich wurde HACCP für die Lebensmittelversorgung von Astronauten entwickelt. Heutzutage ist HACCP für alle in der Nahrungskette beteiligten Betriebe verpflichtend. Ge - schichtlich hat sich HACCP auf Grundlage der FMEA-Analyse entwickelt. Vergleicht man beide Techniken miteinander, können Gemeinsamkeiten festgestellt werden.

Gesetzlich ist HACCP in der seit Januar 2006 gültigen EU-Hygieneverordnung verankert. Dort werden die Grundsätze von HACCP beschrieben. Diese wurden im Vergleich zur LMHV (Lebensmittelhygieneverordnung), die bis 2005 gültig war, geringfügig umformuliert.

1. Grundsatz:
Ermittlung von Gefahren, die vermieden, ausgeschaltet oder auf ein akzeptables Maß reduziert werden müssen.
2. Grundsatz:
Bestimmung der kritischen Kontrollpunkte (CCPs) auf der Prozessstufe, auf der eine Kontrolle notwendig ist, um eine Gefahr zu vermeiden, auszuschalten oder auf ein akzeptables Maß zu reduzieren.
3. Grundsatz:
Festlegung von Grenzwerten für diese kritischen Kontrollpunkte, anhand derer im Hinblick auf die Vermeidung, Ausschaltung oder Reduzierung ermittelter Gefahren zwischen akzeptablen Werten und nicht akzeptablen Werten unterschieden wird.
4. Grundsatz:
Festlegung und Durchführung effizienter Verfahren zur Überwachung der CCPs.
5. Grundsatz:
Festlegung von Korrekturmaßnahmen für den Fall, dass die Überwachung zeigt, dass ein kritischer Kontrollpunkt nicht mehr unter Kontrolle ist.
6. Grundsatz:
Festlegung von regelmäßig durchgeführten Verifizierungsmaßnahmen, um festzustellen, ob das HACCP-System einwandfrei funktioniert.
7. Grundsatz:
Erstellung von Dokumenten und Aufzeichnungen, die der Art und Größe des Lebensmittelunternehmens angemessen sind, um nachzuweisen, dass den Vorschriften gemäß Punkten 1 bis 6 entsprochen wird (vgl. Höß 2006, S. 10 f.).

Die Einführung von HACCP erfolgt zunächst in vier Schritten:

1. Vorbereitung.
2. Entwicklung des HACCP-Systems (Erfüllung der Grundsätze 1 bis 5 und 7).
3. Einführung des HACCP-Systems in die Praxis.
4. Sicherstellung der Funktionsweise des HACCP-Systems (Erfüllung des Grundsatzes 6).

9.4.11.1 Vorbereitung

Zu Beginn müssen die Personen benannt werden, die sich im Rahmen einer Arbeitsgruppe an der Entwicklung von HACCP beteiligen. Das kann auch der Qualitätszirkel sein.

Im Rahmen der Vorbereitung ist es weiterhin ratsam, alle Produkte (Speisen) kurz zu beschreiben. So wird sichergestellt, dass keine Speise vergessen wird. Dabei können Speisen mit ähnlichen Gefahrenklassen (z. B. Hackfleischprodukte, Cremespeisen oder Obst- und Gemüsesalate ohne Mayonnaise) zusammengefasst werden. Grundlage für diese Produktbeschreibung kann in den Betrieben die Rezeptkartei sein.

Produktbeschreibungen (vgl. Abb. 9.29) können folgende Daten enthalten:

Speisengruppe: **(4) Mayonnaisehaltige Salate**	
Speisen der Speisengruppe:	Kartoffelsalat Reissalat Nudelsalat Spargelsalat
Zutaten:	siehe Rezeptkartei
Verwendung:	Abgabe an interne und externe Verpflegungsteilnehmer
Haltbarkeit:	sofortiger Verzehr
Besonderheiten:	keine

Abb. 9.29 Produktbeschreibung für mayonnaisehaltige Speisen (eigene Darstellung in Anlehnung an Kopp 1998, S. 42)

- Speisengruppe (Produktgruppe),
- Bezeichnung der Speise/Speisen,
- Zutaten,
- Verwendung,
- Haltbarkeit,
- Besonderheiten (vgl. Kopp 1998, S. 41 f.).

Es wird empfohlen, den Herstellungsprozess einer Speise oder einer Speisengruppe als Flussdiagramm (synonym Fließschema oder Ablaufdiagramm) darzustellen, damit alle Mitarbeiter der Arbeitsgruppe über den gleichen Sachverhalt sprechen (vgl. Abbildung 9.30). Das Diagramm muss unbedingt den tatsächlichen Herstellungsprozess abbilden (vgl. Kopp 1998, S. 42 f.).

Abb. 9.30 Flussdiagramm für die Zubereitung von mayonnaisehaltigen Speisen

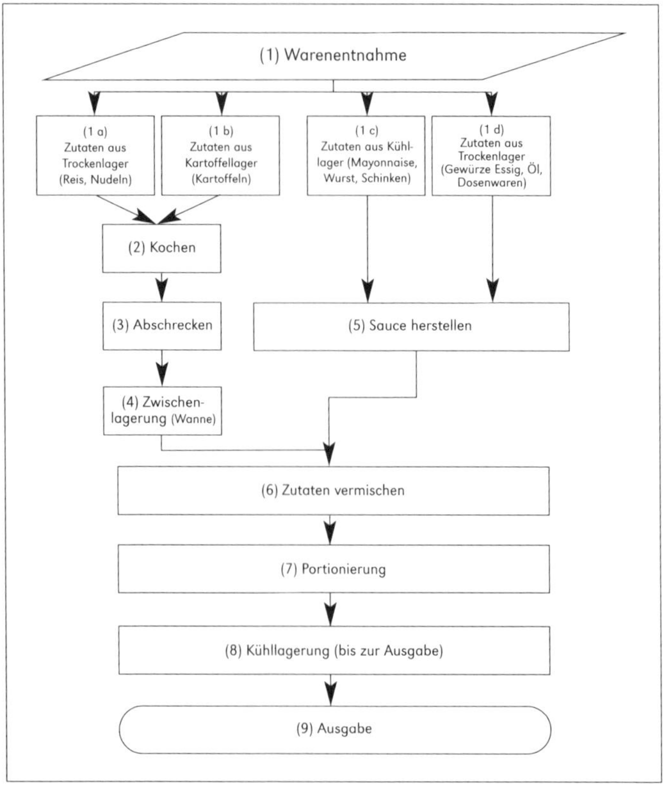

9.4.11.2 Entwicklung des HACCP-Systems

Ermittlung von Gefahren (HACCP-Grundsatz 1)

Eine Gefahr besteht dann, wenn der Verzehr der Speise zu einer Gesundheitsschädigung führen kann.

Es werden Gefahren aufgelistet, die den Mitarbeitern der Arbeitsgruppe einfallen. Dies kann im Rahmen eines Brainstormings oder einer anderen Technik erfolgen.

Für das Beispiel mayonnaisehaltige Salate können folgende Risiken benannt werden:

- Entnahme verdorbener Zutaten (Prozessstufen 1a bis 1d),
- Verunreinigung durch Arbeitsgeräte (Prozessstufen 5 bis 7),
- Beeinträchtigung durch unzureichende Kühlung (Prozessstufe 8),
- Beeinträchtigung durch zu lange Standzeiten (Prozessstufe 8),
- Mängel in der Personalhygiene (Prozessstufen 1 bis 9).

Bestimmung der kritischen Kontrollpunkte (CCPs) (HACCP-Grundsatz 2)
Die Schwierigkeit besteht nun darin, eine tatsächliche Gefahr zu erkennen. Es sind nicht zu viele und nicht zu wenig Gefahren festzuschreiben. Es kommt darauf an, eine bedeutende Gefahr von einer unbedeutenden Gefahr zu unterscheiden.

Dazu gibt es zwei verschiedene Wege:

1. mittels der FMEA-Analyse,
2. mittels HACCP-Entscheidungsbaum.

Eine Gefahr ist dann bedeutend, wenn

1. es sehr wahrscheinlich ist, dass eine gesundheitsgefährdende Speise verzehrt wird,
2. mit schweren gesundheitlichen Folgen zu rechnen ist, wenn die gesundheitsgefährdende Speise verzehrt wird,
3. die gesundheitsschädigende Wirkung bei einer großen Zahl der Gäste zum Tragen kommt. Zum Beispiel können bereits geringe Verunreinigungen für Menschen in einem Krankenhaus oder Altenheim zu fatalen Folgen führen, jüngere und gesunde Menschen reagieren auf die gleiche Speise nur mit leichter Übelkeit (vgl. Mortimore/Wallace 2000, S. 161 f.).

Bestimmung der CCPs mittels FMEA-Analyse
Vergleicht man diese Risikobewertung mit der der FMEA-Analyse (Auftrittswahrscheinlichkeit, Bedeutung der Fehlerfolgen, Entdeckbarkeit des Fehlers) (vgl. Kapitel 9.4.10), wird der ge-

meinsame Denkansatz deutlich. Diese Gemeinsamkeiten sollten Betriebe kennen und nutzen, denn Betriebe, die mit der Risikoanalyse nach HACCP vertraut sind, haben gute methodische Voraussetzungen, eine FMEA-Analyse durchzuführen und umgekehrt (vgl. Abb. 9.31).

Mögliche Abweichungen (Gefahren)	**A** (Auftrittswahrscheinlichkeit)	**B** (Bedeutung der Fehlerfolgen)	**E** (Entdeckbarkeit des Fehlers)	**RPZ** (Risikoprioritätskennzahlen)
Entnahme verdorbener Zutaten (Prozessstufen 1a bis 1d)	2	10	7	140
Verunreinigung durch Arbeitsgeräte (Prozessstufen 5 bis 7)	1	10	7	70
Beeinträchtigung durch unzureichende Kühlung (Prozessstufe 8)	5	10	7	350
Beeinträchtigung durch zu lange Standzeiten (Prozessstufe 8)	3	10	7	210
Mängel in der Personalhygiene (Prozessstufen 1 bis 9)	4	10	7	280

Abb. 9.31
Bestimmung der CCPs mittels FMEA-Analyse an einem Beispiel

Nach diesem Beispiel sind die drei zuletzt genannten Gefahren (Risiken) von Bedeutung, wenn man davon ausgeht, dass Risiken unter einer Prioritätskennzahl von 200 eher zu vernachlässigen sind. Wo diese Grenze liegt, entscheidet der Betrieb. An den betreffenden Prozessstufen werden CCPs festgeschrieben.

Bestimmung der CCPs mittels HACCP-Entscheidungsbaum

CCPs können bestimmt werden, indem die Fragen des in Abbildung 9.32 dargestellten Entscheidungsbaums in entsprechender Reihenfolge beantwortet werden.

Für das Beispiel mayonnaisehaltiger Speisen können die kritischen Kontrollpunkte mit Hilfe des Entscheidungsbaums wie in Abbildung 9.33 festgelegt werden.

Festlegung von Grenzwerten (HACCP-Grundsatz 3)

Zu jedem CCP muss ein Grenzwert festgelegt werden.

Ein Grenzwert ist definiert als Toleranzgrenze, die eingehalten werden muss, um sicherzustellen, dass eine Gefahr durch einen kritischen Kontrollpunkt effektiv kontrolliert wird.

Grenzwerte sollten transparent und leicht messbar sein, sodass im laufenden Prozess schnell überprüft werden kann, ob es sich um eine Abweichung vom Grenzwert handelt.

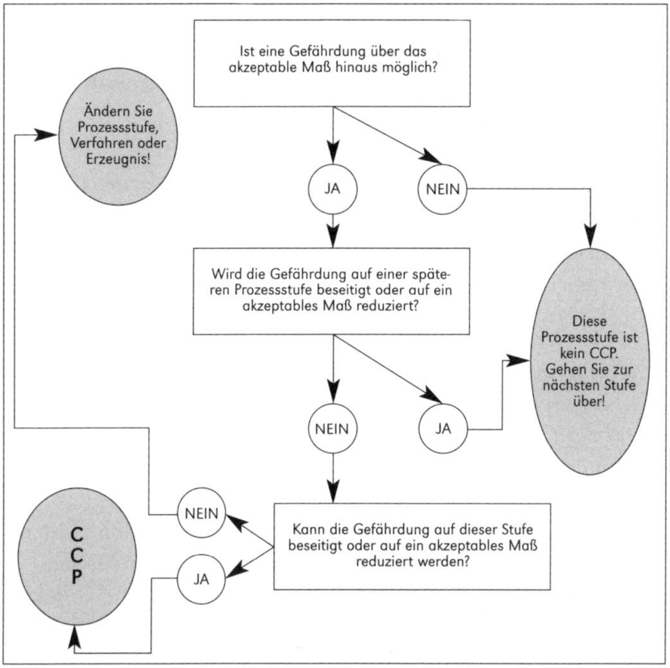

Abb. 9.32
Entscheidungsbaum zum Festlegen von CCPs (eigene Darstellung in Anlehnung an Codex Alimentarius, nach Mortimore/Wallace 2000, S. 178)

Prozess-stufe	Risiko	Ist eine Gefährdung über ein akzeptables Maß hinaus möglich?	Wird die Gefährdung auf einer späteren Prozessstufe beseitigt oder auf ein akzeptables Maß reduziert?	Kann die Gefährdung auf dieser Stufe beseitigt oder auf ein akzeptables Maß reduziert werden?	Schluss-folgerung
1a bis 1d	Entnahme verdorbener Zutaten	NEIN	-	-	KEIN CCP
5 bis 7	Verunreinigung durch Arbeitsgeräte	NEIN	-	-	KEIN CCP
8	Beeinträchtigung durch unzureichende Kühlung	JA	NEIN	JA	CCP
8	Beeinträchtigung durch zu lange Standzeiten	JA	NEIN	JA	CCP
1 bis 9	Mängel in der Personalhygiene	JA	NEIN	JA	CCP

Abb. 9.33
Festlegung kritischer Kontrollpunkte für die Zubereitung von mayonnaisehaltigen Speisen (eigene Darstellung in Anlehnung an Mortimore/Wallace 2000, S. 182)

Wird der Grenzwert über- oder unterschritten, dann ist der Prozess an dem kritischen Kontrollpunkt außer Kontrolle und es besteht ein Risiko.

Grenzwerte können gesetzlich festgesetzte Anforderungen, wissenschaftlich erprobte oder betriebsinterne Maßgaben oder Empfehlungen sein (Mortimore/Wallace 2000, S. 188 ff.).

Die Grenzwerte an den einzelnen Prozessstufen, an denen kritische Kontrollpunkte festgelegt worden sind, sind für das Beispiel *Zubereitung von mayonnaisehaltigen Speisen* in Abbildung 9.34 dargestellt.

Risiko (Prozessstufe)	Kritischer Grenzwert
Beeinträchtigung durch unzureichende Kühlung (Prozessstufe 8)	Temperatur höchstens + 10 °C
Beeinträchtigung durch zu lange Standzeiten (Prozessstufe 8)	Standzeit höchstens drei Stunden
Mängel in der Personalhygiene (Prozessstufe 1 bis 9)	Einhaltung des Hygieneplans

Abb. 9.34
Festlegung kritischer Grenzwerte für die Zubereitung von mayonnaisehaltigen Speisen

Überwachung der Grenzwerte (HACCP-Grundsatz 4)

Um sicherzustellen, dass die Grenzwerte an den kritischen Kontrollpunkten tatsächlich eingehalten werden, ist eine Überwachung der entsprechenden Parameter notwendig. Das Ergebnis der Überwachung muss registriert und ausgewertet werden, damit bei Bedarf nachgewiesen werden kann, dass an den kritischen Kontrollpunkten kein Fehler aufgetreten ist.

Für die Überwachung sollten die Art und Weise, Häufigkeit und Zuständigkeit definiert werden (vgl. Abb. 9.35) (vgl. Mortimore/Wallace 2000, S. 197 ff.).

Abb. 9.35
Überwachung der Grenzwerte für die Zubereitung von mayonnaisehaltigen Speisen (eigene Darstellung in Anlehnung an Mortimore/Wallace 2000, S. 189)

Risiko (Prozessstufe)	Überwachungsvorgang	Überwachungshäufigkeit	Zuständigkeit für die Überwachung
Beeinträchtigung durch unzureichende Kühlung (Prozessstufe 8)	Kontrolle der Kühlhaustemperatur, Eintragung in das Protokoll	täglich	Küchenleitung
Beeinträchtigung durch zu lange Standzeiten (Prozessstufe 8)	Ablesen der Lagerzeit im Protokoll	bei jeder Entnahme aus dem Zwischenlager	alle Mitarbeiterinnen und Mitarbeiter
Mängel in der Personalhygiene (Prozessstufe 1 bis 9)	Kontrolle der Kenntnis der Regel, optischen Sauberkeit der Hände, Nägel, Haare etc. der Mitarbeiterinnen und Mitarbeiter Kontrolle der Einhaltung der Regeln des Hygieneplanes (z. B. Händedesinfektion)	täglich monatlich	Hygienebeauftragte Hygienebeauftragte

Festlegung von Korrekturmaßnahmen (HACCP-Grundsatz 5)

Wenn eine Überprüfung der kritischen Kontrollpunkte ergibt, dass das Messergebnis von den Grenzwerten abweicht, müssen Korrekturmaßnahmen ergriffen werden.

Korrekturmaßnahmen sollten im Vorfeld definiert werden. Nur so kann sichergestellt werden, dass im Bedarfsfall schnell und richtig gehandelt werden kann.

Korrekturmaßnahmen reichen von Erhöhung der Temperatur, wenn beispielsweise die Kerntemperatur noch nicht erreicht ist, über Verständigung des technischen Dienstes, wenn die Kühltheke ausgefallen ist, bis hin zum Verwerfen der Speise, wenn diese durch Nichteinhaltung der Grenzwerte die Gesundheit der Gäste gefährdet. In all diesen Fällen müssen Mitarbeiter entscheiden und handeln, auch an Wochenenden oder im Spätdienst, wenn die Küchenleitung nicht im Haus ist. Aus diesem Grund empfiehlt es sich, für die Korrekturverfahren Entscheidungs- und Handlungskompetenzen festzulegen, wie in Abbildung 9.36 dargestellt (Mortimore/Wallace 2000, S. 199).

Risiko (Prozessstufe)	Korrekturverfahren	Entscheidungskompetenz	Handlungskompetenz
Beeinträchtigung durch unzureichende Kühlung (Prozessstufe 8)	nochmals kühlen (ggf. in einen anderen Kühlraum ausweichen) oder Produkt verwerfen	Schichtleitung	Köchin/Koch
Beeinträchtigung durch zu lange Standzeiten (Prozessstufe 8)	Produkt verwerfen	Schichtleitung	Köchin/Koch
Mängel in der Personalhygiene (Prozessstufe 1 bis 9)	Ansprechen der betreffenden Person, Beseitigung des Mangels (Nägel schneiden, Haare zusammenbinden usw.)	Schichtleitung	alle Mitarbeiterinnen und Mitarbeiter

Abb. 9.36 Korrekturmaßnahmen bei Grenzwertüberschreitung am Beispiel von mayonnaisehaltigen Speisen (eigene Darstellung in Anlehnung an Mortimore/Wallace 2000, S. 189)

Dokumentation (HACCP-Grundsatz 7)

Dokumentation ist notwendig. Das besagt der HACCP-Grundsatz 7. Die Art und Weise der Dokumentation und deren Umfang bleibt jedoch dem Betrieb überlassen. Die Schwierigkeit besteht einerseits darin, nicht zu viel und nicht zu wenig zu dokumentieren und andererseits eine einfache und übersichtliche Form für die Dokumentation zu finden.

Was sollte dokumentiert werden?

Zunächst sollte sich jeder HACCP-Grundsatz in der Dokumentation wiederfinden. Im Einzelnen werden folgende Inhalte zur Dokumentation empfohlen: Leistungserstellungsprozesse

(Flussdiagramme), CCPs, Grenzwerte, Kontrollschemata, Kontrollmaßnahmen, ggf. Verfahrensanweisungen für Prüfungen sowie für das Durchführen von Korrekturmaßnahmen, Hygienepläne, Schulungspläne usw. Dabei sollten die Aufzeichnungen so umfangreich sein, dass ein Betrieb im Schadensfall, z. B. bei gehäuften Magen-Darm-Erkrankungen in einer Schule nach einem Fischgericht, nachweisen kann, dass die Ursache nicht in der Küche zu suchen ist, denn alle wichtigen CCPs sind definiert, alle Grenzwerte wurden eingehalten usw.

Wie sollte die Dokumentation aufgebaut sein?
Die Dokumentation kann sich an der Systematik der HACCP-Grundsätze orientieren. Das ist besonders für Betriebe empfehlenswert, die bei der Einführung von HACCP fast alle Unterlagen neu erstellen. HACCP kann aber auch in betriebsinterne, bereits vorhandene Dokumentationssysteme integriert werden, sollte aber bei entsprechenden Kontrollen als HACCP erkennbar sein und somit entsprechend vorgelegt werden können. Das ist sinnvoll für Betriebe, die bereits ein bestehendes und gut funktionierendes Dokumentationssystem haben. Es ist wichtig, auf bestehende Dokumente zurückzugreifen um nicht Dokumente doppelt zu erstellen.

9.4.11.3 Einführung des HACCP-Systems in die Praxis

Damit HACCP *lebt* und *gelebt wird*, darf es nicht nur auf dem Papier bestehen. Schon während der konzeptionellen Arbeit sollten die Mitarbeiterinnen und Mitarbeiter in der Praxis informiert und ggf. mit einbezogen werden.

In Schulungen, Besprechungen und Dienstberatungen werden zunächst Grundlagen zum HACCP vermittelt und die Dokumentation erklärt.

Anschließend werden die Mitarbeiter mit ihren neuen Pflichten in Bezug auf das HACCP-System vertraut gemacht. Günstig und praxisnah ist eine Anweisung einzelner oder mehrerer Personen am Arbeitsplatz. Auf jeden Fall muss sichergestellt werden, dass alle Mitarbeiterinnen und Mitarbeiter das HACCP-System kennen und umsetzen können. Dazu gehört es, die CCPs, deren Grenzwerte, Überwachungsverfahren, Überwachungshäufigkeit und Korrekturmaßnahmen zu kennen und über Zuständigkeiten Bescheid zu wissen (vgl. Mortimore/Wallace 2000, S. 221 ff.).

9.4.11.4 Sicherstellung der Funktionsweise des HACCP-Systems

Bei der Sicherstellung der Funktionsweise des HACCP-Systems wird der HACCP-Grundsatz 6 erfüllt.

Im Alltag kann es leicht passieren, dass Mitarbeiter die im Zusammenhang mit HACCP stehenden Aufgaben vergessen oder dass sich Abläufe ändern und das HACCP-System nicht angepasst worden ist. Um dies zu verhindern, muss die einwandfreie und dauerhafte Funktion des HACCP-Systems von Zeit zu Zeit überprüft werden. Es wird geprüft, ob die Dokumentation noch aktuell ist und in der Praxis umgesetzt und eingehalten wird.

Derartige Prüfungen sind durchzuführen, wenn Probleme auftreten, neue Risiken bekannt werden oder sich betriebliche Abläufe ändern. Routinemäßig ist eine Überprüfung des HACCP-Systems jährlich oder alle zwei Jahre zu empfehlen (vgl. Mortimore/Wallace 2000, S. 244 ff.).

9.4.11.5 HACCP im Nicht-Hygiene-Bereich

HACCP ist eine Technik zum Qualitätsmanagement und beschränkt sich nicht nur auf die Lebensmittelhygiene. Es stellt sich die Frage, welche Risiken es in der Gemeinschaftsverpflegung noch gibt.

Die in Kapitel 2.2.3 beschriebenen Teilanforderungen können, sofern diese nicht erfüllt werden, für den Betrieb ebenfalls ein Risiko darstellen. Dies wird in Abbildung 9.37 dargestellt.

Da die neben den hygienischen Risiken genannten Risiken größtenteils nicht zu einer gesundheitlichen Gefährdung führen, spricht man dann nicht mehr von kritischen Kontrollpunkten (CCP), sondern von Kontrollpunkten (CP) oder von qualitätsrelevanten Lenkungspunkten (QCP) (vgl. Hanslik/Kitzmüller/Woidich 2000, S. 202 ff.).

Wendet ein Betrieb HACCP auch im Nicht-Hygiene-Bereich an, so kann nach den gleichen Schritten wie im Hygienebereich vorgegangen werden. Je nach Anwendungsbereich kann die Schrittfolge entsprechend vereinfacht werden. Grenzwerte sind nicht immer als absolute Grenzen definierbar. Deshalb können anstelle von Grenzwerten Richtwerte festgelegt werden.

Im Folgenden wird HACCP am Beispiel der ökonomischen Risiken bei der Schulverpflegung erläutert. Abbildung 9.38 zeigt den allgemeinen Ablauf.

	Risiko	Beispiel
Risiken in der Gemeinschaftsverpflegung	Ernährungsphysiologisches Risiko	Eine Patientin mit einer Kuhmilchallergie bekommt eine Tasse Kuhmilch zum Frühstück.
	Sensorisches Risiko	Die Soße ist zu scharf.
	Risiko bezüglich nutzerbezogene Handhabbarkeit	Portionierte Kaffeesahne ist für Senioren ungeeignet, denn die Döschen können von Senioren zum Teil nicht mehr geöffnet werden.
	Ökologische Risiken	Die Mitarbeiterinnen und Mitarbeiter verwenden ständig mehr Geschirrspülmittel als notwendig.
	Sozio-kulturelle Risiken	Chinesische Wochen in einem Altenpflegeheim finden bei den Bewohnerinnen und Bewohnern wenig Freude.
	Politisch-rechtliche Risiken	Die Mitarbeiterin verstößt gegen den Arbeitsschutz, wenn sie offenes Schuhwerk trägt.
	Ökonomische Risiken	Zu hohe Lagerbestände gefährden die Liquidität.
	Risiken des Umfelds	Fleckige Tischdecken und verwelkte Blumensträuße auf den Tischen sorgen dafür, dass die Gäste wieder gehen.
	Risiken bezüglich der Verlässlichkeit	Selten gibt es die Menüs, die auf dem Speisenplan stehen.
	Risiken bezüglich der Abwechslung	Die Eintöpfe sind immer die gleichen.
	Risiken bezüglich der Flexibilität	Ein anderes Gemüse oder eine andere Beilage kann nicht bestellt werden.
	Risiken bezüglich der Leistungskompetenz	Die Mitarbeiterin weiß nicht, ob die Brötchen Vollkornbrötchen sind.
	Risiken bezüglich des Einfühlungsvermögens	Die Mitarbeiterin reagiert gereizt, wenn eine demente Bewohnerin mehrmals die gleiche Frage stellt.

Abb. 9.37 Risiken in der Gemeinschaftsverpflegung, bezogen auf die Teilanforderungen (vgl. Bottler/Rho 2001, S. 58 ff.)

Der Qualitätszirkel definiert folgende ökonomische Risiken, Kontrollpunkte, Grenzwerte und Korrekturmaßnahmen:

Beschaffung, Lagerung und Entnahme von Lebensmitteln und Chemikalien (Kontrollpunkte an den Prozessstufen 2, 3, 6 und 7)

Risiko: Die Beschaffung erfolgt nicht bedarfsgerecht, einerseits werden zu viele Produkte bestellt und damit unnötige Geldmittel gebunden, andererseits muss oft teuer nachgekauft werden, weil Produkte fehlen.

Umsetzung von HACCP: Es werden Mindestmengen definiert, die im Lager am Tag der Bestellung vorrätig sein müssen. Ist die Mindestmenge (der Grenzwert) unterschritten, muss dieses Produkt bestellt werden (Korrekturmaßnahme). Gleichzeitig werden Bestellmengen definiert. Damit wird verhindert, dass zu viel oder zu wenig bestellt wird. Die Bestellung kann durch alle Mitarbeiterinnen und Mitarbeiter, die mit dem System vertraut sind, in gleicher Zuverlässigkeit erfolgen. Die La-

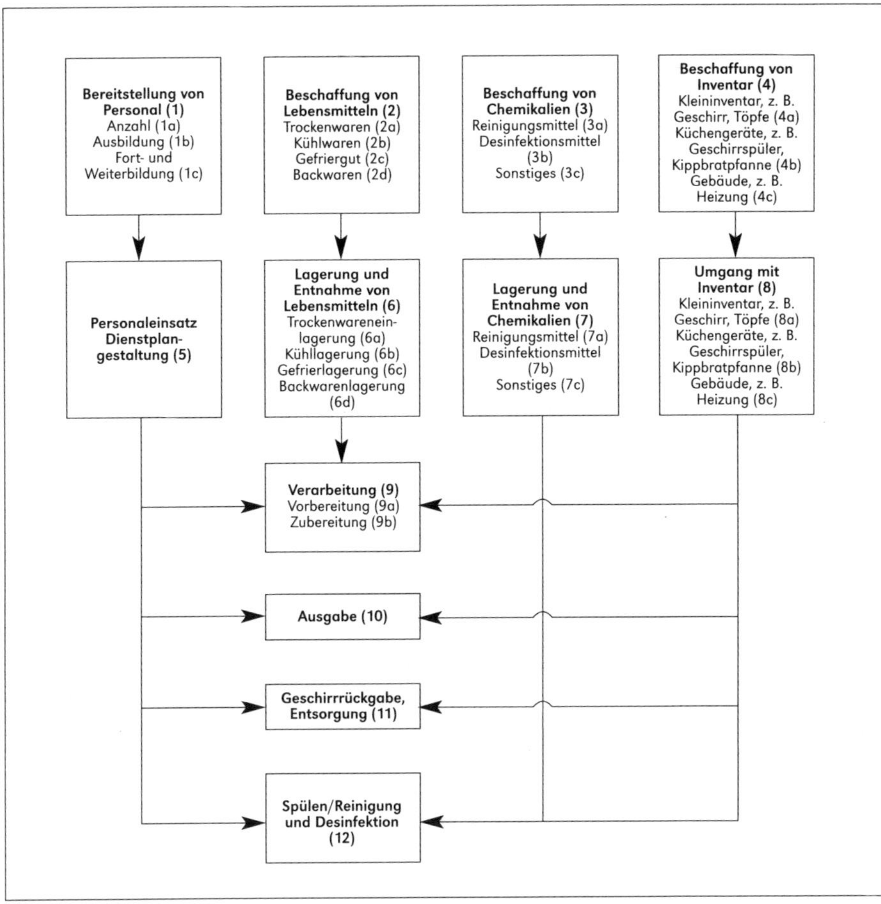

Abb. 9.38
Ablauf in einer Schulküche als Arbeitsgrundlage zur Festlegung der ökonomischen Risiken

gerbestände werden regelmäßig kontrolliert und definierte Mindestbestände und Bestellmengen bei Bedarf geändert (Verifizierung).

Entnahme von Lebensmitteln (Kontrollpunkt an der Prozessstufe 6)

Risiko: Es werden zu viele Lebensmittel entnommen, um sicherzugehen, dass die verzehrfertige Speise für alle Verpflegungsteilnehmer ausreicht.

Umsetzung von HACCP: Allen Mitarbeiterinnen und Mitarbeitern wird in einer Dienstberatung die vorhandene Rezeptdatei vorgestellt. Es ist die Pflicht aller Mitarbeiterinnen und

Mitarbeiter, die Arten und Mengen der Zutaten entsprechend der Rezeptdatei (Grenzwert/Richtwert) auszuwählen. Mengen per Augenmaß oder nach Gefühl zu verwenden, ist untersagt.

Umgang mit Kleininventar, Geschirrückgabe und Entsorgung (Kontrollpunkte an den Prozessstufen 8a und 11)

Risiko: Mit Geschirr wird nicht sorgsam umgegangen, insbesondere bei Kaffeelöffeln ist die Verlustrate sehr hoch.

Umsetzung von HACCP: Es werden Inventurlisten (Grenzwerte/Richtwerte) erstellt. Einmal pro Quartal wird anhand der Listen der Bestand geprüft. Weiterhin werden Bruchlisten erstellt. Mitarbeiter, denen etwas kaputt gegangen ist, tragen dort die Geschirrteile, Datum und ihren Namen ein. Verlustquellen werden aufgedeckt. Die Anwesenheit einer Mitarbeiterin bei der Geschirrrückgabe verhindert, dass Besteckteile in den Abfall geworfen werden.

Ausgabe und Entsorgung (Kontrollpunkte an den Prozessstufen 10 und 11)

Risiko: Je nach Mitarbeiterin oder Mitarbeiter an der Ausgabe variieren die Portionsgrößen. Wird zu viel ausgegeben, verbleiben große Reste auf den Tellern. Wird zu wenig ausgegeben, verbleiben ebenfalls große Restmengen, die nicht ausgegeben wurden.

Umsetzung von HACCP: Es werden eindeutige Portionsgrößen (Grenzwerte/Richtwerte) definiert. Suppen werden immer mit Kellen einer bestimmten Größe ausgegeben. Es wird vor der Ausgabe ein Musterteller (Grenzwert/Richtwert) vorbereitet, der als Orientierungshilfe für die Mitarbeiterinnen und Mitarbeiter der Ausgabe dient. Dabei sollte aber die Flexibilität nicht gefährdet sein. Wenn eine Schülerin um mehr Gemüse und weniger Kartoffeln bittet, so sollte dies möglich sein. Stellt sich jedoch heraus, dass bei vorgegebener Portionsgröße beispielsweise viele Schüler den Gemüseeintopf nicht aufessen, ist die Portionsgröße zu ändern (Verifizierung).

Aus den Beispielen wird deutlich, dass sich das Konzept von HACCP auf andere Risiken übertragen lässt. Betriebe, die mit der HACCP-Technik im Hygienebereich vertraut sind (und das sollten Betriebe der Gemeinschaftsverpflegung sein, denn der

Gesetzgeber verankert HACCP in der EU-Hygieneverordnung), können diese Technik übertragen, ohne sich neues *QM-Handwerkszeug* aneignen zu müssen. Diese Ressource sollten Betriebe nicht ungenutzt lassen.

9.4.12 Benchmarking

Unter Benchmarking versteht man einen wechselseitigen Vergleich mit anderen Betrieben oder Abteilungen.

Benchmarking im klassischen Sinne heißt, die eigenen Leistungen mit denen der *Besten* auf dem Markt zu vergleichen. Der Vergleich basiert auf zuvor und im beiderseitigen Einverständnis festgelegten Kenndaten. Benchmarking ist geeignet, um einerseits die eigenen Stärken und Schwächen aufzudecken und andererseits Ideen zur eigenen Leistungsverbesserung zu finden und umzusetzen (vgl. Abb. 9.39).

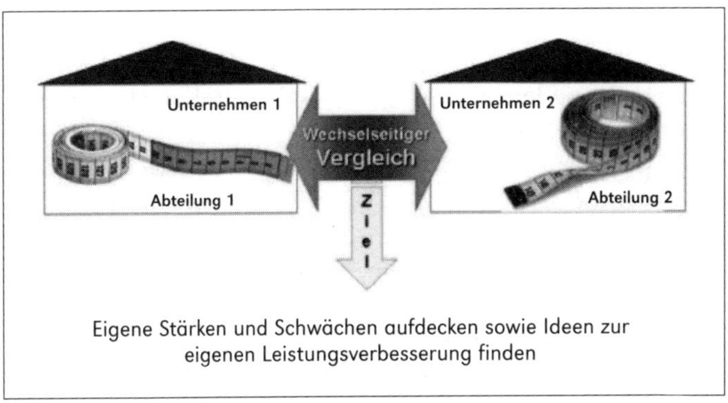

Abb. 9.39
Was ist Benchmarking?

Für das klassische Benchmarking, ein externes Benchmarking mit Klassenbesten, sind Betriebe allerdings nur schwer zu motivieren. Denn der Klassenbeste hätte ja keinen Vorteil von diesem Benchmarking, es sei denn, der eigene Betrieb ist in einem anderen Bereich Klassenbester. Über die Klassenbesten kann man indirekt Vergleichsdaten sammeln. Diese werden teilweise in Zeitschriftenartikeln, in Jahresberichten oder PR-Broschüren veröffentlicht, sind aber sehr allgemein gehaltene Kennzahlen (z. B. Investitionssumme, Anzahl der Mitarbeiterinnen und Mitarbeiter usw.) und sind aus diesem Grund wenig aussagekräftig.

Eine weitere Möglichkeit für das externe Benchmarking ist ein Vergleich in unterschiedlichen Problembereichen. Bei dieser Form ist jeder der Benchmarkingpartner Spezialist auf einem anderen Gebiet. Das Benchmarking konzentriert sich dann jeweils auf die besonderen Stärken des Partners, um von ihm zu lernen, ohne dass beide Partner Klassenbeste sind. Benchmarking ist nicht nur etwas für Klassenbeste, sondern auch für jene Betriebe, die es werden wollen und damit sich einem Vergleich mit anderen Betrieben stellen, oder um über den *Tellerrand* zu schauen.

Beispiel:

- Betrieb 1 ist Spezialist in Personalführung (z. B. sehr niedrige Fluktuationsquote), hat aber Probleme mit der Einführung eines Bio-Menüs.
- Betrieb 2 ist spezialisiert auf Bio-Menüs, hat aber Probleme mit der Fluktuationsquote.

Benchmarking im Verpflegungssektor von kleinen und mittleren Betrieben ist häufig internes Benchmarking. Darunter versteht man Benchmarking innerhalb der Einrichtung oder innerhalb des Trägers.

Beispiel für internes Benchmarking innerhalb der Einrichtung:

- Die Pflegeabteilung in einem Altenpflegeheim hat gegenüber der Küche den Vorteil, dass sie mehr Erfahrung in systematischer bedarfsorientierter Personalplanung hat (Pflegeabteilung ist *Spezialist* in Personalplanung). In diesem Bereich kann die Küche von der Pflegeabteilung lernen.
- Die Küche hat gegenüber der Pflegeabteilung den Vorteil, dass sie mehr Erfahrungen in einer systematischen Bestellmengenplanung hat (Küche ist *Spezialist* in Beschaffung). In diesem Bereich kann die Pflegeabteilung von der Küche lernen.

Beispiel für ein internes Benchmarking innerhalb des Trägers:

Stationäre Altenhilfeeinrichtungen eines Trägers vergleichen zuvor festgelegte Kenndaten der Einrichtungen in einem Bundesland. Unter anderem werden dabei Kennzahlen des Verpflegungsbereichs verglichen. Die Auswertung der Daten kann dabei auch anonymisiert werden. Abbildung 9.40 beschreibt die Formen des internen und externen Benchmarkings.

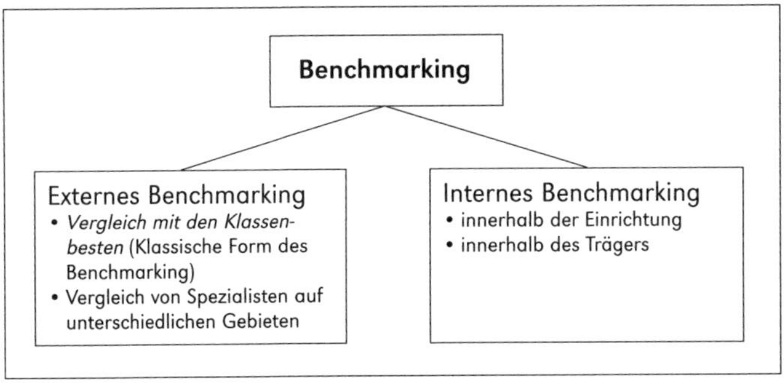

Abb. 9.40 Internes und externes Benchmarking

Wenn man sich mit anderen Betrieben vergleichen möchte, muss zunächst überlegt werden, welche Kennzahlen oder Leistungsmerkmale Gegenstand des Benchmarkings werden sollen. Schließlich möchte man nicht *Äpfel mit Birnen vergleichen*. So wäre es beispielsweise wenig sinnvoll, den Personalbestand (in Vollzeitarbeitskräften) einer Verteilerküche mit dem Personalbestand (in Vollzeitarbeitskräften) einer Frischküche zu vergleichen. Die Kennzahl muss so ausgewählt werden, dass die Unterschiede in der Kennzahl möglichst ausschließlich auf die Effizienz des Betriebsgeschehens zurückzuführen sind und nicht auf externe Faktoren. Eine übliche Kennzahl zum Vergleich des Personalbestands ist beispielsweise der Personalbestand (in Vollzeitarbeitskräften) pro Beköstigungstag (BKT) (vgl. Kapitel 5).

Gegenstand des Benchmarkings können prinzipiell sowohl Kostenkennzahlen als auch Qualitätsmerkmale sein. Die Qualitätsmerkmale können dabei die Strukturqualität (z. B. der Anteil der Fachkräfte am Personal), die Prozessqualität (z. B. die Warmhaltezeit der zubereiteten Speisen) und die Ergebnisqualität (z. B. durchschnittliche Zufriedenheit der Verpflegungsteilnehmer) betreffen.

Ein solcher Vergleich kann helfen, Ideen zu sammeln, wie die Qualität im eigenen Betrieb verbessert werden kann.

Für Benchmarking sollte man sich einen Partner (sogenannter Benchmarkingpartner) suchen, von dem man möglichst viel lernen kann. Bereits bestehende Kontakte (über Berufsverbände, Netzwerke, gemeinsame Aus- und Fortbildungen) können da hilfreich sein. Völlig branchenfremde Benchmarkingpartner oder Klassenbeste können nur durch Unternehmensberater vermittelt werden.

Für alle Formen des Benchmarkings gilt: für beide Partner muss der Vorteil des Lernens vom anderen Partner den Nachteil des Offenlegens von Betriebsgeheimnissen überwiegen.

Bei Betrieben, die keine Konkurrenten sind, ist dies leichter zu realisieren als bei solchen, die untereinander in Konkurrenz stehen.

Wenn der Benchmarkingpartner gefunden und seine Vertrauenswürdigkeit überprüft ist, schließen die beiden Partner einen Kooperationsvertrag. In diesem Vertrag wird festgelegt, welche betriebsinternen Daten (z. B. welche Kostenkennzahlen und welche Qualitätsmerkmale) gegenseitig offen gelegt werden, also welchen Umfang das *gegenseitige Geben und Nehmen* ausmachen soll.

Anschließend findet im eigenen Betrieb eine Eigenanalyse der zu vergleichenden Daten statt (z. B. Bestimmung der Fluktuationsquote oder des Ablaufs bei der Bestellmengenplanung). Diese Eigenanalyse kann bereits Stärken und Schwächen im eigenen Betriebsablauf aufzeigen.

Danach treten die beiden Benchmarkingpartner in Austausch über die Daten und darüber, wie sie die jeweiligen Ergebnisse erreichen. Dieser Austausch von Erfahrungen gibt neue Impulse zur Verbesserung der eigenen Betriebsabläufe und somit der Qualität der eigenen Leistungen (Kamiske/Brauer 1999, S. 10 ff.; Masing 1999, S. 93 ff.).

9.4.13 Beschwerdemanagement

Das Beschwerdemanagement ist eine Methode, mit der die Probleme der Ergebnisqualität erfasst werden können. Mit Beschwerden muss sich ein Unternehmen regelmäßig auseinandersetzen. Das Beschwerdemanagement regelt nicht nur die reine Erfassung der Beschwerden, sondern auch den standardisierten Umgang mit ihnen. Ziel des Beschwerdemanagements ist es, dass sich die Anlässe der Beschwerden minimieren und damit die Zufriedenheit mit den Leistungen steigt.

Zunächst sollte ein Unternehmen seine Einstellung zu Beschwerden positionieren.

Zwar wird überall gesagt, dass jede Beschwerde willkommen ist und als Anlass genommen wird, die Leistung bzw. das Produkt zu prüfen, zu verändern und damit zu verbessern. Ist dies aber auch allen Mitarbeiterinnen und Mitarbeitern im Unternehmen klar? Welche Chefin oder welcher Chef ist schon stolz, wenn es über ihre oder seine Abteilung die meisten Beschwerden gibt? Welche Mitarbeiterin oder welcher Mitarbeiter freut sich ernsthaft, wenn ihre oder seine Arbeit kritisiert wird? Dass Beschwerden aber tatsächlich etwas Positives sind, sollten sich Führungskräfte vor Augen halten. Ist es nicht besser, die Küchenleitung erfährt direkt vom Gast, dass das Essen nicht schmeckt, als über die Presse? Aus diesem Grund sollte jedes Unternehmen die Einstellung zu Beschwerden prüfen.

Beschwerden können in versteckte und offene Beschwerden unterteilt werden. Versteckte Beschwerden sind problematisch für das Unternehmen. Die ganze Umgebung spricht beispielsweise über die schlechte Schulküche und die Küchenleitung weiß nichts davon. Offene Beschwerden werden in direkte und indirekte Beschwerden unterteilt. Bei der direkten Beschwerde erfährt das Unternehmen von der Beschwerde, bei der indirekten Beschwerde jedoch über Dritte. Dies kann ebenfalls für das Unternehmen zu unangenehmen Folgen führen, wenn sich zum Beispiel die Tochter beim Medizinischen Dienst der Krankenkassen (MDK) beschwert, dass ihre Mutter im Altenpflegeheim nicht ausreichend ernährt wird. Der MDK geht der Beschwerde nach und prüft daraufhin die Einrichtung (Helm/ Pasch 2000, S. 166 f.).

Wenn die Küchenleitung also will, dass sich die Kundinnen und Kunden offen an Ort und Stelle beschweren, dann sollten dies auch die Mitarbeiter wissen. Schulungen im Umgang mit Beschwerden sind dazu ein wichtiges Mittel, den Mitarbeitern die jeweiligen Standpunkte der Leitung zu verdeutlichen und entsprechende Anweisung im Umgang mit Beschwerden zu geben. Schulungen allein genügen aber nicht. Ebenso wichtig ist es, dass Führungskräfte mit Sensibilität und Durchsetzungskraft gleichzeitig an das Lösen einer Beschwerde herangehen. Die Abteilung oder Mitarbeiterin, die Anlass zur Beschwerde gegeben hat, sollte nicht verurteilt werden, dennoch sollten gewisse Veränderungen erfolgen, sodass nachfolgende Gäste keinen Anlass mehr zur Beschwerde haben.

Bei der Entgegennahme der Beschwerde treffen zwei Personen mit möglicherweise starken Emotionen aufeinander. Wer sich beschwert, ist verärgert. Das äußert sich mitunter darin, dass die Beschwerde möglicherweise in einem unfreundlichen Ton erfolgt. Für Mitarbeiter, die im Stress sind oder sich möglicherweise durch die Beschwerde persönlich angegriffen fühlen, ist es nicht immer leicht, freundlich auf eine unhöflich vorgebrachte Beschwerde zu reagieren. Dennoch ist es wichtig, Ruhe zu bewahren und zunächst erst einmal zuzuhören. Dabei kann es helfen, wenn sich die oder der Mitarbeiter gedanklich in die Rolle der Kundin bzw. des Kunden versetzt. Von Vorteil ist es, wenn der Mitarbeiter das Gesagte noch einmal mit eigenen Worten zusammenfasst oder an unklaren Stellen nachfragt. Zum Beispiel mit den Worten: *Habe ich Sie richtig verstanden, dass ...* oder *Sie sind also der Vater von Franz aus der 3. Klasse und sind mit der Schulverpflegung nicht einverstanden, was genau stört Sie?*

Ist das Problem benannt, so sollte die mitarbeitende Person, die die Beschwerde entgegennimmt, Verständnis zeigen und um Entschuldigung bitten. Worte wie: *Ich kann Sie verstehen, Ich an Ihrer Stelle würde mich auch ärgern* oder *Es tut mir leid, dass Ihnen das passiert ist*, tragen dazu bei, dass der sich Beschwerende angenommen und verstanden fühlt.

Im nächsten Schritt sollten gemeinsam Lösungsmöglichkeiten gesucht werden. Findet ein Gast ein Haar in der Suppe, kann die Suppe ausgetauscht und ggf. noch ein Dessert gratis serviert werden. Handelt es sich aber um ein komplexes Problem nach Inanspruchnahme einer Leistung, ist es ratsam, mit der sich beschwerenden Person gemeinsam nach Lösungsvorschlägen zu suchen. Das ist z. B. der Fall, wenn sich die Tochter beschwert, dass ihre Mutter im Altenpflegeheim das Essen nicht mag und aus diesem Grund stetig an Gewicht verliert, sich ein Vater über die hohen Essenspreise der Schulspeisung beschwert, oder sich ein Gast im Betriebsrestaurant über die unfreundliche Bedienung und den schlechten Service ärgert. Es könnte dann zum Beispiel heißen: *Wie können wir Ihrer Meinung nach den Fehler wieder gut machen?* oder *Wir haben einen Fehler gemacht, was erwarten Sie diesbezüglich jetzt von uns?* oder *Wären Sie einverstanden, wenn ...?* Bei der Suche nach einer Lösung sollte möglichst kein neuer Ärger entstehen. Zusagen sollten jedoch nur dann gegeben werden, wenn sie in den Kompetenzbereich der Mitarbeiterin oder des Mitarbeiters fallen.

Am Ende dieser Gesprächsphase stehen entweder eine Lö - sung, auf die sich beide Personen geeinigt haben oder ein oder mehrere Lösungsvorschläge, die die Mitarbeiterin/der Mitarbeiter im Nachgang prüft und mit Kollegen oder Vorgesetzten bespricht. Im letzteren Fall kann die Beschwerde noch nicht gleich gelöst werden. Dies ist der sich beschwerenden Person mitzuteilen, z. B.: *Ich bespreche den Lösungsvorschlag im Team und Sie hören in der nächsten Woche von mir.* oder *Ich leite die Angelegenheit an die Küchenleitung weiter, die Leitung wird sich dann spätestens bis Dienstag mit Ihnen in Verbindung setzten.* Wenn möglich sollte schon der Zeitpunkt genannt werden, wann es zur endgültigen Lösung kommt.

Wichtig ist, dass die Gesprächspartner beide mit einem guten Gefühl das Gespräch beenden. Abbildung 9.41 zeigt eine schematische Darstellung zur Entgegennahme von Beschwerden.

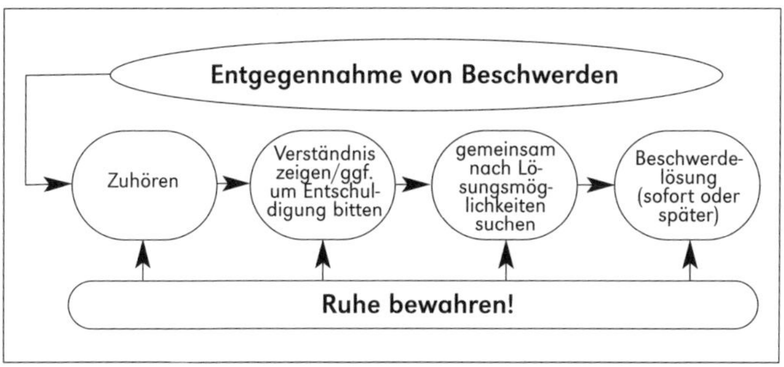

Abb. 9.41 Schritte für die Entgegennahme einer Beschwerde

Ist das Gespräch beendet und das Problem noch nicht gelöst, muss es bearbeitet werden. Hier entscheidet die Person, die die Beschwerde angenommen hat, über weitere Schritte. Dabei sind Wichtigkeit und Tragweite des Problems und die Kompetenzen der Mitarbeiterin oder des Mitarbeiters zu berücksichtigen. Ratsam ist es, dass die Person, die die Beschwerde annimmt, *sich* auch der Beschwerde annimmt, d. h. sich das Problem zu eigen macht. Man spricht dann vom Problem-Owner-Konzept, vom Konzept des *Problemeigentümers*. In der Praxis könnte das beispielsweise bedeuten, dass die Servicemitarbeiterin, die die Beschwerde angenommen hat, auch das abschließende Gespräch mit der Kundin bzw. dem Kunden führt oder falls dies die oder der Vorgesetzte selbst tut, dann über den Verlauf der Problemlösung und über die Problemlösung selbst informiert ist.

Wer nimmt die Beschwerde an?
Name, Vorname Mitarbeiter (Arbeitsbereich): .... Datum/Uhrzeit: ....
Beschwerdeweg:
❑ Persönlicher Kontakt
❑ Telefon
❑ Brief
❑ Sonstiges, bitte erläutern: ....

Wer beschwert sich?
Anrede, Name, Vorname: ....
Anschrift: ....
Tel.-Nr.: tagsüber: .... abends: ....

❑ Bewohner/-in
❑ Angehörige/-r (Bitte erläutern): ....
❑ Betreuer/-in
❑ Ehrenamtliche/-r Helfer/-in
❑ Arzt/Ärztin
❑ Lieferfirma
❑ Andere Externe (Bitte erläutern): ....

Inhalt der Beschwerde
Kurze Beschreibung des Beschwerdeinhalts: ....
....
....
Erst-/Folgebeschwerde
❑ Erstbeschwerde ❑ Folgebeschwerde
Welche Problemlösung wünscht der/die Beschwerdeführer/-in? ....
....
....
An wen soll die Beschwerde weitergeleitet werden? ....

Zwischenbescheid
Dem/der Beschwerdeführer/-in gegebene Zusagen: ....
....
Terminzusagen/Kontrollen
❑ Sofort gelöst
❑ Zwischenbescheid bis zum: ....
❑ Problemlösung bis zum: ....
❑ Bearbeitung abgeben an: .... Datum: ....

Beschwerdelösung/Abschließender Bescheid
Kontrolltermin: ....
Realisierte Problemlösung: ....
....
....
Abschluss Beschwerdebearbeiter/-in (Datum/Unterschrift): ....

Kein Abschluss. Kurze Begründung: ....
....
Weitergabe an: ....
Unterschrift/Datum: ....

Zur Auswertung: betroffener Bereich

❑ **SeniorenHaus** ❑ **Sozialstation** ❑ **Betreutes Wohnen** ❑ **Sonstige**

❑ Pflege
❑ Sozialtherapie
❑ Küche, Cafeteria, Service
❑ Hausreinigung
❑ Wäscherei
❑ Haustechnik

❑ Leitung
❑ Verwaltung
❑ Sozialer Dienst
❑ Ärztliche Versorgung
❑ Sonstige: ....
❑ Adressat unklar

Verteiler: Leitung - SeniorenHaus

Abb. 9.42 Beschwerdeformular (Diakonie Riesa-Großenhain gGmbH SeniorenHaus „Albert Schweitzer“ 2007)

Der Umgang mit Beschwerden kann für Mitarbeiter erleichtert werden, indem ein Beschwerdeformular entwickelt wird. Mitarbeitern werden dadurch bestimmte Vorgehensweisen aufgezeigt. Außerdem werden alle Beschwerden somit gleich behandelt. Das trägt zur Transparenz bei. In Abbildung 9.42 wird ein Beschwerdeformular am Beispiel eines Altenpflegeheims dargestellt. Am Ende des Formulars befindet sich ein Punkt zur statistischen Auswertung. Eine Auswertung der Beschwerden nach Häufigkeit, bereichsbezogen, themenbezogen über einen längeren Zeitraum zeigt auf lange Sicht, an welchen Stellen Handlungsbedarf besteht, weil sich Beschwerden häufen oder an welchen Stellen die Beschwerden zurückgehen, weil sich viel verbessert hat.

Nicht immer ist es sinnvoll, dieses Beschwerdeformular im Beisein des Gastes oder Kunden auszufüllen. Manch ein Gast ist schüchtern und wagt es kaum, sich zu beschweren. In diesem Fall kann es passieren, dass der Gast die Beschwerde zurückzieht, weil er sich vor dem offiziellen schriftlichen Weg fürchtet. Anderen Gästen wiederum ist es angenehm, wenn das Anliegen schriftlich formuliert ist. Emotionsgeladene Beschwerden können beim Ausfüllen des Beschwerdeformulars auf die Sachebene überführt werden.

9.4.14 Audit

Das Audit ist eine systematische, unabhängige Untersuchung, um festzustellen, ob die qualitätsbezogenen Tätigkeiten und deren Ergebnisse den geplanten Anforderungen entsprechen (vgl. Deutsches Institut für Normung e. V. 2001, S. 251).

Ein Audit ist also eine Überprüfung oder, anders gesagt, ein Soll-Ist-Vergleich. Man erhält bei dem Audit Informationen über die Wirksamkeit der entsprechenden Aktivitäten.

Ein Audit kann durch externe oder interne Auditoren durchgeführt werden. Interne Auditoren sind Mitarbeiter des Betriebs, die aber nicht der zu auditierenden Abteilung angehören. Findet also ein Audit in der Mensa statt, kann dies durch eine Mitarbeiterin oder einen Mitarbeiter der dazugehörigen Hochschule erfolgen oder ein Projekt für Studierende sein. Führen Mitarbeiter der Mensa die Überprüfung selbst durch, spricht man nicht von Audit, sondern von Selbstevaluation (vgl. Abb. 9.43).

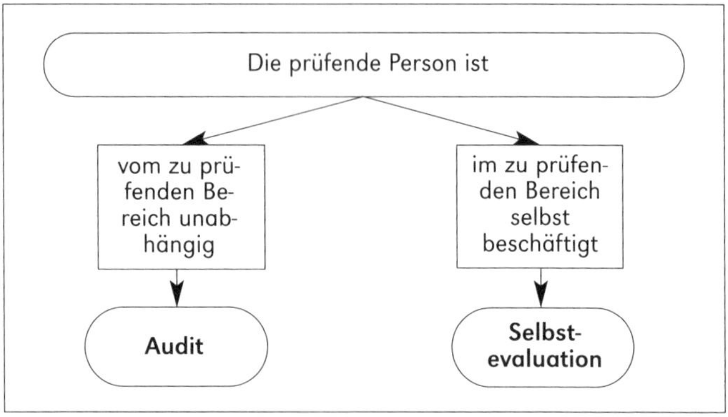

Abb. 9.43 Gegenüberstellung von Audit und Selbstevaluation.

Eine weitere Einteilung von Audits kann nach dem Bezug des Audits erfolgen. Bei einem **Produktaudit** wird das Produkt oder die Leistung auditiert. Es wird geprüft, ob die Merkmale des Produkts oder der Leistung den Anforderungen entsprechen, also ob Qualität produziert oder erstellt wird. Für den Verpflegungsbereich kann das beispielsweise die verzehrfertige Speise oder der Service sein. Ein Produktaudit bezieht sich in der Regel auf die Ergebnisqualität.

Ebenso wie das Produkt kann auch das Verfahren auditiert werden. Man spricht dann von einem **Verfahrensaudit**. Hier ist das Produktionsverfahren, sprich der eigentliche Kochprozess, gemeint. Es wird geprüft, ob der Prozess so abläuft, wie dies laut Verfahrens- oder Arbeitsanweisung vorgeschrieben ist. Dabei werden mögliche Schwachstellen im Prozess oder Fehlerquellen entdeckt.

Bei einem sogenannten **Systemaudit** werden die Aufbau- und die Ablauforganisation des Qualitätsmanagementsystems geprüft. Das Audit des HACCP-Systems ist beispielsweise im HACCP-Grundsatz 6 festgeschrieben (vgl. Kapitel 9.4.11.4). Dort geht es um die Verifizierung des HACCP-Systems. Es soll bei einem Systemaudit sichtbar werden, ob die Bestandteile des Qualitätsmanagementsystems praktisch wirksam sind und welche Veränderungen im System notwendig werden. Geprüft werden die QM-Dokumentation mit dem QM-Handbuch, den Verfahrensanweisungen, den Arbeitsanweisungen und den weiteren mitgeltenden Unterlagen. Das Qualitätsmanagementsystem wird optimiert. Unternehmen haben die Möglichkeit, sich die Wirksamkeit und die Funktionsfähigkeit ihres

Qualitätsmanagementsystems bescheinigen (zertifizieren) zu lassen. Ein Produkt- und Verfahrensaudit sollte mehrmals im Jahr erfolgen, ein Systemaudit ist höchstens einmal jährlich erforderlich (vgl. Ebel 2001, S. 149).

Weiterhin kann ein Audit von einem Mitarbeiter des Betriebs, nicht aber der Abteilung durchgeführt werden. Dann spricht man von einem internen Audit. Wird das Audit von einer betriebsfremden Person durchgeführt, spricht man von einem externen Audit. Einen Überblick über die verschiedenen Auditarten zeigt Abbildung 9.44.

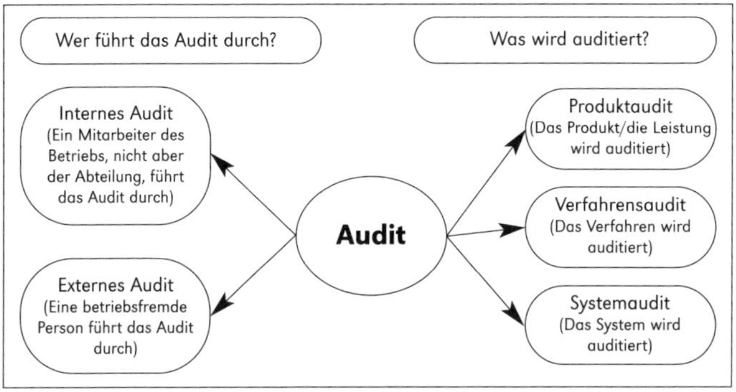

Abb. 9.44 Auditarten

Audits können aus verschiedenen Anlässen durchgeführt werden.

Es gibt vier verschiedene Anlässe für das **selbstdurchgeführte Audit** (vgl. Abb. 9.45). Das Audit sollte regelmäßig durchgeführt werden, um das Qualitätsmanagementsystem zu überwachen. Nach der Einführung neuer Produkte und Verfah - ren sollte ebenfalls ein Audit veranlasst werden. Wurde beispielsweise ein neues Garverfahren eingeführt, dann empfiehlt sich nach einer gewissen Anlaufphase ein selbstdurchgeführ-

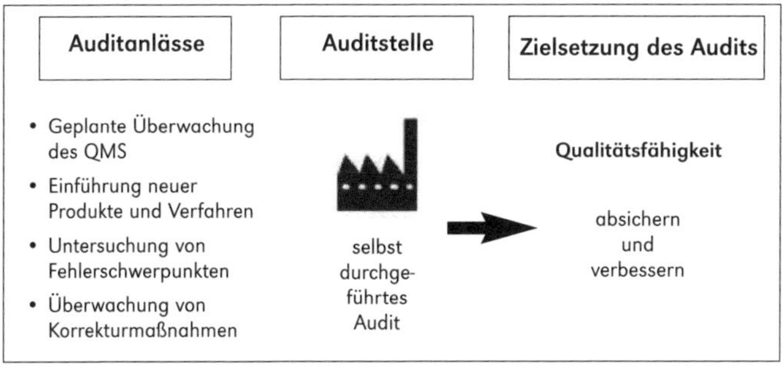

Abb. 9.45 Auditanlässe für selbstdurchgeführte Audits (vgl. Ebel 2001, S. 150)

tes Audit. Die Auditoren schauen darauf, ob das Verfahren so abläuft, wie es vorher festgelegt wurde.

Tritt häufig ein bestimmter Fehler auf, z. B. wenn das Fleisch oft zäh ist und schon einige Beschwerden diesbezüglich vorliegen, muss die Fehlerursache bestimmt werden. Das kann mit einem Verfahrensaudit erfolgen. Dabei werden alle Verfahren geprüft, die mit Fleisch zu tun haben, beginnend bei der Bestellung über Lieferantenauswahl bis hin zum Garprozess.

Ein internes Audit kann ebenfalls durchgeführt werden, um die Korrekturmaßnahmen, die durch das vorangegangene Audit eingeleitet wurden, zu prüfen. Man spricht dann von einem Folgeaudit.

Beim **Zertifizierungsaudit** (vgl. Abb. 9.46) kommen Experten in den Betrieb. Ziel ist es, das Zertifikat zu erlangen, mit dem die Qualitätsfähigkeit für den Markt dargestellt wird.

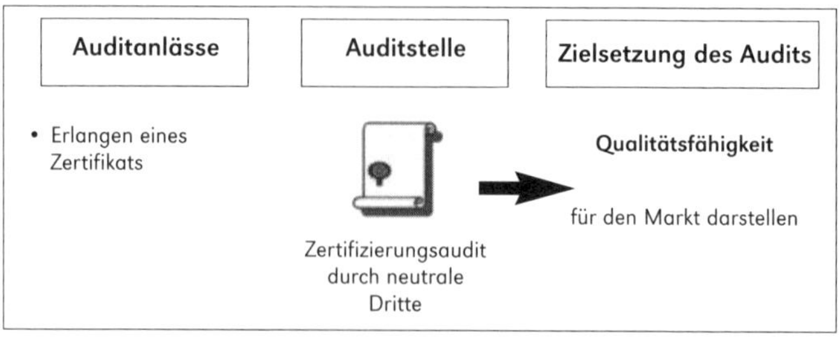

Abb. 9.46 Auditanlässe für ein Zertifizierungsaudit (vgl. Ebel 2001, S. 150)

Interne Audits werden regelmäßig im Unternehmen durchgeführt und von der obersten Leitung veranlasst. Zur Vorbereitung dieser Audits müssen die Auditoren ausgewählt und vorbereitet sowie ein Verantwortlicher benannt werden. Die Leitung des zu auditierenden Bereichs wird über den Auditplan (Ziele, Umfang, Zeitplan) informiert. Man muss bei der Planung des internen Audits beachten, dass der Zeitaufwand möglichst gering gehalten wird. Dafür werden Fragen in Form von Frage- und Checklisten vorbereitet. Bei der Durchführung des Audits werden nur diese Fragen gestellt und die Checkliste abgearbeitet. Die Auditoren erfassen protokollarisch alle Abweichungen, Unterlassungen und Fehler. Die Auditierung wird mit einer Bewertung verbunden. Diese bildet die Grundlage für das Folgeaudit. Die aufgedeckten Mängel werden im Unternehmensbereich besprochen und Vorschläge zur Lösung unterbereitet. Nach dem Audit erstellen die Auditoren einen

Auditbericht, der an die oberste Leitung und den Verantwortlichen des auditierten Bereichs geht. Gegebenenfalls müssen Termine für Verbesserungsmaßnahmen vereinbart werden, um ihre Umsetzung zu kontrollieren (vgl. Ebel 2001, S. 154 ff.).

9.4.15 Techniken im Überblick

Die im vorangegangenen Kapitel dargestellten einfachen und komplexen Techniken können miteinander kombiniert werden. Abbildung 9.47 zeigt die Vielfalt an Kombinationsmöglichkeiten.

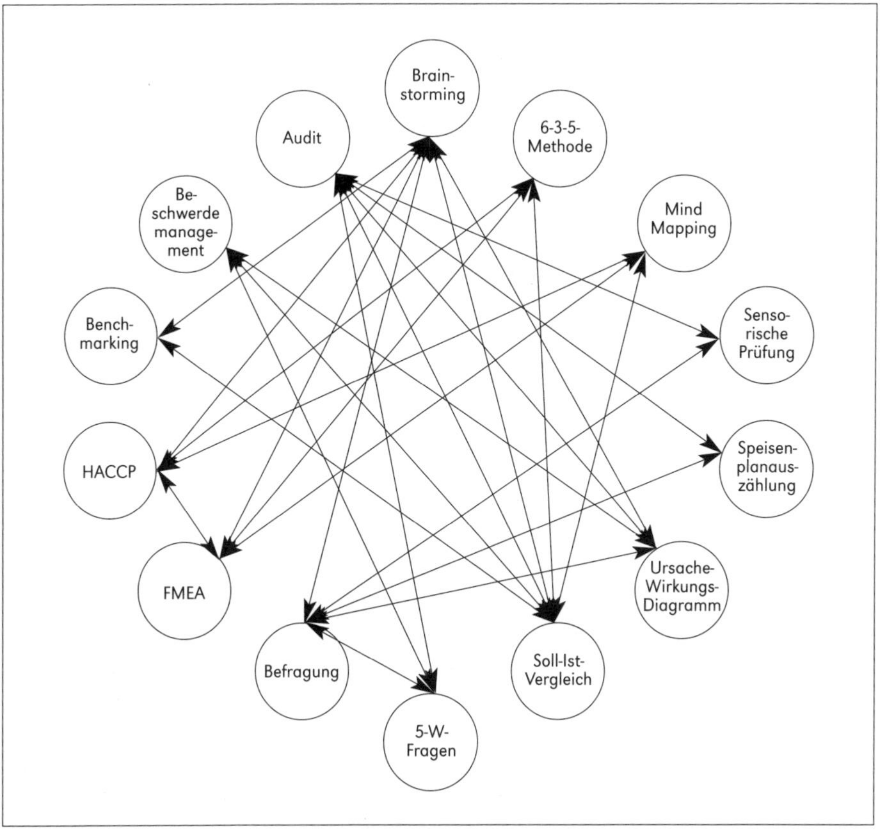

Abb. 9.47 Kombinationsmöglichkeiten der beschriebenen Techniken

Im Folgenden wird kurz beschrieben, wie die Techniken miteinander kombiniert werden können. Dabei besteht kein Anspruch auf Vollständigkeit, denn es gibt weit mehr Techniken, als hier beschrieben und aufgeführt sind und der Fantasie sind bei der Anwendung der Techniken keine Grenzen gesetzt, sofern dies den gewünschten Zweck erfüllt. Bei der Kombination der Techniken werden in der Regel einfache Techniken für die Durchführung komplexer Techniken eingesetzt. Brainstorming ist eine sehr simple Technik und kann eingesetzt werden

- beim Ursache-Wirkungs-Diagramm, um die Ideen für mögliche Ursachen zu sammeln,
- beim Soll-Ist-Vergleich, um Ideen für den Soll-Zustand zu sammeln,
- bei der Befragung, um Ideen für den Fragebogen zu sammeln,
- bei der FMEA-Analyse, um Ideen für mögliche Fehler zu sammeln,
- bei HACCP, um Ideen für mögliche Risiken zu sammeln,
- beim Benchmarking, um mögliche Vergleichspunkte zu sammeln.

Die 6-3-5-Methode und Mind Mapping sind, ähnlich wie Brainstorming, geeignet für Ideenfindung. Diese Techniken können:

- beim Soll-Ist-Vergleich,
- bei der FMEA-Analyse,
- beim HACCP

eingesetzt werden, um analog, wie beim Brainstorming, diverse Ideen zu sammeln.

Die sensorische Prüfung betrachtet das Endergebnis, also die verzehrfertige Speise. Sie kann Bestandteil einer Befragung sein oder im Rahmen eines Produktaudits stattfinden. Gleiche Kombinationsmöglichkeiten gelten für die Speisenplanauszählung. Bei einer Befragung kann nach der Wahl der heutigen Speise gefragt werden. Im Rahmen eines Audits kann gezählt werden, wie oft diese oder jene Speise gewählt wurde.

Das Ursache-Wirkungs-Diagramm oder die 5-W-Fragen können im Nachgang einer Befragung, einer Beschwerde oder eines Audits eingesetzt werden, wenn es darum geht, die Ursachen für entsprechende Befragungsergebnisse, Beschwerden oder Ergebnisse des Audits zu ermitteln.

Der Soll-Ist-Vergleich ist Bestandteil von

- Benchmarking (hier sind die Daten des Benchmarkingpartners vergleichbar mit dem *Soll-Zustand*),
- Beschwerde (hier ist der Beschwerdeanlass, z. B. das zu harte Fleisch, vergleichbar mit dem *Ist-Zustand*),
- Audit (hier wird geprüft, ob die geplanten Aktivitäten (Soll-Zustand) tatsächlich durchgeführt werden (Ist-Zustand) und wirksam sind).

Durch die Ähnlichkeit von HACCP und FMEA wird die Anwendung einer der beiden Methoden erleichtert, wenn ein Betrieb die andere Methode bereits umsetzt. Es ergeben sich ebenfalls Kombinationsmöglichkeiten. So ist in Kapitel 9.4.11.2 die Bestimmung der CCPs mittels der FMEA-Analyse beschrieben.

Aus den genannten Beispielen wird deutlich, dass es viele Parallelen zwischen den Techniken gibt. Für Betriebsleiterinnen und -leiter hat das den Vorteil, dass das Kennen, Einsetzen und Beherrschen einer Technik bei anderen Techniken genutzt werden kann.

Abbildung 9.48 stellt die verschiedenen Techniken gegenüber. Es wird kurz beschrieben, welche der Techniken für die jeweilige Qualitätsdimension bzw. für das jeweilige Qualitätsmanagementsystem geeignet sind.

Techniken	**Voraussetzung**	**Kurzbeschreibung**	**Geeignet für**	**Technik für die Qualitätsdimensionen: Strukturqualität, Prozessqualität und Ergebnisqualität**	**Technik für die Umsetzung der Qualitätsmanagementsysteme: Qualitätskontrolle, Qualitätssicherung sowie Qualitätsmanagement**
Brainstorming	Offenheit für Ideen	spontane Ideen werden gesammelt	Ideenfindung aller Fragen oder Probleme	Brainstorming kann sich je nach Fragestellung auf jede, dabei auf eine oder mehrere Qualitätsdimensionen beziehen.	Die Technik ist für jedes Qualitätsmanagementsystem geeignet.
6-3-5-Methode	Offenheit für Ideen, Bereitschaft zur schriftlichen Äußerung der Teilnehmer	6 Teilnehmer entwickeln je 3 Lösungsvorschläge in 5 Minuten		Die 6-3-5-Methode kann sich je nach Fragestellung auf jede, dabei auf eine oder mehrere Qualitätsdimensionen beziehen.	Die Technik ist für jedes Qualitätsmanagementsystem geeignet.
Mind Mapping	Offenheit für Ideen, strukturiertes Denken des Moderators	strukturierte Visualisierung von Antworten oder Lösungsansätzen		Mind Mapping kann sich je nach Fragestellung auf jede, dabei auf eine oder mehrere Qualitätsdimensionen beziehen.	Es werden gezielt Lösungen gesucht, um die vorhandene Qualität sicherzustellen. Es werden gezielt Leistungen dahingehend verändert, dass sie die Anforderungen erfüllen, somit wird die Qualität gemanagt.
Sensorische Prüfung	je nach Professio - nalität der Prüfung sensorische Ausbildung oder Erfahrungen	Verkostung einer Speise/eines Menüs	Endkontrolle	Die sensorische Prüfung ist eine Endkontrolle und prüft die Ergebnisqualität. Prozess- und Strukturqualität werden indirekt mit bewertet, da sich diese Qualitäts - dimensionen in der Ergebnisqualität widerspiegeln.	Sensorische Prüfungen sind vorrangig ein Instrument der Qualitätskontrolle. Da die Qualitätskontrolle Bestandteil der Qualitätssicherung und des Qualitätsmanagements sind, ist die sensorische Prüfung ebenfalls ein Instrument dieser beiden Systeme.
Speisenplanauszählung	i.d.R. keine besonderen Voraussetzungen	Zählung, welche Speise wie oft gewählt wird	Speisenplangestaltung	Die Speisenplanauszählung bezieht sich auf alle drei Qualitätsdimensionen. Ergibt beispielsweise die Speisenplanauszählung, dass Kartoffelsuppe und Wiener Würstchen sehr gern gewählt wird, wird dies in der Speisenplanung berücksichtigt (Strukturqualität), in der Speisenproduktion zubereitet (Prozessqualität) und kann an der Essensausgabe von den Gästen bestellt werden (Ergebnisqualität).	Es werden die Speisen gezielt wieder eingesetzt, die gut angenommen werden, somit wird die Qualität gesichert. Es werden gezielt Leistungen dahingehend verändert, dass sie die Anforderungen erfüllen, somit wird die Qualität gemanagt.

Abb. 9.48 Techniken im Überblick – Voraussetzung, Kurzbeschreibung, generelle Eignung, Eignung für Qualitätsdimensionen, Eignung für Qualitätsmanagementsysteme.

<table>
<tr><th>Techniken</th><th>Voraussetzung</th><th>Kurzbeschreibung</th><th>Geeignet für</th><th>Technik für die Qualitätsdimensionen: Strukturqualität, Prozessqualität und Ergebnisqualität</th><th>Technik für die Umsetzung der Qualitätsmanagementsysteme: Qualitätskontrolle, Qualitätssicherung sowie Qualitätsmanagement</th></tr>
<tr><td>Ursache-Wirkungs-Dia-gramm</td><td>Offenheit für Ideen, Bereitschaft zur schriftlichen Äußerung der Teilnehmer</td><td>strukturiertes Suchen nach Ursachen eines Problems</td><td rowspan="2">Lösen eines Problems vom Ansatz her</td><td>Das Ursache-Wirkungs-Diagramm kann sich je nach Fragestellung auf jede, dabei auf eine oder mehrere Qualitätsdimensionen beziehen.</td><td rowspan="3">Es werden gezielt Ursachen erforscht, wenn die Qualität sich verschlechtert, somit wird die Qualität gesichert. Es werden gezielt Leistungen dahingehend verändert, dass sie die Anforderung erfüllen, somit wird die Qualität gemanagt.</td></tr>
<tr><td>5-W Fragen</td><td>keine besonderen Voraussetzungen</td><td>suchen nach der Ursache durch WARUM?-Fragen</td><td>Die 5-W-Fragen können sich je nach Fragestellung auf jede, dabei auf eine oder mehrere Qualitätsdimensionen beziehen.</td></tr>
<tr><td>Soll-Ist-Vergleich</td><td>Bereitschaft zur Veränderung</td><td>Vergleich zwischen SOLL- und IST-Zustand bietet Möglichkeiten zur Verbesserung</td><td>Veränderung im Sinne von Verbesserung</td><td>Der Soll-Ist-Vergleich kann sich je nach Fragestellung auf jede, dabei auf eine oder mehrere Qualitätsdimensionen beziehen.</td></tr>
<tr><td>Befragungen</td><td>theoretische Kenntnisse und praktische Erfahrungen von Vorteil, eventuell statistische Kenntnisse erforderlich</td><td>Kundinnen und Kunden geben Auskunft über ihre Meinung zur Qualität der Leistung</td><td>Ermittlung der Kundenzufriedenheit</td><td>Die Befragung ist eine Endkontrolle und prüft die Ergebnisqualität. Prozess- und Strukturqualität werden indirekt beeinflusst, da sich diese Qualitätsdimensionen in der Ergebnisqualität widerspiegeln.</td><td>Befragungen sind vorrangig ein Instrument der Qualitätskontrolle. Da die Qualitätskontrolle Bestandteil der Qualitätssicherung und des Qualitätsmanagements ist, ist die Befragung ebenfalls ein Instrument dieser beiden Systeme.</td></tr>
<tr><td>FMEA</td><td>theoretische Kenntnisse</td><td>Erkennen und Bewerten von Fehlern</td><td>systematische Fehlersuche, dabei Einteilung der Fehler in bedeutende und unbedeutende Fehler</td><td>Die FMEA-Analyse tangiert in der Regel alle drei Qualitätsdimensionen.</td><td>FMEA ist ein Instrument der Qualitätssicherung und des Qualitätsmanagements, denn es werden gezielt Fehler gesucht, bewertet und behoben und damit die Qualität der Leistungen sichergestellt und die Leistungen an die Anforderungen angepasst (gemanagt).</td></tr>
</table>

Abb. 9.48 Techniken im Überblick – Voraussetzung, Kurzbeschreibung, generelle Eignung, Eignung für Qualitätsdimensionen, Eignung für Qualitätsmanagementsysteme.

Techniken	Voraussetzung	Kurzbeschreibung	Geeignet für	Technik für die Qualitätsdimensionen: Strukturqualität, Prozessqualität und Ergebnisqualität	Technik für die Umsetzung der Qualitätsmanagementsysteme: Qualitätskontrolle, Qualitätssicherung sowie Qualitätsmanagement
HACCP	theoretische Kenntnisse	Analyse kritischer Kontrollpunkte (CCPs) und Umgang mit diesen Punkten	systematische Suche nach Fehlerquellen sowie Umgang mit diesen Fehlern	HACCP tangiert die Strukturqualität teilweise, bezieht sich stark auf die Prozess - qualität und wirkt sich auf die Ergebnisqualität aus.	HACCP sucht nach Fehlern und sichert somit ein vorhandenes Qualitätsniveau (Qualitätssicherung) und HACCP wird immer an neue Gegebenheiten (Produkte, Gesetze usw.) angepasst und *managt* somit die Qualität.
Bench - marking	theoretische Kenntnisse, geeigneter Benchmarkingpartner	Vergleich mit den *Besten*	Verbesserungen aller Art	In der Regel tangiert Benchmarking alle drei Qualitätsdimensionen. Je nach Schwerpunkt des Benchmarkings (Strukturen, Prozesse oder Ergebnisse) wird die jeweilige Qualitätsdimension besonders stark betrachtet.	Benchmarking ist eine Technik zum Qualitätsmanagement. Strukturen, Prozesse und Ergebnisse werden hinterfragt und verbessert.
Beschwerdemanagement	Fähigkeit zur konstruktiven Kritik	Beschwerden als Anlass für Verbesserungen nehmen	Verbesserungen aller Art	Beschwerden beziehen sich in der Regel auf die Ergebnisqualität, tangieren aber meist die Struktur- und Prozessqualität.	Beschwerdemanagement sichert die Qualität, denn Fehler werden im Sinne des Erhalts der Qualität behoben. Beschwerdemanagement ist eine Technik des Qualitätsmanagements, Leistungen werden verändert und an Kundenwünsche angepasst.
Audit	theoretische Kentnisse, Auditor (extern oder intern), Auditplan	Überprüfungen von Wirksamkeiten entsprechender Aktivitäten	Hinterfragen, Vorbeugen von Betriebsblindheit	Je nach Wahl des Audits (Produkt-, Verfahrens- bzw. Systemaudit) wird die entsprechende Qualitätsdimension betrachtet.	Audit ist eine Technik des Qualitätsmanagements, denn es wird geprüft, hinterfragt und verbessert. Strukturen, Prozesse und Ergebnisse werden an neue Bedingungen angepasst.

Abb. 9.48 Techniken im Überblick – Voraussetzung, Kurzbeschreibung, generelle Eignung, Eignung für Qualitätsdimensionen, Eignung für Qualitätsmanagementsysteme.

9.5 Dokumentation

9.5.1 Vielfalt der Dokumente

Dokumente gibt es in großer Zahl in allen Betrieben der Gemeinschaftsverpflegung. Auch Betriebe, die nicht zielstrebig und konsequent nach einem bestimmten Qualitätsmanagementsystem arbeiten, dokumentieren Sachverhalte, führen Listen, arbeiten mit Checklisten oder nach individuellen Notizzetteln.

Nicht selten entsteht im Umgang mit Dokumenten Chaos. Da beschwert sich beispielsweise eine Kundin über den Service und das Beschwerdeformular ist nicht zur Hand, wird dann später noch gefunden, wird ausgefüllt, aber die Mitarbeiterin weiß nicht, wem sie es geben soll. Oder die Liste mit der eingetragenen Temperatur der Kühlhäuser ist voll; weil keine neue Liste am vorgesehenen Platz liegt, wird der letzte Wert auf den untersten Rand geschrieben. In einem anderen Beispiel erarbeitet eine Mitarbeiterin einen Stichpunktzettel für den kommenden Tag, an dem sie eine neue Mitarbeiterin begrüßen und einarbeiten soll. Weil die Einarbeitung gut geklappt hat, legt die Mitarbeiterin den Stichpunktzettel der Küchenleitung vor. Dieser kann genutzt werden, wenn künftig neue Mitarbeiter einzuarbeiten sind. Die Küchenleitung weist darauf hin, dass es doch schon längst ein Einarbeitungskonzept gibt.

Um solche oder ähnliche Probleme zu vermeiden, ist es wichtig, die Dokumente so zu ordnen,

- dass Mitarbeiterinnen und Mitarbeiter die Dokumente, die sie brauchen, zur Verfügung haben,
- dass Mitarbeiterinnen und Mitarbeiter mit den Dokumenten, die sie nicht brauchen, nicht unnötig belastet werden,
- dass Mitarbeiterinnen und Mitarbeiter die Ablage- und Speicherorte der erforderlichen Dokumente kennen,
- dass Mitarbeiterinnen und Mitarbeiter den Zugang zu den Ablage- und Speicherorten der erforderlichen Dokumente haben (z. B. Berechtigungen im PC),
- dass Mitarbeiterinnen und Mitarbeiter wissen, wohin entsprechende Dokumente abgelegt werden (z. B. was mit einer vollen Liste passiert),

- dass Mitarbeiterinnen und Mitarbeiter wissen, wie sie mit den Dokumenten umzugehen haben, bzw. wann die entsprechenden Dokumente zum Einsatz kommen
- und dass Dokumente nicht doppelt erstellt werden.

Dabei gibt es kein Patentrezept für die Systematik der Dokumente, denn die Gegebenheiten in jedem Betrieb sind andere. Aber es lohnt sich, bestehende Strukturen zu hinterfragen und zu verändern, um die Bürokratie zu vereinfachen.

Dokumente, die ähnlich aufgebaut sind, werden in der Regel in einer Gruppe zusammengefasst. So gibt es

- Verfahrensanweisungen (VA) (in einer VA werden komplexe Prozesse beschrieben, z. B. die Einarbeitung einer neuen Mitarbeiterin) (vgl. Kapitel 9.5.3 Verfahrensanweisung),
- Arbeitsanweisungen (AA) (in einer AA werden einfache Schrittfolgen beschrieben, z. B. das Bedienen eines Gargeräts),
- Checklisten (Checklisten geben schrittweise wieder, was in bestimmten Situationen getan werden muss, dabei können erledigte Aufgaben abgezeichnet werden, z. B. was bei der Planung einer Familienfeier im Betriebsrestaurant zu beachten ist),
- Standards (Standards sind allgemeingültige Handlungsweisen),
- Formulare (Formulare sind Dokumente, in denen etwas eingetragen werden muss, z. B. eine Unterschriftenliste über die täglich durchgeführte Reinigung der Küche),
- Listen (Listen sind ausgefüllte Formulare, z. B. Liste für die Wareneingangskontrolle, deren Felder vollständig ausgefüllt sind),
- ein Leitbild und Ziele (vgl. Kapitel 2 Ziele des Verpflegungsbetriebs),
- Stellenbeschreibungen (Stellenbeschreibungen enthalten die Aufgaben, die den Mitarbeiterinnen und Mitarbeitern der jeweiligen Stelle übertragen werden),
- Organigramme (Organigramme bilden das Stellen- und Leitungsgefüge ab),
- ein Qualitätsmanagementhandbuch (vgl. nachfolgendes Kapitel)

- und zu guter Letzt handgeschriebene personengebundene Notizzettel.

Generell spielt es keine Rolle, ob die Regelungen in Verfahrensanweisungen, Standards oder Checklisten niedergeschrieben werden, es sei denn, der Betrieb arbeit nach einem Qualitätsmanagementsystem, das eine bestimmte Dokumentation vorschreibt. Wichtig ist, dass nicht zu viele Dokumentengruppen, wie beispielsweise Verfahrensanweisungen, Standards, Formulare, Checklisten usw. nebeneinander existieren.

Es erscheint sinnvoll, die Dokumente zunächst in allgemeine Dokumente, Vorgabedokumente und Nachweisdokumente zu gliedern.

Unter **allgemeinen Dokumenten** werden die Dokumente zusammengefasst, die sich in ihrer Gesamtheit auf alle Bereiche und Abteilungen beziehen und nicht Vorgabe- oder Nachweisdokumente sind. Das sind z. B. Stellenbeschreibungen, ein Leitbild, Zielvereinbarungen, Organigramme oder Listen (z. B. eine Telefonliste aller Beschäftigten).

Vorgabedokumente beschreiben Abläufe und/oder geben Schritte für ein bestimmtes Vorgehen an. Dazu gehören z. B. Verfahrensanweisungen, Arbeitsanweisungen oder Standards sowie Checklisten, wenn diese einen bestimmten Ablauf beschreiben.

Nachweisdokumente sind solche Dokumente, die von Mitarbeitern, Gästen oder anderen Personen ausgefüllt werden müssen, z. B. ein Fragebogen zur Kundenbefragung, die Liste für die Kühltemperatur oder das Speisenbestellformular.

Welche Prozesse zu regeln sind, entscheidet der Betrieb selbst. Eine Ausnahme bilden die Betriebe, die ein Qualitätsmanagementsystem nach einer Vorgabe aufbauen, welches die Prozesse vorschreibt, die schriftlich zu regeln sind. Zu regeln sind auf jeden Fall die Prozesse, deren Regelung der Gesetzgeber vorschreibt, z. B. jene Prozesse, die Gesundheitsrisiken für die Kundinnen und Kunden beinhalten, also kritische Kontrollpunkte (vgl. Kapitel 9.4.11 HACCP). Weiterhin sind Prozesse, bei denen es im Betrieb Probleme gibt, zu regeln. Am besten ist es, alle Kernprozesse und alle qualitätsrelevanten Prozesse zu regeln.

9.5.2 Handbuch

Die wichtigste Dokumentation im Qualitätsmanagement ist das Qualitätsmanagementhandbuch oder auch Qualitätshandbuch bzw. Handbuch genannt. Dabei sind das Verständnis und der dazugehörige Inhalt des Handbuchs, Qualitätshandbuchs oder Qualitätsmanagementhandbuchs in Literatur und Praxis sehr unterschiedlich. Zunächst zu dem Begriff *Handbuch*: Ein Handbuch eines PCs beispielsweise ist die Bedienungsanleitung für den Computer. Bei der Bezeichnung Qualitätsmanagementhandbuch handelt es sich demnach um eine Bedienungsanleitung zum Qualitätsmanagement, bei der Bezeichnung *Qualitätshandbuch* um die Bedienungsanleitung zur *Qualität* und die Bezeichnung *Handbuch* lässt offen, wofür dieses Handbuch ist.

Sinnvoll erscheint es, die neutrale Bezeichnung *Handbuch* zu wählen. Wie Abbildung 9.49 zeigt, kann dann unproblematisch das Handbuch in die Rubrik Qualitätsmanagementsystem und in eine zweite Rubrik Leistungserstellung unterteilt werden. In gesonderten Ordnern finden sich dann jeweils weitere Dokumente zum Qualitätsmanagementsystem (z. B. Auditplan, Auditbericht) bzw. zur Leistungserstellung (z. B. Prüfprotokolle, Wareneingangskontrollbögen, Unterweisungslisten usw.). Im Handbuch muss aber auf die jeweiligen Unterordner verwiesen werden.

Abb. 9.49 Dokumentationssystem Handbuch

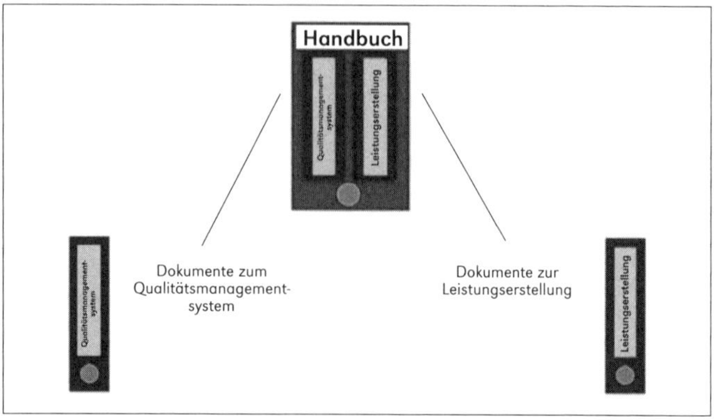

Dieses System lässt sich beliebig erweitern, wenn sich der Betrieb beispielsweise für ein Umweltmanagement, Gesundheitsmanagement oder/und Arbeitsschutzmanagement entscheidet. Damit wird verhindert, dass jedes Managementsystem sein eigenes Handbuch erfordert.

Zunächst sollte festgelegt werden, ob mit dem Handbuch ausschließlich interne, ausschließlich externe oder interne und externe Zwecke verfolgt werden. Diese Entscheidung ist von der obersten Leitung zu treffen.

Interne Zwecke werden dann verfolgt, wenn die Dokumente an die Mitarbeiterinnen und Mitarbeiter gerichtet sind.

Externe Zwecke werden dann verfolgt, wenn die Dokumente der Werbung dienen oder extern gefordert werden, z. B. durch die Kundinnen und Kunden oder den Gesetzgeber.

Verfolgt ein Betrieb mit dem Handbuch **sowohl externe als auch interne Zwecke**, ist zu beachten, dass die Informationen, die nur für den internen Gebrauch bestimmt sind, nicht an externe Personen weitergegeben werden. Das kann realisiert werden, indem Teile des Handbuchs für den externen Gebrauch dupliziert oder unterschiedliche Papierfarben für den externen und internen Gebrauch verwendet werden (vgl. Kamiske/Brauer 1999, S. 197 ff.).

Je nachdem, ob interne und/oder externe Zwecke verfolgt werden, entscheidet sich, welche Dokumente im Handbuch und welche Dokumente in die jeweiligen Unterordner (z. B. Ordner *Dokumente der Leistungserstellung* bzw. Ordner *Dokumente zum Qualitätsmanagementsystem* usw., vgl. Abb. 9.49) abgeheftet werden. Wird das Handbuch beispielsweise für Werbezwecke genutzt (externe Zwecke), sind detaillierte Verfahrensanweisungen, z. B. über das Bestellsystem für die Speisen etc., gesondert abzuheften.

Das Handbuch sollte eine Loseblattsammlung sein, damit es jederzeit beliebig ergänzt werden kann. Die Seiten im Handbuch sollten in ihrem grundlegenden Aufbau und Layout gleich sein. Anhand der Kopf- und Fußzeile sollte jede Seite identifizierbar sein. Dazu sind u. a. folgende Angaben erforderlich:

1. **Name und Logo des Betriebs**
2. **Laufende Nummer**
   Es ist empfehlenswert, dass jedes Dokument mit einer laufenden Nummer gekennzeichnet ist, in der die Kapitelnummer des betreffenden Dokuments enthalten ist. Anhand dieser Nummer ist das Dokument dann eindeutig zuzuordnen.

3. **Datum, an dem das Dokument erstellt wurde**
4. **Datum, an dem das Dokument wieder auf seine Aktualität überprüft werden muss**
5. **Titel des Dokuments**
6. **Verantwortliche Person für die Freigabe**
   Das Handbuch sollte immer von der obersten Leitung freigegeben werden. Die Freigabe sollte nicht mündlich, sondern durch eine Unterschrift erfolgen.
7. **Verantwortliche Person für die Bearbeitung**
   In der Regel ist das der/die Qualitätsbeauftragte.
8. **Verteiler**
   Hier werden die verschiedenen Handbücher genannt, in denen das Dokument zu finden ist.
9. **ggf. Seitenzahl**
   Um eine ständige Aktualisierung des Handbuchs zu ermöglichen, sollte man auf laufende Seitenzahlen verzichten. Sollte aber ein Dokument mehrere Seiten beinhalten, können innerhalb des Dokuments Seitenzahlen vergeben werden, um damit zu kennzeichnen, wie viele Seiten das Dokument insgesamt hat (Seiten X von Y) (vgl. Reiprich/Steinel 2003, S. 34 f.).

Die Gliederung muss unbedingt betriebsspezifisch sein. Aus diesem Grund kann der inhaltliche Aufbau nur beispielhaft dargestellt werden (vgl. Abb. 9.50 und 9.51).

Auch wenn das Handbuch nicht ausschließlich von der obersten Leitung zu erstellen ist, so sollte die oberste Leitung dennoch richtungsweisend bei der Erstellung mitwirken. Es ist sinnvoll, einen bestimmten Personenkreis mit der Erstellung des Handbuchs zu beauftragen. Dieser Personenkreis kann auch im Rahmen eines Qualitätszirkels zusammenarbeiten und das QM-Handbuch erstellen.

In jedem Fall sollten an dem Handbuch auch die Mitarbeiterinnen und Mitarbeiter mitwirken. So wird sichergestellt, dass es sich am Ende um ein Handbuch handelt, das der Praxis entspricht und umsetzbar ist. Allerdings müssen nicht alle Dokumente mit allen Mitarbeiterinnen und Mitarbeitern erarbeitet werden. Es können beispielsweise mit allen Mitarbeiterinnen und Mitarbeitern Ziele zusammengetragen werden, die dann anschließend von ausgewählten Personen zusammengefasst und ausformuliert werden (vgl. Reiprich/ Steinel 2003, S. 34).

In diesem Beispiel wird das Handbuch in einen allgemeinen Teil für vorrangig externe Zwecke und in einen speziellen Teil für ausschließlich interne Zwecke gegliedert. Die Gliederung orientiert sich am Qualitätsmanagementprozess.	
A	**Allgemeiner Teil**
A1	**Inhaltsverzeichnis**
A2	**Einführung** (In der Einführung können kurz Historie des Betriebs, Gründe und Weg zum Qualitätsmanagementsystem beschrieben werden.)
A3	**Unternehmensphilosophie** (Im Rahmen der Unternehmensphilosophie können sowohl die Ziele des Betriebs als auch die Ziele des Qualitätsmanagements genannt werden.)
A4	**Geltungsbereich** (Hier ist darzustellen, ob das Handbuch für den gesamten Betrieb oder nur für Teile des Betriebs gilt.)
A5	**Definitionen und Abkürzungen**
A6	**Organisationsstrukturen** (Um der Leserin/dem Leser einen Einblick in die Struktur der Einrichtung zu ermöglichen, empfiehlt es sich, diese in Form eines Organigramms darzustellen.)
A7	**Verantwortlichkeiten und Befugnisse** (Unter diesem Punkt sind Verantwortlichkeiten und Befugnisse zum Qualitätsmanagement darzustellen.)
A8	**Gemeinsame Grundlagen** (Allgemein geltende *Spielregeln* für das Unternehmen können hier niedergeschrieben werden.)
A9	**Kontrolle von Abweichungen und deren Korrektur** (Gemeinsame Richtlinien zur Behandlung von Abweichungen und Schwachstellen können unter diesem Punkt niedergeschrieben werden.)
A10	**Qualitätsdokumente** (Grundsätze der Dokumentation, Gründe der Dokumentation und allgemeine Regelungen der Dokumentation, z. B. Aufbewahrungsort und -zeit der Dokumente, Logik der Nummerierung sind hier zu nennen.)
A11	**Schulung und Training** (Grundregeln für Bedarfsermittlung an Schulungen und spätere Teilnahme an Schulungen können festgehalten werden.)
A12	**Interne Qualitätsaudits** (Allgemeine Regelungen für Audits werden hier niedergeschrieben, z. B. Zeiträume und Umfang der Prüfungen.)
B	**Spezieller Teil**
B1	**Inhaltsverzeichnis**
B2	**Einführung** (Ziel, Umfang, Geltungsbereich, Verantwortlichkeiten für die Erstellung der Leistung sind hier darzustellen.)
B3	**Definitionen und Abkürzungen**
B4	**Verfahrensanweisungen** (Ausgewählte Prozesse der Leistungserstellung (entsprechend dem Geltungsbereich dieses speziellen Teils) werden beschrieben.)
B5	**Arbeitsanweisungen** (Ausgewählte Tätigkeiten der Leistungserstellung (entsprechend dem Geltungsbereich dieses speziellen Teils) werden beschrieben.)
B6	**Prüfanweisungen** (Ausgewählte Prüfprozesse (entsprechend dem Geltungsbereich dieses speziellen Teils) werden beschrieben.)
B7	**Schulung und Training** (Hier werden u. a. die Art und Weise der Schulung und der Schulungsplan festgeschrieben.)
B8	**Vorlagen für Nachweisdokumente**

Abb. 9.50 Qualitätsmanagement-bezogener Gliederungsvorschlag für den allgemeinen und speziellen Teil eines Handbuchs (eigene Darstellung in Anlehnung an Glaap 1993, S. 83 ff.)

Abb. 9.51 Leistungserstellungsbezogener Gliederungsvorschlag für ein Handbuch (vgl. Reiprich/Steinel 2003, S. 37)

In diesem Beispiel wird das Handbuch nach den Qualitätsdimensionen Struktur-, Prozess- und Ergebnisqualität gegliedert. Die Gliederung orientiert sich am Leistungserstellungsprozess.

0	**Inhaltsverzeichnis**
A	**Strukturelle Voraussetzungen**
A1	**Unternehmensphilosophie/Leitbild** (Hier werden die grundsätzlichen Ziele der Leistungserstellung und des Qualitätsmanagements dargestellt.)
A2	**Ziele** (In diesem Abschnitt werden Ziele formuliert, die sich aus der Unternehmensphilosophie ergeben.)
A3	**Personal** (Hier können alle wichtigen Vorgänge, die das Personal betreffen, beschrieben werden. Das kann beispielsweise Personalbedarfsplanung, Personalwerbung, Personalauswahl, Personalein- bzw. -ausstellung, Personalmotivation und Personalentwicklung sein.)
A4	**Sachmittel** (Hier können alle wichtigen Vorgänge beschrieben werden, die Anlagen (z. B. technische Anlagen) und Ausstattung (z. B. Geschirr) betreffen. Das kann beispielsweise Bedarfsermittlung, Angebotsauswahl und Bestellung sein. Die Beschaffung von Lebensmitteln kann an dieser Stelle oder im Rahmen der Leistungserstellung dargestellt werden.)
A5	**Gesetzliche Rahmenbedingungen** (An dieser Stelle können geltende Rechtsvorschriften eingefügt oder genannt werden.)
B	**Prozesse der Leistungserstellung** (Dazu können für die einzelnen Prozesse Verfahrensanweisungen, Arbeitsanweisungen und/oder Prüfanweisungen erstellt werden.)
B1	**Beschaffung** (Sofern noch nicht erfolgt, wird an dieser Stelle der Prozess der Beschaffung von Verbrauchsmitteln (Lebensmittel und Reinigungsmittel) in Form einer Verfahrensanweisung, ggf. Arbeitsanweisung beschrieben.)
B2	**Lagerung** (An dieser Stelle werden alle wichtigen Vorgänge bezüglich der Lagerung der Verbrauchsmittel beschrieben. Dazu gehören z. B. Wareneingangskontrolle, Kontrolle der Temperaturen in den Lagerräumen, Warenentnahme.)
B3	**Speisenplanung** (Der Prozess der Speisenplanung ist an dieser Stelle zu beschreiben.)
B4	**Speisenherstellung** (Ausgewählte Speisenherstellungsprozesse sind an dieser Stelle zu beschreiben.)
B5	**Speisenverteilung/Speisenausgabe** (Die Speisenverteilung und Speisenausgabe oder Kombinationen daraus sind an dieser Stelle zu beschreiben.)
B6	**Reinigung** (Der Reinigungsprozess ist an dieser Stelle zu beschreiben. Arbeitsanweisungen am Arbeitsplatz bieten sich hier an.)
B7	**Entsorgung** (Die Entsorgung von Lebensmittelresten und Verpackungsmaterialen unter dem Hygiene- und Umweltaspekt wird hier beschrieben.)
B8	**Schnittstellen** (Problembehaftete Schnittstellen zwischen den Bereichen, z. B. Bereich Küche und Verwaltung, sind zu definieren. Es muss festgelegt werden, wer, was, wann, wo, in welcher Qualität zu tun hat.)
C	**Produkte/Leistungen** (An dieser Stelle kann eine Beschreibung der Produkte oder Leistungen erfolgen. Es bietet sich hier auch die Möglichkeit an, Bilder einzufügen, z. B. von einer gedeckten Tafel oder einer garnierten Käseplatte.)

9.5.3 Verfahrensanweisung

Neben dem Handbuch ist die Verfahrensanweisung ein bedeutendes Dokument. Dabei können Verfahrensanweisungen Bestandteil des Handbuchs sein oder neben dem Handbuch in Unterordnern abgeheftet sein. Im Handbuch wird dann auf den jeweiligen Ordner verwiesen.

Verfahrensanweisungen beinhalten Beschreibungen der einzelnen Schritte und Tätigkeiten eines Prozesses. Die Verantwortlichkeiten für die einzelnen Prozessschritte sind hierin festgelegt und notiert. Daneben enthält jede Verfahrensanweisung organisatorische Informationen über Gültigkeit, Verteilung und Pflege. Verfahrensanweisungen sollten von den damit arbeitenden Personen erstellt werden. Aufgabe der/des Qualitätsmanagementbeauftragten ist es, die Mitarbeiterinnen und Mitarbeiter bei der Erstellung zu unterstützen und anzuleiten. Die notwendigen Inhalte einer Verfahrensanweisung sind:

1. Titel
2. Zielsetzung
3. Anwendungsbereich
4. ggf. Begriffe/Abkürzungen
5. Verantwortlichkeiten
6. Ablauf
7. Dokumentation
8. Änderungs- und Versionsmanagement
9. Verteiler
10. Mitgeltende Unterlagen

Diese werden im Folgenden vorgestellt (vgl. Eversheim 2000, S. 57 ff.).

1. **Titel**
   Der Titel benennt eindeutig das zu beschreibende Verfahren.
   Beispiel:
   Eine Verfahrensanweisung mit dem Titel *Speisenplanung* beinhaltet alle Informationen zum Ablauf der Speisenplanung (vgl. Reiprich/Steinel 2003, S. 38).

2. **Zielsetzung**
   Unter dem Punkt Zielsetzung wird erklärt, warum es das Verfahren gibt. Jedes Verfahren wird für eine bestimmte Zielsetzung eingesetzt. Dies muss so beschrieben sein, dass es für alle betroffenen Mitarbeiterinnen und Mitarbeiter verständlich ist.
   Beispiel für Speisenplanung:
   Die Verpflegung von Heimbewohnern ist eine wichtige Aufgabe eines Altenheims. Dabei muss die Verpflegung die ernährungsphysiologischen und sensorischen Anforderungen der Heimbewohner erfüllen und sie muss für die Küche machbar sein. Diese Anforderungen müssen bei der Aufstellung der Speisenpläne berücksichtigt werden. (vgl. Reiprich/Steinel 2003, S. 38)

3. **Anwendungsbereich**
   In dem Punkt Anwendungsbereich wird vermerkt, für welche Unternehmensbereiche, für welche Prozesse/Produkte und für welchen Arbeitsplatz sie relevant ist.
   Beispiel für Speisenplanung:
   Die Anweisung gilt für die routinemäßige Speisenplanung folgender Mahlzeiten: Frühstück, erste Zwischenmahlzeit, Mittagsmahlzeit, zweite Zwischenmahlzeit sowie Abendbrot. Diese Anweisung gilt nicht für die Menüplanung bei Feierlichkeiten (z. B. Weihnachtsfeier, Geburtstagsfeier etc.) und außerordentlichen Veranstaltungen (z. B. Tanzabend). (vgl. Reiprich/Steinel 2003, S. 38)

4. **Begriffe/Abkürzungen**
   Werden in der Verfahrensanweisung Begriffe und Abkürzungen verwendet, die nicht allgemeinverständlich sind, müssen diese erklärt werden. Typische Abkürzungen sind beispielsweise:
   KL – Küchenleitung
   PDL – Pflegedienstleitung
   HWL – Hauswirtschaftsleitung
   TK – Tiefkühl
   EaR – Essen auf Rädern
   MA HR – Mitarbeiterin der Hausreinigung
   etc.

5. **Verantwortlichkeiten**
   Für alle Tätigkeiten des Verfahrens werden die Verantwortlichkeiten festgelegt.
   Beispielsweise müssen bei der Speisenplanung für folgende Teilschritte Verantwortlichkeiten festgelegt werden:

   - Entwurf des Plans,
   - Beschluss des Plans,
   - Genehmigung des Plans,
   - Dokumentation des Plans

   (vgl. Reiprich/Steinel 2003, S. 38).

6. **Ablauf**
   Der Ablauf des Verfahrens, also der logische und zeitliche Zusammenhang der Tätigkeiten, muss nachvollziehbar sein. Alle Tätigkeiten des Verfahrens müssen eindeutig beschrieben werden. Neue Mitarbeiterinnen und Mitarbeiter müssen anhand der Beschreibung das Verfahren ausführen können. Bei vielen Tätigkeiten ist es hilfreich, ein Flussdiagramm zu erarbeiten.
   Bei der Erstellung eines Flussdiagramms helfen die in Abbildung 9.52 abgebildeten Symbole.
   In das Start-Kästchen wird die Ausgangssituation eingetragen und in das Ende-Kästchen das Ergebnis des Prozesses. Dazwischen werden die einzelnen Tätigkeiten dem Ablauf entsprechend aneinandergereiht. Während des Ablaufs kann es Stellen geben, an denen sich der Prozess in mehrere Richtungen teilt. Teile eines Prozesses können in einen anderen Prozess einmünden bzw. von einem anderen Prozess kommen. Dies wird mit dem Kästchen *vordefinierter Prozess* deutlich gemacht.
   Manchmal werden Daten (also Informationen) für den Prozess benötigt. Dies wird mit dem entsprechenden Symbol gekennzeichnet (siehe Abb. 9.52).
   Dokumente, die zur Leistungserstellung benötigt werden, sind Vorgabedokumente (z. B. Rezepte). Dokumente, die zum Nachweis des Prozesses entstehen, sind Nachweisdokumente (z. B. Protokolle zur Kühlraumtemperatur). Wann diese für den Prozess gebraucht werden bzw. wann sie entstehen, geht ebenfalls aus einem Flussdiagramm hervor.

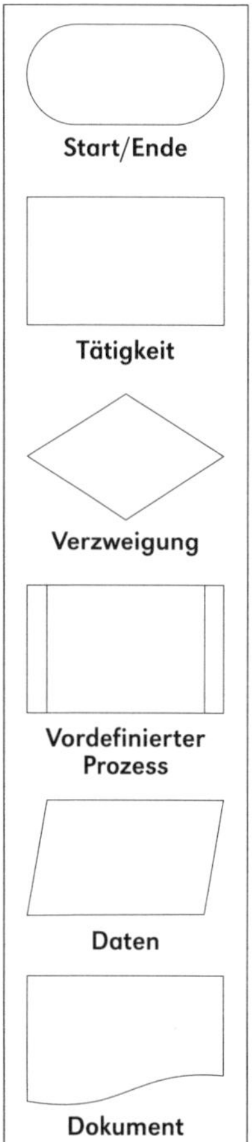

Abb. 9.52 Symbole eines Flussdiagramms

Abbildung 9.53 ist das Beispiel eines Ablaufdiagramms für die Speisenplanung, das die Verwendung der genannten Symbole zeigt.

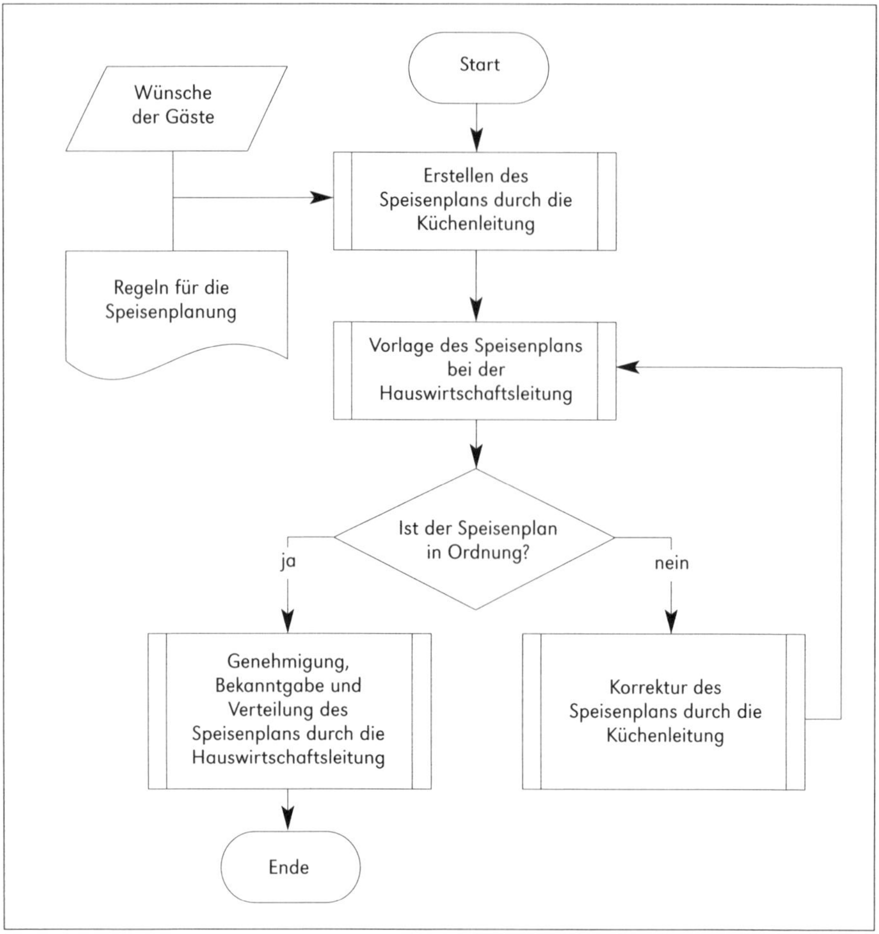

Abb. 9.53
Beispiel eines Ablaufdiagramms für die Speisenplanung

7. Dokumentation

Die Dokumentation spielt beim Qualitätsmanagement eine bedeutende Rolle. Aus der Verfahrensanweisung muss deswegen hervorgehen, welche Unterlagen (Bestimmungen, Formulare, Checklisten usw.) im Zusammenhang mit der Verfahrensanweisung gültig sind. Eine Archivierung der Verfahrensanweisung nach Ablauf der

Gültigkeit wird empfohlen. Am besten ist dabei eine elektronische Archivierung geeignet. Alle weiteren im Umlauf befindlichen Versionen der Verfahrensanweisung müssen nach Ablauf vernichtet werden, damit sie nicht wieder aus Versehen in den Umlauf geraten.
Beispiel für Speisenplanung:
Die Wünsche, Anregungen und Kritiken der Bewohner/-innen werden entsprechend der zeitlichen Abfolge im Ordner *Qualitätsbeurteilungen in der Verpflegung* abgeheftet und ein Jahr aufbewahrt.
Jeweils eine Kopie der Speisenpläne wird in dem Ordner *Speisenpläne* abgeheftet und für ein halbes Jahr aufbewahrt (vgl. Reiprich/Steinel 2003, S. 38).

8. **Änderungs- und Versionsmanagement**
   In einer Verfahrensanweisung muss vermerkt werden, wer diese erstellt hat, wer die Verfahrensanweisung freigegeben hat, um die wievielte Version es sich handelt sowie das letzte Änderungsdatum.

9. **Verteiler**
   Im Verteiler stehen alle Orte, an der die Verfahrensanweisung zu finden ist. Wird eine Verfahrensanweisung geändert, muss sie an all diesen Orten ersetzt werden.
   Beispiele für Speisenplanung:
   Die Verfahrensanweisung zur Speisenplanung befindet sich im Ordner für Verfahrensanweisungen der Küchenleitung und der Küche (vgl. Reiprich/Steinel 2003, S. 38).

10. **Mitgeltende Unterlagen**
    Sind Hilfsmittel zur korrekten Ausführung nötig, wie z. B. Diagramme, Formulare, Checklisten, dann werden diese unter dem Punkt *Mitgeltende Unterlagen* vermerkt.

Arbeitet ein Betrieb mit Dokumenten, die in Aufbau und Inhalt der in diesem Abschnitt beschriebenen Verfahrensanweisung gleich kommen, die aber nicht mit Verfahrensanweisung, sondern einem anderen Begriff überschrieben sind, so ist dies in der Regel unproblematisch.

Die Sammlung der Verfahrensanweisungen sollte ebenso wie das Handbuch eine Loseblattsammlung sein, bei der jedes

Blatt anhand der Kopf- und Fußzeilen eindeutig zuzuordnen ist.

9.6 Schritte zum Qualitätsmanagement

Qualitätsmanagement ist keine neue Erfindung, sondern jeder Betrieb produziert Qualität und jeder Betrieb managt diese Qualität bereits in einem bestimmten Umfang – auch wenn der Betrieb dies nicht Qualitätsmanagement nennt.

Um ein Qualitätsmanagementsystem (QMS) einzuführen, muss der Betrieb Grundvoraussetzungen erfüllen. Sind diese Bedingungen gegeben, findet zunächst eine Analyse der bereits vorhandenen Materialien des QMS statt. Danach wird die Qualitätsphilosophie entwickelt und zum Schluss wird das QMS entworfen (vgl. Abb. 9.54).

Abb. 9.54 Schritte zum Qualitätsmanagement.

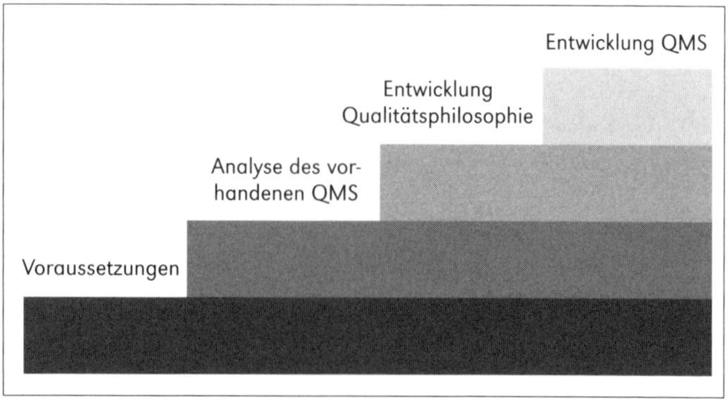

Voraussetzung für die systematische Einführung eines Qualitätsmanagements ist, dass die oberste Leitung das Projekt unterstützt. Die Mitarbeiterinnen und Mitarbeiter, die bei der Einführung eines Qualitätsmanagements beteiligt sind, sollten von ihrer täglichen Arbeit entlastet werden, denn ein Qualitätsmanagement kann nicht *nebenbei* entstehen. Den beteiligten Mitarbeiterinnen und Mitarbeitern werden Handlungs- und Weisungsbefugnisse zugeteilt und öffentlich bekanntgegeben. Auf diese Weise erhalten die Mitarbeiterinnen und Mitarbeiter die Legitimation zur Einführung des Qualitätsmanagements.

Um die Arbeit der Qualitätsbeauftragten zu unterstützen, sollten Gelder, z. B. für zusätzliches Büromaterial, Fachliteratur und Fortbildungen, bereitgestellt werden. Computerarbeitsplätze sollten den Mitarbeiterinnen und Mitarbeitern zur Verfügung stehen.

Neben den organisatorischen Voraussetzungen müssen auch methodische Rahmenbedingungen erfüllt sein. Die Mitarbeiterinnen und Mitarbeiter, die für die Einführung verantwortlich sind, sollten über methodische Kenntnisse zum Qualitätsmanagement verfügen. Dies kann durch externe Weiterbildung einer oder mehrerer Mitarbeiterinnen und Mitarbeiter durch die Teilnahme an Seminaren geschehen oder durch interne Weiterbildung in internen Schulungen bzw. im Selbststudium durch Lesen von Fachliteratur. Ohne diese Kenntnisse kann kein Qualitätsmanagementsystem eingeführt werden.

Beginnt ein Betrieb, sich mit Qualitätsmanagement auseinanderzusetzen, sollte zunächst das bereits vorhandene Qualitätsmanagementsystem beleuchtet werden. Die Dokumente, die eventuell schon vorhanden sind, werden analysiert. Solche Dokumente sind beispielsweise

- das Leitbild des Betriebs,
- niedergeschriebene Ziele,
- Sammlung rechtlicher Unterlagen,
- Darstellung des Stellen- und Leitungsgefüges (Organigramm),
- Stellenbeschreibungen,
- HACCP-Plan,
- Dienstpläne,
- Schulungspläne,
- Reinigungspläne,
- Prüfpläne,
- Prüfprotokolle,
- Schnittstellenkatalog,
- Anweisungen zur Handhabung bestimmter Geräte,
- Rezepturen,
- Materialien zu Kundenbefragungen,
- Mitarbeiterbefragungen,
- Auswertungen von Beschwerden,
- Mitarbeiterschulungen usw.

Diese Unterlagen können zur Entwicklung des QMS genutzt werden. Sie müssen eventuell an der einen oder anderen Stelle noch einmal überdacht und überarbeitet werden.

Nach der Analyse der bereits vorhandenen Materialien wird im nächsten Schritt die Qualitätsphilosophie entwickelt. Dies geschieht durch das Leitungsteam unter Verantwortung der obersten Leitung. Dabei werden alle externen und internen Anforderungen an das Qualitätsmanagement und die personellen und finanziellen Bedingungen berücksichtigt.

Unter Berücksichtigung der Qualitätsphilosophie wird das QMS entwickelt. Die Qualitätsphilosophie fließt in das Leitbild ein. Gegebenenfalls findet dies unter Einhaltung der Vorgaben der Qualitätsmodelle (z. B. DIN EN ISO 9001) statt. Die Mitarbeiter nutzen hierbei die Techniken des Qualitätsmanagements (vgl. Kapitel 9.4) (vgl. Reiprich/Steinel 2003, S. 9 f.).

10 Literaturverzeichnis

Abteilung Presse und Information des Europäischen Gerichtshofs (1997): Urteil des Gerichtshofes in der Rechtssache C-13/95 Ayse Süzen gegen Zehnacker Gebäudereinigung GmbH Krankenhausservice Streithelferin: Lefarth GmbH: Pressemitteilung Nr. 8/97 vom 11. März 1997 http://www.curia.europa.eu/de/actu/communiques/cp97/cp9708de.htm (gesehen am 11. August 2006)

Auswertungs- und Informationsdienst für Ernährung, Landwirtschaft und Forsten (AID) (Hrsg.) (1993a): Gemeinschaftsverpflegung: Verpflegung mit gekühlten, pasteurisiert gekühlten und warmgehaltenen Speisen. Heft 3247/1993. AID: Bonn

Auswertungs- und Informationsdienst für Ernährung, Landwirtschaft und Forsten (AID) (Hrsg.) (1993b): Gemeinschaftsverpflegung: Verpflegung mit tiefgefrorenen und sterilisierten Speisen. Heft 3247/1993. AID: Bonn

Auswertungs- und Informationsdienst für Ernährung, Landwirtschaft und Forsten (AID) (Hrsg.) (1993c): Gemeinschaftsverpflegung: Verpflegung mit Speisen aus eigener und industrieller Herstellung – Mischküche Stufe 1 und 2. Heft 3247/1993 AID: Bonn

Auswertungs- und Informationsdienst für Ernährung, Landwirtschaft und Forsten (AID) (Hrsg.) (1993d): Gemeinschaftsverpflegung: Speisenverteilung. Heft 3251/1993 AID: Bonn

Bayerischer Kommunaler Prüfungsverband (1998): Personaleinsatz und Personalkosten im Krankenhaus. München: Bayerischer Kommunaler Prüfungsverband

Bergmann, M. (2005): Betriebsübergang neuerdings bereits durch Auftragsvergabe? Das jüngste EuGH-Urteil ruft Entrüstung und Überraschung hervor. In: f&w führen und wirtschaften im Krankenhaus 22 (2005) 2, S. 184 – 187

Binder, Ina (2000): Ernährungsverhalten außer Haus in der Bundesrepublik Deutschland. Dissertation. Technische Universität München-Weihenstephan, Fakultät für Landwirtschaft und Gartenbau

Bober, Siegfried (1986): Beschaffungs- und Lagerwirtschaft in der Gemeinschaftsverpflegung. Martienss: Hamburg

Bober, Siegfried (1995): Gemeinschaftsverpflegung. Betriebswirtschaftliche Grundlagen. Bewirtschaftung in der Gemeinschaftsgastronomie. Formen, Auswahlkriterien, Auswahlverfahren. Hrsg.: AID Verbraucherdienst, Heft 3344/1995 Bonn

Bober, Siegfried (2001): Marketing-Management in der Gemeinschaftsgastronomie. Konzepte – Methoden – Erfahrungen. 3. erweiterte und aktualisierte Auflage. Deutscher Fachverlag: Frankfurt a. M.

Bolten, Herbert; Geiger, Ralf (1993): Cash oder Karte. Das richtige Abrechnungssystem für ihre GV. In: Bethge; Bolten; Dörsam (Hrsg.): Modernes Küchenmanagement: Handbuch für Führungskräfte in der Gemeinschaftsverpflegung. Losebl.-Ausgabe D. 4.2. Raabe Verlag: Stuttgart

Bottler, Jörg (1982): Wirtschaftslehre des Großhaushalts. Band 1: Großhaushaltsführung. Kohlhammer: Stuttgart

Bottler, Jörg; Rho, Jeong Ok (2001): Messung der Qualität im GV-Betrieb anhand des Qualitätsbewertungsprozesses – entwickelt aus den qualitätsbezogenen Begriffen der DIN EN ISO 9000:2000. In: Hauswirtschaft und Wissenschaft 49 (2001) 2, S. 58 ff.

Bräunig, Dietmar (2006): Doppik-Einführung. Zahlenfriedhöfe vermeiden. In: Kommune 21 (2006) 11, S. 18 f.

Bredow, U.; Fischer, D.; Hoiker, H.; Rosstauscher, G.; Safian, K. (1994): Qualitätsentwicklung in ambulanten Diensten. Anleitungen Praxisberichte Ideen. Vincentz Verlag: Hannover

Bruhn, Manfred (1997): Qualitätsmanagement für Dienstleister – Grundlagen, Konzepte, Methoden. 2. überarbeitete und erweiterte Auflage. Springer Verlag: Berlin, Heidelberg, New York

Bürgerliches Gesetzbuch in der Fassung der Bekanntmachung vom 2. Januar 2002 (BGBl. I S. 42, 2909; 2003 I S. 738), zuletzt geändert durch Artikel 2 Abs. 16 des Gesetzes vom 19. Februar 2007 (BGBl. I S. 122)

Büse, F. (1995): Teil 1 Leitbilder. In: Büse, F. et al. (Hrsg.): Heim aktuell. Leitungshandbuch für Altenhilfeeinrichtungen. Losebl.-Ausgabe. Vincentz Verlag: Hannover

Bundesarbeitsgemeinschaft der Freien Wohlfahrtspflege (Hrsg.) (2006): Einrichtungen und Dienste der Freien Wohlfahrtspflege Gesamtstatistik 2004. BAGFW

Bundesministerium der Finanzen (Hrsg.) (1999): Umsatzsteuer; Bereithalten besonderer Vorrichtungen für den Verzehr an Ort und Stelle nach § 3 Abs. 9 Satz 5 UStG. Schreiben an die obersten Finanzbehörden vom 24. November 1999

Bundesministerium der Finanzen (Hrsg.) (2007): AfA-Tabellen. http://www.bundesfinanzministerium.de/cln_03/nn_3792/DE/Steuern/Veroeffentlichungen zu Steuerarten/Betriebspruefung/005.html (gesehen am 26. Juli 2007)

Bundesministerium des Innern (Hrsg.) (2007): Übersicht über die gesetzlichen Feiertage in der Bundesrepublik Deutschland. http://www.bmi.bund.de/Internet/Content/Common/Anlagen/Lexikon/feiertage_de,templateId=raw,property=publicationFile.jpg/feiertage_de.jpg (gesehen am 30. Juli 2007)

Bundesministerium für Ernährung, Landwirtschaft und Forsten und Bundesforschungsanstalt für Ernährung (Hrsg.) (1974): Schulverpflegung mit industriell hergestellten Gefriermenüs. Bonn

Bundesministerium für Ernährung, Landwirtschaft und Forsten und Bundesforschungsanstalt für Ernährung (Hrsg.) (1976): Schulverpflegung mit warmgehaltenen Speisen aus Zentralküchen. Bonn

Bundesministerium für Ernährung, Landwirtschaft und Forsten und Bundesforschungsanstalt für Ernährung (Hrsg.) (1977): Schulverpflegung mit industriell hergestellten sterilisierten Speisen. Stuttgart

Bundesministerium für Ernährung, Landwirtschaft und Forsten und Bundesforschungsanstalt für Ernährung (Hrsg.) (1979): Schulverpflegung mit gekühlten Speisen. Stuttgart

Bundesministerium für Ernährung, Landwirtschaft und Forsten und Bundesforschungsanstalt für Ernährung (Hrsg.) (1982): Schulverpflegung mit Speisen aus eigener Zubereitung und industrieller Herstellung – Mischküche Stufe I. Stuttgart

Bundesministerium für Ernährung, Landwirtschaft und Forsten und Bundesforschungsanstalt für Ernährung (Hrsg.) (1986): Schulverpflegung mit Speisen aus eigener Zubereitung und industrieller Herstellung – Mischküche Stufe II. Stuttgart

Bundesministerium für Gesundheit (Hrsg.) (2007a): Das Glossar zur Gesundheitsreform. Beitragssatz. http://www.die-gesundheitsreform.de/glossar/beitragssatz.html (gesehen am 21. März 2007)

Bundesministerium für Gesundheit (Hrsg.) (2007b): Gesetzliche Krankenversicherung. Krankenstand 1970 – 2006 und Januar bis April 2007 (Ergebnisse der GKV-Statistik KM1) Stand: 11. Mai 2007. http://www.bmg.bund.de/nn_600110/SharedDocs/Download/DE/Datenbanken-Statistiken/Statistiken-Gesundheit/Gesetzliche-Krankenversicherung/Geschaeftsergebnisse/Krankenstand1, templateId=raw, property=publicationFile.pdf/Krankenstand1.pdf (gesehen am 20. Juni 2007)

Bundesrepublik Deutschland Finanzagentur GmbH (Hrsg.) (2007): Aktuelle Konditionen der Bundeswertpapiere. http://www.deutsche-finanzagentur.de/cln_051/nn_417628/DE/privateAnleger/pdf/Konditionen_buscha_fischa_bobl,templateId=raw,property=publicationFile.pdf/Konditionen_buscha_fischa_bobl.pdf (gesehen am 1. August 2007)

Bund für Lebensmittelrecht und Lebensmittelkunde e. V. (Hrsg.) (2000): Leitfaden Qualitätsmanagement. Weiterentwicklung des Qualitätsmanagements in Lebensmittelunternehmen auf Basis der *neuen* ISO 9000 ff. Vertrieb Institut für Lebensmittelwissenschaft und -information GmbH. Bonn

Conrad, Marcel (2005): Entwicklung eines Instruments zur Eignung von Verpflegungsdienstleistungen für Nutzer verschiedener Religionszugehörigkeiten. Diplomarbeit. Hochschule Anhalt (FH), Bernburg

Deutsche Bundesbank (Hrsg.) (2007): Aktuelle Zinssätze. Basiszinssatz nach § 247 BGB. http://www.bundesbank.de/presse/presse_zinssaetze.php (gesehen am 1. August 2007)

Deutsche Gesellschaft für Ernährung (2000a): Referenzwerte für die Nährstoffzufuhr. Umschau Braus: Frankfurt

Deutsche Gesellschaft für Ernährung (2000b): Umsetzung der Referenzwerte für die Gemeinschaftsverpflegung. Erläuterungen und Tabellen. Bonn

Deutsche Gesellschaft für Hauswirtschaft (Hrsg.) (1992): Lebensmittelverarbeitung im Haushalt. 5. überarbeitete Auflage. Ulmer: Stuttgart

Deutsche Landwirtschafts-Gesellschaft e. V. (Hrsg.) (1999): DLG-Qualitätswettbewerb. Prüfbestimmungen für Fleischerzeugnisse, Fertiggerichte, Tiefkühlkost und Feinkost. 42. Auflage. DLG: Frankfurt a. M.

Deutsches Institut für Normung e.V. (Hrsg.) (2000): DIN EN ISO 9000:2000: Qualitätsmanagementsysteme Grundlagen und Begriffe, Berlin

Deutsches Institut für Normung e.V. (Hrsg.) (2001): Qualitätsmanagement: Normen. 3. Auflage. Beuth Verlag: Berlin (DIN Taschenbuch 226)

Deutsches Jugendherbergswerk (o.J.): Jahresbericht 2006, Detmold

Deutsches Studentenwerk (Hrsg.) (2006): Studentenwerke im Zahlenspiegel 2005/2006. Berlin

Diakonie Riesa-Großenhain gGmbH SeniorenHaus „Albert Schweitzer" (2006): Unser Leitbild

Diakonie Riesa-Großenhain gGmbH SeniorenHaus „Albert Schweitzer" (2007): Beschwerdeformular

Diakonie Riesa-Großenhain gGmbH SeniorenHaus „Albert Schweitzer" (o.J.): Trägerleitbild

Dirschauer, Claudia (2006): Speisenplanung in der Gemeinschaftsverpflegung. Hrsg.: aid Infodienst Verbraucherschutz, Ernährung, Landwirtschaft e.V., aid-special Heft 3903/2006 Bonn

Donabedian, Avedis (1966): Evaluation the Quality of Medical Care. In: The Milbank Memorial Fund Quarterly 44 (1966) 3

Ebel, B. (2001): Qualitätsmanagement: Konzepte des Qualitätsmanagements, Organisation und Führung, Ressourcenmanagement und Wertschöpfung. Verlag Neue Wissenschaftsbriefe: Berlin

Edwards, John S. A. (2000): Food Service/Catering Restaurant and Institutional Perspectives of the Meal. In: Meiselmann, Herbert L. (Hrsg.): Dimensions of the Meal. The Science, Culture, Business, and Art of Eating. Aspen Publishers: Gaithersburg, Maryland

EG-Öko-Verordnung; Verordnung (EWG) Nr. 2092/91 des Rates über den ökologischen Landbau und die entsprechende Kennzeichnung der landwirtschaftlichen Erzeugnisse und Lebensmittel. Ausfertigungsdatum: 24. Juni 1991

Einbeck, Sebastian: Vergabe öffentlicher Aufträge. http://www.juraforum.de/lexikon/Vergabe%20%C3%B6ffentlicher%20Auftr%C3%A4ge (gesehen am 5. Juli 2007)

Einkommensteuergesetz (EStG) in der Fassung der Bekanntmachung vom 19. Oktober 2002 (BGBl. I S. 4210; 2003 I S. 179), zuletzt geändert durch Artikel 2 des Gesetzes vom 28. Mai 2007 (BGBl. I S. 914)

Entgeltfortzahlungsgesetz vom 26. Mai 1994 (BGBl. I S. 1014, 1065), zuletzt geändert durch Artikel 80 des Gesetzes vom 23. Dezember 2003 (BGBl. I S. 2848)

Eversheim, Walter (Hrsg.) (2000): Qualitätsmanagement für Dienstleister. Grundlagen – Selbstanalyse – Umsetzungshilfen. 2. Auflage. Springer Verlag: Berlin, Heidelberg, New York

Forschungsverbund DJI/Universität Dortmund (Hrsg.) (2005): Zahlenspiegel 2005. Kindertagesbetreuung im Spiegel der Statistik. Deutsches Jugendinstitut München

Gesetz gegen Wettbewerbsbeschränkungen in der Fassung der Bekanntmachung vom 15.07.2005 (BGBl. I S. 2114), zuletzt geändert durch Artikel 7 Abs. 11 des Gesetzes vom 26. März 2007 (BGBl. I S. 258)

Glaap, W. (1993): ISO 9000 leichtgemacht. Praktische Hinweise und Hilfen zur Entwicklung und Einführung von QS-Systemen. Carl Hanser Verlag: München

Hanslik, N.; Kitzmüller, C.; Woidich, A. (2000): Hygienemanagement. Behr's Verlag: Hamburg

Haumeier, Maria (1999): Die Qualität der Gemeinschaftsverpflegung in den neuen Bundesländern. Eine empirische Untersuchung in ausgewählten Betrieben. Dissertation. Technische Universität München

Heinrichsdobler, Annemarie (2003): Rezession als Chance. In: GVManager (2003) 3, S. 3

Helm, Roland; Pasch, Helmut (2000): Kundenorientierung durch Qualitätsmanagement – Perspektive, Konzepte, Praxisbeispiele. Dt. Fachbuchverlag: Frankfurt a. M.

Höß, Alexandra (2006): Das neue EU-Hygienepaket. In: rhw praxis (2006) 1, S. 10 – 12

Hummel, Siegfried; Männel, Wolfgang (1990): Kostenrechnung 1. Grundlagen, Aufbau und Anwendung. 4. Auflage. Betriebswirtschaftlicher Verlag Gabler: Wiesbaden

Hüttner, M. (1997): Grundzüge der Marktforschung. 5. überarbeitete und erweiterte Auflage. R. Oldenbourg Verlag: München, Wien

Informationsdienste für Wirtschaft, Recht, Steuern (2007): AfA-Tabelle. Gastgewerbe. http://www.steuernetz.de/afa 2001/20.html (gesehen am 26. Juli 2007)

Kabel, Sandra; Schmid, Burkardt (2007): Gebremstes Wachstum. In: gv-praxis 35 (2007) 5, S. 16 – 41

Kamiske, G. F.; Brauer, J.-P. (1999): Qualitätsmanagement von A bis Z. Erläuterungen moderner Begriffe des Qualitätsmanagements. 3. überarbeitete und erweiterte Auflage. Hanser Verlag: München, Wien

Kämmer, K.; Henneck, M.; Trapp, F.; Bruns-Waigand, W. (2001): Qualitätsverfahren im Überblick. Der Weg zum besten System. Vincentz Verlag: Hannover

Karg, Georg (1985): Ist der Regelsatz ausreichend für eine bedarfsgerechte Ernährung? In: Auswertungs- und Informationsdienst für Ernährung, Landwirtschaft und Forsten e.V. (AID) (Hrsg.): Ernährungsverhalten bei sinkendem Realeinkommen. Bonn : (Schriftenreihe AID-Verbraucherdienst), S. 19 – 29

Kelm, Dagmar (2002): Entwicklung von Messinstrumenten zur Messung der Kundenzufriedenheit in der Verkehrsgastronomie an Hochfrequenzstandorten. Diplomarbeit. Hochschule Anhalt (FH), Bernburg

Kopp, H. - J. (1998): Qualitätssicherung und HACCP bei Lebensmitteln. Forderungen erfüllen mit vertretbarem Aufwand. (Kontakt und Studium Band 578). expert-Verlag: Renningen-Malmsheim

Lebensmittel-, Bedarfsgegenstände- und Futtermittelgesetzbuch vom 1. September 2005 (BGBl 2005, 2618, (3007))

Lebensmittel-Kennzeichnungsverordnung; Verordnung über die Kennzeichnung von Lebensmitteln. Ausfertigungsdatum: 22. Dezember 1981, zuletzt geändert 9. Oktober 2006

Lehmann, M.; Karg, G. (1985): Ein Programmsystem zur Optimierung des Ablaufs der Menüproduktion in der Gemeinschaftsverpflegung. Teil I: Erläuterung des Programmsystems. Hauswirtschaft und Wissenschaft 33 (1985) 2, S. 90 – 98

Leicht-Eckardt, E.; Reiprich, A.; Sobotka, M.; Steinel, M. (2004): Querschnittsmanagement. In: Fachausschuss Großhaushalt der Deutschen Gesellschaft für Hauswirtschaft (Hrsg.): Management des hauswirtschaftlichen Dienstleistungsbetriebes. 1. Auflage. Verlag Neuer Merkur: München, S. 82 – 103

Lickteig, Matthias (2005): Determinanten des Außer-Haus-Verzehrs in der Bundesrepublik Deutschland – eine ökonometrische Analyse der Daten der EVA-Studie von 1998. Dissertation. Technische Universität München, Fakultät Wissenschaftszentrum Weihenstephan für Ernährung, Landnutzung und Umwelt

Löbbert, R.; Hanrieder, D.; Berges, U.; Beck, J. (2000): Lebensmittel. Waren – Qualität – Trends. Europa Lehrmittel: Haan-Gruiten

Loscher, Casten (2006): Christel-Schmidt-Entscheidung http://www.lexexakt.de/glossar/christelschmidt.php (Aktualisiert am 30. Januar 2006; gesehen am 11. August 2006)

Masing, W. (Hrsg.) (1999): Handbuch Qualitätsmanagement. 4. überarbeitete und erweiterte Auflage. Hanser Verlag: München, Wien

Malorny, C.; Schwarz, W.; Backerra, H.; Kamiske, G. F. (Hrsg.) (1997): Die sieben Kreativitätswerkzeuge K7. Kreative Prozesse anstoßen Innovation fördern. Hanser Verlag: München, Wien

Mayländer, Franziska (2000): Qualitätsmanagement in der Altenhilfe. Bewertung häufig angewandter, insbesondere am EFQM-System angelehnter Verfahren in der stationären Altenhilfe. Hartung-Gorre Verlag: Konstanz (Konstanzer Schriften zur Krankenhauswissenschaft, Bd. 4, Hrsg: Swertz, Paul)

Mortimore, S.; Wallace, C. (2000): HACCP. Die praktische Umsetzung. Behr´s Verlag: Hamburg

Mummenday, Hans Dieter (1987): Die Fragebogenmethode – Grundlagen und Anwendung in Persönlichkeits-, Entscheidungs- und Selbstkonzeptforschung. Verlag für Psychologie Dr. C. J. Hogrefe: Göttingen

Mutterschutzgesetz in der Fassung der Bekanntmachung vom 20. Juni 2002 (BGBl. I S. 2318), geändert durch Artikel 2 Abs. 10 des Gesetzes vom 5. Dezember 2006 (BGBl. I S. 2748)

N.N. (1997): Kühlkost als Alternative. In: gv-praxis (1997) 4, S. 36 ff.

N.N. (2003): „Manche Dinge machen die Deutschen lieber selbst". In: gv-praxis 31 (2003), S. 12 (Zitat aus: Die Welt, 20. Mai 2003)

Nährwertkennzeichnungsverordnung; Verordnung über nährwertbezogene Angaben bei Lebensmitteln und die Nähr -

wertkennzeichnung von Lebensmitteln (Artikel 1 der Verordnung zur Neuordnung der Nährwertkennzeichnungsvorschriften für Lebensmittel). Ausfertigungsdatum: 15. November 1994, zuletzt geändert 22. Februar 2006

Paulus, K. (1988): Außer-Haus-Verpflegung. In: Deutsche Gesellschaft für Ernährung (Hrsg.): Ernährungsbericht 1988. Druckerei Henrich: Frankfurt/Main, S. 229 – 257

Peinelt, Volker (2001): Ernährungswissenschaftliche Kriterien für die Bewertung des Speisenangebots in der Gemeinschaftsverpflegung. In: Hauswirtschaft und Wissenschaft 49 (2001) 1, S. 24 – 36

Pfau, Cornelie (2004): Der hauswirtschaftliche Dienstleistungsbetrieb im Spiegel der Statistik. In: Fachausschuss Großhaushalt der Deutschen Gesellschaft für Hauswirtschaft (Hrsg.): Management des hauswirtschaftlichen Dienstleistungsbetriebs. Verlag Neuer Merkur: München, S. 33 ff.

Reiprich, Annegret; Steinel, Margot (2003): Qualitätsmanagement in Gastronomie und Gemeinschaftsverpflegung. Hrsg.: aid Infodienst Verbraucherschutz, Ernährung, Landwirtschaft e.V., aid-special Heft 3758/2003 Bonn

Rho, Jeong Ok; Bottler, Jörg (2002): Stakeholder-Management in Betrieben der Gemeinschaftsverpflegung. In: Ernährungs-Umschau 49 (2002) 5, S. 189 – 193

Sattler, Simone (2007): Den richtigen Kurs halten. In: gv-praxis 35 (2007) 5, S. 12

Schätzing, Edgar E. (1987): Qualitätssicherung in Hotellerie und Gastronomie – Ein Leitfaden für Qualitätsverbesserungen, Qualitätsüberprüfungen und Qualitätssicherung im Gastgewerbe. Hugo Matthaes Druckerei und Verlag: Stuttgart

Schmid, Burkardt (1999a): Wo stehen wir heute? Strukturen und Konzepte der Gemeinschaftsverpflegung in den neuen Bundesländern. Grundsatzreferat bei der Fachtagung Gemein - schaftsverpflegung am 15. November 1999 in Leipzig anlässlich der „Gäste 99"

Schmid, Burkardt (1999b): Steuerreform '99 Zitterpartie. In: gv-praxis 27 (1999) 1, S. 12

Schmid, Burkardt; Petry, Carola (2006): Hohe Preissensibilität im Businessmarkt. In: gv-praxis 35 (2006) 12, S. 17 – 21

Schwebel, Willi (1981a): Richtwerte für den Personalbedarf in Krankenhausküchen. In: gv-praxis 9 (1981) 5

Schwebel, Willi (1981b): Richtwerte für den Personalbedarf in Heimküchen. In: gv-praxis 9 (1981) 6

Schwebel, Willi (1981c): Richtwerte für den Personalbedarf in Werks- und Kasinoküchen. In: gv-praxis 9 (1981) 7

Schwebel, Willi (1981d): Richtwerte für den Personalbedarf in Zentralspülen. In: gv-praxis 9 (1981) 10

Schwebel, Willi (1982): Anlieferungsgrad der Lebensmittel. Arbeitsblatt Großverpflegung GV 1.9. In: gv-praxis 10 (1982) 9

Sekretariat der Ständigen Konferenz der Kultusminister der Länder in der Bundesrepublik Deutschland (2007): Bericht über die allgemein bildenden Schulen in Ganztagsform in den Ländern der Bundesrepublik Deutschland 2002 bis 2005, Bonn

Sozialgesetzbuch (SGB) Neuntes Buch (IX) – Rehabilitation und Teilhabe behinderter Menschen – (Artikel 1 des Gesetzes vom 19. Juni 2001, BGBl. I S. 1046) vom 19. Juni 2001 (BGBl. I S. 1046, 1047), zuletzt geändert durch Artikel 7 des Gesetzes vom 26. März 2007 (BGBl. I S. 378)

Sozialversicherungsentgeltverordnung; Verordnung über die sozialversicherungsrechtliche Beurteilung von Zuwendungen des Arbeitgebers als Arbeitsentgelt. Ausfertigungsdatum: 21. Dezember 2006 (BGBl. I S. 3385), geändert durch Artikel 2 der Verordnung vom 21. Dezember 2006

Statistisches Bundesamt (Hrsg.) (1996): Pre-Test und Weiterentwicklung von Fragebögen. (Schriftenreihe Spektrum Bundesstatistik, Bd. 9), Metzler-Poeschel Verlag: Stuttgart

Statistisches Bundesamt (2003): Löhne und Gehälter. Arbeitskostenerhebung. Ergebnisse der Arbeitskostenerhebung 2000 für Deutschland. Fachserie 16, Heft 1. Statistisches Bundesamt: Wiesbaden

Statistisches Bundesamt (2004): Statistiken der Kinder- und Jugendhilfe. Einrichtungen und tätige Personen in der Kinder- und Jugendhilfe am 31. Dezember 2002, Revidierte Ergebnisse. Statistisches Bundesamt: Wiesbaden

Statistisches Bundesamt (2006): Statistisches Jahrbuch für die Bundesrepublik Deutschland. Statistisches Bundesamt: Wiesbaden

Statistisches Bundesamt (2007a): Gesundheitswesen. Diagnosedaten der Patientinnen und Patienten in Krankenhäusern (einschl. Sterbe- und Stundenfälle) 2005. Fachserie 12, Reihe 6.2.1. Statistisches Bundesamt: Wiesbaden

Statistisches Bundesamt (2007b): 2006: Höhere Auslastung der Krankenhausbetten. Pressemitteilung Nr. 350 vom 3. September 2007

Statistisches Bundesamt (2007c): Genesis-Online, Statistik 23112 Grunddaten der Vorsorge- oder Rehabilitationseinrichtungen http://www.destatis.de/genesis (gesehen am 3. Juli 2007)

Statistisches Bundesamt (2007d): Genesis-Online. Statistik 24321 Strafvollzugs- und Maßregelvollzugsstatistik http://www.destatis.de/genesis (gesehen am 3. Juli 2007)

Statistisches Bundesamt (Hrsg.) (2007e): Preise. Index der Erzeugerpreise gewerblicher Produkte (Inlandsabsatz) nach dem Güterverzeichnis für Produktionsstatistiken, Ausgabe 2002 (GP 2002). Lange Reihen von Januar 1995 bis Juni 2007. Wiesbaden

Steinel, Margot (1993): Modelle zur Bestimmung einer optimalen Ernährung in privaten Haushalten. In: Zeitschrift für Ernährungswissenschaft 32 (1993) 2, S. 79 – 92

Steinel, Margot; Knappe, Anita; Schade, Annegret (2000): Outsourcing/Insourcing – Sind Fremde immer besser? Ergebnisse des Pilotprojektes „Leonardo da Vinci" im Auftrag der Europäischen Kommission. (Qualitätsmanagement in Großhaushalten, Band 8). Bernburg

Steinel, Margot; Schade, Annegret; Knappe, Anita (2000): Management – Wie ist zu erreichen, was erreicht werden soll? Ergebnisse des Pilotprojekts „Leonardo da Vinci" im Auftrag der Europäischen Kommission. (Qualitätsmanagement in Großhaushalten, Band 2). Bernburg

Steinel, Margot; Müller, Anja (2006): Personalbestand und Personalbedarf. Bericht über das Forschungsprojekt „Entwicklung und Anwendung eines multivarianten Modells zur Bestimmung des Personalbedarfs – dargestellt am Beispiel von Gemeinschaftsverpflegungseinrichtungen". Bernburg

Studentenwerk Halle (2007): mündliche Auskunft durch die Personalabteilung des Studentenwerks Halle vom 20. Juni 2007

Tarifvertrag für den öffentlichen Dienst (TVöD) vom 13. September 2005

Theuvsen, Ludwig (2001): Stakeholder-Management – Möglichkeiten des Umgangs mit Anspruchsgruppen. Münsteraner Diskussionspapiere zum Nonprofit-Sektor – Nr. 16, 2001 http://www.aktive-buergerschaft.de/vab/resourcen/diskussionspapiere/wp-band16.pdf (gesehen am 26. Juli 2006)

Timm, Nora (2002): Erstellung eines Leitfadens zur Qualitäts- und Kostenanalyse im Verpflegungsbereich von Tagungshäusern und praktische Anwendung des erstellten Leitfadens in einem Tagungshaus. Diplomarbeit. Hochschule Anhalt (FH), Bernburg (Materialen im Internet: http://hauswirtschaft.loel.hs-anhalt.de/benchmarking/verpflegung/timm/)

Umsatzsteuergesetz (UStG) in der Fassung der Bekanntmachung vom 21. Februar 2005 (BGBl. I S. 386), zuletzt geändert durch den Artikel 7 des Gesetzes vom 13. Dezember 2006 (BGBl. I, S. 2878)

Universität zu Köln, Rechtswissenschaftliche Fakultät (2003): Datenbank/Rechtsprechung. Outsourcing EuGH, Urteil vom 20. November 2003 – C-340-01 http://www.lexrex.de/rechtsprechung/innovativ/ctg1086615662926/2269.html (gesehen am 11. August 2006)

Vasilescu, Radu (2005): Licht im Steuer-Dschungel http://www.cafe-future.net/background/gesetzesrichtlinien/pages/8755.html (aktualisiert am 18. Oktober 2005, gesehen am 14. August 2006)

Vazari, Daniela (2004): Cateringscope 2004: Neue Studie zum Markt der Betriebsverpflegung. In: gv-praxis 32 (2004) 9, S. 24

Verdingungsordnung für Leistungen (VOL) vom 6. April 2006, Bundesanzeiger 58 (2006) 100a vom 30. Mai 2006

Vergabeverordnung – VgV; Verordnung über die Vergabe öffentlicher Aufträge in der Fassung der Bekanntmachung vom 11. Februar 2003 (BGBl. I S. 169), zuletzt geändert durch Artikel 1 u. 2 der Verordnung vom 23. Oktober 2006 (BGBl. I S. 2334)

Verordnung (EG) Nr. 178/2002 des Europäischen Parlamentes und des Rates zur Festlegung der allgemeinen Grundsätze und Anforderungen des Lebensmittelrechts, zur Errichtung der Europäischen Behörde für Lebensmittelsicherheit und zur Festlegung von Verfahren zur Lebensmittelsicherheit, Artikel 2. Ausfertigungsdatum: 28. Januar 2002

Verordnung (EG) Nr. 258/97 des Europäischen Parlamentes und des Rates über neuartige Lebensmittel und neuartige Lebensmittelzutaten. Ausfertigungsdatum: 27. Januar 1997

Verordnung (EG) Nr. 2195/2002 des Europäischen Parlamentes und des Rates über das Gemeinsame Vokabular für öffentliche Aufträge (CPV). Ausfertigungsdatum: 5. November 2002

Ward, Alan; Martens, Lydia (2000): Eating out. Social Differentiation, Consumption and Pleasure. Cambridge University Press: Cambridge

Wibera Wirtschaftsberatungsgesellschaft AG (Hrsg.) (1980): Wirtschaftliches Krankenhaus. Management, Planung, Rechnungswesen, Prüfung. 2. Auflage. Stuttgart, Berlin, Köln, Mainz (Wibera Fachzeitschriften Neue Folge Band 9)

Wirtschafts- und Sozialwissenschaftliches Institut in der Hans Böckler Stiftung (2007): Tarifarchiv. Wer verdient was? Berufe A bis Z http://www.boeckler.de/cps/rde/xchg/SID-3D0AB75D-DF8A4182/hbs/hs.xsl/32207.html oder www.tarifarchiv.de (gesehen am 4. Juli 2007)

Wolfram, G.; Wöll, C. (1988): Nährstoffbedarf und Empfehlungen – Definition, Bestimmung, Bedeutung, Verwendung. In: Deutsche Gesellschaft für Ernährung (Hrsg.): Ernährungsbericht 1988. Druckerei Henrich: Frankfurt a. M., S. 259 – 269

Zusatzstoff-Zulassungsverordnung; Verordnung über die Zulassung von Zusatzstoffen zu Lebensmitteln zu technologischen Zwecken. Ausfertigungsdatum: 28. Januar 1998, zuletzt geändert 10. Juli 2007

Autorinnen

Prof. Dr. oec. troph. Margot Steinel
Jahrgang 1964, 1983 – 1988 Studium der Ökotrophologie an der Technischen Universität (TU) München Weihenstephan, 1992 Promotion zum Dr. oec.troph. an der TU München Weihenstephan, 1988 – 1994 Stipendiatin, wissenschaftliche Mitarbeiterin und wissenschaftliche Angestellte am Lehrstuhl für Wirtschaftlehre des Haushalts der TU München unter Prof. Dr. Georg Karg. Seit 1994 Professorin für Wirtschaftslehre des Haushalts an der Hochschule Anhalt (FH), Standort Bernburg. Forschungsschwerpunkt: Qualität und Kosten hauswirtschaftlicher Dienstleistungen.

Dipl. oec. troph. (FH) Dagmar Kelm
Jahrgang 1978, 1997 – 2002 Studium der Ökotrophologie an der Hochschule Anhalt (FH) Bernburg, 2002 – 2005 wissenschaftlich-technische Mitarbeiterin an der Hochschule Anhalt (FH) zum Thema internetbasierte Weiterbildung zum Qualitäts- und Kostenmanagement für hauswirtschaftliche Fach- und Führungskräfte unter Prof. Dr. Margot Steinel. Seit 2006 Lehrkraft an einer Berufsfachschule für Hauswirtschaft in Leipzig.

Dipl. oec. troph. (FH) Anja Müller
Jahrgang 1979, 1999 – 2004 Studium der Ökotrophologie an der Hochschule Anhalt (FH) Bernburg, 2005 – 2006 wissenschaftlich-technische Angestellte in der Forschungsgruppe unter Prof. Dr. Margot Steinel im Fachgebiet Wirtschaftslehre des Haushalts der Hochschule Anhalt (FH) Bernburg. Forschungsprojekt: Personalbedarf in Gemeinschaftsverpflegungseinrichtungen. 2006 – 2007 Angestellte im Qualitätsmanagement und seit 2007 im Produktionscontrolling in einem Tiefkühlbackunternehmen.

Dipl. oec. troph. (FH) Annegret Reiprich
Jahrgang 1973, 1992 – 1996 Studium der Ökotrophologie an der Hochschule Anhalt (FH) in Bernburg, 1997 Ausbilderin in der Hauswirtschaft im Kolping Bildungszentrum Oschatz, 1998 – 2002 Mitarbeiterin an der Hochschule Anhalt (FH) in Forschung und Lehre, Schwerpunkt Qualitätsmanagement,

seit 2002 Hauswirtschaftsleitung und Qualitätsmanagementbeauftragte im SeniorenHaus *Albert Schweitzer* in Riesa.

Dipl. oec. troph. (FH) Nora Timm
Jahrgang 1979, 1997 – 2002 Studium der Ökotrophologie an der Hochschule Anhalt (FH) Bernburg, 2002 – 2005 Mitarbeiterin in Forschungsprojekten an der Hochschule Anhalt (FH) unter Prof. Dr. Margot Steinel, seit 2002 Fachpraktische Mitarbeiterin an der Hochschule Anhalt (FH) im Studiengang Ökotrophologie.

Stichwortverzeichnis

§ 613a 107, 112f, 117f
5-W-Fragen 240, 280
6-3-5-Methode 235, 242, 280

A

Abgrenzungsrechnung 170f
Abrechnungsverfahren 53, 99f, 102
Abschreibungen 126, 173, 188ff, 195, 199
Abwechslung 20, 38, 51f, 131
Abwesenheitsquote 144, 148, 179f, 182f
Abzugskapital 196
Äquivalenzziffernrechnung 207ff
Aktionswoche 27, 61
Altenpflegeeinrichtung 20
Anforderungen, sensorische 38, 42f, 56, 153f, 236, 294
Anlagegüter 188, 190ff, 195
Anspruchsgruppe 32ff, 37f, 48, 55, 58, 311
Anspruchsniveau 145
Arbeitsanweisung 25, 220f, 223, 276, 286f
Arbeitsschritte 68, 86, 141, 163ff, 220
Aroma 44
Audit 275ff, 280f
Aufbereitungsküche 71, 78ff, 116, 136
Ausgabe 37, 45, 53f, 81, 86, 88, 90, 93ff, 98ff, 102f, 220, 248, 251, 266
Ausgabesystem 37, 45, 52f, 59, 89, 94f, 98
Ausschreibung 127ff
Auswahlmenü 19, 94, 138f, 148

B

Bandausgabe 96
Barzahlung 100
Bedarf 21f, 36, 39f, 72, 76, 85, 133, 142, 233, 260, 265
Befragung 27, 136, 224, 243ff, 250, 280
Behinderteneinrichtung 15, 17, 19f
Beiträge 106, 176f, 199
Beköstigungstage 135, 138, 140, 174, 207, 210, 214, 269
Bemessungsgrundlage 121, 123ff
Benchmarking 184, 267ff, 280f
Beschwerde 218, 270ff, 275, 278, 280f, 299
Beschwerdemanagement 270
Betreiber 22, 24, 31, 34f, 54, 105, 108ff, 121, 123f, 127, 136
Betriebskantinen 14, 16f, 21, 51, 84, 98, 123, 176, 201, 206, 209, 211f, 220, 248f
Betriebsklima 35
Betriebsübergang 117ff
Betriebsverpflegung 15, 17, 20, 24, 66, 110, 114, 136, 144f, 312
Bewirtschafter 22, 24, 31, 34f, 50, 54, 109f, 114, 116, 121, 123f
Bewirtschaftungsformen 105, 108f, 111, 113ff, 120ff
Bewirtschaftungssystem 105
Brainstorming 234, 240, 242, 256, 280
Buchführung 170, 172f, 177f, 185, 188, 190ff, 195f, 198, 215
Buchhaltung 49f, 192

C

Cafeteria-Linie 96, 99
Captive Consumer 18f
Catering 111, 113ff, 124ff, 305
CCP 254, 257f, 262f, 281
Checkliste 237f, 278, 285ff, 296f
Chips 100, 102

Conveniencegrad 59, 67, 69f, 78ff, 142
Convenience-Lebensmittel 67, 69
Convenienceprodukte 71, 75, 80, 133
Convenience-Stufen 69
Cook-and-Chill 72ff, 80f, 89, 93
Cook-and-Freeze 76, 78

D

Dienstleistungskosten 198, 204
DIN EN ISO 9000 ff. 229
DIN EN ISO 9001 229ff, 300
DIN EN ISO 9004 229, 232
Direktgeschäft 123ff
Divisionskalkulation 207
Dokumentation 14, 223, 261ff, 276, 285, 287f, 293, 295f
Drehtellerausgabe 95

E

EFQM 225f, 228, 308
Eigenbewirtschaftung 24, 35, 105
Eigenregie 108ff, 114, 121, 123f, 126
Endkostenstellen 205f
Ereignismethode, sequenzielle 244, 248f
Ergebnisqualität 217, 221, 223, 226, 242, 269f, 276
Essen auf Rädern 12, 17, 24, 91, 169, 294

F

Fachkraftquote 183f
Farbe 43f, 50, 76
Feedback 19
Fehleranalyse 251
Fernverpflegung 115f, 123
Flugverpflegung 16, 20
FMEA-Analyse 251, 253, 257f, 280f
Fragebogen 136, 246, 250, 280, 287
Free-Flow-Cafeteria 96, 98f
Fremdbewirtschaftung 24, 105, 108
Fremdmanagement 110f, 124
Fremdvergabe 34, 105f, 117f, 127
Frischküche 71f, 78, 80ff, 269
Front-Cooking 52, 98

G

Gebühren 199
Geldkarte 101f
Gemeinschaftsverpflegungsmarkt 22
Genusswert 42, 78, 87
Geruch 43f
Geschäftsessen 13
Geschirrkreislaufsystem 59, 103
Geschirrrückgabe 45, 88, 103f, 266
Geschmack 43f, 76, 85, 89, 131, 244
gewinnorientiert 20ff, 34f, 49f, 114
Giro-Vend-Karte 100
Green-Vac-System 77
Grenzwert 254, 258ff, 266
Guthabenkarten 100f

H

HACCP 253ff, 260ff, 276, 280f, 287, 299, 307f
Handbuch 288ff, 293, 297, 302, 308
Handhabbarkeit 38, 45f
Hilfsbedürftige 14, 17f

I

Individualverpflegung 14ff, 18, 22
Insourcing 105, 311
Interview 244, 246, 249f

J

Justizvollzugsanstalten 15, 17, 20

K

Kameralistik 49
Kapitalkosten 192ff
Kenndaten 267f
Kinderheim 15, 17, 19f

Konsistenz 43f, 78, 88
Kontrollpunkt, kritischer 254, 257ff, 263, 287
Korrekturverfahren 261
Kosten 18, 21, 49f, 90, 124ff, 146, 169ff, 178f, 188f, 193, 198, 200ff, 209ff
  kalkulatorische 199
Kostenarten 125, 173ff, 184, 201, 212f
Kostenartenrechnung 173f, 188, 200,215
Kostenrechnung 49f, 115, 169f, 172f, 177f, 188ff, 195f, 198f, 210, 215, 306
Kostenstellen 174, 186ff, 198ff, 204f, 207f, 211
Kostenstellenrechnung 173f, 188, 198, 200, 205ff, 211, 213, 215
Kostenträger 174, 186f, 207ff, 214
Kostenträgerrechnung 173, 207, 212, 214f
Krankenhaus 15, 17, 19f, 24, 51, 57, 66, 72, 74, 81, 109, 11, 144, 257, 301, 310, 313
Krankheitsquote 182
Küchensystem 59, 71f, 75, 84f, 89, 115f

L

Lebensmittelkosten 115, 126, 155ff, 159, 174, 180, 185f, 213
Legic-Karte 100f
Leistungen, innerbetriebliche 206
Leistungsbeschreibung 55, 127
Leitbild 27ff, 34, 54, 221f, 286f, 299f, 302, 305
Liquidität 34f, 49f, 99

M

Mahlzeitendienst 15, 17
Marken 100
Marktführer 24
Mind Mapping 235, 242, 280
Mischküche 71, 84f, 136, 301, 303

N

Nachweisdokument 287, 295
Nacka-System 77f, 81
Netzplantechnik 163f, 166

O

Optimierung 154, 307
Outsourcing 105, 311f
Overhead-Kosten 198

P

Pacht 116f, 124, 126
PDCA-Kreis 230f
Personalaufwand 86, 90
Personalbedarf 81, 84f, 133ff, 147f, 165, 309ff, 314
Personalbestand 115, 117, 133, 138ff, 269, 311
Personalhygiene 257
Personalkennzahlen 133ff, 148
Personalkosten 21, 74, 106, 117, 125f, 175, 177ff, 183f, 201f, 213, 301
Portionierung 37, 45, 53, 73, 90, 92f, 163
Primärkostenrechnung 200f, 205
Problem-Owner-Konzept 273
Produktaudit 276, 280
Produktionsablaufplanung 91, 163
Profit-Orientierung 146
Prozessqualität 220f, 223, 226, 269
Prüfung, sensorische 43, 236f, 280

Q

Qualität 19, 27, 29, 43f, 56f, 72, 75, 77, 79ff, 88f, 92, 151, 163, 166, 218ff, 224, 230, 237f, 250, 269f, 276, 288, 298, 302, 306, 308

Qualität der Verpflegungsleistung 27
Qualitätsdimension 217ff, 221, 223, 226, 242, 281
Qualitätskontrolle 217, 223f
Qualitätsmanagement 19, 217, 223ff, 228, 233, 263, 288
Qualitätsmanagementhandbuch 276, 286, 288, 290
Qualitätsmanagementsystem 27, 217, 220ff, 225, 228f, 231ff, 276f, 281
Qualitätsphilosophie 217, 221f, 298, 300
Qualitätssicherung 217, 223f, 307, 309

R

RADAR-Prinzip 228
Referenzwerte für die Nährstoffzufuhr 36, 39, 304
Reihengeschäft 114, 123ff
Relaisküche 71, 89ff
Risikoprioritätskennzahl 251, 253

S

Sachbezugswert 124ff
Sachkosten 188
Schulverpflegung 17, 37, 53, 62, 65, 85, 91, 105, 117, 134f, 263, 272, 303
Sekundärkostenrechnung 200, 205
Selbstbedienungs-Buffet 99
Service-GmbH 111ff, 121f, 124, 126
Service-Verein 112f, 124
Soll-Ist-Vergleich 242, 251, 275, 280
Sous-Vide-System 76f
Speisegesetze 48
Speisenartenmodell 155, 157
Speisenmengenmodell 155, 157
Speisenplanauszählung 240, 280
Speisenplanung 43, 51, 80, 82, 87, 151ff, 162, 293ff, 305
Speisesaal 37, 45, 50, 53, 56, 65, 73, 79, 103, 174
Sponsor 34, 36
Stakeholder 33
Standard 286f
Stellenbeschreibung 286f, 299
Steuern 36, 199, 303, 307
Steuersatz 120ff
Story Telling 244, 246, 248
Strukturqualität 219ff, 223, 269
Studentenverpflegung 20, 63
Subventionierung 18
Systemaudit 276f
Systemgeschirr 92f

T

Technisierungsgrad 143
Teilverpflegung 17, 19f
Textur 44
Thekenausgabe 95
Träger 18, 21f, 28f, 34f, 37, 49f, 81, 198, 229, 233, 268

U

Umsatzsteuer 110f, 114, 120ff, 186, 303
Unterstützungswürdige 14, 17f
Ursache-Wirkungs-Diagramm 240 ,280

V

Verfahrensanweisung 220, 223f, 262, 276, 286f, 289, 293f, 296f
Verfahrensaudit 276ff
Vergabeverordnung 128, 312
Versorgungssicherheit 36
Versuch-und-Irrtum-Methode 153f, 162
Verteilerküche 71, 85ff, 90f, 115, 269
Verwaltungskosten 198
Verzehr an Ort und Stelle 122f, 303

Verzehrgewohnheit 35, 44ff, 240
Verzehrtemperatur 44, 88
Vollverpflegung 17, 19f
Vorgabedokument 287, 295
Vorkostenstellen 205f

W

Warmhaltezeit 72, 86, 88ff, 96, 115, 130f, 163f, 269
wohlfahrtsorientiert 15, 20ff, 34, 49, 109, 114, 117
Wunschkost 138
Wunschkostanteil 140, 148

Z

Zentralküche 71, 73, 75, 85ff, 89f, 115f, 303
Zertifizierung 229, 231, 233
Zertifizierungsaudit 278
Ziel 11, 18, 27ff, 32, 34, 48ff, 55ff, 111f, 133, 153, 163, 205, 221, 225, 229f, 237, 242, 270, 278, 286, 290, 299
Zielkonflikt 54f, 58, 117
Zielsystem 27, 54f
Zinssatz 195ff
Zubereitungsküche 71
Zufriedenheit 19, 27, 35f, 269f
Zuschlag 130ff

RICHTIG KOMMUNIZIEREN

Sind Sie ein Katzentyp? 48
Wissen extra: Erkennst du mich? 48
Die richtigen Signale senden 49
Wie man mit Katzen redet 50
Der Ton macht die Musik 51
Wissen extra: Zum Lauschen geboren 51
Aufeinander eingehen 52
Katzen-Knigge 53
Wissen extra: Die Individualdistanz 53
Umgang mit »Angsthasen« 54
Nützliches Rezept 7: Fingerspitzenreiben 55
Du machst mir Angst 56
Hilfe, laut! 57
Nützliches Rezept 8: Silvesterknallerei 58
Sehr anhängliche Katze 59
Wütende Katzen 60
Nützliches Rezept 9: Verschlossene Türen 60
Bitte nicht schimpfen 61
Schlechtes Gewissen? 62
Wissen extra: Stimmungsveränderung erkennen 63
Kratzig statt schmusig 64
Lieber nicht anfassen 65
Nützliches Rezept 10: Das Ampelsystem 65
Familienzuwachs 66
Wissen extra: Katze und Baby 67
Neuer Partner 68
Nützliches Rezept 11: Sich kennenlernen 68

QUALITÄTS G|U GARANTIE

DIE GU-QUALITÄTS-GARANTIE

Wir möchten Ihnen mit den Informationen und Anregungen in diesem Buch das Leben erleichtern und Sie inspirieren, Neues auszuprobieren. Bei jedem unserer Produkte achten wir auf Aktualität und stellen höchste Ansprüche an Inhalt, Optik und Ausstattung. Alle Informationen werden von unseren Autoren und unserer Fachredaktion sorgfältig ausgewählt und mehrfach geprüft. Deshalb bieten wir Ihnen eine 100 %ige Qualitätsgarantie.

Darauf können Sie sich verlassen:
Wir legen Wert auf artgerechte Tierhaltung und stellen das Wohl des Tieres an erste Stelle. Wir garantieren, dass:

- alle Anleitungen und Tipps von Experten in der Praxis geprüft und
- durch klar verständliche Texte und Illustrationen einfach umsetzbar sind.

Wir möchten für Sie immer besser werden:
Sollten wir mit diesem Buch Ihre Erwartungen nicht erfüllen, lassen Sie es uns bitte wissen! Wir tauschen Ihr Buch jederzeit gegen ein gleichwertiges zum gleichen oder ähnlichen Thema um. Nehmen Sie einfach Kontakt zu unserem Leserservice auf. Die Kontaktdaten unseres Leserservice finden Sie am Ende dieses Buches.

GRÄFE UND UNZER VERLAG
Der erste Ratgeberverlag – seit 1722.

ERZIEHEN UND LERNEN

Katzenschule 72
Handeln statt erklären 73
Feste Regeln 74
Eindeutige Signale 74
Stress vermeiden 75
Nützliches Rezept 12: Clickertraining 75
Positive Verstärkung 76
Angemessene Belohnung 77
Gut gemacht! 77
Einfach nicht reagieren 78
Problemen vorbeugen 79
Immer mit der Ruhe 80
Nützliches Rezept 13: Warten lohnt sich 80
Strafe bringt nichts 81
Wissen extra: So wirkt Strafe 82
Miez, Miez ... 83
Nützliches Rezept 14: Rückruftraining 84
Kleine Kunststücke 85

SPIELEN UND BESCHÄFTIGEN

Katzen müssen spielen 88
Fang mich doch! 89
Nützliches Rezept 15: Angelbox 89
Abwechslung beim Spiel 90
Jetzt komm schon! 91
Nützliches Rezept 16: Selbst gebastelter Papierwedel 91
Kleine Erfolge 92
Au, das tut weh! 93
Wissen extra: Merkmale von Spiel 93
Wadenbeißer 94
Nützliches Rezept 17: Grobe Katze 95
Nicht zu sehr pushen 96
Das richtige Maß 97
Kind und Katze 98
Wissen extra: Eltern tragen die Verantwortung 99

RUND UMS FÜTTERN

Artgerechtes Futter 102
Wissen extra: Welche Nährstoffe sind wichtig? 102
Nass- oder Trockenfutter? 103
Futter umstellen 104
Wie oft gibt es Futter? 105
Wissen extra: Stressfaktor Nahrung 105
Futter immer verfügbar? 106
Wissen extra: Nicht hungern lassen! 106
Feste Futterzeiten 107
Trinken ist wichtig 108
Der Futternapf 109
Nützliches Rezept 18: Gesunde Snacks 109
Der richtige Futterplatz 110
Stress in der Küche 111
Wenn es Mieze nicht schmeckt 112
So wird Futter attraktiv 112
Der Gierschlund 113
Grünzeug fressen 114
Wissen extra: Was Mieze nicht verträgt 115

PFLEGE UND GESUNDHEIT

Fellpflege 118
Körperkontrolle 119
Nützliches Rezept 19: Gewusst wie: Bürsten 119
Wissen extra: Sinneshaare 120
Zahnpflege 121
Richtig hochheben 122
Termin beim Tierarzt 122
Nützliches Rezept 20: Ans Tragen gewöhnen 123
Die Transportbox 124
Wissen extra: Sichere Transportbox 125
Alternative: Hausbesuch 126
Nützliches Rezept 21: Hallo, Doktor! 126
Was ist los mit dir? 127
Krank durch Stress 128
Flankenlecken 129
Nützliches Rezept 22: Ruhe auf »Kommando« 129
Stress abbauen 130
Ältere Katzen 131
Pillen verabreichen 132
Flüssige Medikamente 133
Wissen extra: Haarballen auswürgen 133

MEHRERE KATZEN HALTEN

Will ich eine zweite Katze? 136
Ein perfektes Team 137
Katz zu Katz gesellt sich gern 138
Wissen extra: Entwicklungsphasen 138
Sanfte Eingewöhnung 139
Das erste Treffen 140
Nützliches Rezept 23: Schöne Erinnerungen 140
Permanenter Zwist 141
Trennung auf Zeit 142
Nützliches Rezept 24: Ablenkung tut gut 143
Umgerichtete Aggression 144
Wissen extra: Spiel oder Ernst? 145
Katzen-Mobbing 146
Stress beim Füttern 147
Nützliches Rezept 25: Futterbox 147
Dicke Luft 148
Nützliches Rezept 26: Positive Verknüpfung 149
Wenn eine Katze stirbt 150
Wissen extra: Wer hat das Sagen? 150

REGISTER 152
ADRESSEN UND LITERATUR 156
VITA DER AUTORIN 158
IMPRESSUM 160

VORWORT

Die wunderbare Welt der Katzen

KATZEN SIND MEINE LEIDENSCHAFT – auch wenn sie uns wohl immer ein Stück weit rätselhaft bleiben werden. Aber ist nicht genau das auch das Faszinierende an diesen wunderbaren Wesen?

Leider kursieren noch immer viele falsche Gerüchte über das Wesen der Katze: Mal gilt sie als eigensinnig und falsch, dann wieder heißt es, sie sei ein unabhängiger Freigeist, dem sein Revier wichtiger wäre als sein Mensch. Nichts davon ist wahr.

Unsere Hauskatzen sind hoch intelligente Raubtiere mit einem sehr komplexen Sozialverhalten. Und sie haben oft eine sehr innige und tiefe Bindung zu uns. Wir müssen uns dazu nur ihr Vertrauen verdienen und uns als zuverlässiger Begleiter erweisen. Dann fühlen sie sich bei uns sicher und wohl.

Ich möchte mit diesem Buch kreative Wege aufzeigen, wie Sie Miezes Welt besser verstehen können. Es braucht dazu keine neue Methode und auch keinen Katzenflüsterer. Häufig sind es nur Kleinigkeiten, die den Erfolg im Zusammenleben mit diesen wundervollen und auch unabhängigen Tieren ausmachen. Und jeder von Ihnen bringt die Fähigkeiten mit, die es für ein harmonisches Zusammenleben braucht. Sie müssen nur lernen, genau hinzuschauen, die Signale Ihrer Katze richtig zu deuten und selbst auf die kleinen Unterschiede bei der Kommunikation mit ihr zu achten. Auf diese Weise lässt sich vielen Problemen vorbeugen, und wir können unseren Pfotenkünstlern ein katzengerechtes Leben ermöglichen. Und genau das sind wir ihnen schuldig.

Ich weiß: Vertrauen kann man sich nicht kaufen, Vertrauen muss wachsen. Das dauert manchmal, und nicht immer ist der Weg bis ans Ziel ohne Hürden zu bewältigen. Aber ist es nicht der größte Lohn für all die Mühen, zu wissen, dass man am Ende eine Katze als Freund hat?

Ich wünsche Ihnen viel Spaß beim Entdecken Ihrer ganz eigenen wundervollen Fähigkeiten – und natürlich deren Ihrer Katze!

Katja Rüssel
TheraFelis-Katzenberatung

KATZEN VERSTEHEN

Katzen gelten als Eigenbrötler, dabei genießen sie das Leben mit uns durchaus. Sie brauchen keinen Anführer, aber sie wünschen sich einen Menschen, der Sie versteht und ***ihre Natur respektiert****. Dazu müssen wir wissen, wie sie »ticken« und was sie uns sagen wollen. Schließlich haben unsere Stubentiger durchaus ihre Eigenarten. Und die sollte man kennen, um* ***gut miteinander auszukommen****.*

MIEZES STAMMBAUM

Das Erbe unserer Hauskatze

DIE MEISTEN WISSENSCHAFTLER gehen heute davon aus, dass unsere Hauskatze von der Falbkatze oder Afrikanischen Wildkatze *(Felis silvestris libyca)* abstammt, die wie die europäische Waldwildkatze *(Felis silvestris silvestris)* zur Art der Wildkatze *(Felis silvestris)* gehört. Wildkatzen sind in verschiedenen Unterarten auf der ganzen Welt heimisch und gelten daher als die am weitesten verbreitete Katzenart.

Die kleine, grau getigerte Falbkatze ist wie alle wild lebenden Katzen – mit Ausnahme des Löwen – ein Einzelgänger, das heißt, sie lebt nicht mit Artgenossen in einem festen Sozialverband. Auch auf die Jagd geht sie allein. Schon aufgrund der geringen Größe ihrer Beutetiere – Mäuse, Vögel, kleine Reptilien und Insekten – gäbe es ja auch gar nicht viel, was man teilen könnte. Und die typische Jagdtechnik, zum Beispiel vor einem Mauseloch lauern und abwarten, bis ein unvorsichtiges Mäuschen den Kopf herausstreckt, ist ebenfalls erfolgversprechender, wenn man allein loszieht. Ein Artgenosse würde da eher stören und am Ende vielleicht sogar noch versuchen, einem die Beute streitig zu machen. Wild lebende Katzen sind daher von Natur aus eher unkooperative Wesen.

Für vermeintliche Eigenbrötler haben es Katzen hierzulande weit gebracht: Sie sind die beliebtesten Haustiere, weit vor Hunden, Kleinsäugern wie Kaninchen oder Meerschweinchen und Vögeln. Rund 11,5 Millionen Samtpfoten leben in bundesdeutschen Haushalten. Denn obwohl Hauskatzen von der solitär lebenden Falbkatze abstammen und nicht auf das Zusammenleben mit Artgenossen angewiesen sind, heißt das noch lange nicht, dass sie unsozial wären. Sie haben sich im Laufe der Jahrtausende nicht nur mit uns Menschen arrangiert. Wenn es genug Platz und Futter gibt, man also nicht um lebenswichtige Ressourcen streiten muss, klappt es auch mit dem netten Nachbarskater oder einer zweiten Katze (→ ab Seite 136). Genauso kann sich Mieze mit anderen Haustieren arrangieren. Voraussetzung dafür ist aber immer, dass wir als Halter ihre natürlichen Bedürfnisse kennen und ihre katzentypischen Ansprüche erfüllen.

WER BIST DU?

Wer liegt da auf unserem Schoß?

WEIL KATZEN EINZELGÄNGER sind, kommt eine Rangfolge, wie wir sie zum Beispiel vom Wolf und Hund kennen, in ihrem Sozialsystem nicht vor. Aus diesem Grund müssen wir als Katzenhalter weder mit unserem Tier »konkurrieren«, noch den »Boss« oder »Chef« mimen. Wissenschaftler haben herausgefunden, dass Katzenhalter eher eine Art Elternrolle übernehmen. Denn im Lauf der Domestikation trat bei unseren Stubentigern eine sogenannte Reifehemmung ein, die dazu führte, dass die Tiere zeitlebens in einer Art Kindstatus verbleiben. Das bedeutet, dass die Hauskatze auch im Erwachsenenalter kindliche Verhaltensweisen zeigt: Sie ist schmusig, anlehnungsbedürftig oder zeigt, wenn sie völlig entspannt auf unserem Schoß liegt, den Milchtritt, der als Kätzchen den Milchfluss in Mutters Gesäuge stimulierte …

In einer guten Mensch-Katze-Beziehung sollten die Rollen daher so verteilt sein wie zwischen Eltern und ihrem Kind: Die Katze wird von uns gefüttert, beschützt, gepflegt und versorgt. Wir bürsten und erziehen sie, säubern ihre Toilette und schmusen mit ihr. Doch trotz dieser engen Beziehung dürfen wir nie vergessen, dass Katzen eigenständige Wesen sind. Wir müssen ihre natürlichen Bedürfnisse und Eigenarten respektieren. Sie sind zwar in gewisser Weise wie kleine Kinder auf uns angewiesen. Es fließt aber immer noch das Blut eines wilden, unabhängigen Räubers in ihnen.

Zu den Dingen, die für Katzen typisch sind, gehören zum Beispiel die Jagd nach lebender Beute, das Bedürfnis, Hinterlassenschaften zu vergraben, sich mithilfe von Urin bestimmte Botschaften zu vermitteln (→ Seite 20) oder eben mit Artgenossen zu konkurrieren. Umso wichtiger ist es für uns Menschen im Zusammenleben, die Welt auch mit Miezes Augen zu sehen. Im Vordergund steht dabei immer die Kommunikation, die bei Katzen in erster Linie über die Körpersprache läuft (→ Seite 12). Nur wer die Signale kennt, kann die Stimmungslage richtig beurteilen und Situationen besser einordnen – das gilt für die eigenen Samtpfoten genauso wie für fremde. Dann fühlen sich Katze und Mensch gleichermaßen wohl.

KÖRPERSPRACHE

Mit allen Sinnen dabei

ES LIEGT IN DER NATUR DER KATZE, von vornherein lieber einen großen Bogen um Artgenossen zu machen, statt auf Kuschelkurs zu gehen. Und lässt sich ein Aufeinandertreffen nicht vermeiden, ziehen Sie sich zurück oder versuchen, den anderen auf Distanz zu halten. Dazu benutzen sie vor allem ihren Körper als Kommunikationsmittel.

In der kätzischen Körpersprache lassen sich verschiedene Grundtendenzen unterscheiden: Neben der normal entspannten Haltung gibt es abwehrende Signale und solche, die darauf hindeuten, dass die Katze erregt oder ängstlich ist. Wieder andere vermitteln deutlich, dass sie zum Angriff bereit ist. In allen Fällen tun Katzen ihre Stimmung mithilfe von Ohren und Schwanz, Schnurrhaaren und Fell sowie Blicken und Gesten kund. Vor allem an der Stellung der Ohren und des Schwanzes sowie der Körperhaltung können Artgenossen schon von Weitem erkennen, wie der Hase läuft. Mit uns Menschen kommunizieren Katzen ebenfalls hauptsächlich über Körpersprache. Wenn Sie diese zu deuten vermögen, können Sie sich besser auf Ihre Katze einstellen und leichter verstehen, was in ihr vorgeht.

Besonders gut gelingt dies, wenn Sie einmal auf Ihre eigene Körpersprache achten. Denn wir Menschen drücken die drei Grundstimmungen – gelassen, ängstlich, angriffsbereit – ganz ähnlich aus wie unsere Stubentiger. Fühlen Sie sich wie ein Schauspieler in die entsprechenden Emotionen hinein, und beobachten Sie, wie sich dadurch Ihre Körperhaltung verändert: Wenn wir uns sicher fühlen, sind unsere Muskeln locker und entspannt. Der ganze Körper strahlt eine innere Ruhe aus. Sind wir dagegen ängstlich und unsicher, ziehen wir den Kopf ein, die Schultern werden rund, und wir sacken regelrecht in uns zusammen. Sind wir auf eine Auseinandersetzung aus, machen wir uns wie Katzen größer, richten uns auf, ziehen die Stirn-/Augenbrauenmuskeln zusammen und blicken mit zusammengekniffenen Augen finster drein.

Sie profitieren übrigens nicht nur selbst von der Fähigkeit, die Körpersprache zu deuten. Sie schenken gleichzeitig auch Ihrer Katze ein Gefühl der Sicherheit, weil es zu weniger Missverständnissen kommt.

DIE ENTSPANNTE KATZE

Alles im grünen Bereich

WENN SICH IHRE KATZE wohlfühlt, tut sie das mit Haut und Haar. Und das kann man auch sehen: Von der Nase bis zur Schwanzspitze signalisiert ihr ganzer Körper Entspannung total. Alle Muskeln werden »butterweich«. Ihre Ohren bewegen sich kaum, genauso sind der Schwanz und die Schnurrhaare nahezu regungslos. Der Blick ist ruhig und sanft, eventuell schließt das Tier sogar die Augen.

Viele Katzen schnurren, wenn sie sich wohlfühlen, manche zeigen, wenn man sie streichelt, den Milchtritt (→ Seite 11). Manche Katzen fangen vor lauter Wohlgefühl sogar an zu speicheln.

Solche Momente sind zum Beispiel ideal, um Mieze etwas näher zu bringen, was sie üblicherweise nicht so gern mag, wie die Bürste oder den Duft des Katzenkollegen (→ Seite 149).

KATZE IN ERWARTUNGSHALTUNG

Und was kommt jetzt?

REIBT SICH IHRE KATZE viel an Ihnen und ist sie sehr bewegungsfreudig, bedeutet dies nicht zwangsläufig, dass sie Sie zu mehr körperlicher Nähe auffordert. Vielmehr ist das »Gezappel« ein Zeichen erhöhter Erregungslage. Ein typisches Beispiel für ein Missverständnis in der Katze-Mensch-Kommunikation also: Während wir uns aufgefordert fühlen, die Katze zu streicheln, kann diese durchaus mit Abwehr reagieren. Denn jeder kleine Reiz kann bei einer stark erregten Katze zu einem plötzlichen Stimmungswechsel führen. Hier ist also Achtsamkeit gefragt. Um herauszufinden, was Ihr Tier von der hohen Erregungslage »runterbringt« und beruhigt, sollten Sie den Kontext beachten, in dem das Verhalten auftritt. Ist Ihre Katze zum Beispiel sehr aufgeregt, weil sie Hunger hat, befriedigen Sie ihr Bedürfnis und geben ihr sofort etwas zu fressen. Braucht Mieze nach einem langen Tag allein zu Hause Beschäftigung, spielen Sie gleich eine Runde mit ihr, damit sie ihre Energie abreagieren kann.

DIE ÄNGSTLICHE KATZE

Bitte Abstand halten

WENN KATZEN ANGST haben, zeigen sie das eigentlich ziemlich deutlich: Der ganze Körper ist angespannt. Das Tier macht sich klein, sträubt das Fell mehr oder weniger und legt seine Ohren flach an, um möglichst wenig Angriffsfläche zu bieten und sich so vor eventuellen Verletzungen zu schützen. Die ganze Körperhaltung signalisiert dem Gegenüber, dass die Katze zum Rückzug oder zur Flucht bereit ist, sofern diese möglich sein sollte.

Aufgrund der starken emotionalen Erregung schütten Miezes Nebennieren das Stresshormon Adrenalin aus, das unter anderem den Blutdruck in die Höhe steigen lässt, die Herzfrequenz

WISSEN EXTRA

Ängstlich oder nur unsicher?

Unsicherheit und Angst gehen fließend ineinander über. Wenn Sie Unsicherheiten nicht rechtzeitig verhaltenstherapeutisch entgegensteuern, können sie sich zu »echter« Angst steigern. Und ein Leben in Angst ist nicht lebenswert. Unter gewissen Umständen kann sich die eine **Angstreaktion** auch auf ähnliche Reize **ausweiten.** Dann löst zum Beispiel nicht nur eine bestimmte Handbewegung Angst aus, sondern das Tier reagiert auch auf ähnliche oder sogar alle Hand- und Armbewegungen. Man spricht in diesem Fall von einer Verallgemeinerung oder einer **Generalisierung der Angst.**

steigert, körpereigene Energiespeicher aktiviert und – unabhängig von den momentanen Lichtverhältnissen – die Pupillen weitet.

Wer mit einer ängstlichen Katze zusammenlebt, muss eine große Portion, Geduld und Verständnis aufbringen. Akzeptieren Sie, dass das Tier jede noch so kleine Hinwendung zu Ihnen eine Riesenüberwindung kostet. Geben Sie ihm daher Zeit. Setzen Sie Mieze vor allem in einer Situation, in der sie ihre Angst deutlich zeigt, nicht noch mehr unter Druck, indem sie sich ihr nähern. Halten Sie lieber Abstand oder gehen Sie langsam zurück. Dadurch entschärfen Sie die Situation, weil die Katze Gelegenheit hat zu flüchten.

Das drei Monate alte Kätzchen Leila kam vor fünf Wochen als Streuner zu einer Familie mit zwei kleinen Kindern. Seit sie in ihrem neuen Zuhause lebt, verkriecht sie sich den ganzen Tag unter dem Bett. Nur nachts kommt sie hervor, um zu fressen und auf die Katzentoilette zu gehen. Tagsüber sieht und hört man nichts von ihr. So hat sich die Familie das Zusammenleben mit einer Katze nicht vorgestellt. Aber Leila hatte nie richtigen Kontakt zu Menschen. Deshalb hat sie Angst. Katzen wie sie brauchen geduldige und erfahrene Besitzer, um einen Teil ihrer Ängste abzubauen. Dafür braucht Leila ein ruhiges Umfeld.

DIE ABWEHRENDE KATZE

Komm mir nicht zu nahe

HAT EINE ÄNGSTLICHE Katze keine Möglichkeit zu fliehen, wird sie in die Verteidigungsstellung gehen – in der Hoffnung, damit den potenziellen Angreifer auf Distanz zu halten und so die Situation zu entschärfen. Weil sie gefährlicher erscheinen will, plustert die Katze dazu ihre Haare von den Pfoten bis in die Schwanzspitze auf. Und um sich in ihrer vollen Größe zu zeigen, präsentiert sie sich gleichzeitig noch von der Seite. Nur die Schnurrhaare (Vibrissen) und Ohren liegen eng am Kopf an. Auch wenn Mieze mit geöffnetem Mäulchen und sichtbaren Zähnen faucht, heißt das so viel wie »Bleib mir bloß vom Leib«. Hält der vermeintliche Angreifer aufgrund dieses Imponiergehabes tatsächlich inne, wird die Katze versuchen, die

Distanz zwischen ihm und sich langsam zu vergrößern, um schließlich doch noch die Flucht zu ergreifen. Dabei lässt sie ihr Gegenüber keinen Moment aus den Augen. Jede Bewegung, vor allem jede schnelle, könnte einen Angriff provozieren. Aus diesem Grund sollten auch Sie eine auf Abwehr gepolte Katze nicht weiter bedrängen oder gar maßregeln, sondern sich langsam von ihr distanzieren (→ siehe unten). Auf diese Weise können Sie Schlimmeres vermeiden, und das erregte Tier kann sich wieder beruhigen.

DIE ANGRIFFSLUSTIGE KATZE

Pass bloß auf

EINE KATZE, die sich überlegen fühlt oder angreifen will, möchte so groß und imposant wie möglich wirken. Schließlich will sie beim Gegenüber gehörig Eindruck schinden. Sie streckt ihre Beine durch, wodurch – weil die Hinterbeine länger sind als die Vorderbeine – das Hinterteil höher liegt als der Schulterbereich. Um noch bedrohlicher zu wirken, stellt die Katze die Haare auf der Rückenlinie und am Schwanz auf. Bei hoher Erregung zuckt die Schwanzspitze hin und her. Das Tier streckt den Kopf nach vorn und fixiert mit starrem Blick seinen Gegner. Die Pupillen sind schmal bis geweitet – je nachdem, wie viel Angst gleichzeitig mit im Spiel ist. Zum Teil blickt die angriffslustige Katze auch zur Seite und schwenkt ihren Kopf langsam hin und her. Sie behält ihren Gegner dabei aber stets im Blick. Ihre Ohren sind steil nach hinten oben gedreht – als untrügliches Zeichen, dass sie absolut ernste Absichten hat. Denn die gleichen Muskeln sind auch beim Zubeißen aktiv.

Kater Strolli ist Freigänger. Er lebt nicht alleine in der kleinen Wohnsiedlung am Stadtrand, gleich mehrere Kater und Katzen beanspruchen ebenfalls ihren Raum in den Gärten der hübschen Reihenhäuschen. An den meisten Tagen hat Strolli sein Revier zwar fest im Griff. Auch mit den meisten anderen Katern herrscht eine Art Waffenstillstand. Begegnet man sich draußen, hält man inne und regelt mittels Körpersprache auf Distanz, wer weitergeht und wer damit erst einmal abwartet. Nur selten kommt es zu einem körpersprachlichen Drohimpo-

niergehabe. Nur mit dem großen schwarzen Charles kommt es regelmäßig zu körperlichen Auseinandersetzungen. Der scheut sich nämlich nicht, ganz dreist das Grundstück von Strollis Menschen zu betreten. Als wäre das noch nicht genug, setzt er dann auch noch gerne eine Urinmarke direkt an die Hecke vor Strollis Katzenklappe. Natürlich fliegen die Fetzen, wenn Strolli ihn dabei erwischt. Nicht selten tragen beide Kontrahenten Schrammen und blutige Kerben davon.

Zum Glück stehen die meisten von uns nur selten einer hoch aggressiven Katze gegenüber. Kommt es aber doch einmal dazu und ist es dann auch noch die eigene Katze, ist der Schreck groß. Nicht wenige reden dann zum Beispiel auf die Katze ein, beugen sich zu ihr hinunter und wollen sie durch Streicheln oder Hochheben beruhigen – und heizen so die Situation, ohne es zu beabsichtigen, nur noch mehr ein.

Kommen Sie einer angriffslustigen Katze also besser nicht zu nahe, sondern bewegen Sie sich vorsichtig und langsam von ihr fort. Wenn das Tier schon auf kleinste Bewegungen reagiert, bleiben Sie sogar ganz stehen. Starren Sie die Katze nicht an, und vermeiden Sie alles, was die Situation eskalieren lassen könnte. Maßregeln und schimpfen Sie die Katze in so einer Situation auf keinen Fall, das würde sie als Affront interpretieren und mit Sicherheit zum Angriff übergehen.

Wenn Sie drinnen sind, verlassen Sie den Raum, in dem sich die Katze befindet, und schließen die Tür, bis sie sich wieder etwas abgeregt hat – auch wenn dies in manchen Fällen mehrere Stunden dauert.

WISSEN EXTRA

Schlecht gelaunt oder aggressiv?

Dass Katzen ab und zu schlechte Laune haben, ist ganz normal, wie bei uns Menschen auch. Wenn die eigene Katze allerdings öfter auf Angriff gepolt ist, deutet dies auf ein ernst zu nehmendes **Aggressionsproblem** hin. In diesem Fall empfiehlt es sich, einen Tierarzt und Verhaltenstherapeuten einzuschalten, um die **Hintergründe abklären** zu lassen. Denn die Ursachen für ein massives Aggressionsverhalten sind überaus vielfältig: Sie reichen von einem akuten oder dauerhaften Gefühl der Bedrohung über körperliche Schmerzen bis hin zu schweren Erkrankungen.

KATZEN IN AKTION

Wer die Körpersprache der Katze kennt, kann ihr Befinden besser einschätzen und sich dementsprechend verhalten. Dadurch lassen sich Missverständnisse vermeiden und mögliche Probleme im Zusammenleben vorbeugen. Hier noch einmal die wichtigsten Kennzeichen im Überblick.

Freundliche Katze
Die Ohren sind entspannt nach vorne gerichtet, die Körperhaltung ist locker und der Schwanz ruhig. Beim Aufeinandertreffen zweier Katzen zeugt das von einer freundlichen Kontaktaufnahme.

Mischform
Die Ohren zur Seite, die Pupillen halb groß: Hier geht die Stimmung nicht eindeutig in eine Richtung. Unsicherheit und souveränes Nach-vorn-Gehen halten sich noch die Waage.

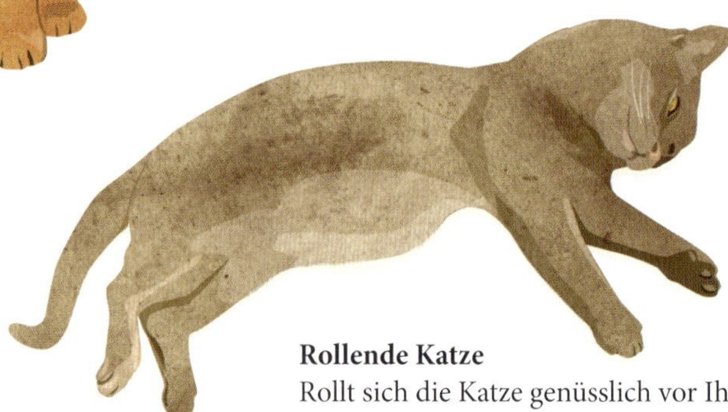

Rollende Katze
Rollt sich die Katze genüsslich vor Ihnen, heißt das nicht automatisch, dass sie jetzt auch gerne am Bauch gestreichelt werden mag. Rollen kann ein Ausdruck von Wohlgefühl, aber auch Erregung sein (etwa ausgelöst durch einen Geruch).

(Be-)Lauernde Katze
Was hat wohl ihr Interesse geweckt? Gespannt lauert Mieze in Duckhaltung auf potenzielle Beute. Unschön, wenn dies bei zu viel Langeweile im Alltag die Zweitkatze im Haushalt ist.

Abwehrende Katze
Die Ohren eng angelegt, die Körperoberfläche zum Schutz verkleinert, auf dem Rücken liegend, um sich mit allen vieren verteidigen zu können: So sieht eine hochgradig verängstigte Katze aus, die um ihr Leben fürchtet/kämpft. Ist Flucht nicht mehr möglich, sieht das Tier sein Heil nur noch in der Verteidigung.

Genervte Katze
Diese Katze hält kein entspanntes Schläfchen. Die Ohren sind aufmerksam aufgerichtet und verfolgen jedes Geräusch. Manche Katzen zeigen diese Haltung auch, wenn sie keinen Kontakt mit ihrem Umfeld haben wollen. Es ist also auch ein Zeichen für Rückzug. In der Fachsprache hat sich dafür der Begriff »Verteidigungsschlaf« etabliert.

HARNMARKIERUNGEN ALS CODE

Was riecht denn da?

IM DIREKTEN KONTAKT regeln Wildkatzen ihr Miteinander vor allem mithilfe der Körpersprache (→ Seite 12). Zur »Langzeitkommunikation« senden sie sich darüber hinaus optische Kratzmarkierungen und verschiedene geruchliche Botschaften – ein Erbe, das sie an die Hauskatzen weitergegeben haben.

Wie Hunde setzen diese – egal ob Kater oder Kätzin, ob kastriert oder nicht kastriert – mit ihrem Harn Markierungen. Und sie tun das umso häufiger, je mehr Katzen zusammenleben oder in der Nachbarschaft aufeinandertreffen. Schließlich sind die Markierungen ein wichtiges Kommunikationsmittel. Ihre Mieze setzt sie zum Beispiel, wenn der Nachbarskater an einen Busch in ihrem Revier markiert hat oder wenn sie andere – vor allem bedrohlich wirkende – Katzen sieht, hört oder nur riecht.

Zum Leidwesen des Menschen beschränken sich die Harnmarkierungen nicht immer nur auf den Garten. Fremde Personen im Haushalt, schreiende Kinder oder ungewohnte Gerüche können eine Katze so verunsichern, dass sie auch drinnen markieren muss. Solche Harnmarkierungen in der Wohnung haben nichts zu tun mit Unsauberkeit (→ Seite 34).

Es kommt zwar ab und zu auch vor, dass eine freudig erregte Katze für Erleichterung sorgen muss, zum Beispiel wenn sie aufgeregt auf ihr Futter wartet. In den meisten Fällen jedoch sind die Auslöser dafür eher unerfreulicher Natur. Wenn Ihre Katze also viele Harnmarken setzt, ist sie vermutlich angespannt und hat Stress.

Vor Kurzem ist Katze Mia mit ihrer Familie umgezogen. Im Keller des neuen Hauses hat sie eine Katzenklappe, durch die sie in den Garten hinauskann, wann immer sie mag. Alles scheint in Ordnung, bis ihr Frauchen immer häufiger Urinspritzer von der sonst sauberen Katze vorfindet. Ein paar Tage später bekommt sie die Erklärung: Als sie im Keller die Wäsche aufhängt, sieht sie gerade noch eine fremde Schwanzspitze durch die Katzenklappe verschwinden. Mia fühlt sich in ihrem neuen Zuhause also momentan einfach nicht sicher.

NÜTZLICHES REZEPT 1

UNERWÜNSCHTES MARKIEREN IM HAUS

Gehen Sie der Sache auf den Grund

Wenn Ihre Katze im Haus oder in der Wohnung markiert, können verschiedene Dinge helfen: Reagiert Mieze auf andere Katzen, die sie durchs Fenster sieht, sollten Sie den Sichtkontakt möglichst verhindern, indem Sie zum Beispiel die Vorhänge zuziehen beziehungsweise das Rollo herunterlassen oder den unteren Teil der Fenster mit Milchglasfolie abkleben. Kommt vielleicht sogar eine fremde Katze ins Haus? Versuchen Sie dies zu verhindern, etwa indem Sie den Besucher nicht füttern und ihm auch sonst keine Aufmerksamkeit schenken. Unter Umständen sind auch drastischere Maßnahmen zu ergreifen, und Sie müssen zum Beispiel eine spezielle Katzenklappe einbauen, damit fremde Artgenossen nicht mehr in das Revier Ihrer Katze eindringen können (→ Seite 42).

Vielleicht tragen Sie aber auch selbst dazu bei, dass Ihre Katze markiert, weil Sie zu viele ihrer Gesichtsmarkierungen (→ Seite 22) wegputzen. Die Katze kann sich dann in ihrem Zuhause selbst nicht mehr riechen und setzt daher stärkere Duftmarken, damit sie sich weiterhin sicher fühlt.

Wenn Sie zwei Katzen haben, die sich ständig streiten und daher markieren – wobei Spannungen zwischen Katzen manchmal sehr subtil sind und sich deshalb nicht immer gleich erkennen lassen –, müssen Sie die Streithähne zumindest zeitlich voneinander trennen. Finden Sie heraus, ob die Tiere (oder eines davon) sich nur langweilen und deshalb gegenseitig ärgern oder ob sie wirklich nicht zusammenpassen (→ ab Seite 142).

Ganz wichtig: Reinigen Sie alle Urinstellen gründlich mit einem speziellen Katzenurinreiniger auf Enzymbasis. Mit normalen Haushaltsreinigern wird der Geruch nicht vollständig entfernt, sondern nur überdeckt. Das erhöht die Wahrscheinlichkeit, dass Ihre Katze hier erneut markiert.

GESICHTSMARKIERUNGEN

Trautes Heim, Glück allein

Frau M. sitzt gemütlich auf dem Sofa und schaut fern. Da bemerkt sie, wie sich Minka langsam dem Couchtisch nähert und sich – beginnend beim Kinn, über die Mundwinkel, quer über die Wange bis hin zu den Ohren – ausgiebig an der Tischkante reibt. Zum Schluss kaut sie die Kante sogar noch mit den Backenzähnen an und überzieht sie gewissenhaft mit Speichel. Das ist Frau M. eindeutig zu viel. Sie steht sofort auf, um die Speichelspuren zu entfernen. Und weil sie schon mal dabei ist, wischt sie auch gleich noch über die braunen Flecken an den Tür- und Fensterrahmen neben dem Sofa. Sie weiß nicht, dass sie Minka dadurch unter Umständen ganz schön verunsichert. Denn mit den Spuren beseitigt sie gleich Minkas Geruchsmarkierungen. Je nachdem, wie intensiv das »Putzkommando« ausfällt, kann es sein, dass Minka sich danach im wahrsten Sinn des Wortes in ihrem eigenen Revier nicht mehr riechen kann. Eine Folge davon wird sein, dass sie noch mehr markiert, vielleicht sogar mit Urin.

WENN SICH KATZEN REIBEN, deutet der Mensch dies oft als Zeichen des äußersten Wohlbefindens. Das stimmt aber nur bedingt. Tatsächlich markieren Katzen Gegenstände oder Personen als vertraut, indem sie ausgiebig ihr Gesicht an ihnen reiben. Beim Reiben werden nämlich über die Talgdrüsen Pheromone freigesetzt, die dem Tier signalisieren, dass es sich sicher fühlen kann. Gesichtsmarkierungen haben auf Mieze also einen beruhigenden Effekt. Sie schafft sich mit ihnen ein vertrautes Heim, in dem sie sich wohlfühlen kann.

Reibt sich Ihre Katze vermehrt an Dingen und Personen, kann dies jedoch ein erster Hinweis darauf sein, dass sie unter Stress steht und ein erhöhtes Sicherheitsbedürfnis hat. In Zeiten starker Verunsicherung können Sie Hilfe anbieten, indem Sie mittels eines Zerstäubers oder Sprays aus dem Tierfachhandel Wohlfühlpheromone versprühen. Diese künstlich nachgebauten Botenstoffe wirken ganz ähnlich wie die originalen Gesichtsmarkierungen und gleichen Miezes Gemütslage aus.

KÖNNEN KATZEN »REDEN«?

Vom stummen Wild- zum gesprächigen Haustier

KATZEN KOMMUNIZIEREN nicht nur über die Körpersprache und Markierungen, sondern auch über ihre Stimme. Allerdings verständigen sich wild lebende Katzen untereinander kaum über die Lautsprache. Auch bei der Jagd würde zu viel Lärm nicht nur die Beutetiere aufmerksam machen. Man könnte auch das Interesse größerer Raubtiere auf sich ziehen und selbst eine einfache Beute werden. Daher setzen Wildkatzen die Lautsprache im Grunde nur zur Paarungszeit und bei innerartlichen Auseinandersetzungen ein.

Im Gegensatz zu ihren wilden Verwandten finden sich unter den Hauskatzen viele Tiere, die äußerst gern »sprechen«. Einige Rassen scheinen sogar eine gewisse Veranlagung zur stimmlichen Mitteilung zu haben, vor allem die orientalischen wie Siamesen oder Balinesen. Aber auch andere Katzenrassen können sich zu wahren Dauerschwätzern entwickeln. Zu ihren typischen Lautäußerungen gehört neben Schnurren, Meckern, Gurren, Knurren, Fauchen und Kreischen auch das für Hauskatzen typische Miauen. Diesen Laut geben bei wild lebenden Katzen nur die Jungtiere von sich, wenn sie sich nicht wohlfühlen, wenn sie Hunger oder Angst haben. Als ewige »Jungtiere« (→ Seite 11) miauen Hauskatzen aber auch noch im Alter.

Was ein solches »Miau« ganz konkret bedeutet soll, lässt sich nur schwer sagen – noch dazu, weil jede Katze in einer anderen Tonlage und mit unterschiedlicher Modulation maunzt. Doch wenn Sie sich die Zeit nehmen und Ihre Katze beobachten, während sie miaut, werden Sie vermutlich bald die Situationen und zugehörigen Lautäußerungen entschlüsseln und richtig auf Ihren Stubentiger und seine Bedürfnisse reagieren können.

Der Grund für die vermehrte »Geschwätzigkeit« unserer Samtpfoten sind wir übrigens selbst. Denn wir schenken ihnen oft mehr Aufmerksamkeit, wenn sie maunzen. Und die cleveren Vierbeiner lernen natürlich ganz schnell, dass wir sofort auf ihre Töne reagieren: mit vielen zärtlichen und bewundernden Worten, einer Streicheleinheit, einem kurzen Spiel zwischendurch oder einem köstlichen Leckerli.

MIEZES WELT

Es gibt ***Wohnungskatzen,*** *und es gibt* ***Freigänger****. Wie wir unsere Stubentiger halten, hängt vor allem von der Umgebung ab, in der wir selbst leben. Doch unabhängig davon, ob die Katze rausdarf oder nicht: Sie stellt ganz bestimmte* ***Ansprüche an ihr Wohnumfeld****. Das beginnt bei der Katzentoilette und hört mit dem Kratzbaum noch lange nicht auf. Wenn wir Miezes ureigene Bedürfnisse erfüllen, fühlt sie sich bei uns aber pudelwohl.*

HEIM, REVIER UND STREIFGEBIET

Wo sich Katzen aufhalten

DIE WELT unserer Stubentiger endet nicht an der Haus- oder Wohnungstür und auch nicht am Gartenzaun. Wie ihre wild lebenden Verwandten schaffen sich auch Hauskatzen verschiedene Lebensräume, die sich konzentrisch um das Zuhause spannen.

Den Kern bildet der Ort, an dem sich die Katze am sichersten fühlt. Man nennt diesen Lebensbereich Heim erster Ordnung, Kernzone oder Primärheim. Hier befinden sich Ruhe- und Schlafplatz, bei Wohnungskatzen auch der Futterplatz und die Katzentoilette. Bekommt eine Katze Junge, sollte hier auch die Wurfkiste stehen.

Das Heim zweiter Ordnung, auch Heimbezirk genannt, umfasst die unmittelbare Umgebung der Kernzone; in der Regel sind dies das Haus und der Garten. In dieser Zone gibt es zum Beispiel verschiedene Ruhe-, Sonnen- und Aussichtsplätze.

Das gesamte Territorium oder Revier einer Katze umfasst neben dem eigenen Garten auch die anschließenden Grundstücke (→ Illustration Seite 27).

Manche Katzen halten sich nur in ihrem Revier auf. Andere haben einen noch größeren Aktionsraum, in dem sie jagen und Beute fangen. Dieses Streifgebiet ist meist keine zusammenhängende Fläche, sondern besteht aus verschiedenen Arealen, die über ein Wegenetz miteinander verbunden sind. Die Größe des Streifgebiets hängt zum einen davon ab, wie viele Katzen in der Umgebung leben, zum anderen von den Ressourcen wie Ruhe- und Aussichtsplätzen oder möglichen Sexualpartnern. Nicht zuletzt spielt auch das Geschlecht der Katze eine Rolle: Unter einigermaßen natürlichen Bedingungen ist das Streifgebiet von Katern bis zu 3,5-mal größer als das von Katzen. Nur kastrierte Kater sind meist weniger weit unterwegs. Viele Katzenhalter haben jedoch überhaupt keine Vorstellung davon, wie weit ihr Stubentiger sich von seinem Zuhause entfernt. Dabei ist dies äußerst wichtig, wenn die Katze einmal nicht nach Hause kommen sollte. Weil das Gebiet, in dem sie sich aufhält, sich leicht über einen Radius von 500 Meter und mehr erstrecken kann, muss der Umkreis, in dem man das vermisste Tier sucht, entsprechend groß sein.

So in etwa kann man sich das Revier einer Freilaufkatze vorstellen. Allerdings werden sich die Zonen je nach Bebauung etwas weniger konzentrisch um das Heim erstrecken.

HIER BIN ICH DER BOSS

Verteidigungsverhalten im Revier

WIE ZWEI FREMDE KATZEN aufeinander reagieren, hängt in erster Line damit zusammen, wo sie aufeinandertreffen. Während das Heim erster und zweiter Ordnung sowie das Territorium vehement vom Revierinhaber verteidigt werden, können sich die Streifgebiete verschiedener Katzen überlappen und werden daher nicht zwingend aktiv gegen Eindringlinge verteidigt.

Nur wenn sich zwei Artgenossen direkt über den Weg laufen, kann es zu einem Kampf kommen. Solche Begegnungen finden aber relativ selten statt, denn die Tiere regeln über Urinmarkierungen (→ Seite 20), wo die Grenzen der Gebiete verlaufen und wer wann welchen Weg nutzen kann, ohne dem anderen in die Quere zu kommen.

Die Reviergrenzen ändern sich, wenn eine neue Katze dazukommt. Die Klärung der Frage nach den Hoheitsgebieten kann dann auch einmal mit größeren Auseinandersetzungen einhergehen. Der Katzenhalter bekommt davon in der Regel nicht viel mit, weil sich das meiste draußen abspielt.

Das kann sich ändern, wenn die bisherigen Revierinhaber auf ihren alten Rechte beharren und vielleicht sogar in die Kernzone oder den Heimbezirk des Neulings eindringen. Denn die Katze reagiert darauf häufig mit Markierverhalten im Haus. Wenn eine Katze bei Ihnen einzieht oder Sie mit Ihrer Katze umziehen, sollten Sie daher vor allem in den ersten Wochen aufpassen, dass keine fremden Katzen ins Haus oder die Wohnung eindringen (→ Seite 42).

Kater Tom ist neu ins Viertel gezogen. Seine Menschen wissen, dass es bei den ersten Begegnungen mit anderen Freigängern zu ernsten Auseinandersetzungen kommen kann, bis geklärt ist, wer der neue Herr in Haus und Garten ist. Daher achten sie schon in der Eingewöhnungsphase, wenn Tom noch im Hause bleiben muss, darauf, dass sich fremde Katzen auf ihrem Grundstück nicht zu wohl fühlen. Sie beachten sie nicht, sprechen sie nicht an, streicheln und füttern sie nicht. Wenn Tom nach etwa vier Wochen raus darf, bekommt er eine personalisierte Katzenklappe.

ALLE ZONEN IN EINEM?

Das Revier einer Wohnungskatze

DIE MEISTEN Untersuchungen zum Katzenrevier wurden an frei lebenden verwilderten Katzen, in der Regel unkastrierten Tieren durchgeführt, die nur wenig bis keinen festen Sozialkontakt zu Menschen haben (Streuner, Bauernhofkatzen). Dennoch lässt sich seine räumliche Struktur – natürlich stark verkleinert und komprimiert – auch auf den Lebensraum von Katzen übertragen, die ausschließlich in der Wohnung gehalten werden. Die Kernzone kann dann zum Beispiel ein bestimmter Lieblingsschlafplatz sein. Der Heimbezirk erstreckt sich über das Zimmer, in dem dieser Schlafplatz liegt, und der Rest der Wohnung ist Territorium mit Streifgebiet. Wichtig ist auch für eine Wohnungskatze, dass ihre Kernzone ein wirklich sicherer Platz ist, an den sie sich zurückziehen kann, ohne von anderen Katzen oder von Menschen gestört zu werden. Überlassen Sie ihr dieses Plätzchen, auch wenn sie sich dafür ausgerechnet Ihren Kleiderschrank auserkoren hat.

Wohnungskatzen laufen außerdem gerne mal ihr Revier ab, um zu kontrollieren, ob noch alles in Ordnung ist. Auch dies sollte man ihnen unbedingt möglich machen.

WISSEN EXTRA

Erhöhte Ruheplätze

Ihr Stubentiger behält gern den Überblick, und am besten gefällt es ihm, wenn er dabei selbst nicht gesehen wird. Vor allem eher unsichere Tiere **verziehen sich gern in die Höhe,** weil sie dort ihre Ruhe haben und völlig entspannt ein bisschen dösen können. Im Internet gibt es, etwa unter dem Suchbegriff »Katzen Laufbretter«, viele Anregungen, um der Katze die dritte Dimension zu erschließen. Wichtig: Wenn Sie mehrere Katzen halten, sollten alle »Hochsitze« **mindestens zwei Zugänge** haben. Sonst sitzt eine Katze, die sich dorthin zurückzieht, in der Falle, falls sie von der anderen bedrängt wird.

KRALLEN WETZEN

Warum tun Katzen das?

KATZEN MÜSSEN REGELMÄSSIG ihre Krallen schärfen und lose Hornschichten entfernen. Wenn sie ihre Krallen wetzen, hat dies jedoch noch andere wichtige Funktionen. Sie hinterlassen dabei zum Beispiel auch Geruchsbotschaften und optische Hinweise dafür, dass dieses Revier besetzt ist. Oft dient das demonstrative und möglichst laute Kratzen außerdem dazu, der Umwelt zu zeigen, wie stark man doch ist. Nicht zuletzt lockert Mieze beim Kratzen ihre Muskeln. Daher lässt es sich nach dem Aufwachen – in Kombination mit ausgiebigem Strecken und Dehnen – oder bei der Rückkehr vom Freigang besonders häufig beobachten.

Dass Katzen an Gegenständen herumkratzen, hat also kommunikative und gesundheitliche Aspekte. Somit macht es Sinn, ihnen mehrere Kratz-

NÜTZLICHES REZEPT 2

DER IDEALE KRATZBAUM

Das gefällt Mieze

Katzen sind äußerst wählerisch. Nicht jede Kratzgelegenheit sagt ihnen zu. Probieren Sie daher einiges aus, und wählen Sie dann für den Kratzbaum dasjenige Material, das Ihr Stubentiger besonders gern mag.
Auch die richtigen Maße sind wichtig: Ein Kratzbaum oder -stamm sollte auf jeden Fall so lang sein, dass sich Ihre Katze daran stehend ausstrecken kann – also mindestens ein Meter. Dass er ausreichend stabil sein muss, versteht sich von selbst. Davon abgesehen sollte er nicht irgendwo in der Ecke stehen, sondern an zentraler, sozial bedeutender Stelle – also in einem Raum, den alle Familienmitglieder gern nutzen.

SAUBERMACHEN

Wie oft muss geputzt werden?

KATZEN SIND REINLICHE Tiere. Daher müssen alle großen und kleinen Klumpen zweimal täglich sorgfältig entfernt werden. Wer wenig Zeit hat, sollte die Kleinigkeiten bei der Reinigung optimieren: Stellen Sie neben jede Toilette ein Eimerchen, Kehrschaufel mit Feger und die passende Streuschaufel. Stellen Sie mehrere möglichst große Klos auf, und füllen Sie genug Streu ein, dann kann die Katze eventuell noch neben ein bereits abgelegtes Häufchen pinkeln. Trotzdem: Zweimal Saubermachen am Tag muss sein.

Einmal in der Woche ist dann eine komplette Reinigung angesagt. Dafür leeren Sie die Streu aus und spülen die Schale mit kochend heißem Wasser aus. Bei Bedarf reinigen Sie sie mit einem umweltverträglichen Neutralreiniger. Nach dem Trocknen füllen Sie etwa zehn Zentimeter hoch frische Streu ein. Dann bleibt weniger am Boden kleben.

UNSAUBERE KATZE

Woran liegt's?

WENN IHRE KATZE außerhalb der Katzentoilette uriniert oder kotet, heißt das nicht unbedingt, dass sie damit markiert (→ Seite 20). Es kann auch ein Zeichen dafür sein, dass ihr Klo zu klein oder die Streu zu grobkörnig ist. Eventuell hätte Ihre Katze auch einfach gern eine zweite Toilette. In der Natur setzen die Tiere Kot und Urin nämlich an unterschiedlichen Stellen ab. Dem sollten Sie Rechnung tragen, indem Sie zu Hause mindestens zwei Klos an unterschiedlichen Standorten aufstellen – wenn Sie mehrere Etagen bewohnen in jeder davon eine.

Halten Sie mehrere Katzen, gilt die Faustregel: Anzahl der Katzen gleich Anzahl der Klos plus ein weiteres. Bei zwei Katzen macht das also mindestens drei Toilette, bei drei Katzen vier.

Frauchen verstand die Welt nicht mehr. Seit ein paar Tagen machte ihre süße Prinzess ihre Häufchen tatsächlich vor das Katzenklo statt hinein. Was war denn da los? Nachdem sie mit dem Tierarzt gesprochen hatte, der gesundheitliche Probleme ausschließen konnte, tauschte sie die Standardtoilette gegen ein größeres Modell, in dem sich Prinzess bequem drehen kann und sogar ein zweites Häufchen Platz hat, ohne dass sie mit dem ersten in Berührung kommen muss. Zusätzlich stellte Frauchen eine zweite große Schale ins Gäste-WC. Prinzess nahm beide Angebote begeistert an. Jetzt setzt sie brav ihre Häufchen in die neue und den Urin in die »alte« Toilette.

NASSER ALARM

Pipi auf dem Bett

BESONDERS EMPFINDLICH reagieren Katzenbesitzer, wenn ihr Tier statt ins Katzenklo ins Bett pinkelt – vielleicht sogar noch, während sie selbst darin liegen. Doch dieses Verhalten hat nur in den seltensten Fällen direkt etwas mit dem Halter und der Beziehung der Katze zu ihm zu tun. Oft stecken ganz banale Gründe dahinter.

Um die Katze wieder an ihre eigene Toilette zu gewöhnen, empfiehlt es sich, Schritt für Schritt vorzugehen. Zunächst decken Sie das Bett mit einer Folie ab und stellen die Katzentoilette darauf. Legen Sie eine dicke Lage Küchentücher in die Schale, denn die Katze scheint weichen Stoff normaler Streu offensichtlich vorzuziehen. Nach einigen Tagen oder Wochen (jede Katze braucht ihre eigene Zeit) stellen Sie dann die Schale auf den Boden. Akzeptiert Ihre Katze auch das, tauschen Sie die Küchentücher wieder gegen Streu aus. Zu guter Letzt können Sie die Toilette dann zurück an den gewohnten Platz stellen.

Indem Sie langsam vorgehen, holen Sie Ihre Katze sanft ab. Weil das Bett in ihrem Kopf fest als Klo abgespeichert ist, wäre es vermutlich wenig erfolgversprechend, nur die Katzenklos im Bad und in der übrigen Wohnung zu optimieren.

Zusätzlich empfiehlt es sich, auch in den anderen Räumen weitere sehr große, komfortable Toiletten mit weicher Streu beziehungsweise Küchentüchern oder Wickelunterlagen aufzustellen. Dies ist vor allem dann wichtig, wenn Sie sich entschließen sollten, dass das Schlafzimmer über kurz oder lang zur katzenfreien Zone werden soll.

Katze Nele ist seit einer Blasenentzündung sporadisch immer wieder mal unsauber. Als Toilette hat sie Frauchens Bett für sich entdeckt. Es ist weich, der Urin zieht gleich ein (Pfoten bleiben trocken), und Frauchen bezieht das Bett auch immer sofort wieder frisch. Es ist einfach viel komfortabler als das Katzenklo, mit dem Nele die Schmerzen beim Pipimachen verbunden und in ihrem Gedächtnis verankert hat. Mit viel Geduld gewöhnt Frauchen Nele wieder an eine optimierte Schale und die sehr weiche sandartige Katzenstreu. Nach einigen Wochen ist die schrittweise Umgewöhnung geschafft. Jetzt verrichtet Nele wieder wie früher ihr Geschäft im Bad.

NÜTZLICHES REZEPT 3

PINKEL-TAGEBUCH

Die Ursache der Unsauberkeit finden

Um herauszufinden, wieso Ihre Katze unsauber ist, hilft es, mehrere Wochen oder Monate ein »Pinkel-Tagebuch« zu führen. Darin notieren Sie alles, was Ihrer Meinung nach mit dem Problem zu tun hat. Welches Katzenklo hat Mieze für Groß und Klein benutzt? Wann, wo und wie oft wurde nicht ins Katzenklo uriniert? Haben Sie den Pinkelfleck direkt nach dem Aufstehen entdeckt? Vor oder nach dem Füttern? Oder immer dann, wenn der Müllwagen geräuschvoll durch die Straßen rumpelte? Genauso wichtig: Welche Maßnahmen haben geholfen und welche nicht?
So ein Tagebuch ist ein gute Möglichkeit, Veränderungen – egal, in welche Richtung – festzuhalten und Maßnahmen beurteilen zu können. Mithilfe Ihrer Aufzeichnungen können Sie das Problem viel zielgerichteter angehen. Auch wenn Sie einen Katzenverhaltensberater zu Rate ziehen wollen, ist das Tagebuch ein wichtiger Informationsträger.

EIN NEUES ZUHAUSE

Mit der Katze umziehen

KATZEN SIND Gewohnheitstiere. Vertrautes bietet ihnen Sicherheit, Neues scheint ihnen potenziell gefährlich. Schließlich weiß man nie, was die Veränderung mit sich bringt. Einen großen Teil ihres Sicherheitsbedürfnisses beziehen unsere Stubentiger aus der Unveränderlichkeit ihres Reviers. Dort ist ihnen jeder Winkel, jede Ecke, jeder Weg bekannt und bestens vertraut. Entsprechend irritiert reagieren manche Katzen auf eine neue Umgebung und eine andere Einrichtung.

NÜTZLICHES REZEPT 4

ENTSPANNTER UMZUG

Das hilft Ihrer Katze

Liegt der neue Wohnort weiter entfernt, sollten Sie Ihrer Katze die Reise erleichtern und sich vom Tierarzt ein leichtes Beruhigungsmittel für die Fahrt geben lassen. Fragen Sie beim Tierarzt aber unbedingt nach einem Mittel, das nicht nur motorisch beruhigt, sondern auch leicht angstlösend wirkt. Sonst wirkt Mieze nur äußerlich ruhig, bekommt aber trotzdem alles mit und ist entsprechend gestresst.

Manche Katzen sprechen sehr gut auf die Gabe von Rescue-Globuli beziehungsweise -Tropfen an (Bach-Blüten). Wenn Sie sich für dieses Mittel oder spezielle pflanzliche Beruhigungsmittel für Katzen entscheiden, sollten Sie allerdings schon mindestens zwei bis vier Wochen vor dem Umzug beginnen, sie zu verabreichen. Denn es kann gerade bei Phytopharmaka dauern, bis sie wirken. Besprechen Sie auch dies vorab mit Ihrem Tierarzt.

Am besten bereiten Sie im Vorfeld in der neuen Wohnung ein Zimmer schon so weit vor, dass Mieze gleich einziehen und weitestgehend ihre Ruhe finden kann. Vertraute Möbel aus der alten Wohnung vermitteln Sicherheit. Wollen Sie sich neu einrichten, verschieben Sie das am besten, bis sich alle eingewöhnt haben. Geht das nicht, verändern Sie zumindest nicht zu viel auf einmal. Das gilt übrigens auch, wenn Sie Möbel in der alten Wohnung austauschen.

Den Umzugstag selbst verbringt Ihr Stubentiger am besten in einem eigenen Raum in der alten Wohnung. Hier sollte er alles finden, was er braucht: Futter, Wasser, Toilette, Körbchen … Schließen Sie das Zimmer ab, damit nicht versehentlich ein Fremder, der beim Umzug hilft, hineingeht. Bitten Sie außerdem alle Helfer, in der Nähe des Katzenzimmers vorsichtiger und ruhiger zu sein. Das erleichtert es dem Tier etwas, den Tag gut zu überstehen.

Sind die meisten Sachen im Umzugswagen verstaut und alle anderen Menschen aus dem Haus, können Sie die Katze und die restliche Sachen langsam in Ihr eigenes Auto bringen und mit ihr ins neue Zuhause fahren. Auch dort kommt sie erst einmal in ein eigens vorbereitetes Zimmer (Abschließen nicht vergessen), bis alle Helfer aus dem Haus sind. Ist die neue Wohnung nicht zu weit entfernt, können Sie Mieze sogar erst holen, wenn alles in der neuen Wohnung ist und sich die Helfer verabschiedet haben.

FREIGANG – JA ODER NEIN?

Die eigenen Ängste überwinden

SPÄTESTENS WENN die Katze lautstark bettelnd nach draußen möchte oder man mit Spielen nicht mehr hinterherkommt, stellt man sich die Frage, ob Freigang nicht doch ganz gut für sie wäre. Ja, schon, wenn da nur nicht diese Angst wäre: vor dem Verkehr, vor Tierfängern und Hunden. Und davor, dass Mieze eines Abends nicht mehr nach Hause zurückkommt.

Das sind sicherlich alles nachvollziehbare Bedenken, schließlich kann immer etwas passieren. Muss es aber nicht. Deshalb sollten Sie sich als Katzenhalter überlegen – vor allem wenn Sie in einer verkehrsberuhigten Zone wohnen –, ob es nicht sinvoller wäre, sich Ihren eigenen Ängsten zu stellen. Freigang bedeutet für Katzen so viel Gutes. Er birgt zwar Gefahren, aber auch die einmalige Chance auf Ausgeglichenheit und Wohlbefinden. Und gibt es etwas Schöneres als eine Katze, die zufrieden heimkehrt und in Ihren Armen auf dem Sofa von weiteren Abenteuern träumt?

ORTUNGSSYSTEME

Wissen, wo sich die Katze rumtreibt

WENN SIE SICH entschieden haben, Ihrer Katze Freigang zu gewähren, heißt das nicht, dass sich alle Bedenken und Sorgen in Luft auflösen. Für diesen Fall gibt es heute aber Geräte, die Ihnen mitteilen, wo sich Ihre Katze herumtreibt.

Mittels eines Mini-GPS-Senders können Sie zum Beispiel die Route via Handy oder am PC genau beobachten. Manche Modelle besitzen sogar einen »SOS-Knopf«. Mit dessen Hilfe kann ein Finder Sie direkt kontaktieren, wenn die Katze verloren gehen sollte. Einfachere Modelle orten zwar nicht in »Echtzeit«, die Wege des Tiers lassen sich aber immerhin nachverfolgen, wenn es wieder zu Hause ist. So weiß man im Notfall, wo es sich lohnen könnte zu suchen.

Nachteil der GPS-Ortung: In Gebäuden gibt es keinen Kontakt. Immerhin werden die letzten Positionsdaten vor dem »Verschwinden« gespeichert. Leider sind die Geräte auch nicht ganz billig, oft werden noch zusätzliche Abo-Kosten fällig, etwa für die Bereitstellung des Handynetzes. Dafür ist die Reichweite unbegrenzt – Netzempfang natürlich vorausgesetzt.

Eine andere Möglichkeit, die Katze nicht aus dem Blick zu verlieren, ist die Funkortung mittels Sender und Ortungsgerät. Sie ist zwar nicht sehr präzise, und die Reichweite beträgt auch nur etwa 50 bis 100 Meter. Die Geräte sind jedoch völlig ausreichend, wenn Sie lediglich grob wissen möchten, wo Ihre Katze sein könnte. Vorteil der Funkortung: Das Signal wird auch durch Mauern gesendet, es fallen nur für die Anschaffung Kosten an, und auch Ersatzsender sind nicht sehr teuer.

Wichtig: Unabhängig davon, ob Sie ein Ortungssystem verwenden oder nicht, sollte Ihre Katze gechipt und/oder tätowiert und unbedingt bei einem der kostenlosen Tierzentralregister gemeldet sein (→ Adressen, Seite 157).

KATZENHALSBAND

Nicht nur praktisch, auch gefährlich

EGAL, OB GPS ODER FUNKSENDER: Die Katze muss alle diese Geräte an einem Halsband bei sich tragen. An diesem können zusätzlich noch kleine Adresskapseln und Reflektoren befestigt werden. Das klingt zwar praktisch, ganz unbedenklich sind Halsbänder für Katzen jedoch nicht. Denn sie können sich damit verheddern und hängen bleiben oder sich beim Kratzen mit den Beinen darin verfangen.

NÜTZLICHES REZEPT 5

KATZE AUF DEM BALKON

Kleine Freiheit

Sie leben mitten in der City und können Ihrer Katze keinen Freigang bieten? Sie haben aber einen Balkon, auf dem Mieze Frischluft schnuppern kann? Prima, vorausgesetzt, dass er mit einem Katzennetz entsprechend gesichert ist. Mittlerweile gibt es verschiedene Befestigungssysteme, die auch ein Laie anbringen kann. Ansonsten bieten viele Handwerksfirmen ihre Dienste auch im Bereich Katzen-Balkonsicherung an. Vergessen Sie nicht, Ihren Vermieter oder die Eigentümergemeinschaft um Erlaubnis zu fragen. Besonders attraktiv wird der Balkon mit katzengerechter Bepflanzung. Sie können dafür zum Beispiel einen Holzrahmen bauen, den Boden mit Folie auslegen, Erde einfüllen und ein Stück Rasen pflanzen. Auch Aussichtsplätze (Naturstamm, wetterfester Kratzbaum) sind sehr beliebt. Wer keinen Balkon hat, kann spezielle Rahmen mit Netz oder Gitter vor dem Fenster montieren. Beispielbilder und Anregungen finden Sie im Internet, etwa unter den Suchbegriffen »Katzen Fensterbalkon« oder »Fensterkäfig«.

Das Halsband sollte daher unbedingt einen Sicherheitsverschluss haben, der sich schon bei leichtem Zug auf das Band garantiert öffnet. Testen Sie die Halsbänder entsprechend, und prüfen Sie, ob sie sich zum Beispiel mit einer Hand öffnen lassen.

Vielleicht legen Sie Ihrer Katze einfach nur in den ersten Tagen und Wochen ein Halsband mit Sender um, bis Sie ungefähr wissen, wo sie den Tag verbringt und dass sie regelmäßig heimkommt. Dann können Sie das Band wieder abnehmen.

KATZENKLAPPE

Die Tür zur großen Freiheit

WENN KATZEN AUCH RAUSDÜRFEN, sitzen sie gerne mal früh morgens vor der (Terrassen-)Tür und fordern lautstark ihren Freigang ein. Manche Katzenhalter sind wenig »leidensfähig« und stehen dann tatsächlich auf, um Mieze ins Freie zu lassen. Andere überhören das Maunzen notorisch. Die meisten aber entscheiden sich wohl irgendwann für eine Katzenklappe.

Für eine souveräne, selbstbewusste und hoch soziale Katze genügt in der Regel ein »klassisches« Modell, erst recht, wenn in der Umgebung kaum andere Katzen leben, die durch die Klappe ins Haus kommen könnten – die Klappe öffnet sich je nach Version auf Druck nach drinnen, draußen oder auch in beide Richtungen.

Wenn Sie verhindern wollen, dass ungebetene Gäste die Klappe benutzen – was die eigene Katze zutiefst verunsichern kann und nicht selten Urinmarkierungen im Haus nach sich zieht (→ Seite 20) –, empfiehlt sich dagegen ein personalisiertes Modell. So eine Klappe lässt sich auf den individuellen Identifizierungschip der Katze programmieren. Einfachere Modelle reagieren auf einen Magneten am Halsband. Dadurch sind sie zwar sicherer als die klassischen Klappen, es besteht aber trotzdem das Risiko, dass fremde Katzen mit einem entsprechenden Halsband ebenfalls ohne Probleme ins Haus kommen.

Ganz wichtig: Testen Sie vorab, ob sich die Spezialklappe zuverlässig öffnet und wie lange das dauert. Reagiert sie zu langsam, läuft Ihre Katze dagegen, wenn Sie es einmal sehr eilig hat, und kann sich verletzen.

FESTE HEIMKOMMZEITEN

So kommt Mieze gerne heim

DIE TATSACHE, dass Katzen Gewohnheitstiere sind, können Sie nutzen, damit Ihr Freigänger zu mehr oder weniger festen Zeiten wieder zuverlässig nach Hause kommt und nicht noch im Dunkeln draußen herumstromert.

Dazu füttern Sie abends konsequent dasjenige Futter, auf das Ihre Katze total abfährt. Verwöhnen Sie sie außerdem jedes Mal, wenn sie nach Hause kommt. Neben Leckerlis bieten sich dazu auch ein aufregendes Angelspiel oder eine liebevolle Bürsten- und Massageeinheit an. Je toller und interessanter das Zuhause für die Katze ist, je mehr Kontakt

NÜTZLICHES REZEPT 6

STATT »KLASSISCHER« KLAPPE

Improvisation ist alles

Nicht immer ist es möglich, eine Katzenklappe zu installieren. In diesem Fall ist Ihr Improvisationstalent gefragt. Besorgen Sie ein Brett, das gerade so lang und dick ist, dass es in die Führungsschienen des Rollladens eines Fensters passt. Lackieren Sie die Außenseite mit wasserfester Farbe, oder bekleben Sie sie mit Folie, sägen Sie ein Loch hinein, und bringen Sie die Katzenklappe daran an. Jetzt müssen Sie das Ganze nur noch in die Führungsschiene einsetzen. Nun können Sie den Rollladen so weit herunterlassen, dass er auf dem Brett aufsitzt (im Baumarkt gibt es spezielle Klemmen, die verhindern, dass sich der Rollladen von außen hochschieben lässt). Bleibt das Fenster offen (Achtung: Nicht gekippt lassen, sondern vollständig geöffnet!) und wird es mit einem schweren Stein oder einem Haken gegen Zufallen gesichert, kann Mieze rein und raus, wie sie will.

und liebevolle Ansprache sie dort bekommt, desto lieber und zuverlässiger kommt sie heim. Schimpfen oder bestrafen Sie Mieze nicht, wenn sie sich einmal verspätet. Dadurch fördern Sie das unerwünschte Verhalten nur noch. Denn wozu sollte sie nach Hause kommen, wenn es dort nur Ärger gibt?

Karla ist eine Freigängerkatze. Während ihr Frauchen im Büro ist, genießt sie die Freiheit im Garten und der Umgebung. Am Abend jedoch wartet sie zuverlässig vor der Terrassentür. Denn sobald Frauchen nach Hause kommt, spielt sie erst einmal eine Runde mit Karla. Das hilft ihr, Abstand zum stressigen Arbeitsalltag zu gewinnen und abzuschalten. Und weil Karla die gemeinsame Spielzeit auf keinen Fall verpassen möchte, kommt sie gern nach Hause – weshalb sich Frauchnen wiederum keine Sorgen machen muss. So haben beide etwas davon.

PFUI, EINE MAUS

Geschenke der besonderen Art

MAN HÖRT JA IMMER wieder, dass Katzen uns eine Freude machen wollen, wenn sie eine Maus ins Haus bringen. Die Mehrzahl der Tiere verschwindet jedoch schnurstracks mit dem Mäuschen im Maul. Und wenn man sich ihnen nähert, nachdem sie die Beute abgelegt haben, nehmen sie sie meist sofort wieder auf, bereit, jederzeit damit wegzurennen. Also keine Spur von Großzügigkeit. Die Motivation einer Katze, Beute ins Haus zu tragen, hängt vermutlich eher mit einem gewissen Sicherheitsbedürfnis zusammen. Auch in der Natur fressen die wenigsten Katzen ihre Beute sofort, sondern tragen sie an einen Ort, wo sie sie ungestört verzehren können. Und für Ihren Stubentiger ist Ihre Wohnung eben derjenige Teil seines Reviers, der ihm die größte Sicherheit vermittelt (→ Seite 26).

Weil Frauchen nicht will, dass Carlo Mäuse oder Vögel ins Haus trägt, kontrolliert Sie den Zugang ins Haus und lässt ihn nur ohne Beute rein. Ist sie nicht zu Hause, kann Carlo zwar durch eine Katzenklappe. Frauchen schließt aber die Türen zu den anderen Räumen, damit sie dort keine Überraschungen vorfindet.

IN NACHBARS GARTEN

Wie sich Streit vorbeugen lässt

FREIGÄNGERKATZEN wählen selbstbestimmt, wo sie spazieren gehen oder ihr Freilandklo einrichten. Kein Wunder, dass da Ärger mit den Nachbarn manchmal vorprogrammiert ist. Hier sind kreative Lösungsstrategien gefragt. Als erstes sollten Sie alle Schlupflöcher im Zaun zum Nachbargrundstück stopfen. Bieten Sie Mieze zugleich im eigenen Garten ein überdachtes »Katzentoiletten-Paradies« an. Ideal geeignet ist dazu zum Beispiel eine große Sandmuschel aus dem Spielzeughandel, die Sie mit Sand und Erde füllen und mit einem Dach vor Regen schützen. Wie das Katzenklo drinnen, sollte auch die Außentoilette regelmäßig gereinigt werden, bei reger Benutzung am besten täglich.

Haben sich die Fronten bereits verhärtet, geht es meist nicht mehr um das Tier, sondern um zwischenmenschliche Gefühle, Verletzungen und mangelnde gegenseitige Wertschätzung. In so einem Fall sollten Sie unbedingt versuchen, in einem persönlichen Gespäch oder mithilfe eines neutralen Konfliktmediators Lösungen zu finden. Was die rechtliche Seite betrifft, kann Sie ein Anwalt beraten.

WISSEN EXTRA

Jagen ohne Hunger

Katzen machen auf verhältnismäßig kleine Beutetiere Jagd. Um satt zu werden, müssen sie ungefähr **zehn bis zwölf Mäuse** erlegen. Und selbst dann legen sie sich noch auf die Lauer. Denn der Reiz zu jagen ist unabhängig vom Hunger- und Sättigungsgefühl. Der Grund: Wer in der Natur überleben möchte, muss jede sich bietende Gelegenheit nutzen, um Beute zu machen. Erst loszuziehen, wenn der Magen bereits knurrt und man vor Schwäche kaum noch laufen kann, wäre fatal. Auch eine Mutterkatze fängt und tötet Beute, um ihre **Jungen zu versorgen** – unabhängig davon, ob sie selbst satt ist oder nicht.

RICHTIG KOMMUNIZIEREN

Bei der Kommunikation mit Katzen kann es schnell einmal zu Missverständnissen kommen. Denn unsere Stubentiger ***sprechen eine andere Sprache*** *als wir. Wenn man weiß, auf was es ankommt, ist es aber gar nicht schwer, sich so zu verhalten, dass sie uns verstehen – und wir sie. Wir brauchen uns dabei nur an ein paar* ***einfache Regeln*** *halten, dann steht einem* ***harmonischen Zusammenleben*** *nichts mehr im Wege.*

SIND SIE EIN KATZENTYP?

So stellt sich Mieze ihren Menschen vor

IN DER NATUR sind Katzen nicht nur Jäger, sondern auch Gejagte und dementsprechend vorsichtig. Wenn Menschen sehr hektisch, laut und unberechenbar sind, reagieren sie daher schnell verunsichert. Viel lieber ist es ihnen, wenn wir auch in schwierigeren Momenten einen kühlen Kopf und den Überblick bewahren. Sie wünschen sich, dass wir bei allen wichtigen und essenziellen Dingen die Verantwortung übernehmen und für ein friedvolles Miteinander sorgen.

Anders als zum Beispiel Hunde brauchen Katzen aber keinen Anführer. Wenn wir den Chef rauskehren, schalten sie automatisch auf Abwehr oder Rückzug. Sie schließen sich ihrem Menschen freiwillig an, wenn sie merken, dass bei ihm all ihre Bedürfnisse befriedigt werden und er ein vorhersehbarer, einschätzbarer, verlässlicher Partner ist.

Um eine gute Basis zu schaffen, müssen Katzenhalter möglichst klar und eindeutig kommunizieren und handeln: Loben Sie erwünschtes Verhalten, kommentieren Sie unerwünschtes nur kurz, und loben Sie sofort aufs Neue, wenn Mieze es richtig macht. Seien Sie nicht nachtragend, denn sie versteht nicht, worauf sich Ihr ablehnendes Verhalten bezieht. Dies schadet nur der Bindung.

WISSEN EXTRA

Erkennst du mich?

Wussten Sie, dass Katzen ihren eigenen Mensch in erster Linie über ihren **Geruchssinn und deren Stimme** erkennen? Zwar sehen sie bei Dämmerung sehr gut und reagieren stark auf Bewegungen. Bei unerwarteten Begegnungen kommt der Sehsinn jedoch kaum zum Einsatz. Daher kann es sein, dass Mieze erst einen Moment irritiert innehält, bis sie weiß, wen sie vor sich hat. Lassen Sie ihr in so einer Situation ausreichend Zeit, um sie erschnuppern zu können, und sprechen Sie sie kurz an. Dann erkennt sie Sie garantiert.

DIE RICHTIGEN SIGNALE SENDEN

Achten Sie auf die eigene Körpersprache

KATZEN KOMMUNIZIEREN vor allem über Körpersprache (→ Seite 12). Leider haben viele Menschen verlernt, ihren Körper und seine Signalwirkung wahrzunehmen und vor allem auch bewusst einzusetzen. Die meisten von uns konzentrieren sich viel mehr auf das gesprochene Wort. Doch Katzen achten auch bei uns weniger auf das, was, sondern eher darauf, wie wir etwas sagen und was wir dabei tun. Nur wenn wir unsere Worte und Stimmlage auch mit den entsprechenden Körpersignalen kombinieren, gelingt es uns, klar mit ihnen zu kommunizieren. Denn Katzen vergleichen unser Verhalten mit dem ihrer Artgenossen und interpretieren es entsprechend.

Natürlich sind unsere Samtpfoten lernfähig und verstehen recht schnell, dass ihr Mensch nicht zwangsläufig auf Bedrohung aus ist, wenn er sie intensiv anschaut. Ganz geheuer ist es ihnen anfangs trotzdem nicht. Auch wenn wir gestresst und unausgeglichen sind, spürt Mieze das und reagiert, weil Katzen sehr sensibel sind, verunsichert.

Dem Menschen dagegen ist oftmals nicht bewusst, dass er durch seine Gestik und Mimik ununterbrochen Signale an die Katze sendet. Und wundert sich daher zuweilen, dass die Katze ganz anders reagiert, als er es sich wünscht.

Shila ist noch etwas scheu und hat sich unter dem Sofa verkrochen. »Komm, Shila, alles in Ordnung«, säuselt Frauchen unter die Couch. Shila fühlt sich aber alles andere als wohl. Obwohl die Stimme Vertrauen ausdrückt, sagt Frauchens Körper genau das Gegenteil. Die fuchtelnde Hand unter dem Sofa kommt ihr viel zu nah, und ihr Kopf versperrt den einzigen Fluchtweg. Mit groß aufgerissenen Augen starrt Frauchen Shila an. Langsam verzerren sich seine Mundwinkel, die Anspannung ist ihm ins Gesicht geschrieben. Nein, entschließt sich Shila, da komme ich lieber nicht raus. Sie hätte sich sicherer gefühlt, wenn Frauchen einfach neben dem Sofa sitzen geblieben wäre, ihr den Rücken zugewandt und ein Lieblingsleckerli neben sich auf den Boden gelegt hätte. Dann hätte sie längst unter dem Sofa hervorgeschaut.

WIE MAN MIT KATZEN REDET

Hörst du mir überhaupt zu?

MAN HÖRT UND LIEST immer wieder, dass man nicht so viel mit Katzen reden sollte, schließlich seien sie selbst eher schweigsam. Tatsächlich gibt es aber keine allgemeingültige Empfehlung. Eins ist zwar ganz klar: Den genauen Wortlaut verstehen Tiere sicher nicht. Daher sollten Sie zum Beispiel bei der Erziehung (→ ab Seite 72) mit Worten eher sparsam umgehen. Weil Sie ohne diese klarer kommunizieren und sich besser konzentrieren können, lernt Mieze schneller, was Sie von ihr wollen. Allerdings sind Katzen auch in der Lage, bestimmten Dingen oder Handlungen mit der Zeit bestimmte Begriffe zuzuordnen. So lernt Mieze zum Beispiel schnell die Bedeutung des Wortes »Fressi«, wenn Sie es immer vor der Fütterung sagen. Dahinter steckt der gleiche Lernvorgang wie bei Katzen, die kommen, sobald Frauchen eine Dose Futter öffnet. Einmal genügt ein Wort, ein anderes Mal ein Geräusch damit das Tier zur Stelle ist. Denn in seinem Kopf ist beides mit »Fressen« assoziiert. Aber wie gesagt: Hier genügt ein kurzes Wort.

Für den Alltag gilt dagegen: Wenn Sie selbst eher der Typ »Quasselstrippe« sind, kennt Ihre Katze Sie nur so. Würden Sie plötzlich aufhören, mit ihr zu reden, würde sie das irritieren und verunsichern. Aus Katzensicht stimmt dann irgendetwas an Ihnen oder der Situation nicht, und das macht das Tier misstrauisch. Sollte es der Katze tatsächlich einmal zu viel werden, wird sie auf »Durchzug« stellen oder sich zurückziehen. Gerade wenn ihr Mensch gerne viel redet, übernimmt die Katze diese Angewohnheit aber auch häufig und maunzt und miaut dann mit Leidenschaft. Man passt sich halt aneinander an.

Ein »Redeverbot« ist auch deshalb nicht sinnvoll, weil das gemeinsame Gespräch zumindest für uns Menschen eine wichtige soziale Funktion hat. Zudem können Sie Ihrer Katze durch Worte sehr gut mitteilen, dass sie etwas besonders gut gemacht hat. Sie loben sie einfach (→ Seite 77). Genauso wirken auch Aufforderungen – etwa die, zu Ihnen zu kommen – mit ein paar Worten in ermunterndem Tonfall weitaus stärker, als wenn Sie sich nur auf die Schenkel klopfen.

DER TON MACHT DIE MUSIK

Die Stimme bewusst einsetzen

SIE KÖNNEN mit Ihrer Stimme ganz bewusst arbeiten – um positive Signale zu verstärken, wenn Sie Ihre Katze belohnen oder motivieren wollen, aber auch um eindeutig zu signalisieren, dass Sie etwas nicht gutheißen.

Wenn Sie Mieze zum Beispiel beruhigen wollen, sprechen Sie langsamer und mit sanfter, ruhiger Stimme zu ihr. Alles andere würde das Tier nur noch zusätzlich verunsichern.Um sie aufzufordern, legen Sie etwas »Power« in Ihre Stimme. Jetzt können Sie ruhig etwas kraftvoller, lauter, schneller und höher sprechen.

Im Grunde ist es ähnlich wie bei uns: Wir hören ja auch schon am Tonfall, wenn jemand sauer ist. Lang gezogene Worte können dann auf Missmut und Genervtsein hindeuten. Endet ein Wort eher hoch, ist es fragend oder auffordernd gemeint. Endet es prompt und eher tief, ist die Stimmung nicht so gut. Am besten probieren Sie in entspannter Atmosphäre aus, wie die verschiedenen Tonlagen auf Ihre Katze wirken.

WISSEN EXTRA

Zum Lauschen geboren

Als Nacht- und Dämmerungsjäger muss sich die Katze besonders auf ihr Gehör verlassen. Um eine Geräuschquelle zu lokalisieren, kann sie ihre Ohren um etwa **180 Grad drehen** und auf die Schallquelle ausrichten. Dadurch kann sie selbst kleine Beutetiere sehr genau orten.

Der Bereich, in dem Katzen hören, umfasst viel mehr Frequenzen als unser eigener. Sie nehmen auch **sehr tiefe und hohe Töne** wahr, die für uns nicht mehr hörbar sind und empfinden daher zum Beispiel das Geräusch funkgesteuerter Lichtschalter als unangenehm. Da kann es auch mal sein, dass die störende Geräuschquelle mit Urin markiert wird. Genauso reagieren Katzen **viel empfindlicher** auf Lautstärke als Menschen. Weil sie etwa zehnmal besser hören als wir, sollte man immer leise mit ihnen sprechen. Sonst reagieren sie schnell verunsichert.

AUFEINANDER EINGEHEN

Sich mit offenen Augen und Ohren begegnen

HÖFLICHKEIT, RESPEKT und Geduld im Umgang mit den Mitmenschen versteht sich für die meisten von selbst. Nur wenn alle sich daran halten, ist das Zusammenleben in einer Gruppe möglich. Das gleiche Recht sollten Sie auch Ihrem tierischen Mitbewohner einräumen. Missachten Sie gegenüber der Katze immer wieder bestimmte Höflichkeits- und Respektsbezeugungen, zwingen Sie sie regelrecht dazu, sich Gehör zu verschaffen – mitunter auf drastische Art und Weise. Möglicherweise zieht sich die Katze auch zurück und will immer weniger mit Ihnen zu tun haben.

Ihre Katze gibt Ihnen die ganze Zeit über genaue Hinweise, wann Sie ihre persönlichen Grenzen missachten und überschreiten. Sie müssen nur lernen, genau hinzusehen und zu respektieren, dass sie nicht ständig und jederzeit angefasst, beschmust oder hochgehoben werden will. Wenn Sie das akzeptieren, wird Ihr Stubentiger sich Ihnen immer lieber und öfter zuwenden. Er merkt dann, dass Sie ihn nicht bedrängen wollen, sondern er selbst entscheiden kann.

Karina, eine junge Britisch-Kurzhaar, lebt seit einem halben Jahr bei einer Familie mit fünfjährigen Zwillingen. Die beiden toben von morgens bis abends durchs Haus und beschäftigen sich leidenschaftlich mit Karina. Selbst wenn die Katze sich zum Dösen zurückzieht, zerren sie sie ohne Vorwarnung vom Sofa. Der Mutter der Zwillinge ist das ungestüme Verhalten ihrer Kinder entgangen, nicht aber, dass Karina seit einiger Zeit Annäherungen mit Krallen und Fauchen abwehrt, wenn sie schlafen möchte.

Ein paar Tage später sieht sie, wie die Zwillinge Karina wieder einmal aus dem Tiefschlaf reißen und wie diese das mit Pfotenhieben quittiert. Die Mutter bespricht daraufhin mit den beiden ein paar einfache Regeln, die für Mensch und Katze gleichermaßen gelten: Beim Fressen, auf der Toilette und beim Schlafen wird prinzipiell niemand gestört. Die Kinder können vorsichtig testen, ob Kontakt erwünscht ist (→ rechts), müssen es aber respektieren, sollte Karina keine Lust haben, zu spielen oder zu schmusen.

KATZEN-KNIGGE

Höfliche Kontaktaufnahme

MÖCHTEN SIE KONTAKT zu einer Katze aufnehmen, sollten Sie erst klären, ob auch von ihrer Seite aus der Wunsch nach Körperkontakt besteht. Dazu gehen Sie, wenn die Katze auf Sie zukommt oder Sie bei ihr stehen, zuerst einmal in die Hocke. Vermeiden Sie dabei direkten Blickkontakt, und halten Sie ihr lediglich mit langem Arm den Handrücken hin. So lassen Sie ihr die Wahl, ob sie näher kommen möchte oder nicht. Ist die Katze interessiert, wird sie an Ihrer Hand schnuppern. Trotzdem sollen Sie sie noch immer nicht einfach streicheln. Das wäre unhöflich. Erst wenn die Katze

WISSEN EXTRA

Die Individualdistanz

Der Begriff »Individualdistanz« bezeichnet den ganz persönlichen Abstand, auf den man sich einer Katze nähern darf. Dabei wird zwischen sozialem und persönlichem Bereich unterschieden. Innerhalb des **sozialen Bereichs** dürfen sich Menschen und Artgenossen aufhalten, die die Katze gut kennt. Er liegt je nach Platzsituation bei etwa zwei Metern oder mehr. Wird dieser Abstand unterschritten, wird die Katze ihren Unmut darüber kundtun oder selbst auf Abstand gehen.

Der **persönliche Bereich** verläuft etwa in einem Radius von ein bis zwei Metern um die Katze. Er ist sozusagen der intime Nahbereich, hier akzeptiert sie nur sehr vertraute Menschen und Tiere. Unbeliebte Hausgenossen dagegen bekommen Ärger, wenn sie diese Grenze einfach überschreiten.

Bei alldem kommt es auch darauf an, wie man sich der Katze nähert – konfrontierend, direkt von vorne oder von der Seite. Und natürlich reagiert jede Katze anders: Die eine dreht nur den Kopf zur Seite, die andere geht weg. Sehr unsichere, scheue Tiere können auch gleich mit Fauchen oder Pfotenhieben reagieren. Nähern Sie sich daher immer langsam, damit Sie auch kleine Signale wahrnehmen.

ihren Kopf an der Hand lässt oder sich sogar daran reibt, ist das ein Zeichen für (vorerst) mehr. Nun dürfen Sie sie sanft mit der Handseite an den Wangen berühren und, wenn sie immer noch keine Abwehrzeichen aussendet, auch streicheln. Dreht Mieze den Kopf dagegen weg oder wendet sie den Blick ab, möchte sie im Moment keinen näheren Kontakt. Das sollten Sie respektieren, Ihre Hand wegnehmen und aufstehen. Sie können es ja später oder in einer anderen Situation erneut versuchen. Achten Sie auch während des Streichelns auf Hinweise, ob der Wunsch nach Kontakt noch immer besteht, weil sich die Stimmung bei Katzen schnell ändern kann (→ Seite 63 und 64).

UMGANG MIT »ANGSTHASEN«

So bauen Sie Vertrauen auf

MANCHE KATZENBESITZER beschreiben ihr Haustier als sehr zurückhaltend, faul, verschlafen und wenig verspielt. Und sie stören sich in keinster Weise daran. Schließlich haben sie mit ihm auch wenig Arbeit. Dass vielleicht ein ernsteres körperliches oder seelisches Problem hinter dem Verhalten steckt, wissen viele leider nicht. Dabei bräuchte ihre Katze möglicherweise dringend Hilfe.

Katzen schlafen, ruhen und dösen zwar bis zu 16 Stunden am Tag, dazwischen aber sind sie aktiv und stecken voller Energie. Eine Katze, die nicht spielt und sich kaum von der Stelle bewegt, sollte daher unbedingt vom Tierarzt und tierpsychologisch untersucht werden, vor allem wenn sie noch nicht alt ist. Unter Umständen sind extreme Unsicherheit oder sogar Angstsymptome für ihr Verhalten verantwortlich.

Bei der Kommunikation mit so einer ängstlichen Katze ist besonderes Fingerspitzengefühl gefragt. Vermeiden Sie alles, was konfrontativ wirkt und die Katze weiter verunsichert. Dazu gehören körpersprachliche Signale wie zum Beispiel direkter Blickkontakt, der bei Katzen als Drohgeste gilt, oder schnelle, hektische Bewegungen, vor allem von oben und vorne. Auch das eigene Bedürfnis nach Schmusen und Nähe muss hintenangestellt werden. Denn ein Leben in Angst ist kein Leben.

Oft gelingt die umsichtige und defensive Kontaktaufnahme leichter, wenn Sie besondere Köstlichkeiten in Reichweite der Katze auslegen. Denn Liebe geht auch bei Katzen durch den Magen. Manche Katzen, vor allem die jüngeren, lassen sich irgendwann durch ein interessantes Angelspielzeug zu ersten raumgreifenden Bewegungen wie Pföteln hinreißen. Denn die lange Angel suggeriert eine ausreichend sichere Distanz. Haben Sie aber weiterhin Geduld, und überfordern Sie Ihr Tier nicht.

Wenn Sie wissen, dass Ihr »Angsthase« gut mit anderen Katzen sozialisiert ist, kann eventuell auch eine ebenfalls gut sozialisierte, sichere und menschenbegeisterte Zweitkatze ihm vorleben, dass der Mensch gar nicht so schlimm ist, wie sie denkt.

Schnurli ist etwas schüchtern. Vor allem wenn Frauchen versucht sie zu streicheln, weicht sie immer wieder aus. Daher hält die sich jetzt bewusst etwas zurück. Sie lockt Schnurli mit der Stimme und einem Leckerchen zu sich. Während die scheue Katze das Leckerli verspeist, liegt Frauchens Hand ruhig neben Schnurlis Seite. Nach weiteren drei Leckerlis versucht Sie vorsichtig eine erste Annäherung mit dem Handrücken. Schnurli ist mutig und schnuppert tapfer. Weil die sie nicht weiter bedrängt, gewinnt Schnurli Vertrauen und wagt nach und nach immer mehr.

NÜTZLICHES REZEPT 7

FINGERSPITZENREIBEN

Leise Signale senden

Sie sitzen abends gemütlich auf der Couch, Ihre Katze liegt selig schlummernd neben Ihnen. Wie gerne würden Sie sie jetzt liebevoll streicheln. Aber wie schaffen Sie das, ohne das Tier durch die unerwartete Berührung aufzuschrecken? Ganz einfach: indem Sie Ihr Vorhaben ankündigen. Nicht mit Worten, denn die könnte Ihre Katze beim Schlafen eventuell nicht auf sich beziehen. Nähern Sie stattdessen Ihre Hand langsam Richtung Katzenkopf. Dabei reiben Sie Daumen und Zeigefinger aneinander. Die Katze wird das Geräusch wahrnehmen, aber nicht gleich erschreckt hochfahren, weil es recht leise und monoton ist. Wenn sie ihre Ohren in die Richtung der Geräuschquelle dreht, können Sie sie sanft berühren.
Anfangs reagiert Mieze vielleicht trotzdem noch überrascht. Aber mit der Zeit weiß sie, was das Fingerreiben bedeutet, und bleibt entspannt liegen.

DU MACHST MIR ANGST!

Wenn Mieze sich vor bestimmten Menschen fürchtet

MANCHE UNSICHERE KATZE hat selbst nach längerer Zeit noch Schwierigkeiten mit bestimmten Personen im Haushalt, erfahrungsgemäß sind dies meist Männer oder Kinder. In den seltensten Fällen hat das Verhalten aber etwas mit der Person selbst zu tun. Vielleicht hatte Mieze in ihrer Kinder- oder Jugendzeit kaum oder gar keinen Kontakt zu Männern und Kindern und ist daher einfach nicht ausreichend sozialisiert. Alles, was sie als Kätzchen nicht kennengelernt hat, macht ihr als erwachsene Katze eher Angst. Oft liegt es aber auch einfach daran, dass Männer und Kinder gern etwas lauter, schneller und weniger vorsichtig sind als Frauen. Wenn ein Mann das Vertrauen einer sensiblen Katze gewinnen möchte, sollte er sich also anpassen und bewusst etwas »unmännlicher« verhalten. Auch wenn er viele positive Dinge der alltäglichen Versorgung übernimmt, fördert das die Bindung. Bekommt die Katze zum Beispiel ihr Lieblingsfutter nur noch von Herrchen oder füttert überhaupt nur noch er, wird sich das alte Sprichwort »Liebe geht durch den Magen« bald bewahrheiten. Auch gemeinsame Spiele mit einer Reizangel finden viele Katzen ganz toll. Kindern muss erklärt werden, wie man mit Katzen umgeht (→ Seite 98 und 99).

Manfred möchte auch etwas von Katze Milli haben. Bisher ging die ihm eher aus dem Weg. Ist sie in der Nähe, bewegt er sich deshalb jetzt etwas ruhiger und langsamer als sonst. Er spricht leiser und setzt seine Stimme insgesamt sanfter ein. Wenn er Kontakt aufnehmen möchte, geht er in die Hocke und hält Milli erst mal seine Hand hin *(→ ab Seite 53)**. »Zufälligerweise« hat er zudem immer eine kleine besondere Leckerei in der Hosentasche. Das abendliche Füttern übernimmt Manfred jetzt im Wechsel mit seiner Frau. Nach und nach kann er Milli sogar zum einen oder anderen Spielchen animieren. Nach einigen Wochen wird sein umsichtiges Verhalten belohnt. Die Katze liegt abends beim Fernsehschauen auf seinem Schoß, und beide genießen das gemeinsame Kuscheln.*

HILFE, LAUT!

Wenn Lärm die Angst auslöst

SEHR VIELE KATZEN sind äußerst lärmempfindlich und reagieren verschreckt auf jedes laute Geräusch. Den Tieren ihre Angst zu nehmen ist nicht immer leicht, da Ängste oft schon tiefe Spuren in der Seele und im Nervensystem hinterlassen haben. Einen Versuch ist es aber wert, und es ist ja auch schon ein Erfolg, wenn die Katze nicht mehr bei jedem Knall denkt, ihr letztes Stündlein habe geschlagen.

Für ein entsprechendes Training brauchen Sie eine Audiodatei, auf der genau die Geräusche zu hören sind, die Ihre Katze ängstigen. Bevor Sie zu üben beginnen, probieren Sie außerdem aus, welche Leckereien Ihre Katze am liebsten mag. Genau die erhält sie während des Trainings – und nur dann.

In einem entspannten Moment spielen Sie nun das angstauslösende Geräusch in kaum hörbarer Lautstärke ab. 30 Sekunden sind schon genug. Dabei füttern Sie Ihre Katze permanent mit den ausgewählten Köstlichkeiten. Wiederholen Sie das jeden Tag so oft wie möglich – mindestens jedoch fünfmal.

Bleibt Mieze dabei einige Tage ganz entspannt, steigern Sie die Anforderungen langsam, indem Sie die Lautstärke oder die Abspieldauer geringfügig erhöhen. Nicht beides gleichzeitig! Orientieren Sie sich immer am möglichst entspannten Zustand Ihrer Katze. Wenn Sie vor Angst die Leckerli nicht mehr frisst, waren Sie zu schnell und müssen wieder einige Stufen zurückgehen. Beachten Sie das nicht, kann sich die Angst sogar verstärken.

Alternativ können Sie die Geräusche auch ganz leise den ganzen Tag über laufen lassen. Wenn Ihre Katze merkt, dass ihr dabei nichts passiert, wird sie sich mit der Zeit daran gewöhnen – zumindest an genau diese Geräusche in genau dieser Lautstärke. Mit der Zeit können Sie dann die Lautstärke wieder erhöhen und das Training mit Leckerlis kombinieren. Aber Achtung: Auch hier kann sich bei unsachgemäßem Vorgehen das Problem verschlimmern.

Bei schwerwiegenden und tief sitzenden Ängsten empfiehlt es sich zusätzlich, einen in Verhaltenstherapie erfahrenen Tierarzt zu Hilfe zu ziehen, um das Training eventuell eine Zeit lang medikamentös zu unterstützen.

NÜTZLICHES REZEPT 8

SILVESTERKNALLEREI …

… und andere extreme Fälle

Silvester stellt die Besitzer lärmempfindlicher Stubentiger vor echte Herausforderungen. Wenn Ihre Katze bei dem Geböller Panik oder sogar Todesangst bekommt, sollten Sie sich rechtzeitig von einem fachkundigen Tierarzt ein passendes angstlösendes Mittel geben lassen, das allerdings nicht nur körperlich beruhigen darf. Werden nur die Muskeln »lahmgelegt«, während die Katze bei vollem Bewusstsein bleibt, kann die Panik noch verstärkt werden. Bei weniger panischen Katzen beruhigen oft schon Bach-Blüten aus der Apotheke, speziell »Rescue Remedy«, »Rock Rose« und »Mimulus«. Künstliche Pheromone (Feliway®) und bestimmte Nahrungsergänzungsmittel (etwa Zylkene®) können die Stressresistenz erhöhen und die Nerven stärken. Auch ein Tierhomöopath kann weiterhelfen. Damit sie bestmöglich wirken, müssen diese Mittel aber schon einige Tage bis Wochen vor dem stressreichen Ereignis und ohne Unterbrechung verabreicht werden.
Meist hilft es, die Rollläden ganz herunterzulassen, Radio und TV etwas lauter zu drehen und ganz normal mit der Katze umzugehen oder liebevoll mit ihr zu sprechen. Manche Katzen fühlen sich auf dem Schoß und in den Armen Ihres Besitzers besonders wohl und beruhigen sich durch die Körpernähe deutlich. Andere mögen zwar nicht festgehalten werden, sind aber dankbar für etwas Nähe, sanftes Streicheln, ein paar beruhigende Worte und ein Stück gekochtes Hühnchen.
Wenn Sie selbst sich bei dem Krach auch nicht wohlfühlen, dürfen Sie das Ihre Katze auf keinen Fall spüren lassen. Das würde ihre Angst zusätzlich schüren. Verzichten Sie in diesem Fall auf zu engen Kontakt und Körpernähe, und versuchen Sie auch nicht, Mieze zu beruhigen. Sie würde Ihre eigene Verunsicherung sofort wahrnehmen und auf sich übertragen. Lernen Sie stattdessen, wie Sie selbst leichter entspannen können. Damit helfen Sie auch Ihrer Katze, ruhiger und gelassener mit den Herausforderungen des Lebens umzugehen.

SEHR ANHÄNGLICHE KATZE

Verfolgungswahn mal anders

DAS GENAUE GEGENTEIL von verängstigten, »unsichtbaren« Katzen, die sich am liebsten den ganzen Tag über unters Sofa oder in die hinterste Ecke verkriechen, sind diejenigen, die ihrem Menschen auf Schritt und Tritt folgen. Das mag anfangs vielleicht noch ganz lustig sein, aber spätestens wenn die »Katzensecurity« einen bis ins Badezimmer oder auf die Toilette verfolgt, wird es den meisten doch zu viel. Höchste Zeit, etwas zu ändern.

Der erste Schritt: Powern Sie Ihre Katze jeden Tag mit Jagdspielen wie beispielsweise Futterfangen, Bällchen erlegen oder Angelspielen aus. Wenn Sie nicht da sind oder gerade keine Zeit haben, braucht das Tier etwas, mit dem es sich selbst beschäftigen kann. Vielleicht verstecken Sie Leckerlis, die Mieze suchen und »erpföteln« muss (→ auch Seite 89)? Ein mit Katzenminze gefülltes Catnip-Duftkissen oder ein Zeitungsbällchen zum Zerrupfen animieren die Katze ebenfalls zu mehr Aktivität. Und natürlich ist Freigang die beste Selbstbeschäftigung von allen.

Der allerwichtigste Faktor, damit sich wirklich etwas verändert, sind jedoch Sie selbst. Bleiben Sie standhaft! Gehen Sie allein ins Bad, und schließen Sie die Tür hinter sich (→ auch Seite 60). Lassen Sie sie geschlossen, egal wie jämmerlich Mieze jammert. Sie wird es überleben. Und machen Sie hinterher kein Drama daraus. Ist doch nichts passiert.

Fibi ist eine echte »Klebekatze«. Selbst das Training mit den geschlossenen Türen konnte daran nichts ändern, denn Fibi ist – das hat die Katzentrainerin festgestellt – furchtbar ängstlich, wenn sie allein sein muss. Und in solchen Fällen verstärkt das strikte Aussperren eher die Ängstlichkeit. Bei Katzen wie Fibi ist ein sehr langsames Vorgehen bei der Gewöhnung an geschlossene Türen sinnvoll. Und weil Fibi eine soziale Katze ist, die schon bei den Vorbesitzern immer gerne mit anderen Katzen zusammenlebte, hat Herrchen ihr einen echten Katzenkumpel zur Seite gesellt. Mit dem hängt sie jetzt ab und muss keine Angst mehr haben, dass Herrchen nicht mehr zurückkommt, wenn er mal das Zimmer verlässt.

WÜTENDE KATZEN

Vermeiden Sie Konfrontation

ES GIBT UNTERSCHIEDLICHE Gründe dafür, dass eine Katze sich gegenüber Menschen aggressiv verhält. Sie kann Angst haben und der Meinung sein, sich verteidigen zu müssen. Oder sie fühlt sich in ihrem Autonomiebestreben eingeschränkt und ist einfach wütend. Das mag uns Menschen eventuell seltsam vorkommen. Aber da Katzen von Natur aus nicht in einem Rudel mit fester Rangordnung leben und sich niemandem unterordnen müssen, sind sie auch nicht gewohnt zu kooperieren.

Gerade selbstbewusste Katzen setzen dem Menschen gegenüber gerne einmal sehr deutliche Grenzen. Will man so ein Tier zum Beispiel vom Tisch herunter-

NÜTZLICHES REZEPT 9

VERSCHLOSSENE TÜREN

Gar nicht so schlimm

Es ist gut, wenn eine Katze kein Problem mit verschlossenen Türen hat und darauf nicht mit totalem Stress oder Frust reagiert. Das klappt aber nur, wenn sie an geschlossene Türen gewohnt ist. Fangen Sie ganz langsam an, das zu üben: Gehen Sie jeden Tag 30-mal kurz aus dem Raum, in dem sich die Katze gerade aufhält, und schließen Sie kurz die Tür, oder lehnen Sie sie etwas an. Idealerweise schläft, frisst oder spielt Mieze gerade, das reduziert die Wahrscheinlichkeit, dass sie Ihnen sofort folgt. Noch ehe Mieze es mit der Angst zu tun bekommt, sind Sie schon wieder zurück im Zimmer und beachten sie gar nicht weiter. Wenn Sie das jeden Tag üben und konsequent durchziehen, hat Ihre Katze irgendwann nicht mehr das Bedürfnis, Ihnen dauernd hinterherzurennen.

schieben, wird es sich das nicht gefallen lassen. Hier hilft allein, Mieze davon zu überzeugen, dass sie mehr davon hat, wenn sie sich am Boden aufhält. Wie das geht? Machen Sie ihr dort einfach ein besseres Angebot. Locken Sie sie mit Leckerlis und freundlichen Worten dorthin, wo Sie sie haben wollen, und belohnen Sie sie sofort für ihr Verhalten. Mit Strafe erreichen Sie dagegen nur das Gegenteil – noch mehr Widerstand (→ Seite 81).

Spezl ist ein selbstbewusster, junger, agiler Wohnungskater. Seine Halter lieben ihn. Wenn da nicht dieses kleine unangenehme Problem wäre: Immer wenn Spezl gemaßregelt wird, reagiert er angriffslustig. Wenn Frauchen ihn zum Beispiel auf dem Esstisch erwischt, verbeißt er sich in ihren Arm, sobald sie ihn auf den Boden gesetzt hat. Spezl empfindet es einfach als Kampfansage, wenn sein Frauchen mit erhobenem Zeigefinger und direktem Augenkontakt mit ihm schimpft. Das will er sich nicht gefallen lassen. Seit sie das weiß, lockt Frauchen Spezl mithilfe von Spielzeug oder Leckerlis vom Tisch herunter. Und sie hat ihm ein Angebot gemacht: Statt auf dem Tisch darf er auf dem Stuhl liegen. So bauen sich bei Spezl weder Frust noch Wut auf. Er bleibt entspannt und Frauchen unversehrt. Es profitieren also beide.

BITTE NICHT SCHIMPFEN

Bewahren Sie einen kühlen Kopf

»NA WARTE, das machst du nicht noch einmal mit mir.« Es ist zwar nur allzu menschlich, sich über eine Katze zu ärgen, die sich aus unserer Sicht unmöglich benimmt. Der Beziehung zum Stubentiger tut es jedoch nicht gut, wenn man seine Gefühle so offen auslebt. Gehen Sie lieber mit Bedacht vor.

Wenn Ihre Katze beispielsweise auf den Teppich pinkelt, will sie Sie damit nicht persönlich angreifen und herausfordern. Höchstwahrscheinlich ist sie nur verunsichert oder mit der allgemeinen Situation auf der Katzentoilette unzufrieden (→ Seite 20 und ab Seite 32). Auf jeden Fall verhält sie sich wie eine ganz normale Katze. Ob wir Menschen das verstehen und für gut befinden, steht auf einem ganz anderen Blatt.

Anderes Beispiel: Ist Ihre Katze noch jung und/oder sehr agil, kann es schon mal vorkommen, dass im Eifer des Gefechts etwas zu Bruch geht. Sich darüber aufzuregen und mit der Katze zu schimpfen macht keinen Sinn. Dadurch lässt sich der »Unfall« auch nicht mehr rückgängig machen. Ich zum Beispiel halte es so: Höre ich ein Scheppern und habe den Verdacht, dass ein Glas kaputtgegangen ist, atme ich nach dem ersten Schreck einmal tief durch und gehe dann ohne Hektik nachschauen, was passiert ist. Im Ernstfall heißt es als Erstes, die Scherben zu beseitigen, damit sich keiner verletzt.

Es macht einen guten Katzenhalter aus, auch in einer schwierigen Situation einen kühlen Kopf zu bewahren. Im Notfall gehen Sie erst einmal ein bisschen innerlich auf Abstand und denken über eine mögliche Lösung nach.

SCHLECHTES GEWISSEN?

Haben Katzen Schuldgefühle?

ALS KATZENHALTER fragt man sich irgendwann ganz automatisch, ob diese Tiere eigentlich so etwas wie ein schlechtes Gewissen haben können. Ist eine Katze zum Beispiel immer wieder einmal unsauber, haben viele Besitzer den Eindruck, die Schuld stehe ihr schon ins Gesicht geschrieben, wenn sie nach der Arbeit nach Hause kommen und Mieze an diesem Tag etwas »danebengegangen« ist. Sie hat dann besonders große Pupillen, kommt nicht wie sonst zur Begrüßung herangehüpft, sondern duckt sich und vermeidet den direkten Blickkontakt oder sucht gleich das Weite. Nicht wenige sehen darin ganz klar ein Schuldbewusstsein. Doch das ist es mitnichten.

Miezes Verhalten als Scham zu deuten ist eine rein menschliche Interpretation. Zwar deuten alle Zeichen der Katze auf Unsicherheit, eventuell sogar Angst. Das heißt aber noch lange nicht, dass sie weiß, dass es falsch war, einfach auf den Teppich zu pinkeln statt in die Katzentoilette.

Ihr Verhalten ist lediglich eine Reaktion auf den Menschen. Vermutlich hat dieser sie schon beim Hereinkommen forschend angeschaut und mit kritischem Blick nach dem Malheur Ausschau gehalten, wie schon so oft. Anhand seiner Körpersprache, seiner

Gestik und Mimik merkt die Katze sofort, dass ihr Besitzer angespannt ist. Und wertet dies als Kampfansage. Deshalb hält sie lieber Abstand.

Besser wäre, der Mensch käme »neutraler« zur Tür herein. Schafft er das nicht, zum Beispiel weil er sich ärgert, sollte er wenigstens darauf verzichten, seiner Katze böse Absichten zu unterstellen. Anderenfalls leidet schnell das Vertrauen, was gerade bei sensiblen Katzen unter Umständen das Problem noch verstärken kann.

Petra ist seit einiger Zeit sehr angespannt, wenn sie abends nach Hause kommt. Denn ihre Katze Sally benutzt seit zwei Wochen kaum noch die Katzentoilette, sondern pinkelt irgendwo in die Wohnung. Und Petra ist der Meinung, dass Sally genau weiß, dass sie etwas Verbotenes getan hat. Im Gegensatz zu früher kommt sie nämlich nicht mehr zur Tür, um ihr Frauchen zu begrüßen. Stattdessen liegt sie »schuldbewusst« unter dem Bett, während Petra sich, mit Lappen und Putzmittel bewaffnet, auf die Suche nach den Pfützen macht.

Drei Wochen später kommt bei einem Routinebesuch beim Tierarzt heraus, dass Sally eine Blasenentzündung hat. Sie hat vermutlich Schmerzen beim Urinieren, und weil sie die mit der Katzentoilette in Verbindung bringt, will sie diese nicht mehr benutzen. Und dazu kommt dann auch noch Petra, die ständig schimpft. Kein Wunder, dass Sally sich immer mehr zurückzieht. Zum Glück weiß Petra jetzt Bescheid.

WISSEN EXTRA

Stimmungsveränderung erkennen

Achten Sie unbedingt auf **die Ohren** Ihrer Katze. Sind diese bis zu einem 45-Grad-Winkel zur Seite geneigt, heißt das: »Jetzt aber Vorsicht!« Sind die Ohren erst einmal im 90-Grad-Winkel umgeklappt oder nach hinten gedreht, ist es vermutlich schon zu spät, um unbeschadet davonzukommen. Auch ein starrer Blick mit **großen Pupillen** zeigt, dass die Katze auf Abwehr umgeschaltet hat. Werden die Pupillen zu Schlitzen, steht eine Attacke kurz bevor. Genauso deutet ein insgesamt **angespannter Körper** den Stimmungswechsel an. Zuckt die Katze mit dem Schwanz oder mit der **Schwanzspitze,** ist das ein weiteres untrügliches Zeichen dafür, dass die Anspannung steigt. Zum eigenen Schutz sollte man auf entsprechende Körpersignale reagieren.

KRATZIG STATT SCHMUSIG

Wenn die Stimmung plötzlich kippt

KENNEN SIE DAS: Sie haben es sich vor dem Fernseher gemütlich gemacht, und Ihre Katze schnurrt auf Ihrem Schoß, weil sie genüsslich gestreichelt wird. Bis sie plötzlich in Ihre Hand beißt. Wie aus heiterem Himmel scheint Ihrem Stubentiger der Spaß am gemeinsamen Kuscheln vergangen zu sein. Aber warum reagiert er gleich so heftig?

Die Stimmung einer Katze kann sich recht schnell ändern. Manchmal reicht schon eine ganz leichte Bewegung, und die Katze ist nicht mehr entspannt. Vielleicht haben Sie beim Streicheln auch aus Versehen eine »Tabuzone« erwischt, an der Ihr Tier besonders empfindlich auf Berührungen reagiert, etwa die Pfoten oder den Bauch.

Zwar kündigen nur die wenigsten Katzen Ihr Verhalten nicht zuvor an, reagieren also tatsächlich aus dem Nichts heraus. Doch wenn wir mit unserer Aufmerksamkeit gerade woanders sind, zum Beispiel beim Fernsehen, erkennen wir die Signale häufig nicht und merken daher auch nicht, dass die Stimmung kippt und die Katze nicht mehr gestreichelt werden möchte. Verständlich, dass sie ihrem Unmut dann durch Beißen und Kratzen Nachdruck verleihen muss.

Um solche Situationen zu vermeiden, ist es besser, Mieze nur dann zu streicheln, wenn man selbst nicht durch andere Dinge abgelenkt ist und sie genau beobachten kann. Darüber hinaus sollten Sie herausfinden, ob es spezielle Stellen gibt, an denen Ihre Katze nicht gern berührt wird (→ rechts).

Wenn Emmi auf Frauchens Schoß lag, streichelte die ihre Katze fast schon mechanisch. Dabei übersah sie oft, wann es Emmi zu viel wurde. Jetzt will sie besser aufpassen, um nicht wieder gebissen zu werden. Wenn sie bemerkt, dass Emmi unruhig wird, nimmt sie ihre Hände sofort von der Katze weg, versteckt sie hinter dem Rücken und dreht das Gesicht zur Seite. Dann steht sie langsam auf, lässt Emmi von ihrem Schoß gleiten und verlässt ruhig und kommentarlos den Raum. So schafft sie es, die Situation zu entschärfen. Nach und nach lernt Emmi so, dass sie ihr Frauchen gar nicht so drastisch an ihre Grenzen erinnern muss.

LIEBER NICHT ANFASSEN

Warum manche Berührungen tabu sind

KATZEN, DIE NUR MÄSSIG gut auf Menschen sozialisiert sind, empfinden Berührungen und körperliche Beschränkungen als unangenehm. Sie fühlen sich rasch beeinträchtigt und wehren sich daher massiv. Aber auch manch anderer Stubentiger ist, was Berührungen angeht, mit einer gehörigen Portion Vorsicht zu genießen. Vielleicht hat der Halter schon beim jungen Kätzchen unbewusst das Beißen beim Spielen verstärkt oder das Tier hat einfach nie gelernt, dass menschliche Haut »tabu« ist (→ ab Seite 93). Wenn auch Ihre Katze zu diesen »Spezialisten« gehört, sollten

NÜTZLICHES REZEPT 10

DAS AMPELSYSTEM

Berührung erlaubt, geduldet, verboten?

Um herauszufinden, wo Mieze Berührungen zulässt, fertigen Sie eine Skizze mit dem Umriss einer Katze an. Kennzeichnen Sie darin mit verschiedenen Farben, welche Bereiche Sie streicheln dürfen und welche nicht.

- Rot steht für Körperzonen, die aus Sicht der Katze absolut tabu sind. Hier dürfen Sie die Katze auf keinen Fall berühren.
- Bereiche, an denen Berührung für die Katze gerade noch erträglich ist, kennzeichnen Sie in Orange. Vorsicht: Manchmal mag die Katze hier maximal ein-, zweimal berührt werden, bevor sie eine Abwehrreaktion zeigt.
- Grün sind alle diejenigen Körperstellen, an denen die Katze gern gestreichelt wird. Hier darf sie in fast jeder Situation berührt werden. Bei vielen Katzen ist das zum Beispiel die Wangenregion. Streicheleinheiten an grünen Stellen eignen sich auch als Belohnungsalternative zu Leckerlis.

Sie das akzeptieren. Sie können trotzdem viel Spaß miteinander haben. Warnen Sie dann aber auch jeden Besucher, dass Ihre Mieze unerwartet ruppig auf Berührungen reagiert.

Wollen Sie etwas ändern und Ihre Katze langsam an mehr Berührungen gewöhnen, müssen Sie als Erstes herausfinden, welche ihrer Körperbereiche Sie problemlos anfassen können, bei welchen sie dies manchmal zulässt und welche absolut tabu sind. Dazu ist es nützlich, einen »Ampel-Berührungsplan« zu erstellen (→ Seite 65).

FAMILIENZUWACHS

Eifersucht und anderen Problemen vorbeugen

WENN EINE FAMILIE Nachwuchs erwartet, verändert sich auch für die Katze vieles. Trifft es sie unvorbereitet, reagiert sie oft sehr verunsichert auf das Baby. Nicht wenige Katzen werden unsauber oder zeigen deutlich ihre Eifersucht, wenn ihr Mensch plötzlich weniger Zeit für sie hat. Andere ziehen sich immer mehr zurück oder werden krank. Das muss aber nicht sein. Schließlich haben die werdenden Eltern bis zur Geburt reichlich Zeit, um ihren Stubentiger auf die neuen Verhältnisse vorzubereiten.

Schwangere Frauen sollten schon möglichst früh viele die Katze betreffende Aufgaben an andere delegieren. Waren zum Beispiel bisher vor allem sie für Pflege und Fütterung zuständig, sollten jetzt Mann oder größere Kinder das meiste davon übernehmen. Was die Reinigung der Katzentoilette betrifft, ist dies sowieso Pflicht. Denn die werdende Mutter sollte aus hygienischen Gründen nicht mit dem Katzenkot in Kontakt kommen. Außerdem hilft es, wenn die anderen Familienmitglieder bereits jetzt viel mit der Katze spielen. Dann ist es weniger schlimm, wenn sich Frauchen in ein paar Monaten vor allem mit dem Baby beschäftigt.

Machen Sie sich rechtzeitig Gedanken, wie Sie den Alltag mit Baby und Katze organisieren wollen. Wie lassen sich Aufgaben am besten aufteilen, damit keiner zu kurz kommt?

Sie können Ihren Stubentiger sogar vorab an Babygeschrei gewöhnen, indem Sie so oft wie möglich eine entsprechende Audiodatei als »Hintergrundmusik« laufen lassen (→ Seite 58). Dann stresst ihn das Geräusch später nicht.

Früher hatte Kater Julius ein eigenes Zimmer. Doch dann kam Baby Marie, und Julius wurde ins Wohnzimmer umquartiert. Damit hat er kein Problem, denn Frauchen und Herrchen hatten den »Umzug« schon lange vor Maries Geburt Schritt für Schritt vollzogen. Jetzt hat der Kater im Wohnzimmer seinen eigenen eingegrenzten Katzenbereich mit Kratzbaum und Rückzugsmöglichkeit, in den die kleine Marie auch später nur mit Mamas oder Papas Hilfe hineinkann. Hierher kann sich der Kater immer zurückziehen, wenn es ihm zu bunt wird. Der Durchgang zum Kinderzimmer wurde mit einer hohen Gittertür gesichert. So bekommt Julius alles mit, kann aber nicht auf eigene Faust zu Marie.

WISSEN EXTRA

Katze und Baby

Im Miteinander von Katze und Baby sollten Sie einige grundlegende Dinge beachten, damit beide Freude aneinander haben und Vertrauen aufbauen.

- Lassen Sie Ihre Katze **nicht unbeaufsichtigt** zu Ihrem Baby ins Bettchen oder in den warmen, kuscheligen Kinderwagen. Würde sie sich versehentlich auf Babys Brustkorb legen, könnte dieses kaum noch atmen, weil Mieze noch viel zu schwer für den kleinen Körper ist. Am besten sichern Sie die Schlafstätte Ihres Babys mit einem Gitter oder schließen die Zimmertür.
- Natürlich darf die Katze an dem neuen Erdenbürger schnuppern. Sie sollten die Nähe unter Aufsicht sogar positiv verstärken, zum Beispiel mit einem Leckerli oder Streicheleinheiten in Anwesenheit des Babys. Lassen Sie die Katze das Baby aber **auf keinen Fall abschlecken.**
- Achten Sie darauf, dass das Fell Ihrer Katze sauber ist. Bürsten Sie es regelmäßig, und kontrollieren Sie es gerade bei Freigängern auf Zecken etc. Stutzen Sie bei Langhaarkatzen gegebenenfalls die Haare um die Afterregion, damit nichts hängen bleibt.
- Lassen Sie bei Freigängerkatzen den Kot im vierteljährlichen Rhythmus vom Tierarzt auf Parasiten wie Würmer und Giardien kontrollieren, und behandeln Sie das Tier bei Bedarf, damit sich Ihr Baby nicht infiziert.
- Verzichten Sie beim Putzen auf scharfe Reiniger und »chemische Keulen«. Eine **übertriebene Angst vor Bakterien** und zu strenge Hygiene schaden dem Immunsystem von Baby und Katze gleichermaßen. In den meisten Fällen genügen heißes Wasser oder Dampf und ein BIO-Neutralreiniger.

NEUER PARTNER

Ein paar nützliche Verhaltensregeln

WENN EIN NEUER PARTNER in unser Leben tritt, sorgt das aus Miezes Sicht für genauso viel Trubel wie die Geburt eines Babys. Und nicht immer teilt sie die überschwänglichen Gefühle ihres Menschen. Erst recht nicht, wenn man sie mit der Neuigkeit regelrecht »überrumpelt«. Damit die Katze Ihren neuen Partner genauso toll findet wie Sie, sollte das Kennenlernen in wohldosierten, kleinen Schritten stattfinden.

Machen Sie Ihren Stubentiger zuallererst mit dem Geruch des Neulings vertraut, indem Sie ein von ihm getragenes T-Shirt in sein Körbchen legen. Wenn er das problemlos akzeptiert, ist schon einmal viel gewonnen. Zumindest kann Ihre Katze den neuen Partner gut riechen. Reagiert sie dagegen irritiert auf den Geruch oder scheint sie sogar abgeneigt, ist Fingerspitzengefühl gefragt. Reiben Sie sie beispielsweise sanft mit dem T-Shirt ab, während Sie sie mit einem besonderen Leckerli verwöhnen. Dadurch verbindet sie den

NÜTZLICHES REZEPT 11

SICH KENNENLERNEN

Der erste Eindruck zählt

Gestalten Sie den ersten Kontakt behutsam. Ihr neuer Partner sollte die Katze den ersten Schritt tun lassen und sich ansonsten neutral verhalten. Wenn Mieze das Tempo selbst bestimmen kann, hat sie nicht das Gefühl, der neuen Situation machtlos ausgeliefert zu sein.
Strenge Parfüm- oder andere Gerüche an der Kleidung unterstützen das erste »Beschnuppern« nicht gerade. Wenn die Finger des Neuen dagegen nach Thunfisch duften, sieht die Sache ganz anders aus.

ungewohnten Geruch mit etwas Positivem. Sie können auch die Stimme des Partners leise vom Tonband abspielen (→ Seite 58) und der Katze währenddessen Leckerlis anbieten.

Damit Ihre Katze nicht das Gefühl hat, der/die Neue würde ihr etwas streitig machen, behalten Sie alle täglichen Rituale und Gepflogenheiten bei, bis sie etwas Vertrauen zum neuen Partner aufgebaut hat. Erst dann dürfen Sie langsam und behutsam das ein oder andere verändern. Mag der neue Partner es zum Beispiel gar nicht, dass die Katze wie bisher mit im Bett schläft, ist das natürlich eine drastische Umstellung, die viel Zeit bedarf. Genauso aber sollte auch ein neuer Partner die Bereitschaft mitbringen, sich in Ihre Katzenfamilie einzugliedern, und Kompromissbereitschaft zeigen. Vieles ist ja auch Gewohnheitssache und ist gar nicht so seltsam, wie es für einen Katzenneuling am Anfang erscheint.

Sobald Sie merken, dass Ihre Katze eifersüchtig reagiert, sich mehr und mehr zurückzieht, weniger dabei sein will oder kaum noch Lust zum Spielen hat, ist es höchste Zeit, ihr wieder etwas mehr Aufmerksamkeit zukommen zu lassen. Neben dem Kuscheln mit dem Partner sollte auch Mieze noch ihre verdiente Schmuseeinheit bekommen. Damit die beiden bald Freunde werden, sind Maßregelungen, Verbote oder andere negative Interaktionen für den neuen Partner tabu und, wenn überhaupt, allein Ihre Sache. Der/die Neue ist dafür ab sofort für die Lieblingsleckereien und -aktivitäten der Katze zuständig und steigt so sehr schnell in ihrer Gunst.

Harald ist der neue Mann an Karins Seite. Schon beim Kennenlernen hat er herausgehört, dass Karin ihre Katze Lisa abgöttisch liebt. Daher hat er sich vor dem ersten Besuch bei ihr zu Hause informiert, was Katzen mögen und was nicht. Ausgestattet mit Lisas Lieblingsleckerlis (die hat ihm Karin verraten), kommt er langsam und vorsichtig in Karins Wohnung. Lisa steht an der Wohnzimmertür und starrt ihn mit großen unsicheren Augen an. Aber Harald geht noch an der Wohnungstür vorsichtig in die Hocke, dreht sich seitlich weg und hält ihr in der ausgestreckten Hand ein paar Leckereien hin. Ohne sie anzuschauen, spricht er leise zu ihr: »Na Süße, traust dich? Ich tu dir nichts.« Auch als Lisa zaghaft ein paar Schritte näher kommt, bleibt Harald entspannt hocken. Er hat es nicht eilig. Lisa soll das Tempo bestimmen, denn nur so baut sich Vertrauen auf. Lisa wird mutig, nähert sich und schnuppert. Harald hält die Hand ganz ruhig, jetzt nur keine hektische Bewegung. Und tatsächlich: Lisa nimmt das Leckerli und verschwindet damit Richtung Wohnzimmer. Der erste Schritt in Richtung Freundschaft ist getan.

ERZIEHEN UND LERNEN

Die Wissenschaft liefert immer mehr Belege dafür, dass wir in Sachen Erziehung viel mehr erreichen, wenn wir **im richtigen Moment loben**, *anstatt auf Strafe zu setzen. Durch positive Verstärkung wird nämlich genau das Verhalten gefördert, das man sich erhofft.* **Liebe und Wertschätzung** *machen sich bezahlt. Schimpfen und Strafe dagegen verstärken ein Problem eher, weil die Katze Kontra gibt oder Angst bekommt.*

KATZENSCHULE

Lassen sich Katzen überhaupt erziehen?

AUCH WENN KATZEN ihren eigenen Kopf haben, sind sie gerne dazu bereit, Dinge von uns zu lernen. Im Normalfall braucht es dafür nicht einmal einen ausgeklügelten Trainingsplan. Bevor Sie mit der Erziehung beginnen, sollten Sie sich lediglich überlegen, was genau Sie von Ihrer Katze wollen. Wie soll sie sich in bestimmten Situationen verhalten? Soll sie beispielsweise beim Essen nicht auf den Tisch hüpfen? Oder nicht auf Ihrem Bett schlafen?

Wenn die »Marschrichtung« klar ist, beginnen Sie, die Erziehung spielerisch und ganz selbstverständlich in den gemeinsamen Alltag zu integrieren. Bleiben Sie klar in Ihrem Handeln, verfolgen Sie Ihr Ziel konsequent, und machen Sie keine Ausnahmen. Auf den nächsten Seiten erfahren Sie, wie Sie dabei genau vorgehen. Ganz wichtig: Sobald Mieze sich auch nur ansatzweise so benimmt, wie Sie es sich vorstellen, wird sie belohnt (→ Seite 76): mal mit einem lieben Wort, mal mit einer kleinen Streicheleinheit. Das geht jederzeit. Schließlich ist Bravsein nicht selbstverständlich und verdient mindestens so viel Beachtung wie unerwünschtes Verhalten – wenn nicht mehr.

Wenn Sie beim Training nicht über ein bestimmtes Stadium hinauskommen, versuchen Sie herauszufinden, was den Erfolg behindert. Katzen sind nicht dumm. Fast immer liegt es an uns, wenn sie nicht das tun, was wir uns wünschen.

Kater Mikesch hat vor Kurzem mit dem Clickertraining begonnen. Seitdem feilt Frauchen am »Sitz«. Die ersten Male hat Mikesch mitgemacht. Doch jetzt scheint es ihm zu viel zu werden, und er setzt sich lieber auf die Fensterbank, um Vögel zu beobachten. Frauchen hält Mikesch für etwas »beschränkt« und sucht Rat beim Katzentrainer. Der erklärt ihr, dass Mikesch alles andere als dumm ist, sondern sich durch das simple Training einfach unterfordert fühlt. Das ewige »Sitz«-Üben langweilt ihn. Zudem ist Frauchen beim Clickern recht ungenau: Mal clickert sie zu früh, mal zu spät. Jetzt hat sie ihr Timing verbessert und neue Übungen ausgewählt, die Mikesch mehr fordern, sodass er wieder begeistert mitmacht.

HANDELN STATT ERKLÄREN

Taten sprechen lassen

SPAREN SIE ES SICH, Ihrer Katze zu erklären, was Sie darf und was nicht. Sie versteht den Inhalt Ihrer Worte nicht. In ganz besonderem Maße betrifft dies Worte, die ähnlich klingen, aber ganz unterschiedliche Dinge meinen, wie zum Beispiel »nein« und »fein«. Auf Ersteres folgt meist eine unangenehme Konsequenz, während das zweite als Lob eingesetzt wird. Machen Sie es sich und Ihrer Katze leichter, indem Sie auf eine gute Unterscheidungsmöglichkeit achten. Sie können statt »Nein« zum Beispiel »No« sagen. Das ist genauso prägnant und kurz. Oder Sie betonen das »Fein« besonders freundlich und optimistisch in etwas höherer Stimmlage und hängen vielleicht sogar noch ein »i« an. Dadurch machen Sie es Ihrer Katze leichter, zu unterscheiden. Das »Nein« darf dann, selten benutzt, gerne etwas strenger klingen, um zu unterstreichen, dass Miezes Verhalten Ihnen missfällt.

Am besten setzen Sie auf Körpersprache und Mimik. Bleiben Sie dabei eindeutig, klar und konsequent, und verwenden Sie stets das gleiche Zeichen für die gleiche Situation. Stellen Sie sich zum Beispiel breitbeinig in eine Tür, und blockieren Sie so den Durchgang. Ihre Katze kann dieses Signal viel besser deuten, als wenn Sie sagen: »Du darfst hier nicht rein.« Zur Sicherheit können Sie sie dann noch mit festem Blick ansehen, eine Hand als »Stoppschild« heben und ein klares »No!« hinzufügen. Hält die Katze daraufhin inne, werden Ihre Gestik und Mimik wieder »weich«, und Sie loben sie sofort. Sie hat Ihre Botschaft verstanden.

Frauchen möchte, dass Lola von der Terrasse hereinkommt. Anstatt sie mit Worten aufzufordern, geht sie in die Hocke. Ihre Gesichtszüge sind locker, und statt die Katze anzustarren, blinzelt sie vertrauensvoll. Mit einem Leckerli in der Hand reibt sie ihre Fingerkuppen aneinander und signalisiert so, dass es hier etwas Feines gibt. Ihre Körpersprache lädt Lola regelrecht dazu ein, zu ihr zu kommen. Die Katze reagiert freudig auf die freundlichen Gesten und genießt das wohlverdiente Leckerli im Wohnzimmer.

FESTE REGELN

Weniger ist häufig mehr

REGELN SIND WICHTIG, weil sie klare Grenzen aufzeigen und dadurch Sicherheit vermitteln. Das ist bei Katzen nicht anders als bei Menschen. Zu viel dürfen Sie von Ihrem Stubentiger aber nicht erwarten. Beschränken Sie sich auf zwei, drei wesentliche Dinge, die er auf gar keinen Fall tun darf. Verlangen Sie dabei aber nichts Unmögliches. Sie können sich selbst und Ihrer Katze das Leben enorm erleichtern, indem Sie die Erwartungen und Anforderungen eher niedrig halten. Stellen Sie auch nur Regeln auf, die Mieze gerecht werden. Es gehört zum Beispiel zu ihren angeborenen Bedürfnissen, auf Dinge hinaufzuspringen oder zu klettern. Ihr zu verbieten, auf den Möbeln »herumzuturnen«, wäre wider ihre Natur. Es wäre auch nicht artgerecht, wenn sie in einer Dreizimmerwohnung einzelne Räume nicht betreten dürfte. Schließlich ist die Wohnung ihr ganzer Lebensraum.

EINDEUTIGE SIGNALE

Von Pfeifen und Clickern

IM TIERTRAINING wird gern mit akustischen Signalen gearbeitet, etwa mit Clicker oder Pfeife. Deren Töne sind neutral, weitestgehend gleichbleibend und dadurch eindeutiger als Worte, die häufig die Stimmung des Menschen mittransportieren, was nicht selten die Bedeutung des Gesagten beeinflusst.

Ein weiterer Vorteil des gleichbleibenden akustischen Signals ist, dass es von verschiedenen Personen genutzt werden kann, ohne dass sich die Bedeutung verändert. Egal, ob Herrchen, Frauchen oder der Katzensitter »ruft«: Mieze erkennt eindeutig, was man von ihr will.

STRESS VERMEIDEN

Er behindert das Lernen

VIELLEICHT ERINNERN Sie sich noch an die ein oder andere Situation in Ihrer Schulzeit, wenn der Lehrer Sie unvorbereitet an die Tafel rief. Stress pur! Peinlicher war nur noch, dass die ganze Klasse dabei zusah … Der einzige Lerneffekt dabei war, sich in Zukunft möglichst unauffällig zu verhalten, um nicht noch öfter nach vorne zu müssen.

NÜTZLICHES REZEPT 12

CLICKERTRAINING

So funktioniert's

Das Clickertraining eignet sich hervorragend dafür, der Katze etwas beizubringen oder ihr zu zeigen, wie sie sich verhalten soll. Mit dem Clicker, einer Art Knackfrosch, können Sie nämlich gezielt das erwünschte Verhalten markieren und verstärken. Er funktioniert wie ein Markersignal und kündigt eine unmittelbar anschließende Belohnung (Leckerli) an. Zuerst muss die Katze dazu auf den Clickton konditioniert werden: Clickern und belohnen Sie einfach mehrmals direkt hintereinander – Click – Futter, Click – Futter, Click – Futter ... In der Regel hat Mieze es dann verstanden. Anschließend können Sie mit den ersten Übungen trainieren. Soll Ihre Katze zum Beispiel weniger maunzen? Dann beginnen Sie so: Die Katze sitzt schreiend vor Ihnen. Warten Sie, bis sie zwischendurch Luft holt. In dieser kurzen Pause »markieren« Sie Ihr Verhalten sofort mit einem Click und belohnen zeitgleich den winzigen Moment der Stille mit einem Leckerli. Bauen Sie die Phasen des Ruhigseins mithilfe des Clickertrainings immer weiter aus. Die Katze lernt so, dass es sich viel mehr lohnt, ruhig zu sein, als zu maunzen.

Auch bei Tieren schränkt Stress die Lernfähigkeit stark ein. Daher kann eine angespannte Katze neue Dinge viel schlechter lernen als im entspannten Zustand. Manchmal gelingt es ihr auch gar nicht. Versuchen Sie daher nie, Ihrer Katze etwas beizubringen, wenn sie sich in einem unbekannten Umfeld aufhält oder anderweitig gestresst ist.

Genauso kann das Lernvermögen aber auch bei freudiger Erregung eingeschränkt sein, etwa wenn Mieze sehr großen Hunger hat und deshalb vor dem Füttern entsprechend aufgeregt ist. Die Erwartungsspannung blockiert dann das Gehirn, weshalb dieses nicht in der Lage ist, Informationen entsprechend zu verarbeiten und abzuspeichern.

POSITIVE VERSTÄRKUNG

Gutes Verhalten lohnt sich

ES GIBT KAUM EINE KATZE, die sich von Haus aus »perfekt« verhält. Wie auch, wenn jeder von uns darunter etwas anderes versteht.

Sie müssen daher jedes Verhalten Ihres Stubentigers, das auch nur annäherungsweise Ihren Vorstellungen einer »braven« Katze entspricht, würdigen. Bleibt sie für einen Moment brav sitzen und wartet, bis der Napf am Boden steht? Ist sie kurz ruhig, anstatt zu miauen? Dann loben Sie sie, zeigen Sie ihr, dass Sie das ganz toll finden. Und zwar, indem Sie ihr Verhalten sofort belohnen. Das kann ein sanftes, ermunterndes »Super, Schatz!« sein, eine Geste der Freude, ein zartes Streicheln der Wange, die Aufforderung zu einem kurzen Spielchen oder ein Leckerli – je nachdem, was Ihre Katze lieber mag.

Dieses Erziehungsprinzip nennt man positive Verstärkung. Alles, was die Katze häufiger machen beziehungsweise zeigen soll, wird belohnt und dadurch verstärkt. So macht sie es gern wieder.

Jungkatze Tilly lernt gerade, dass sie ihren Menschen nur dann auf den Schoß springen darf, wenn sie sich nicht mit den Krallen festhält. Sind ihre Krallen ausgefahren, reagieren ihre Menschen darauf, indem sie Tilly sofort wieder auf den Boden setzen. Landet Tilly dagegen auf sanften Pfoten, wird sie gelobt und ausgiebig auf dem Schoß geknuddelt – was sie total liebt.

ANGEMESSENE BELOHNUNG

Wie viel Lob muss sein?

IM GRUNDE FUNKTIONIERT die positive Verstärkung nach dem Motto: »Du machst etwas, was ich gut finde, und im Gegenzug dafür bekommst du etwas von mir, was dir gefällt.« Der individuelle Wert der »Währung« orientiert sich dabei in erster Linie an der Vorliebe Ihrer Katze. Wie hoch die Belohnung ausfällt, entscheiden Sie. Üben Sie eher etwas Einfaches oder kommt die Katze »nur« zum Kuscheln zu Ihnen, genügt ein »normales« Lob. Neue oder schwerere Übungen sowie Lernerfolge bei schwierigem Verhalten verdienen einen Extrabonus. Verschwenden Sie diese »Superleckerlis« nicht, damit sie besonders bleiben.

GUT GEMACHT!

Ihre Stimme als Lob

ES GIBT SITUATIONEN, in denen es besser ist zu schweigen, als zu reden, zum Beispiel wenn Sie das Verhalten Ihrer Katze beobachten oder ihr etwas beibringen möchten. Sie werden schnell merken, dass Sie viel mehr sehen, beobachten und entdecken, wenn Sie sich auf die Katze und die Situation konzentrieren. Im Katzentraining ist es deshalb oft sinnvoll, so lange nicht zu reden, bis Mieze das gewünschte Verhalten zeigt. Erst dann setzen Sie Ihre Stimme ganz bewusst als Belohnung in Form von verbalem Lob ein.

Es ist wie bei vielen anderen Dingen auch: Was selten ist, gewinnt an Wert. Wenn Sie das stimmliche Lob also gezielt einsetzen, ist es als Motivation genauso wertvoll wie ein Leckerli. Vorausgesetzt, Sie »berieseln« Ihre Mieze ansonsten nicht ständig mit Worten.

EINFACH NICHT REAGIEREN

Schlechtes Verhalten ignorieren

MANCHMAL SCHLEICHEN sich Unarten so langsam ein, dass man irgendwann gar nicht mehr weiß, was den Stein ins Rollen brachte. Keiner kann sich dann noch erinnern, seit wann die Katze eigentlich so vehement ihr Essen fordert oder so unaufhörlich vor der Tür maunzt, während man selbst noch schlafen will. Tatsache aber ist: Es stört!

Dabei ist es aus Sicht der Katze nur allzu verständlich, dass sie sich so verhält. Sie hat ganz einfach gelernt, dass sie damit Erfolg hat. Nur wenn sie laut genug schreit, wird sie gefüttert oder darf doch mit ins Bett. Man nennt diese Strategie aufmerksamkeitsforderndes Verhalten.

In so einem Fall kommt man allein mit positiver Verstärkung (→ Seite 76) mitunter nicht weiter. Sie müssen gleichzeitig auch lernen, das unerwünschte und bisher ungewollt verstärkte Verhalten zu ignorieren. Das heißt: Sie dürfen überhaupt nicht auf Ihre Katze reagieren, wenn sie wieder damit anfängt. Sie schauen sie nicht einmal an. Erst wenn sie das unerwünschte Verhalten unterbicht – und sei es nur für Sekunden –, sind Sie wieder da und loben sofort. Dadurch lernt Mieze, dass es sich nicht lohnt, sich so zu verhalten wie bisher, und dass sie mehr Erfolg hat, wenn sie sich ändert.

Damit die Methode wirklich funktioniert, müssen Sie sich gleichzeitig auf die Suche machen, welche Reize das störende Verhalten unbemerkt aufrechterhalten, und diese dann konsequent aus dem Weg räumen (→ rechts). Sonst kommt es immer wieder zu Konflikten.

Bevor sich die Familie zum Abendessen an den Tisch setzte, musste das Futterspielzeug von Katze Marli gefüllt werden, sonst schrie sie so lange, bis irgendeiner genervt vom Tisch aufstand und sie fütterte. Marlis Menschen haben sich nun entschlossen, die Katze vor dem Abendessen zu füttern, um ihren Hunger zu stillen, und sie dann zu ignorieren. Zwar hat Marli anfangs immer noch ausdauernd gemaunzt, aber nachdem sie niemand beachtete, ihre Bemühungen schnell eingestellt. Jetzt wird sie gleich nach dem Essen belohnt, indem sie wieder der Mittelpunkt der Familie ist.

MIEZ, MIEZ ...

Auf Zuruf kommen

GERADE BEI FREIGÄNGERKATZEN ist es sinnvoll, dass sie auf Rückruf zuverlässig nach Hause kommen. Um das zu trainieren, müssen Sie zuerst herausfinden, womit Sie Ihre Katze besonders gut motivieren können. Ein Stückchen Fleisch, ein besonderes Trockenfutter oder doch Streicheleinheiten? Diese Spezialbelohnung kriegt Sie ab sofort immer dann, wenn sie auf Ihr Kommando zu Ihnen kommt. Und nur dann! Als Nächstes müssen Sie sich ein unverwechselbares Signal überlegen, das Sie für den Rückruf verwenden möchten. Das kann ein Wort sein, ein Geräusch (etwa ein Pfiff auf der Hundepfeife, eine bestimmte gepfiffene Melodie, ein Rütteln mit einer Dose voller Steinchen) oder die Kombination aus beidem. Erst wenn diese Dinge geklärt sind, kann das Training beginnen (→ Rezept Seite 84).

Das Tückische an der ganzen Sache ist: Eine schlaue Katze merkt schnell, dass es zwar etwas Leckeres gibt, wenn sie heimkommt, sobald Sie sie rufen. Sie erkennt aber auch bald, dass sie danach »eingesperrt« wird. Gerade Tiere, die dies als Bestrafung empfinden, kann dann kein Leckerli der Welt mehr dazu bewegen, ins Haus zu kommen. Um dem vorzubeugen, hilft nur, die Katze nicht jedes Mal gleich einzusperren, sondern erst einmal mit ihr zu spielen oder ihr auch mal die Wahl zu lassen, ob sie drinnen bleiben will oder wieder nach draußen mag.

Aber auch wenn Sie beim Üben alles richtig machen, wird es immer wieder Situationen geben, in denen die Katze nicht sofort zu Ihnen kommt. Lassen Sie sich Ihren Ärger oder Ihre Sorge in so einem Fall nicht anmerken, sondern freuen Sie sich, wenn die Katze schließlich doch kommt, und loben Sie sie entsprechend. Tadeln und schimpfen Sie sie nicht. Ihre Katze würde das missverstehen und denken, Sie seien böse, weil sie gekommen ist. Dadurch »vergiften« Sie das positiv aufgebaute Rückrufsignal. Ganz wichtig: Verwenden Sie das Rückrufsignal nicht in anderen Situationen und nie in Kombination mit etwas Unangenehmem. Muss die Katze beispielsweise zum Tierarzt, gehen Sie, statt sie zu rufen, zu ihr oder locken sie mit einem Leckerli in den Transportkorb (→ Seite 125).

NÜTZLICHES REZEPT 14

RÜCKRUFTRAINING

Schritt für Schritt zum Erfolg

Soll Ihre Katze auf Zuruf kommen, müssen Sie das trainieren. Beginnen Sie dabei mit einer Situation, in der Ihre Katze sowieso kommen wird, etwa zur Fütterung. Verwenden Sie Ihr Signal (Pfiff, Dosenrütteln, Wort), bevor sie in die Küche kommt, und stellen Sie ihr dann als Belohnung sofort den Futternapf hin. Wenn Sie das mehrere Tage machen, verknüpft das Tier bald das Rückrufsignal mit einer positiven Konsequenz – dem Futter.

Klappt dieses leichte Level gut, üben Sie das Signal in einer ablenkungsarmen Umgebung im Haus. Wenn sie kommt, gibt es sofort eine tolle Belohnung. Wichtig für den Erfolg: Wählen Sie Situationen, in denen es sehr wahrscheinlich ist, dass Ihre Katze auch kommen wird. Wenn sie gerade satt ihr Mittagsschläfchen hält oder drei Zimmer weiter spielt, tendieren Ihre Erfolgschancen gegen null. Nur kleine Schritte und leicht erreichbare Ziele garantieren ein gutes Lernfundament.

Kommt Ihre Katze innerhalb der Wohnung bei Blickkontakt zuverlässig, steigern Sie die Anforderungen erneut und rufen sie aus einem anderen Zimmer zu sich. Erst wenn auch das in 80 Prozent der Fälle klappt, können Sie das Training auf die Terrasse oder den Garten ausweiten: Gehen Sie gemeinsam raus. Sobald sich die Aufmerksamkeit Ihrer Katze langsam auf die Umgebung richtet, entfernen Sie sich ein paar Schritte und geben das Rückrufsignal. Kommt sie daraufhin zu Ihnen, gehen Sie in die Hocke, freuen sich und geben ihr sofort ein paar Leckerlis. Die Steigerung ist nun der Rückruf außer Sichtweite, etwa wenn sich Ihre Katze zum Rundgang durchs Revier aufmacht. Hat sie sich ein paar Meter vom Haus entfernt, rufen Sie sie, belohnen sie fürs Kommen und lassen sie dann ziehen.

Die »Krönung«: Zu der Zeit, zu der Ihre Katze ohnehin gewöhnlich nach Hause kommt, geben Sie das Rückrufsignal von der Terrassentür aus. Wenn Sie das Training Schritt für Schritt aufgebaut haben, sollte Mieze bald bei Ihnen stehen und ihr Leckerli einfordern. Glückwunsch!

KLEINE KUNSTSTÜCKE

Was Mieze alles lernen kann

KATZEN SIND GELEHRIGE TIERE. Sie können Ihrem Stubentiger daher mit dem Clicker allerlei lustige Dinge beibringen: Pfote geben, eine Rolle machen, an einer Klingel läuten, Maunzen oder Sitzen auf Kommando … All das macht ihm Spaß, weil Sie sich mit ihm beschäftigen und er einfach eine schöne Zeit mit Ihnen hat.

Viele dieser Übungen lassen sich spontan im Alltag »einfangen« und nach und nach ausbauen. Beispiel: Herumrollen: Halten Sie dazu Clicker und Leckerli immer griffbereit. Sobald sich Ihre Katze von alleine auf den Boden legt, gibt es einen Click und die dazugehörige Belohnung. Verdutzt über das unerwartete Leckerli kann es sein, dass Mieze erst einmal aufsteht und mehr möchte. Reagieren Sie darauf einfach nicht. Sobald sie wieder weggeht und sich eventuell nach einiger Zeit erneut hinlegt, clicken und belohnen Sie sie wieder. Nach und nach wird Ihre Katze begreifen, dass sie die Belohnung fürs Hinlegen bekommt. Bei der einen Katze dauert das etwas länger, bei der anderen etwas kürzer – je nachdem, wie häufig Sie das Verhalten einfangen können. Verfahren Sie mit den nächsten Schritten genau: Legt sich die Katze schon bewusst hin, warten Sie mit dem Click, bis sie sich mehr auf eine Seite richtet (das wäre der nächste Schritt zur Rolle). Sofort gibt es einen Click und ein Leckerli …

Warten Sie nie zu lange auf Gelegenheiten zum Clickern und Belohnen. Das könnte Ihre Katze frustrieren. Verstärken Sie schon den Ansatz des erwünschten Verhaltens, und bauen Sie es in kleinen gut erreichbaren Teilschritten aus, sodass Sie möglichst alle drei bis fünf Sekunden clickern und belohnen.

Genauso lassen sich mithilfe des Clickertrainings auch nützliche Dinge spielerisch und mit Spaß umsetzen. Zum Beispiel können Sie mit Mieze üben, sich bürsten oder die Zähne putzen zu lassen. Auch eine tägliche »Körpercheck«-Übung fördert nicht nur die Bindung, sondern hilft, rechtzeitig zu erkennen, wenn mit Mieze etwas nicht stimmt. Gewöhnen Sie sie mittels positiver Verstärkung und Clicker daran, sich ins Mäulchen schauen, die Ohren zu inspizieren und sich überall am Körper abtasten zu lassen.

SPIELEN UND BESCHÄFTIGEN

Unsere Katzen sind hoch entwickelte Tiere, die artgerecht ***gefördert und ausgelastet*** *werden wollen – körperlich und geistig. Wenn sie nicht genug spielen können, leiden sie, machen Dinge, die uns stören, und können sogar krank werden. Beugen Sie dem vor, indem Sie regelmäßig Zeit für gemeinsames Spielen einplanen. Darf Ihr Stubentiger seinen* **Spiel- und Jagdtrieb** *angemessen ausleben, steigt seine Lebensqualität enorm.*

KATZEN MÜSSEN SPIELEN

… und zwar nicht nur als Kinder

WIE ALLE FLEISCHFRESSER zeigen auch Katzen von klein auf ein ausgeprägtes Spielverhalten. Bereits in ihren ersten Lebenstagen eignen sie sich motorische Fähigkeiten an, die sie über die nächsten Wochen hinweg immer mehr verfeinern. Bei Balgereien mit den Geschwistern üben die Kätzchen alles, was sie später brauchen, um in der Natur überleben zu können. Sie perfektionieren ihre Fertigkeiten für den Beutefang und trainieren das Kampf- und Fluchtverhalten. Gleichzeitig entwickeln sie im Spiel mit den Geschwistern und der Mutter soziale Kompetenzen, weil sie Regeln kennenlernen, Grenzen erfahren und die arteigene Laut- und Körpersprache verfeinern. Genauso zeigen und entfalten sich im Spiel Verhaltensweisen, die später zum Paarungs- und Brutpflegeverhalten gehören.

Spielen ist aber nicht nur für junge Katzen wichtig, sondern auch für erwachsene Stubentiger. Es hält körperlich fit und wirkt sich positiv auf die psychische Verfassung aus. Denn bei längerer, moderater Aktivität produziert der Körper verschiedene Botenstoffe (Neurotransmitter) wie das stimmungsaufhellende Serotonin, das anregende Noradrenalin und verschiedene schmerzlindernde Endorphine. Wird man ihrem Spieltrieb nicht gerecht, können die Tiere störende Verhaltensweisen an den Tag legen, wie ständiges Miauen oder Fordern von Aufmerksamkeit. Auf Dauer werden sie sogar ernsthaft krank.

Gerade wenn ihre Menschen tagsüber nicht zu Hause sind, mangelt es vielen Hauskatzen jedoch an ausreichend Aktivität und Stimulation. Statt sich auszutoben und Neues zu entdecken, verschlafen sie die meiste Zeit. Dabei ist es gar nicht schwer, mehr Schwung in Miezes Leben zu bringen, während wir unterwegs sind. Am besten wäre es natürlich, wenn sie diese Zeit draußen verbringen könnte, denn Freigang ist immer noch die artgerechteste Form der Stimulation. Ist das nicht möglich, kann sich die Katze zum Beispiel mit einem gefüllten Futterball beschäftigen, bis auch das letzte Leckerli heraus ist. Je mehr sich die Katze bewegt, desto ausgeglichener ist sie. Davon profitieren vor allem aggressive oder unsichere Tiere.

FANG MICH DOCH!

Beutejagd: das perfekt Spiel

ERWACHSENE KATZEN spielen am liebsten das Beutespiel. Um Mieze richtig zu begeistern, sollten Sie sich also die Natur zum Vorbild nehmen. Wenn Sie ein echtes Mäuschen imitieren, zum Beispiel mit einem Wollknäuel oder einer Fellmaus, ist die Wahrscheinlichkeit groß, dass Sie damit die Aufmerksamkeit Ihrer Katze erregen – natürlich nur, wenn das Spielzeug nicht einfach nur so herumliegt. Eine echte Maus ist klein und flauschig. Sie macht schabende, knuspernde, piepsende Geräusche, huscht gern an der Wand entlang, bleibt immer mal wieder kurz sitzen, um zu schnüffeln, und huscht dann weiter in ihr Mauseloch. Orientieren Sie sich beim Spielen an diesen Eigenschaften.

Spielen Sie nicht zu hektisch, das Tempo muss stimmen. Ihre Katze wird dann jede Bewegung der »Maus« genau beobachten, sich vorsichtig anschleichen und geduckt auf der Lauer liegen. Sitzt das »Mäuschen« still, kann die Katze die Entfernung zu ihm genau abschätzen.

NÜTZLICHES REZEPT 15

ANGELBOX

Schöner Zeitvertreib

Die meisten Katzen lieben es, in Löchern zu pföteln. Wie wäre es also mit einem entsprechenden Spielzeug? Umwickeln Sie einen Schuhkarton rundum mit Paketklebeband. Schneiden Sie dann Löcher in den Deckel und die Seiten. Sie müssen so groß sein, dass Mieze nicht mit der Pfote darin hängen bleibt. Am besten nutzen Sie die Pappröhre einer Toilettenpapierrolle als Schablone. Nun müssen Sie den Karton nur noch mit Leckerlis oder Trockenfutter füllen – und Ihre Katze ist auf gute Art eine Zeit lang beschäftigt.

Passst alles, kommt es zum Ansprung. Erwischt! Bewegt sich das Spielzeug dagegen zu hektisch, ist es als Beuteziel nicht perfekt, weil Mieze die Entfernung nicht abschätzen kann. Sie könnte dann die Lust verlieren.

Wichtig: Achten Sie beim Kauf einer Fellmaus auf Qualität. Ware »Made in China« stammt häufig von Hunden, Katzen, Kaninchen und anderen Pelztieren, die nicht tierschutzgerecht gefangen, gehalten und getötet werden.

ABWECHSLUNG BEIM SPIEL

Wie Sie Entdeckersinne wecken

SO SCHÖN DAS BEUTESPIEL auch sein mag: Lassen Sie Ihren Stubentiger hin und wieder auch einmal etwas Neues entdecken – mit allen Sinnen.

Ein großer Pappkarton lädt ein, die Krallen daran zu wetzen, Stückchen herauszureißen oder sich hineinzukuscheln. Wenn Sie den Karton mit Zeitungsschnipseln füllen, kann Mieze darin ausgiebig nach Leckereien und Bällchen forschen. Befüllt mit etwas Laub und Gras aus dem eigenen Garten, sorgt ein »Natur«-Karton für interessante Geruchswelten. Manche Katze liegt auch gern in einem Bett aus duftendem Heu oder Stroh.

Genauso kann auch die moderne Technik für Abwechslung im drögen Katzenalltag sorgen. So mancher Stubentiger findet kurzzeitig Spaß daran, sich bewegende Objekte auf einem Tablet oder dem Bildschirm zu beobachten. Andere jagen gern einem Laserpoint hinterher. Das ist eine Zeit lang auch völlig in Ordnung. Wichtig bei all diesen »abstrakten« Objektspielen ist jedoch, dass sie immer mit einer real zu packenden Beute beendet werden, indem Sie zum Beispiel ein kleines Leckerli werfen, das Mieze fangen soll.

Clickertraining (→ Seite 75 und 85) bietet ebenfalls eine Vielzahl an lustigen und nützlichen Übungsmöglichkeiten, um Kopf und Körper auszulasten, genauso wie Kampfkissen mit etwas Baldrianwurzel oder Katzenminze. Viele Katzen lieben sie, weil ihr Duft anregend wirkt. Die Tiere geraten dadurch in einen sehr lustvollen Zustand und reiben sich an dem Duftkissen, speicheln es ein oder kämpfen damit. Aber Vorsicht: Wenn man sie dabei stört, können sie auch aggressiv reagieren.

JETZT KOMM SCHON!

Die Katze zu mehr Bewegung animieren

WENN ES IHRE KATZE nicht gewohnt ist, sich mehr als nötig zu bewegen, müssen Sie die gemeinsamen Aktivitäten langsam, aber stetig steigern.

Als Erstes ändern Sie die Fütterungsgewohnheiten: Zumindest einen Teil ihrer täglichen Futterration muss Mieze sich ab jetzt erarbeiten, ersuchen oder erjagen. Bei Trockenfutter geht das natürlich am einfachsten, auch wenn es nicht das Gesündeste ist (→ Seite 103). Wenn Sie Nassfutter füttern, können Sie einen Teil der Ration durch Trockenfleischprodukte ersetzen. Werfen Sie Ihrer Katze einen Teil der Stücke einzeln zu, damit sie laufen muss, um etwas zu bekommen. Andere Stückchen verteilen

NÜTZLICHES REZEPT 16

SELBST GEBASTELTER PAPIERWEDEL

Einfaches Spielzeug selbst gemacht

Die allermeisten Katzen sind begeistert von diesem selbst gebastelten Spielzeug. Alles was Sie dazu brauchen, ist ein längerer biegsamer Ast, zum Beispiel von einem Haselnussstrauch, eine halbe Zeitungsseite, ein Stück Klebe- oder Kreppband, eine Schere und maximal fünf Minuten Zeit. Schneiden Sie zunächst viele schmale Streifen in das Zeitungspapier (nicht ganz durchschneiden). Nun wickeln Sie das Papier so um ein Ende des Astes, dass ein Wedel entsteht, und befestigen es mit dem Klebestreifen. Fertig! Wenn Sie den Wedel durch die Luft sausen lassen, entstehen tolle Surr-Geräusche. Katzen lieben das, beißen gern in die Streifen und zerrupfen sie. Das macht aber nichts, da alles in ganz kurzer Zeit wieder neu hergerichtet ist und nichts kostet.

Sie in der ganzen Wohnung. Die kann Mieze auch dann noch einsammeln, wenn Sie schon außer Haus sind. Oder Sie verstecken die Bröckchen in einem Futterball oder einem »Fummelbrett«.

Animieren Sie Ihren Stubentiger aber auch sonst zu mehr Aktivität: Wie wäre es zum Beispiel mit einem kleinen Hindernisparcours über die Esszimmerstühle oder die Couch? Sie können die Katze dabei am Anfang gern mit einem Schälchen Nassfutter locken und »anfeuern«. Nach einer kurzen Pause – auch für Sie – warten allerlei Spielzeugmäuse, Angeln mit reizvollen Beuteanhängern, ein Stöckchen, das Sie unter einem Tuch hin und her bewegen, Laserpointer oder Papierbälle auf ihren abwechslungsreichen Einsatz. Auch eine erneute Runde »Fang die Snacks« ist möglich (siehe oben). Hauptsache, Ihre träge Samtpfote kommt ein bisschen ins Schwitzen.

Überfordern Sie Ihre Katze bei alldem aber auch nicht. Es genügt völlig, wenn Sie sie anfangs zehn Minuten (oder zweimal fünf Minuten) animieren. Wenn sie gut mitmacht, dürfen es nach und nach über den Abend verteilt auch gern 30 bis 60 Minuten sein (aktive Fütterungen eingerechnet). Ihr Stubentiger wird es Ihnen mit mehr Ausgeglichenheit danken.

KLEINE ERFOLGE

Auch Beobachten gehört zum Spiel

MANCHE KATZEN lassen sich trotz allem nur schwer zum Spielen animieren. Um den Spieltrieb wieder zu reaktivieren, ist es von Vorteil zu erkennen, wann das Spiel- und Jagdverhalten einsetzt.

Es beginnt oft relativ unspektakulär mit dem aufmerksamen Beobachten der sich bewegenden Ersatzbeute. Sie können es daher schon als Erfolg verbuchen, wenn Mieze Ihre Bemühungen aufmerksam beobachtet. Werden ihre Pupillen größer und schnellen bei jeder Bewegung die Schnurrhaare nach vorne, ist Mieze im Jagdfieber.

Wenn Sie diese Reaktionen gezielt weiter fördern, dann schaffen Sie es, dass Ihr Spielmuffel irgendwann wieder nach der Beute pfötelt und schließlich sogar hinter ihr herjagt.

Selbst ältere Katzensemester freuen sich über solche Anregungen und lassen sich durch sie hin und wieder aus der Reserve locken.

AU, DAS TUT WEH

Meine Katze ist ein Spielrabauke

MIT EINER KATZE, die dabei ihre Krallen und Zähne einsetzt, macht das Spielen keinen Spaß. Doch woran liegt es eigentlich, wenn Mieze beim Toben keine Grenzen zu kennen scheint? Sehr oft hat sie als Kind einfach ein paar soziale Regeln nicht kennengelernt, weil sie zu früh von der Mutter und den Geschwistern getrennt wurde. Dadurch bekam sie im Spiel keine (oder nicht lang ge-

WISSEN EXTRA

Merkmale von Spiel

Es gibt ein paar Eigenschaften, die spielerisches Verhalten kennzeichnen und durch die sich Spiel von ernsten Auseinandersetzungen unterscheidet:

- Es **fehlt der Ernstbezug.** Mieze muss keine echte Beute erlegen, als Ersatzobjekt reicht ein Papierknäuel. Auch die sogenannte Endhandlung als letzter Handlungsschritt fehlt (beim Fangen wäre dies der Tötungsbiss).
- Elemente aus unterschiedlichen Verhaltenskreisen werden vermischt und wechseln sich ab. Gerade noch wird das Geschwisterchen angegriffen, im nächsten Moment ist der eigene Schwanz als Ersatzbeute viel spannender.
- Sehr oft wird das Spiel von einem besonderen Gesichtsausdruck begleitet, dem **Spielgesicht**: Die Katze duckt sich plötzlich, legt die Ohren zur Seite an und reißt die Augen weit auf.
- Es findet ein **rascher Rollenwechsel** statt: Mal ist das Kätzchen der Angreifer, dann der Verfolgte.
- Die Verhaltenselemente werden meist stark übertrieben dargestellt und wiederholen sich, dabei werden oft viel intensivere Bewegungen mit größerem Kraftaufwand ausgeführt. Das Kätzchen rast zum Beispiel wie von der Tarantel gestochen durch den Garten, legt eine Vollbremsung hin, wirbelt mit einem Satz in der Luft herum und rennt zurück.
- **Spiel macht allen Beteiligten Spaß** und wirkt auf andere ansteckend – egal, ob Tier oder Mensch. Wenn zwei Katzen miteinander spielen und eine der beiden hat keinen Spaß, ist es kein Spiel mehr.

nug) natürlichen Grenzen aufgezeigt.

Manchmal aber sind wir auch selbst schuld, weil wir das grobe Spiel bereits beim Kätzchen ungewollt fördern, zum Beispiel durch kleine Hand-Bauch-Kämpfe, obwohl die meisten Katzen Berührungen am Bauch gar nicht mögen. Dadurch lernt Mieze, dass beim Spielen ihre Grenzen überschritten werden. Und sie löst dieses Problem auf Katzenart, indem sie ordentlich in die Hand beißt. Mit der Zeit kann sich diese Abwehrreaktion dann auf alle Arten von Spiel übertragen. Um dies zu vermeiden, sollten Sie die Grenzen der Katze respektieren und ihr zugleich auf konsequente Art beibringen, dass menschliche Haut für Zähne und Krallen tabu ist.

Als Henry jung war, liebte es sein Herrchen, spielerisch mit ihm zu kappeln und sein Bäuchlein zu rubbeln, wenn er auf dem Rücken lag. Der fand das gar nicht lustig und wehrte sich mit allen vieren und seinen kleinen Zähnen. Schließlich sind Katzenbäuche sehr empfindlich. Herrchen aber missverstand seine Reaktion. Er freute sich, dass Henry mittobte. Mittlerweile ist Henry ein ausgewachsener Main-Coon-Kater und wiegt stolze sechs Kilo. Seine Eckzähne sind über einen Zentimeter lang, aber das hält ihn keineswegs davon ab, sie tatkräftig bei jedem Spiel einzusetzen. Seltsamerweise gefällt das Herrchen gar nicht mehr …

WADENBEISSER

Wenn das Bein zur Beute wird

ES GIBT KATZEN, die nicht nur beim Spielen kratzen und beißen, sondern auch einfach so und scheinbar aus heiterem Himmel. Das liegt daran, dass Katzen sich passenden Ersatz suchen, wenn sie ihren Spieltrieb nicht angemessen ausleben können. Dann werden schnell einmal Frauchens oder Herrchens Hacken als Jagdbeute auserkoren. Wenn der Mensch aufgeregt und kreischend aufspringt oder wegläuft, passt er erst recht ins »Beuteschema«. Es sind ja gerade diese Bewegungsreize, die Mieze animieren, hinterherzujagen.

Um so einen Kreis zu unterbrechen, müssen Sie die Katze adäquat beschäftigen. Bieten Sie ihr ab sofort täglich mindestens zweimal 10 Minuten interessante Beutespiele an (→ Seite 91 und 92).

Mit Clickertraining fordern Sie nicht nur ihre körperliche Fitness, sondern regen auch die kleinen grauen Zellen an (→ Seite 75 und 85).

Bleiben Sie vor allem in der ersten Zeit aufmerksam, damit Sie rechtzeitig merken, wenn bei Mieze das Jagdfieber steigt. Lenken Sie ihre Jagdlust dann von Ihnen auf ein Objekt um – und zwar am besten, bevor sie an Ihren Beinen hängt. Idealerweise tragen Sie immer ein Bällchen oder Ähnliches bei sich.

Peterle ist ein aufgeweckter junger Kater, der sich zu beschäftigen weiß, wenn ihm langweilig wird. Seine neue Lieblingsbeschäftigung: Er lauert im Flur auf sein Frauchen, um ihr überfallartig an die Hacken zu springen. Die findet das gar nicht lustig und ergreift daher nach einem Telefonat mit einer Katzentherapeutin Gegenmaßnahmen. Ab sofort plant sie morgens und abends Extra-Spielzeit für den Rabauken ein, um ihn auszulasten. Mit der Zeit bessert sich Peterles Verhalten, und Frauchen fällt es leichter, ihn mit einem Spielzeug abzulenken, wenn sie ihm ansieht, was er wieder vorhat. Zusätzlich belohnt sie ihn mit Leckerlis, wenn er sich ruhig verhält. Da Peterle zudem ein sehr sozialer Kater ist, steht auch die Überlegung im Raum, ihm einen passenden Katerkumpel zum Toben zu suchen.

NÜTZLICHES REZEPT 17

GROBE KATZE

Schlechte Angewohnheiten ablegen

Setzt Ihre Katze im Spiel immer wieder Krallen und Zähne ein, hilft nur Konsequenz. Immer wenn Ihre Katze Ihnen wehtut – egal, ob gezielt oder aus Versehen –, brechen Sie das Spiel sofort ab. Gehen Sie ohne Kommentar aus dem Zimmer, und schließen Sie die Tür hinter sich. Warten Sie ein paar Minuten, und kehren Sie dann ins Zimmer zurück, um mit der Katze weiterzuspielen, als sei nichts gewesen.

Mit dieser Vorgehensweise setzen Sie Mieze klare Grenzen. Ihre Botschaft lautet: »Kratzt oder beißt du, ist der Spaß sofort vorbei.« Nach und nach sollte die Katze auf diesem Weg vorsichtiger im Umgang mit Ihnen werden, weil sie ja weiter mit Ihnen spielen möchte.

NICHT ZU SEHR PUSHEN

Hypererregte Katzen bremsen

NICHT JEDER KATZE tut es gut, wenn sie durchs Spielen hochgepusht wird. Dies gilt umso mehr, wenn der Mensch plötzlich keine Lust mehr hat und eine höchst erregte Katze zurücklässt. Kann die angestaute Energie regelmäßig nicht wieder abgebaut werden, wird sie sich anderweitig und vielleicht an unangemessener Stelle entladen.

Gehört auch Ihr Stubentiger zu den eher leicht erregbaren Tieren und hat er eine geringe Frustrationstoleranz, müssen Sie daher mit besonderem Bedacht spielen. Am besten teilen Sie das Spiel in drei Phasen auf. Die erste dient sozusagen dem Warmwerden. Dazu lenken Sie die Aufmerksamkeit Ihrer Katze auf sich und fordern sie auf, einer an einer Schnur befestigten Beute zu folgen.

In der zweiten Phase kann es dann etwas wilder werden. Allerdings dürfen Sie auch jetzt Ihre Katze nicht überfordern. Pausen gehören unbedingt dazu, schließlich sind Katzen keine Hetzjäger. Sie können zwar in kurzer Zeit sehr viel Energie aufbringen, doch ihre Kondition ist gering.

In der dritten und letzten Phase lassen Sie das Spiel langsam ausklingen, indem Sie wieder etwas mehr Ruhe hineinbringen. So verbreitet zum Beispiel ein Futtersuchspiel, für das Sie ein paar Leckerlis im Zimmer verstecken, weniger Hektik als ein wildes Jagdspiel, weil es Miezes volle Konzentration erfordert.

Wenn Ihre Katze mag, bietet sich zum Abschluss noch eine Runde Kuscheln oder Bürsten an, um sie wieder vollends zur Ruhe zu bringen.

Kater Quirell wurde zu früh von seiner Mutter und den Geschwistern getrennt. Dadurch fehlt ihm eine Menge soziale Kompetenz, und er regaiert in vielen Situationen sehr schnell etwas über, gerade wenn ihm langweilig ist. Noch viel mehr aber »dreht« er bei den hektischen Jagdspielen »durch«, die sein Herrchen anfangs mit ihm spielte. Die pushten ihn so sehr auf, dass er anschließend kaum mehr zu beruhigen war. Sein Herrchen achtet nun sehr genau darauf, ihn regelmäßig zu beschäftigen – vor allem mit Kopfarbeit, die die Konzentration fordert und fördert wie das Clickertraining.

Besonders oft trainieren die beiden an Übungen, die Geduld und ruhiges Verhalten fordern wie Sitzen, Warten, Pfotegeben. Auch regelmäßige Entspannungseinheiten wie sanftes Bürsten auf dem Sofa mit Entspannungsmusik haben mittlerweile dazu geführt, dass Quirell schon viel ausgeglichener ist.

DAS RICHTIGE MASS

Von Über- und Unterforderung

LEIDER GIBT ES in puncto richtiges Spielen kein allgemeingültiges Patentrezept. Während ein zurückhaltendes Katzenmädchen vielleicht schon von einer vor dem Gesicht herumwedelnden Spielangel eingeschüchtert wird, kann es einem jungen Kampfkater nicht wild genug zur Sache gehen. Daher sind Sie als Halter gefragt, herauszufinden, welche Art von Beschäftigung und Spielzeug bei Ihrer Katze auf Begeisterung stößt – und was eher nicht.

Weicht die Katze beim Spielen zurück, unterbricht sie die Interaktion abrupt oder kommt es zu Übersprungshandlungen wie hektischem Flankenlecken, ist das häufig ein Indiz dafür, dass sie gerade überfordert ist. Das Spiel macht ihr dann keinen Spaß und kann auf Dauer der Beziehung sogar schaden, weil es die Katze verunsichert.

Die Zeichen, dass die Katze von unseren Bemühungen eher gelangweilt ist, weil wir sie unterfordern, sind sogar noch deutlicher: Sie beachtet uns und unsere Aktionen überhaupt nicht, döst weiter, rührt sich nicht von der Stelle. Hätten wir ihr Interesse geweckt, würde sie als typischer Ansitz- und Lauerjäger das Spielobjekt beobachten und den Bewegungen mit den Augen folgen (→ Seite 92). Genauso wird Mieze den Schauplatz verlassen, wenn das Spiel zu öde wird, und vielleicht lieber am Fenster die Vögel im Baum vor dem Haus beobachten oder es sich irgendwo gemütlich machen.

Der einfachste Trick gegen Langeweile beziehungsweise Unterforderung ist, für Abwechslung zu sorgen. Um nicht jede Woche ein neues Spielzeug kaufen zu müssen, bieten Sie nicht alles gleichzeitig an, sondern räumen einen Großteil des Spielzeugs weg und wechseln ab. Heute und morgen wird der Federwedel herausgeholt, übermorgen kommt die Fellmaus zum Einsatz, am Wochenende die Angel oder ein Wollknäuel …

Auch die Art, wie Sie ein Spielobjekt anbieten, darüber entscheiden, ob es Miezes Interesse weckt oder ob Sie nur ein müdes Gähnen kassieren. Katzen verfügen über ein sogenanntes panoramisches Sehvermögen. Es ist darauf ausgerichtet, Bewegungen zu erkennen, denn dies ist bei der Jagd sehr nützlich. Entsprechend stoßen »Stop-and-Go«-Bewegungen bei Katzen meist auf starkes Interesse. Experimentieren Sie mit verschiedenen Bewegungsmustern! Achten Sie dabei aber auch auf den Charakter Ihrer Katze, und passen Sie dementsprechend den Rhythmus, die Schnelligkeit und die Stärke der Bewegungen des Spielzeugs an.

Merlin ist ein junger British-Kurzhaar-Kater und steckt voller Energie. Obwohl sein Frauchen jeden Tag mit ihm spielt und er sich viel bewegt, scheint Merlin noch immer nicht ganz ausgelastet zu sein. Er lässt seinen überschüssigen Elan dann gern am Ledersofa aus oder räumt das Sideboard ab. Die Tierärztin hat empfohlen, Merlin mithilfe von verschiedenen Konzentrations- und Geduldübungen ein bisschen »runterzufahren«. Zudem hat sein Frauchen angefangen, ihm ein paar anspruchsvolle Tricks beizubringen. Seitdem der Kater nicht nur körperlich, sondern auch geistig gefordert wird, ist er viel ausgeglichener und kann es auch genießen, einfach einmal faul auf Frauchens Schoß zu liegen.

KIND UND KATZE

Spielregeln der besonderen Art

KINDER WIRKEN auf Katzen meist unberechenbar und verschrecken sie durch ihre etwas ruppige Art häufig. Sie lassen sich einfach nicht so leicht einschätzen wie Erwachsene. Wenn Eltern ihren Nachwuchs richtig unterweisen und begleiten, kann dieser allerdings sehr schnell lernen, wie er mit Lob und dem Einsatz von Leckerlis einigen Spaß mit der Katze haben kann. Zum Beispiel kann das Kind für gemeinsame Aktivitäten einen kleinen Parcours aufbauen und die Katze mithilfe einer Spielangel oder Leckerlis über und durch die Hindernisse führen. Wichtig ist, dass alles ohne Zwang geschieht, denn es soll beiden Spaß machen – Kind und Katze.

Den meisten Kindern bereitet es auch viel Freude, »ihrer« Miezekatze etwas zu basteln (eine Idee für so ein Spielzeug finden Sie auf Seite 91). Außerdem lassen sich aus Pappkartons, Tüchern und anderen Dingen interessante Spiel- und Entdeckungslandschaften für Kind und Katze basteln, wie Hindernisse, Häuschen, Höhlen oder Bettchen.

Ist das Kind schon verständiger, was meist etwa ab dem 12. Lebensjahr der Fall ist, ist auch das Clickertraining (→ Seite 75 und 85) eine tolle Sache. Allerdings müssen Sie als Eltern dem Kind vorher die Grundregeln beibringen. Einfache Verhaltensweisen, etwa »Sitz« oder Pfötchen heben, die die Katze im Alltag ohnehin häufiger zeigt, können dann gezielt mit Leckerlis gefördert und belohnt werden.

WISSEN EXTRA

Eltern tragen die Verantwortung

Mit Tieren aufzuwachsen ist für Kinder ein wahrer Segen. Sie lernen, was es heißt, Verantwortung zu übernehmen, und entwickeln eine gute **Sozialkompetenz.** Das gelingt aber nur mit der bewussten Unterstützung und Beaufsichtigung durch die Eltern, die auch eine wichtige Vorbildfunktion einnehmen. Vor dem 12. Lebensjahr sollten alle wichtigen Versorgungsaufgaben durch die Eltern begleitet und notfalls übernommen werden. Genauso **tragen allein die Eltern die Verantwortung** und die Kosten für die Gesunderhaltung des Stubentigers. Sie müssen ihrem Kind den richtigen Umgang mit der Katze erklären und ihm, falls dies nötig sein sollte, zum Schutz der Katze Grenzen setzen.

Jedes Kind sollte sich an folgende Regeln halten; für die Einhaltung sind Mutter oder Vater zuständig:

- Die Katze wird nie gestört, angefasst oder gar herumgetragen, wenn sie schläft, auf die Toilette geht oder frisst.
- Zeigt Mieze, dass sie etwas nicht will (Körpersprache erklären), sollte das Kind dies respektieren.
- Die Katze wird nie (!) gehauen, mit Sachen beworfen oder am Fell oder Schwanz gezogen. Das tut ihr weh, und sie kann sich verletzen.
- Katzen mögen es gar nicht, wenn man sie gegen den Strich streichelt, also immer nur vom Kopf zum Schwanz streicheln.
- Empfindliche Miezen besser nicht am Bauch anfassen.
- Fremde Katzen sind nicht immer wie die eigene und können sich ganz anders verhalten. Deshalb nicht gleich anfassen, sondern lieber langsam hinhocken, die Hand ausstrecken und abwarten, ob das Tier Kontakt will. Wenn nicht, muss das respektiert werden.

RUND UMS FÜTTERN

Auch wenn eine Katze tagsüber draußen herumstreifen darf, wird es ihr in den wenigsten Fällen gelingen, sich selbstständig zu ernähren. Dazu sind wir Menschen da. Wenn wir unsere Stubentiger ***artgerecht füttern****, bleiben sie gesund, munter und fühlen sich rundum wohl. Und* ***wenn beim Füttern ein paar Regeln beherzigt werden,*** *läuft die ganze Sache auch ohne Probleme ab.*

ARTGERECHTES FUTTER

Was Katzen fressen

KATZEN SIND Beutetierfresser; eine Wildkatze braucht pro Tag rund zehn bis zwölf Mäuse, um satt zu werden. Eine vegetarische oder gar vegane Ernährung ist daher auf keinen Fall artgerecht. Miezes gesamtes Verdauungssystem ist auf rohes Fleisch ausgelegt. Trotzdem haben viele Katzenhalter Bedenken, rohes Fleisch zu füttern. Sie befürchten, ihr Tier könne sich mit Salmonellen, Würmern oder anderen Parasiten und Krankheitserregern infizieren. Doch keine Sorge: Wenn wie hierzulande bei Schlachtung und Verarbeitung auf Hygiene geachtet wird, haben gesunde Katzen in der Regel kein Problem mit rohem Fleisch, auch weil ihre Magensäure um einiges aggressiver ist als unsere und sie Fleisch zudem viel schneller verdauen als wir. Aasfresser sind Katzen allerdings nicht, das Fleisch muss schon frisch und von sehr guter Qualität sein.

WISSEN EXTRA

Welche Nährstoffe sind wichtig?

Katzen haben einen ungewöhnlich **hohen Bedarf an tierischem Eiweiß** (Proteine). Zudem enthält ihre Nahrung viel Fett. Kohlenhydrate verträgt Mieze dagegen nur in sehr geringen Mengen. Frisst sie davon am Tag mehr als 5 Gramm pro Kilo Körpergewicht, kann sie Durchfall bekommen.

Im Gegensatz zu Hunden können Katzen zum Beispiel Vitamin A nicht aus dessen pflanzlicher Vorstufe (Beta-Carotin) herstellen – sie finden es in kleinen Mengen in Leber. Überhaupt sind sie, um gesund zu bleiben, auf Mineralstoffe, Spurenelemente und Vitamine aus tierischen Geweben angewiesen. Diese versorgen sie auch ausreichend mit **Taurin,** das unter anderem wichtig für die Funktion von Augen und Herz ist. Pro Kilo Körpergewicht benötigt Mieze 50 Milligramm davon am Tag. Auch **Arachidonsäure und Arginin** bekommt die Katze aus tierischem Gewebe.

Rohes oder selbst gekochtes Fleisch pflegt wegen seiner Fasern die Zähne und hält die Kaumuskeln fit. Es ist bei der natürlichen Fütterung aber nicht damit getan, der Katze einfach eine Portion Hackfleisch oder Filet anzubieten. Das würde langfristig zu einer Mangelernährung mit gesundheitlichen Folgen führen. Wer seinen Stubentiger gesund und artgerecht ernähren möchte, muss im Grunde eine Maus »nachbauen«: Deren Fleisch liefert reichlich Fett und Proteine, Mineralstoffe, Vitamine und andere Vitalstoffe. Im Blut findet sich beispielsweise Eisen, die Knochen liefern unter anderem Kalzium, das Gehirn steckt voller Taurin, die Leber versorgt mit Vitamin A … Genauso sind aber auch Bindegewebe, Knochen, Innereien, Mageninhalt und Fell nötige Nahrungsbestandteile. Ihr Tierarzt, ein Tierheilpraktiker oder ein Katzenernährungsberater beraten Sie gerne, was Sie bei der Rohfütterung von Fleisch (BARFen) oder selbst gekochten Rationen beachten müssen.

Achtung: Gekochte Knochen können splittern. Tabu sind auch rohes Schweine- und Wildschweinfleisch (auch roher Schinken), weil es gefährliche Aujeszkyviren enthalten kann, die bei der Katze Pseudowut auslösen können.

NASS- ODER TROCKENFUTTER?

Was ist besser?

WENN MAN ES RICHTIG MACHT, kommt BARFen, also die Rohfütterung von Fleisch, der natürlichen Ernährung von Katzen am nächsten. Ausgewogene selbst gekochte Mahlzeiten sind eine gute Alternative, weil Sie genau wissen, was darin steckt. Doch nicht jeder Katzenhlater hat die Zeit, Möglichkeit und Lust, das Fressen selbst zuzubereiten. Die Alternative: Fertigfutter.

Nassfutter mit sehr hohem Fleischanteil (viel Muskelfleisch, wenig Nebenerzeugnisse) ist dabei für die Katzenphysiologie deutlich gesünder als Trockenfutter. Dieses besteht nämlich zu einem sehr großen Teil aus Getreideprodukten, die der Katzenkörper nur sehr schwer verwerten kann. Gleichzeitig bieten die Kohlenhydrate nur geringen Nährwert. Mehr noch: Es kostet die Katze sogar Extraenergie, sie zu verdauen. Weil auch die für die Herstellung von Trockenfutter verwendeten Tiermehle infolge des hohen Erhitzens kaum noch Nährstoffe enthalten, müssen diese nachträglich künstlich zugesetzt werden.

Das größte Problem am Trockenfutter aber ist: Viele unserer Stubentiger trinken schon von Haus aus nicht genug. Trockenfutter entzieht dem Körper im Magen und Darm zusätzlich Wasser und quillt auf ein Vielfaches auf. Die Katze müsste also noch viel mehr Flüssigkeit zu sich nehmen, um Harnwegs- und Nierenerkrankungen vorzubeugen.

Übrigens: Auch wenn Trockenfutter nicht das natürlichste Katzenfutter ist, hat es durchaus Vorteile. Sie können es werfen, verstecken oder in einen Futterball füllen, um Ihre Katze zu beschäftigen (→ Seite 88 und 91).

FUTTER UMSTELLEN

Vom Trockenfutter zum Nassfutter

AUF NASSFUTTER umzusteigen erweist sich in der Realität zuweilen als schwieriger als gedacht. Wenn Ihre Katze außer Trockenfutter nichts anrührt, sind Geschick und Kreativität gefragt. Stellen Sie ganz langsam auf das neue Futter um. Mogeln Sie anfangs klitzekleine Portionen davon unter das Trockenfutter – eine Messerspitze ist schon genug. Schließlich soll Ihre Katze die Mahlzeit auch ganz auffressen. Etwa im Wochenrhythmus ersetzten Sie immer ein bisschen mehr Trocken- durch Nassfutter. Haben Sie Geduld: Je langsamer und sensibler die Umstellung verläuft, desto besser sind die Erfolgsaussichten. Das kann auch ein halbes Jahr dauern.

Kaufen Sie möglichst kleine Futterportionen. Dann bleiben keine Reste in der Dose zurück, die mit der Zeit einen metallischen Geschmack annehmen.

Kater Konrad liebt sein Trockenfutter. Aber Frauchen will ihn auf Nassfutter umstellen. Damit das gelingt, feuchtet sie ein paar Stückchen Trockenfutter ganz leicht mit dem Wassersprüher an – jeden Tag ein wenig mehr. Nach zwei Wochen mischt sie ein bisschen Nassfutter unter die übliche Portion. Weil Konrad das nicht frisst, kommen noch ein paar trockene Stückchen obendrauf. Zu mehr lässt Frauchen sich nicht erweichen. Langsam erhöht sie den Nassanteil, bis Konrad wieder so gern frisst wie vorher.

WIE OFT GIBT ES FUTTER?

Die Häppchenkultur

KATZEN SIND VON NATUR aus »Häppchenfresser«, weil sie mehrmals täglich kleinere Mahlzeiten in Form von Mäusen, Käfern oder anderen Kleintieren zu sich nehmen. Wenn Sie Ihren Stubentiger nicht immer wieder über den Tag verteilt füttern können, empfehlen sich für eine gesunde erwachsene Katze zwei bis drei feste Mahlzeiten, bei der Jungkatze sind es sogar bis zu fünf. Dazu kommen noch zusätzliche gesunde Snacks für Training und Beschäftigung.

Begutachten Sie Ihre Katze regelmäßig, um zu beurteilen, ob die Futtermenge stimmt. Ist das Tier zu dick, wölbt sich – von oben betrachtet – der Bereich hinter den Rippen nach außen. Bei einer zu dünnen Katze wirkt er »eingefallen«. Entsprechend sollten Sie Ihre Fütterungsgewohnheiten ändern. Denn zu viel oder zu wenig Futter kann Stress begünstigen und das Risiko für Krankheiten ansteigen lassen.

WISSEN EXTRA

Stressfaktor Nahrung

Nahrungsmittel mit zu vielen und schwer verdaulichen pflanzlichen Bestandteilen oder mit hohem Stärkegehalt, Bindemittel, Fettstabilisatoren oder **künstlichen Zusatzstoffen,** die das Futter optisch »attraktiver« erscheinen lassen sollen, können bei Ihrer Katze zu wahren **Stressreaktionen** führen. Warum? Es kostet Mieze zusätzliche Energie und Verdauungstätigkeit, um das Futter aufzuspalten und verwerten zu können. Zugleich fehlen wichtige Nähr- und Vitalstoffe, die für die Nerventätigkeit wichtig sind. Nicht zuletzt können schwer verdauliche Bestandteile zu Durchfall und anderen **Verdauungsproblemen** führen. All das belastet auf Dauer die Stressresistenz. Achten Sie daher auf möglichst natürliche und frisch zubereitete Mahlzeiten. Das gilt besonders, wenn Ihre Katze Verhaltensprobleme zeigt oder krank ist. Dann steht sie nämlich ohnehin schon genug unter Stress.

FUTTER IMMER VERFÜGBAR?

Ist das gut für die Katze?

ZUGEGEBEN: Es hat durchaus Vorteile, wenn die Katze jederzeit freien Zugang zum Futternapf hat. Bei Tieren, die sehr unruhig werden, wenn sie nicht regelmäßig oder zur selben Zeit gefüttert werden, lässt sich dadurch viel Stress vermeiden – der wiederum zu Markierverhalten (→ Seite 20) oder Aggressionen gegenüber anderen Katzen führen kann. Ist das Tier immer darauf angewiesen, dass der Mensch ihm etwas zu Fressen gibt, reagiert es frustriert, wenn es gerade nichts bekommt, obwohl es hungrig ist.

Allerdings hat der freie Futterzugang auch Nachteile. Zum einen bringen Sie Ihre Katze um einen der Höhepunkte des Tages: die Fütterung. Zum anderen entwickelt sie nie richtigen Appetit, weil sie ständig den Geruch von Futter in der Nase hat. Das kann sie mit der Zeit zu einem heiklen Fresser werden lassen (→ Seite 112). Bei Katzen setzt die Produktion von Verdauungssäften nämlich bereits dann ein, wenn sie das Futter riechen. Passiert das ständig, kann es zu Magen-Darm-Problemen kommen. Es gilt daher von Fall zu Fall gut abzuwägen, wann frei verfügbares Futter wirklich die bessere Lösung ist.

WISSEN EXTRA

Nicht hungern lassen!

Katzen sollten aufgrund ihres **speziellen Leberstoffwechsels** nicht länger als 24 Stunden fasten. Gerade für übergewichtige Tiere kann ein Nahrungsentzug zu ernsten gesundheitlichen Problemen führen. Der Grund: Bei Katzen lässt sich der Abbau von Eiweißen trotz geringer Proteinzufuhr nicht »herunterfahren«. Die **Verdauungsenzyme** bleiben also auch beim Fasten aktiv. Fehlt die Nahrung, beginnen sie daher **eigenes Körpergewebe abzubauen** (zu verdauen), zum Beispiel im Magen oder in der Leber.

FESTE FUTTERZEITEN

Füttern immer zur gleichen Zeit?

FESTE FÜTTERUNGSZEITEN haben gegenüber Futternäpfen, die ständig gut gefüllt herumstehen, viele Vorteile: Sie befriedigen zum Beispiel bei Gewohnheitstieren wie der Katze das natürliche Bedürfnis nach Ritualen und festen Strukturen. Zugleich gliedern sie den Tag und bilden ein echtes Highlight im Alltagstrott. Bei Freigängern dienen feste Futterzeiten zudem dazu, dass sie regelmäßig nach Hause kommen. Katze und Mensch können sich innerlich auf die feste Zeit einstellen. Das gibt ein sicheres Gefühl. Nicht zuletzt aufgrund der sozialen Interaktion hat das Füttern einen besonderen Stellenwert in der Mensch-Katze-Beziehung.

Die Katzen Kathie und Sanny können sich auf ihr Frauchen verlassen. Punkt sieben in der Früh, um fünf Uhr nachmittags und abends vor dem Zubettgehen gibt es Futter. Genauso kann sich Frauchen aber auch auf ihre Freigänger verlassen: Beide Katzen sind zuverlässig zu den Fütterungszeiten zur Stelle. Als Sanny eines Morgens nicht in die Küche kommt, weiß Frauchen daher sofort, dass irgendetwas nicht stimmt. Sie geht in den Garten. Plötzlich hörte sie ein Maunzen aus der Garage, aus der sie gestern den Sack mit der Blumenerde geholt hat – Sanny musste ihr unbemerkt gefolgt sein. Als Frauchen das Tor aufschließt, kommt ihr die Katze maunzend entgegen. Glücklich, sich wiederzuhaben, geht es nun schnell ins Haus, wo eine Extraportion Lieblingsfutter auf Sanny wartet.

Ein weiterer Vorteil von festen Fütterungszeiten: Sie bekommen ganz genau mit, was und wie viel Ihre Katze frisst und ob sich an der Nahrungsaufnahme etwas verändert. Außerdem hat die Katze dazwischen genug Zeit zu verdauen – das dauert etwa vier bis sechs Stunden. Sind Sie nicht in der Lage, Ihre Katze immer selbst zu füttern, ist ein Futterautomat eine gute Alternative. Sie können dann beispielsweise morgens und abends das Füttern übernehmen. Tagsüber lässt sich der Automat mittels Zeitschaltuhr programmieren und gibt zu festen Zeiten eine Portion Futter frei.

TRINKEN IST WICHTIG

Wasser ist Leben

UM DIE ZAHLREICHEN Stoffwechselvorgänge und Körperfunktionen in ihrem Inneren aufrechterhalten zu können, brauchen Katzen Wasser in ausreichender Menge. Das Problem dabei: Weil sie von (Halb-)Wüstenbewohnern abstammen, die ihren Flüssigkeitsbedarf vor allem durch das Blut ihrer Beutetiere decken, sind unsere Hauskatzen entsprechend »trinkfaul«.

Es liegt daher an Ihnen sicherzustellen, dass Ihre Samtpfote genug Flüssigkeit aufnimmt, etwa indem Sie Nassfutter füttern oder das Trockenfutter anfeuchten. Zusätzlich sollten Sie aber noch mehrere Wassernäpfe oder Trinkbrunnen in der Wohnung verteilen. In der freien Natur wandern Miezes wilde Verwandten ebenfalls erst einige Zeit, bis sie eine Futter- oder Wasserstelle erreichen. Animieren Sie Ihre Katze außerdem über Spiel und Aufmerksamkeit dazu, regelmäßig zu trinken.

Auch die folgenden Tricks unterstützen, dass die Katze mehr trinkt: Enthält das Wasser viel Kalk, sollten Sie es filtern, weil es sonst weniger gut schmeckt. Manchmal hilft auch, abgekochtes Wasser anzubieten oder dem Wasser etwas Fleischbrühe zuzufügen. Milch ist entgegen allen Klischees kein gutes Getränk für erwachsene Katzen. Ihnen fehlt das Enzym Laktase, das den in der Milch enthaltenen Milchzucker verdaubar macht. Die im Handel angebotene Katzenmilch ist als Durstlöscher ebenfalls ungeeignet, denn sie enthält oft Zucker und Konservierungsstoffe.

Unter Umständen kann es ratsam sein, laktosefreie Milch ins Wasser zu mischen, weil trinkfaule Katzen die Flüssigkeit dann eher akzeptieren, gerade wenn sie vorher mit Milch gefüttert wurden. Mischen Sie dazu Wasser und laktosefreie Milch im Verhältnis 10:1.

Frauchen übt mit ihrer Katze Lilly gern das Clickertraining. Ihr neuestes »Spiel«: Lilly soll einen Tropfen Wasser von Frauchens Finger lecken. Wenn es klappt, gibt es den bekannten Click und die anschließende Belohnung. Das nächste Ziel ist dann, einen ganzen Teelöffel voll Wasser leer zu schlabbern. So nimmt Lilly spielerisch einen Teil ihres Tagesbedarfs an Flüssigkeit zu sich.

DER FUTTERNAPF

Von diesem Teller fress ich nicht

GINGE ES NACH IHNEN, würden viele unserer Stubentiger wohl am liebsten einfach vom Boden fressen. Vermutlich lässt sich das Futter dort besser packen als in einer Schüssel. Leider aber gefällt das den meisten Menschen aus hygienischen Gründen nicht. Entsprechend groß ist das Angebot an Futter- und Wassernäpfen. Doch worauf kommt es bei der Wahl wirklich an?

Wichtig ist vor allem, dass die Näpfe fest auf dem Boden stehen und sich leicht reinigen lassen. Weil das Katzenmaul recht kurz ist, sollte der Rand nicht zu hoch und steil sein. Dadurch lässt sich gleichzeitig verhindern, dass die empfindlichen Schnurrhaare gereizt werden. Sehr gut eignen sich daher auch kleine Teller, Untertassen oder flache

NÜTZLICHES REZEPT 18

GESUNDE SNACKS

Aus der eigenen Küche

- Hühnerherzen-Chips: Schneiden Sie Hühnerherzen (am besten in Bioqualität) in hauchdünne Scheiben, und legen Sie diese auf ein mit Backpapier ausgelegtes Backblech. Das Ganze lassen Sie dann bei 70–80 °C im Backofen trocknen. Dabei bleibt die Klappe einen Spalt offen (Holzkochlöffel dazwischen klemmen), damit das Fleisch mehr trocknet als gart. Nach 1,5–2 Stunden sind die Scheibchen knochenhart.
- Kuh-Spaghetti: Teilen Sie etwas Rinderhackfleisch in einzelne »Stränge«, und legen Sie diese mit ausreichend Abstand auf ein mit Backpapier ausgelegtes Backblech. Trocknen Sie das Fleisch bei 70–80 °C 1,5–2 Stunden im Backofen (Klappe ebenfalls einen Spaltbreit geöffnet).

Schüsselchen aus Keramik (lebensmittelechte Glasur!), Porzellan oder Glas. In der Regel fressen Katzen so »gesittet«, dass nichts zu Bruch kommt.

Näpfe aus Plastik und Aluminium sind zwar bruchfest, aber dennoch weniger geeignet. Erstere werden schnell unhygienisch, sobald sie zerkratzt sind. Zudem können sie schädliche Weichmacher (Bisphenol A) enthalten und an das Futter abgeben. Außerdem nehmen die Lebensmittel leicht den Geschmack von Plastik auf. Das ist nichts für Miezes feinen Gaumen, und sie mäkelt dann gerne. Aluminium steht ebenfalls im Verdacht, gesundheitsschädlich zu sein.

Tipp: Wenn Sie nicht auf einem Napf bestehen, können Sie den natürlichen Gepflogenheiten Ihrer Katze entgegenkommen und das Futter auf einem Platzdeckchen oder Tablett »servieren«, das sich schnell reinigen lässt.

Kater Samy hat ein Problem mit seinem neuen Wassernapf. Immer wenn er trinken möchte, faucht er ihn an. Einmal hat er sogar schon nach dem Napf geschlagen und für eine richtige kleine Überschwemmung gesorgt. Mit seinem alten Plastiknäpfchen gab es nie Probleme. Doch nachdem sein Herrchen gelesen hatte, dass Plastik ungesund ist, hat er einen leicht zu reinigenden Napf aus Edelstahl gekauft. Beim Reinigen des Napfes kommt Herrchen dann darauf, wieso sich Samy so seltsam verhält: Er sieht auf dem hochglanzpolierten Boden immer eine andere Katze, die ihn anstarrt und sogar anfaucht – sein eigenes Spiegelbild. Seitdem serviert Herrchen Samy das Wasser in einem alten Müslischälchen, und alles ist wieder in bester Ordnung.

DER RICHTIGE FUTTERPLATZ

Nah dabei, aber nicht mittendrin

WENN IHRE KATZE ein schlechter Fresser ist, muss das nicht unbedingt am Futter oder an der Beschaffenheit des Napfes liegen. In manchen Fällen ist auch einfach der Futterplatz nicht optimal.

Katzen fressen nicht gern dort, wo sie ständig gestört werden. Sie bevorzugen eher ein ruhiges Plätzchen ohne Durchgangsverkehr. Auch die Katzentoilette sollte auf keinen Fall zu dicht neben dem Futternapf stehen. Eine unsichere

Katze profitiert von einem höher gelegenen Futterplatz, etwa auf dem Fensterbrett, dem Tisch oder einer Kommode, von wo aus sie alles im Blick hat.

Wenn Ihrem Stubentiger der Futterplatz, den Sie für ihn ausgewählt haben, partout nicht gefällt, lassen Sie ihn selbst einen neuen finden. Probieren Sie dazu verschiedene Stellen aus, oder beobachten Sie, wohin er das Futter trägt.

STRESS IN DER KÜCHE

Warum will Mieze immer fressen?

WERDEN KATZEN in der Küche gefüttert, ist dieser Raum für sie häufig mit einer großen Erwartungshaltung verbunden. Sie sind dann auch zwischen den Fütterungszeiten entsprechend aufgeregt, wenn ihr Mensch in die Küche geht, etwa um sich einen Kaffee zu machen oder das Abendessen vorzubereiten. Es könnte ja genau jetzt etwas für Mieze herausspringen. So ein Verhalten kann ganz schön nerven. Und um ihm vorzubeugen, sollten Sie den Ort der Aufregung zwischendurch immer wieder mit ruhigen Interaktionen verbinden. Dadurch lernt die Katze, dass es sich auch in der Küche entspannen lässt.

Tipp 1: Füttern Sie Ihre Katze auch an anderen Stellen in der Wohnung, damit die Erwartungshaltung sich weniger stark auf die Küche konzentriert. Futterautomaten, die mehrmals täglich kleinere Portionen freigeben, oder ein Futterball, den die Katze jederzeit aufsuchen kann, helfen zusätzlich, die Situation zu entspannen.

Tipp 2: Nehmen Sie Ihre Katze mitsamt ihrer Lieblingskuscheldecke zwischen den üblichen Futterzeiten mit in die Küche. Breiten Sie die Decke auf dem Boden aus, und setzen Sie sich darauf. Laden Sie Ihre Katze ein, zu Ihnen zu kommen. Weil sie die Decke vermutlich schon mit Entspannung assoziiert, wird es ihr leichter fallen, etwas ruhiger zu werden. Sie unterstützen dies, indem Sie selbst ganz ruhig bleiben, leise reden und das Tier liebevoll streicheln.

Nach und nach lernt Ihre Katze mit Ihrer Unterstützung schon, dass die Küche nicht nur ein Ort der An-, sondern auch der Entspannung sein kann. (Diese Vorgehensweise eignet sich natürlich auch für andere Räume in der Wohnung, mit denen Ihre Katze bisher eher Stress und Hektik als Ruhe verbindet.)

WENN ES MIEZE NICHT SCHMECKT

So wird aus Mäkelfritze ein guter Esser

RIECHT IHRE KATZE nur am Fressen, rümpft einmal die Nase, dreht sich mit einem Schnaufen um und geht, meinen viele Katzenhalter, sie sei krank oder das Futter schmecke ihr nicht. Sie widmen ihr dann mehr Aufmerksamkeit, streicheln sie häufiger und bieten meist sofort ein anderes, beliebteres Futter an. Mieze lernt so ziemlich schnell, dass zwischen Futter verweigern und besseres Futter bekommen ein Zusammenhang besteht. Wenn dann vielleicht noch ein gut gefüllter Napf mit Trockenfutter im Flur steht, kann sie es sich erlauben, wählerisch zu sein. Genauso werden Katzen, die ein bestimmtes Futter fressen müssen (etwa Diätfutter, weil sie krank sind) wählerisch, wenn es ihnen nicht schmeckt.

Wollen Sie Ihrer Katze das mäkelige Essverhalten abgewöhnen, reduzieren Sie als Erstes das frei zugängliche Futter und bieten konsequent nur noch zwei bis drei feste Mahlzeiten mit etwas kleineren Portionen am Tag an. Räumen Sie das Futter nach einer halben Stunde genauso konsequent auch wieder weg. So lernt Mieze, dass sie mit ihrem kleinen Dickkopf keinen Erfolg hat, und wird ihr Futter fressen.

SO WIRD FUTTER ATTRAKTIV

So frisst die Katze gern

UM FUTTER ATTRAKTIVER zu machen, sollten Sie es nie frisch aus dem Kühlschrank, sondern immer in Zimmertemperatur anbieten (notfalls einfach einen Schuss warmes Wasser darübergeben). Denn Wärme verstärkt seinen Geruch. Zusätzlich können Sie Trockenfleischmehl, Bier- oder Edelhefeflocken über das Futter streuen. Fett ist ebenfalls ein hervorragender Geschmacksverstärker. Sie können daher gut etwas erwärmtes Gänseschmalz untermengen.

Die Attraktivität des Futters lässt sich natürlich auch steigern, indem Sie es mit einem Spiel verbinden. Dazu halten Sie den gefüllten Napf vor die Katze. Riecht sie daran oder schaut sie hin, belohnen Sie sie dafür mit einem tollen Spiel. Wenn es noch mehr Überredungskunst bedarf, können Sie kleine Futterstückchen werfen und damit Miezes Jagdinstinkt anregen.

Kater Pit ist, was seine Futtervorlieben angeht, wählerisch. Denn leider hat seine frühere Besitzerin nicht daran gedacht, dass Katzen in den ersten Lebenswochen eine Art Nahrungsprägung durchmachen. Pits jetziges Herrchen bemüht sich trotzdem, ihm auch mal etwas anderes vorzusetzen. Dabei hat er entdeckt, dass Pit auf gekochtes Fleisch steht. Nun soll ihm eine Katzenernährungsberaterin ausgewogene Rezepte zusammenstellen.

DER GIERSCHLUND

Raus kommt's schneller, als man denkt

WÄHREND DIE EINEN KATZEN beim Fressen extrem wählerisch sind, gibt es bei manch anderen gar kein Halten mehr, wenn sie Futter sehen. Kaum steht der Napf auf dem Boden, ist er auch schon leer. Diese gierigen Katzen wirken beim Fressen selten entspannt. Stattdessen schauen sie immer wieder nach links und rechts, als müssten sie befürchten, man wolle ihnen das Futter wieder wegnehmen. Dass das nicht gut geht, ist eigentlich klar: Wenige Minuten später erbrechen sie dann das Futter wieder. In einem solchen Fall, sollten Sie als Erstes beim Tierarzt abklären lassen, ob alles in Ordnung ist. Möglicherweise steckt eine Schilddrüsenüberfunktion (→ Seite 127) dahinter. Ist das Tier gesund und gehört es eher in die Klasse der Schlinger, sollten Sie versuchen, mehr Ruhe in die Mahlzeiten zu bringen: Bieten Sie häufiger, dafür kleinere Portionen an. Verteilen Sie das Futter auf einem großen, flachen Teller. So kann die Katze sich jedes Stück nur einzeln einverleiben. Wenn Sie außerdem noch etwas warmes Wasser darübergeben, wird es breiiger, und Mieze kann es nicht mehr in Brocken schlucken.

Im Zoofachhandel gibt es spezielle »Anti-Schling-Näpfe«. Ihr Boden ist zur Mitte hin nach oben gewölbt, was die Katze daran hindert, alle Brocken auf einmal »aufzusaugen«. Stattdessen kann sie das Futter nur langsam mit der Zunge herausschlabbern. Eine andere Möglichkeit ist, Nassfutter in ein Glas oder ein »Fummelbrett« aus Kunststoff zu füllen. Dann muss es sich die Katze mit den Pfötchen herausangeln. Und das dauert …

GRÜNZEUG FRESSEN

Knabbern an Zimmerpflanzen

ES IST GANZ NORMAL, wenn Freigängerkatzen Gras fressen. Dieses dient zum einen als »Verdauungshilfe«, um geschluckte Haare besser hervorwürgen zu können. Zum anderen enthält Gras vermutlich auch Nährstoffe, die für die Katze von Vorteil sind. Aus demselben Grund kommt es vor, dass Wohnungskatzen Zimmerpflanzen anknabbern. Zwar ist nicht jede Pflanze hoch giftig. Aber auch manch scheinbar ungefährliches Kraut kann Mund, Speiseröhre und Magenschleimhaut reizen oder der Leber, dem Magen, dem Darm und anderen Organen schaden, wenn die Katze permanent daran herumkaut. Zudem können durch scharfkantige Pflanzenteile kleine Verletzungen entstehen.

Giftige Topfpflanzen sollten Sie generell verbannen oder zumindest in ein Zimmer stellen, zu dem die Katze keinen Zugang hat. Wenn Sie sich nicht sicher sind, welches Grünzeug für Mieze gefährlich werden kann: Die Internetadresse einer Datenbank über Giftpflanzen finden Sie auf Seite 157.

Stellen Sie Ihrem Stubentiger doch einfach grüne Alternativen zur Verfügung. Unbedenklich sind zum Beispiel selbst gezogene Keimlinge von Getreide wie Hafer oder Weizen, die recht weiche Blätter haben. Keimfähige Getreidekörner erhalten Sie im Reformhaus oder Biomarkt. Auch Katzengras, Zimmerbambus beziehungsweise Seychellengras (*Pogonatherum paniceum*) oder Katzenminze (*Nepeta cateria*) sind geeignet. Greifen Sie bei Saatgut für Katzengras auf Bioqualität zurück, normale Rasenmischungen können giftigen Dünger enthalten. Mit Katzengras lassen sich auch ganze Balkonkästen oder sogar eine kleine Rasenfläche auf dem Balkon anpflanzen.

WISSEN EXTRA

Was Mieze nicht verträgt

Giftige und schädliche Stoffe:

- Schokolade/Kakao, vor allem dunkle (Theobromin)
- Kaffee, schwarzer Tee (Koffein, Theobromin, Theophyllin)
- Obstkerne, etwa von Aprikosen, Pfirsichen, Pflaumen, Zwetschgen, sowie Bittermandeln (Blausäure)
- Tabak (Nikotin); ein einziger Zigarettenstummel enthält etwa 5–7 mg Nikotin, bereits 4 mg können für Katzen tödlich sein. **Vorsicht:** Belastend ist auch Streicheln direkt nach dem Rauchen oder wenn Katze an Raucherfingern schleckt.
- Zwiebeln, Knoblauch, Bärlauch, Schnittlauch (Sulfide); schon ½ kleine Zwiebel oder Knoblauchknolle vergiften eine Katze.
- Weintrauben und Rosinen können Durchfall, Erbrechen und Nierenversagen auslösen.
- Medikamente für Menschen (etwa Aspirin)
- Manche ätherischen Öle sind giftig oder bei Katzen nur mit Vorsicht anzuwenden. Dazu zählen zum Beispiel Campher, Eukalyptus, Lavendel, Pfefferminze, Rosmarin, Salbei und Teebaumöl.
- Zuckerersatz oder -austauschstoffe wie der Birkenzucker Xylitol sind für Katzen giftig.

Sonstige unverträgliche Stoffe:

- Milch und Milchprodukte; die darin enthaltene Laktose kann zu Durchfall führen
- Rohes Eiklar; führt zu Verdauungsproblemen; gekochtes Eiklar wird vertragen.
- Rohe Kartoffeln, Getreide, Nudeln, Reis und Hülsenfrüchte; wenn überhaupt nur ausreichend lang gekocht und in geringen Mengen. Sonst kann die Katze diese kohlenhydratreichen Lebensmittel nicht verdauen, und es drohen Bauchweh, Blähungen oder Durchfall.
- Roher Fisch; enthält das Enzym Thiaminase, das zu Vitamin-B1-Mangel führen kann; Kochen zerstört das Enzym. Lachs, Forelle und Tintenfisch scheinen wenig bis gar keine Thiaminase zu enthalten.
- Viele Medikamente, die uns Menschen helfen, können für Katzen gefährlich sein. Geben Sie Ihrer Katze daher nie ohne Rücksprache mit einem Tierarzt irgendwelche Arzneimittel (etwa Schmerztabletten).

Was tun bei Vergiftung?
Die Symptome für eine Vergiftung können recht unspezifisch sein. Am auffälligsten sind noch übermäßiges Speicheln, Erbrechen, Durchfall, Herz-Kreislauf-Probleme und Atembeschwerden.
Wichtig: Manche Vergiftungserscheinungen treten sofort auf, andere erst nach einigen Tagen. Suchen Sie daher bei Verdacht auf eine Vergiftung oder die Aufnahme potenziell giftiger Substanzen sofort tierärztlichen Rat. Dasselbe gilt, wenn Ihnen etwas am Verhalten Ihrer Katze seltsam vorkommt und sie zum Beispiel viel ruhiger oder wilder ist als sonst.

PFLEGE UND GESUNDHEIT

Zur ***Gesundheitsvorsorge*** *gehört weit mehr als regelmäßiges Entwurmen und Impfen. Sie beginnt bei der täglichen Pflege und schließt auch das empfindsame Seelenleben unserer Stubentiger mit ein. Wenn Ihre Katze sich zum Beispiel plötzlich ungewohnt verhält, ist das oft ein erster Hinweis darauf, dass etwas nicht stimmt. Wenn Sie* ***auch auf kleine Zeichen achten****, fördern Sie ihr Wohlbefinden und ihre Gesundheit.*

FELLPFLEGE

Vor allem bei Langhaarkatzen wichtig

KATZEN SIND SEHR REINLICH und verbringen einen Großteil des Tages damit, ihr Fell zu säubern. Sie tun das nicht, damit sie schön aussehen. Ihr Fell hat vielmehr verschiedene wichtige Funktionen. Es unterstützt die Regulation der Körperwärme, weil es vor Hitze und Kälte schützt – geanauso wie vor Verletzungen. Außerdem trägt es durch die Musterung zur Tarnung bei.

Kann eine Katze ihr Fell nicht (mehr) in ausreichendem Maße pflegen oder ist sie krank, wirkt es struppig und »aufgeplustert« – ein ernst zu nehmendes Indiz dafür, dass es dem Tier nicht gut geht. Schuppiges, stumpfes Fell kann auf einen Nährstoffmangel hinweisen. Was auch immer die Ursache für derartige Auffälligkeiten ist: Stellen Sie Ihre Katze möglichst bald dem Tierarzt vor, um herauszufinden, was ihr fehlt.

Sie können Ihren Stubentiger gut bei der täglichen Fellpflege unterstützen: Bei Kurzhaarkatzen ist das Fell zwar auch dann meist top in Schuss, wenn sie selten bis nie gebürstet werden. Trotzdem sollten Sie ab und an zu Kamm und Bürste greifen – vor allem während des Fellwechsels, in dem sich viele Wohnungskatzen übrigens fast das ganze Jahr über befinden. Dadurch verhindern Sie auch, dass das Tier beim Putzen zu viele Haare verschluckt, die im Verdauungstrakt feste Ballen bilden und im schlimmsten Fall eine Verstopfung verursachen können (→ Seite 133).

Für die Besitzer von Langhaarkatzen ist das tägliche Bürsten und Kämmen sogar ein Muss, besonders bei Rassen mit dichteren, feineren Haaren und Unterwolle wie Perser, Britisch oder Exotic Kurzhaar. Ansonsten riskieren Sie, dass das Fell so sehr verfilzt, dass Mieze beim Tierarzt geschoren werden muss, was oft nur unter Narkose möglich ist. Das sollte natürlich nach Möglichkeit vermieden werden.

Leider hat jedoch nicht jedes (Langhaar-)Kätzchen das Bürsten als etwas Schönes in Erinnerung, manche kennen es auch gar nicht. Und so erwidert es häufig schon den ersten Versuch mit reichlich Gegenwehr. Mit etwas Geduld und Wissen können Sie aber jedem Tier beibringen, die Fellpflege zu akzeptieren und sie sogar als Extra-Streicheleinheit zu genießen (→ rechts).

KÖRPERKONTROLLE

Zeigt her eure Pfötchen …

VIELE KATZEN LASSEN sich nur ungern ins Maul oder in die Ohren schauen beziehungsweise überall am Körper abtasten. Auch Pfotenfesthalten und Krallenkürzen ist häufig verpönt. Am besten gewöhnen Sie daher schon Ihr Kätzchen an ungewöhnliche Handgriffe. Doch auch wenn Mieze schon erwachsen ist, ist es nie zu spät, ihr Berührungen und Körperkontrollen zumindest ein Stück weit schmackhaft zu machen.

NÜTZLICHES REZEPT 19

GEWUSST WIE: BÜRSTEN

So lernt Mieze die Bürste lieben

Kaufen Sie eine neue Bürste mit ganz weichen Borsten, und legen Sie sie bei jeder Mahlzeit etwa einen Meter neben den Futternapf. Ist der Abstand groß genug, traut sich Mieze trotzdem zu fressen. Nach und nach kann die Bürste dann immer näher zum Napf »wandern«. Die Katze darf aber nie so viel Angst haben, dass sie nicht frisst (sonst Abstand noch einmal vergrößern und es später erneut versuchen). Hat Mieze kein Problem mehr mit der Bürste, halten Sie sie ihr hin. Riecht sie daran oder dreht sie zumindest den Kopf nicht weg, geben Sie ihr sofort ein Leckerli und nehmen die Bürste wieder weg. Durch stetes Wiederholen verknüpfen Sie Bürste und Leckerli. Klappt das, was je nach Katze und Grad der Aversion ein paar Tage bis Wochen dauern kann, berühren Sie Mieze ganz kurz mit der Bürste an einer Stelle, die für sie angenehm ist (→ Seite 65). Dann geben Sie ihr sofort wieder ein Leckerli. Wenn Sie so behutsam vorgehen, können Sie sie nach einiger Zeit am ganzen Körper bürsten.

Wenn Sie die Berührung mit einem Super-Leckerli oder einer anschließenden Spielrunde als Belohnung verknüpfen, wird Mieze das Ganze schon weniger schlimm finden. Sie müssen jedoch behutsam genug vorgehen und dürfen die Katze nicht überfordern. Versuchen Sie beim Gewöhnungstraining immer an der Schwelle zu üben, die ihr gerade noch Freude bereitet. Entzieht sie sich Ihren Berührungen und zieht sie zum Beispiel die Pfote weg, sind Sie schon zu weit gegangen.

Prinz ist ein aufgeweckter junger Kater, der vorsorglich schon an verschiedene Körperberührungen und Manipulationen gewöhnt werden soll. Diesen Prozess möchte Frauchen mithilfe des Clickertrainings beschleunigen. Erstes Ziel: das Anfassen der Vorderpfoten und das Herausdrücken der Krallen. Dank des Clickerns lernt Prinz, »Pfote zu geben«. Daneben übt sein Frauchen mit ihm auch noch für andere Dinge, die einfach nur Spaß machen. Da alles gleichermaßen mit Leckerlis belohnt wird, macht Prinz überall gern mit – und hat am Pfötchengeben mittlerweile richtig Spaß. Als nächsten Schritt trainiert Frauchen mit ihm, dass sie die Pfote etwas länger mit den Fingern umfassen und sogar schon leicht auf die Zehen drücken darf, damit die Krallen herauskommen. Auf diese sehr spielerische und geduldige Art klappt das sicher auch bald.

WISSEN EXTRA

Sinneshaare

Eine Katze nimmt ihre Umwelt nicht nur über ihre Sinnesorgane wahr, sondern nutzt dazu auch ihre Sinneshaare (Vibrissen). Mit ihnen erfasst sie selbst die kleinsten **Berührungsreize** und verarbeitet sie. Sie kann so zum Beispiel einschätzen, ob sie durch einen Spalt im Zaun schlüpfen kann oder nicht. Die Sinneshaare leiten auch entsprechende Reize ans Gehirn weiter, wenn sich eine Maus im Katzenmaul noch bewegt – worauf der Kopf signalisiert: »Fester zubeißen, damit die Beute nicht entkommt!« Im Dunkeln schließlich erleichtern die Sinneshaare der Katze die Orientierung.

Die Vibrissen befinden sich links und rechts des Nasenspiegels **(»Schnurrhaare«),** über den Augen, an den Wangen und an der Rückseite der Vorderpfotengelenke. Auch wenn sie Ihnen nicht gefallen, dürfen Sie sie **beim Scheren nicht abschneiden.** Mieze kann sich sonst nicht richtig orientieren.

ZAHNPFLEGE

Saubere Beißerchen

MANCHE KATZEN haben bereits in relativ jungen Jahren mit Zahnbelag zu kämpfen. Zum Teil liegt dies sicher an einer entsprechenden genetischen Veranlagung. Aber auch ungeeignetes Futter fördert Beläge. Anders als breiiges Futter oder Trockenfutter, das die Katze oft gleich schluckt, müssen ganze Fleischbrocken, egal, ob roh oder gekocht, erst mit den Backenzähnen zerteilt werden. Das pflegt das Gebiss.

Wenn Sie ganz auf Nummer sicher gehen wollen, putzen Sie Ihrer Katze täglich einmal die Zähne. Dafür gibt es im Zoofachhandel spezielle Zahnbürsten und Zahnputzfingerlinge sowie Zahnpasta mit Fischgeschmack.

Wie so vieles klappt auch das Zähneputzen am einfachsten, wenn Sie schon in den ersten Lebensmonaten damit beginnen. Es lässt sich aber auch mit älteren Katzen noch üben. Streichen Sie Mieze dazu mit der linken Hand von unten am Kinn und mit dem Daumen am Mundwinkel entlang. Wenn sie daraufhin reflexartig den Mund öffnet, loben Sie sie und geben ihr ein Leckerli. Nach etwa zehn Trainingsdurchgängen berühren Sie dann den Mundwinkel leicht mit einer Zahnbürste. Der Mund öffnet sich, und sofort gibt es wieder ein Lob und ein Leckerli. Auf diese Weise sind schon bald ein, zwei Putzbewegungen an den äußeren Zähnen möglich. Wenn das Training ohne Zwang, dafür aber mit vielen Leckereien verbunden ist, wird es in den nächsten Tagen und Wochen sicher zum Erfolg führen. Das ist gut, denn auf die leichte Schulter sollten Sie Zahnbeläge nicht nehmen. Er wird wie Mundgeruch durch Bakterien verursacht, die über das Blut in den Körper »wandern« und mit der Zeit auch andere Organe schädigen können.

Shreck lässt sich nur am Köpfchen kraulen. Nach einer notwendigen Zahnsanierung hat der Tierarzt angeordnet, ihm regelmäßig die Zähne zu putzen. Zuerst darf Shreck von der Katzenzahnpasta probieren. Da sie schmeckt, lässt er es sich gefallen, dass Frauchen ihm mit dem Zeigefinger etwas davon in den Mundwinkel schmiert. Nach und nach darf sie die Creme mit einem Fingerling auch ein wenig auf den Zähnen verreiben.

RICHTIG HOCHHEBEN

So halten Sie Mieze korrekt

IN DER REGEL LASSEN sich handzahme Katzen ohne allzu starke Abwehr hochheben. Leider gibt es aber immer noch Menschen, die meinen, man müsse eine Katze am Nackenfell heben, weil so die Katzenmütter ihre Jungen tragen. Tatsächlich verunsichert diese Trageweise das Tier enorm. Nur ein größeres Raubtier packt andere im Nacken. Außerdem tut es weh, und bei dem Versuch, sich zu befreien, kann Mieze sich verletzen.

Richtig hochheben geht so: Stellen Sie sich leicht seitlich hinter die Katze. Gehen Sie in die Hocke, oder neigen Sie sich zu Mieze hinunter. Kündigen Sie an, was Sie als Nächstes tun werden. Sagen Sie zum Beispiel »Hoch«, bevor Sie sie hochheben, und »Runter«, bevor Sie sie absetzen. Dann weiß sie, was sie erwartet. Greifen Sie dann mit einer Hand zwischen den Vorderbeinen hindurch bis zur Brust. Heben Sie die Katze vorsichtig vorne an, und gehen Sie mit der anderen Hand unter die Hinterbeine. So verteilt sich das Gewicht beim Anheben gleichmäßig. Halten Sie die Katze dicht an Ihrem Körper. Dadurch stabilisieren Sie sie und vermitteln ihr gleichzeitig ein Gefühl der Geborgenheit.

TERMIN BEIM TIERARZT

Gute Vorbereitung ist die halbe Miete

SELBST BEI DER BESTEN Pflege lassen sich regelmäßige Tierarztbesuche nicht umgehen. Spätestens zum Impfen müssen Sie mit Ihrer Katze einen Termin in der Praxis ausmachen. Für viele Stubentiger ist dieser Besuch das Schlimmste, was ihnen überhaupt passieren kann. Und daher gibt es aus ihrer Sicht wohl kaum einen verhassteren Menschen als den Tierarzt. Und dann muss man meist auch noch ins Auto …

Autofahren bedeutet für Mieze erheblichen Stress, wenn Sie es nicht regelmäßig mit ihr geübt und mit positiven Dingen verknüpft haben. Oft können aber schon Kleinigkeiten Abhilfe schaffen. Stellen Sie zum Beispiel die Transportbox auf einen Kindersitz, und gurten Sie sie an. Dann kann die Katze sehen, was um sie herum geschieht. Manche Katze ist im Auto auch viel ruhiger, wenn sie mithilfe von Geschirr, Leine und einem speziellen Verschluss am Gurtsystem gesichert wird. In diesem Fall könnte auch eine zweite vertraute Person die angeschnallte Katze auf dem Schoß halten. Wichtig: Probieren Sie alle Varianten in Ruhe aus, bevor es tatsächlich zum Tierarzt geht.

Ist der Weg in die Praxis nicht allzu weit, können Sie die Katze auch mit dem Fahrrad hinbringen, was die Tiere oft lieber mögen. Für den Transport eignet sich ein spezieller Fahrradkorb oder eine Transporttasche, die man wie einen Rucksack schultert oder wie eine Babytrage vor dem Bauch trägt. Lassen

NÜTZLICHES REZEPT 20

ANS TRAGEN GEWÖHNEN

Auch das muss geübt werden

Lässt sich Ihre Katze nur ungern hochheben, sollten Sie das Schritt für Schritt mit ihr trainieren: Legen Sie zuerst für einen kurzen Moment die Hand von unten an ihren Bauch. Bei der Berührung geben Sie ihr ein Leckerli und nehmen die Hand dann gleich wieder weg. Nach und nach dehnen Sie die Dauer des »Handauflegens« aus – immer so weit, wie es Ihre Katze noch entspannt toleriert. Wenn das gut funktioniert, greifen Sie mit der rechten Hand unter den Bauch und von dort zwischen die Vorderbeine und heben sie für eine Sekunde vorne an (die Hinterbeine bleiben noch auf dem Boden). Sofort belohnen und wieder runterlassen. Klappt auch das gut, heben Sie das Tier für einen kurzen Augenblick ganz vom Boden. Zappelt oder strampelt die Katze, macht sie sich steif, legt die Ohren an, faucht sie oder zeigt sie andere Abwehrreaktionen, haben Sie zu viel verlangt. Festigen Sie jeden Trainingsschritt, ehe Sie weitergehen – egal, wie lang das dauert. Die Katze gibt das Tempo vor, nicht der Mensch.

Sie sich im Zoofachhandel beraten, und testen Sie aus, was Ihnen angenehm ist. Für Fußgänger sind »Pet Stroller«, eine Art Buggy für kleine Hunde und Katzen oder spezielle Trolleys erhältlich. Auch darin »reist« Mieze relativ stressfrei.

Egal, wie Sie zum Tierarzt kommen wollen: Wichtig ist, dass Sie sich ausreichend Zeit nehmen und alles in Ruhe vorbereiten. Holen Sie Ihre Katze, wenn sie Freigang hat, ein bis zwei Stunden vor dem Termin ins Haus. Das ist wichtig, damit sie das Heimkommen nicht mit dem Tierarztbesuch verknüpft, sonst kommt sie in Zukunft auf Ihr Rufen nicht mehr nach Hause. Locken Sie sie mit Leckerlis in einen Raum, und schließen Sie die Tür. Dort kraulen Sie sie ganz entspannt und füttern sie. In diesem Raum steht die Transportbox (→ rechts) bereit. Locken Sie Mieze mit ein paar Leckerlis hinein, und schließen Sie die Klappe. Gehen Sie jetzt aber nicht gleich los, sondern füttern Sie die Katze durch das Gitter weiter. Solange sie frisst, ist sie einigermaßen entspannt.

Wichtig: Machen Sie aus der ganzen Aktion keine Verfolgungsjagd, nur um den Termin nicht zu verpassen. Sollte es einmal länger dauern, rufen Sie beim Tierarzt an und geben Bescheid. In der Regel hat er Verständnis dafür.

DIE TRANSPORTBOX

So klappt die »Eingewöhnung«

IN SEHR VIELEN Katzenhaushalten kommt die Transportbox nur dann zum Einsatz, wenn es zum Tierarzt geht. Daher verwundert es nicht, dass allein ihr Anblick die Mehrzahl der Katzen in Angst und Schrecken versetzt. Dabei muss das gar nicht sein. Sie müssen eigentlich nur dafür sorgen, dass Ihre Katze die Box mit schönen Dingen in Verbindung bringt.

Der erste Schritt dazu: Damit der Anblick der Box für Mieze alltäglich wird, stellen Sie sie mit einer weichen Kuscheldecke bestückt ins Wohnzimmer oder in die Küche. Ungefähr nach einer Woche bieten Sie Ihrer Katze die täglichen Mahlzeiten dann neben oder vor der Box an. Wählen Sie anfangs den Abstand so, dass Mieze ohne Probleme frisst. Tut sie das nicht, vergrößern Sie den Abstand zum Futternapf zunächst noch einmal und versuchen es ein paar Tage später aufs Neue.

Klappt es mit dem Fressen zwei- bis dreimal gut, rücken Sie den Futternapf immer weiter Richtung Box, bis er schließlich irgendwann vorn in ihr steht. Frisst Ihre Katze auch hier entspannt, schieben Sie bei jeder Fütterung den Napf weiter in die Box hinein, sodass die Katze zuerst mit den Vorderbeinen, später mit allen vieren in der Box stehend frisst. Ganz wichtig: Zu keiner Zeit dürfen Sie Ihre Katze drängen oder gar in die Box schieben. Sie muss ihr eigenes Tempo wählen dürfen, um Vertrauen aufzubauen.

Ist diese erste Hürde genommen, trainieren Sie auf die gleiche Weise nach und nach die nächsten Schritte: Los geht‘s mit Fressen in der Box bei geschlossener Klappe. Es folgen: Entspannt in der Box sitzen, wenn sie kurz angehoben wird, und das Herumgetragenwerden in der Box – erst im Zimmer, dann im Hausflur oder auf der Straße etc. Zusätzlich sollten auch andere schöne Dinge wie Spiele und Schmuseeinheiten in der Transportbox stattfinden.

Wichtig: Wenn die Transportbox unerwartet zum Einsatz kommen muss, bevor Sie das Training erfolgreich beendet haben, kann es sein, dass Sie noch einmal einen oder mehrere Trainingsschritte zurückgehen und die Sicherheit neu aufbauen müssen. Verlieren Sie nicht die Geduld. Nicht allzu verängstigte Katzen stufen die Transportbox schon nach kurzer Zeit wieder als relativ harmlos ein.

Tipp: Wenn Ihre Katze schon schlechte Erfahrung mit einer Box gemacht hat und diese so furchteinflößend auf sie wirkt, dass sie das Training überhaupt nicht mitmacht, ist es sinnvoll, eine neue Box zu besorgen, die möglichst anders aussieht als die alte.

WISSEN EXTRA

Sichere Transportbox

Achten Sie beim Kauf auf folgende Punkte:

- Ihre Katze muss in der Box bequem stehen, sitzen, liegen und kauern können.
- Sie sollte **blickdicht** sein, aber trotzdem eine gute Belüftung gewährleisten. Viele Katzen fangen nämlich an zu hecheln, sobald sie unter Stress stehen, und ihr Sauerstoffbedarf steigt.
- Idealerweise lässt sich die Box nicht nur von vorne, sondern auch **von oben öffnen,** um die Katze herausheben zu können.
- Die Box muss sich sicher **dicht verschließen** lassen, damit auch eine panische Katze nicht ungewollt ausbüxen kann.
- Griff und Tragegurt müssen stabil sein.
- Die Box sollte sich gut reinigen lassen.

ALTERNATIVE: HAUSBESUCH

Mieze will partout nicht zum Tierarzt

GEHT IHRE KATZE um keinen Preis in die Transportbox, oder bedeutet der Praxisbesuch den reinsten Stress für sie? Dann fragen Sie Ihren Tierarzt doch, ob er bei routinemäßigen Untersuchungen, wie der jährlichen Untersuchung mit Abtasten und Abhören, nicht auch Hausbesuche macht. Eine Spritze lässt sich meist ebenfalls problemlos zu Hause geben. Manche Katzen lassen sich in der gewohnten Umgebung sogar relativ entspannt Blut abnehmen.

Für die meisten Katzen ist so ein Hausbesuch keine traumatische Erfahrung, sofern Sie einen verständigen Tierarzt haben, der sich genügend Zeit nimmt und mit besonderen Leckereien kommt. Zudem entspannt sich die Katze, nachdem der Tierarzt wieder weg ist, deutlich schneller wieder, weil sie nicht noch im Auto nach Hause fahren muss.

NÜTZLICHES REZEPT 21

HALLO, DOKTOR!

Wie Katze und Tierarzt Freunde werden

Am besten ist es natürlich, wenn Ihre Katze den Tierarztbesuch von Anfang an als etwas Schönes kennenlernt. Dazu statten Sie dem Tierarzt ab und zu einen »Freundschaftsbesuch« ab. Sprechen Sie aber vorher mit dem Praxisteam, denn alle müssen mitmachen wollen. Vereinbaren Sie anfangs mehrere Besuche in kurzen Abständen, später dann seltener einen Kurzbesuch. Jedes Mal bekommt Mieze vom Tierarzt die besten Leckerlis. Und zwar nur von ihm! Besonders einfach gelingt dies alles, wenn Sie schon mit dem jungen Kätzchen üben. Aber wenn Sie es mit viel Geduld durchziehen, wird auch eine ältere Katze den Tierarzt bald mit anderen Augen sehen.

WAS IST LOS MIT DIR?

Wenn Mieze plötzlich ganz seltsam ist

ÄNDERT SICH das Verhalten einer Katzen sehr plötzlich, ist häufig ein körperliches Leiden dafür verantwortlich. Nehmen Sie Verhaltensprobleme also nicht einfach als »Macke« in Kauf. Sehr oft steckt eine ernste Sache dahinter, die behandelt werden muss.

Eine Katze mit Blasenentzündung etwa verknüpft den Schmerz beim Pipimachen nicht nur mit der Katzentoilette, sondern mit allem, was sich in und um diese befindet (Streu, Raum etc.). Daher wird sie sich eine andere Stelle für ihr Geschäft suchen (→ ab Seite 35).

Kater Charly wurde beim Streicheln plötzlich immer aggressiver und fing sogar beim Fressen an herumzumäkeln. Wo er doch immer ein so guter Fresser war. Weil Frauchen an eine Verhaltensstörung dachte, ging sie mit ihm zum Tierarzt. Bei der Eingangsuntersuchung stellte der Doktor fest, dass dem Kater einige Zähne gezogen werden müssen, weil sie entzündet sind. Und entzündete Zähne tun höllisch weh, daher hatte Charly sich in letzter Zeit so seltsam verhalten. Nachdem der Kater operiert wurde, ist alles wie früher. Er frisst wieder gut und lässt sich gerne streicheln.

Neben Entzündungen, Juckreiz, Schmerzen, organischen Erkrankungen oder Tumoren kann auch eine Überfunktion der Schilddrüse (Hyperthyreose) bei Katzen »Verhaltensprobleme« wie Aggression, Abwehrreaktionen, Schreckhaftigkeit und Unruhe sowie übermäßiges Fressen auslösen. Ihre Katze frisst und frisst, wird aber dennoch nicht dicker? Haben Sie sogar eher den Eindruck, dass sie abgenommen hat? Erscheint sie Ihnen in letzter Zeit unruhiger, nervöser, gereizter oder sogar lustloser als früher? Hat sie häufig einen ängstlichen Gesichtsausdruck, und ist ihr Fell struppiger und wirkt wie ungekämmt? Dann sollten Sie möglichst bald einen Termin beim Tierarzt ausmachen. Denn die Symptome können Anzeichen für eine Überfunktion der Schilddrüse sein. Diese muss unbedingt medikamentös behandelt werden, auch weil die erhöhte Stoffwechselrate Herzerkrankungen nach sich ziehen kann.

KRANK DURCH STRESS

Was Mieze überfordert

EIGENTLICH BEZEICHNET der Begriff »Stress« bei Lebewesen die Reaktion des Körpers auf besondere äußere oder innere Herausforderungen: Das Gehirn erkennt eine Gefahr und schüttet daraufhin die Stresshormone Adrenalin, Noradrenalin und Cortisol aus. Dadurch wird der Körper in Alarmbereitschaft versetzt, was ihn dazu befähigt, Hochleistungen zu erbringen.

Stress bereitet also auf Angriff oder Flucht vor, hält wach und hilft, auch nicht alltägliche Herausforderungen zu meistern. Damit ist er eigentlich eine gute Sache. Zum Problem wird er erst, wenn anschließend keine Entspannungsphase folgt, in der der Körper die Stresshormone wieder abbauen kann. Dann entsteht Dauerstress, und unter dem können nicht nur wir Menschen leiden. Auch Ihre Katze kann krank werden oder mit Verhaltensauffälligkeiten reagieren, wenn sie nie abschalten und entspannen kann.

Zum einen liegt das daran, dass Dauerstress die Wahrnehmung und das Denken stark einschränkt. Zum anderen daran, dass er auch körperliche Auswirkungen hat. So senkt er zum Beispiel das Schmerzempfinden oder kann zu Durchfall führen. Außerdem schwächt Stress das Immunsystem, was wiederum Infektionskrankheiten begünstigt. Neben Viren und Bakterien haben dann auch Parasiten leichteres Spiel.

Welche Situationen Stress auslösen, ist von Katze zu Katze unterschiedlich. Bei der einen ist es Einsamkeit, bei der anderen das erzwungene Zusammenleben mit einem ungeliebten Katzenkumpel. Auch Hunger oder Durst, Schmerzen, ein Umzug oder Revierverlust können den Weg zum permanenten Angespanntsein ebnen.

Was viele Halter nicht wissen oder wahrhaben möchten: Wer seine Katze überfordert, zum Beispiel durch eine überzogene Erwartungshaltung und zu hoch gesteckte Lernziele, setzt sie damit genauso unter Stress, wie wenn er sie unterfordert und sie sich langweilt. Auch wenn sich »ihr« Mensch unvorhersehbar und wechselhaft verhält, Mieze ihn also nicht verlässlich einschätzen kann, birgt das ein großes Stresspotenzial für sie. Denn sie ist dann dauerhaft verunsichert.

FLANKENLECKEN

Ausdruck eines inneren Konflikts

KATZEN SIND SEHR REINLICHE Tiere. Leckt Mieze jedoch in Stresssituationen hektisch das Fell an den Flanken, hat das nichts mit Körperpflege zu tun. Es ist vielmehr eine Übersprungshandlung und zeigt, dass sie sich in einem inneren Konflikt befindet und nicht entscheiden kann, wie sie sich verhalten soll. Über das Lecken als Ersatzverhalten versucht sie die Anspannung wieder abzubauen. Wenn eine Katze ständig unter Spannung steht, kann sich ein regelrechter Putzzwang entwickeln, bis

NÜTZLICHES REZEPT 22

RUHE AUF »KOMMANDO«

Aktive Entspannungstechnik

Ein Signalwort kann helfen, Ihre Katze in einer akuten emotionalen Stresslage wieder in einen denk- und handlungsfähigen Zustand zu holen. Damit das funktioniert, müssen Sie das Wort jedoch vorher durch viele Wiederholungen gezielt mit einem Zustand tiefer Entspannung verknüpfen. Dafür gibt es zwei Möglichkeiten:

1. Sie konditionieren Ihre Katze auf ein bestimmtes sanft, ruhig und leise klingendes Signalwort, wenn sie gerade entspannt ist. Wiederholen Sie das Wort einfach immer wieder, und hören Sie damit auf, bevor die Katze aus der Entspannung herauskommt.
2. Sie bringen Ihre Katze über Berührungen gezielt in die Entspannung und nennen dabei das Signalwort. In Zukunft sprechen Sie dann dieses Wort vor jeder liebevollen Berührung aus. Auf diese Weise können Sie Signalwort und Entspannungsgefühl noch gezielter verbinden.

hin zu kahlen Stellen an Flanken, Bauch oder Schwanzwurzel. Um ihr zu helfen, müssen Sie herausfinden, was sie derart »unter Strom setzt« (→ unten).

Lässt sich die Katze während des Schleckens kaum noch davon abbringen, kann dies auf ein Zwangsverhalten (Stereotypie) hinweisen. Gehen Sie in diesem Fall am besten sofort mit ihr zum Tierarzt. Er muss abklären, ob eine körperliche Ursache hinter dem vermehrten Schlecken steckt und zum Beispiel Pilze, Parasiten, Futterunverträglichkeiten oder Allergien Schmerzen und Juckreiz auslösen. Aber auch bei einer echten Verhaltensstörung gehört neben der therapeutischen Begleitung die tierärztliche Behandlung dazu.

STRESS ABBAUEN

So helfen Sie Ihrer Katze

WENN IHRE KATZE UNTER Dauerstress steht, müssen Sie zuerst einmal herausfinden, was sie so belastet: Beobachten Sie, wie sie sich in verschiedenen Situationen verhält. Meinen Sie einen Stressfaktor erkannt zu haben, gilt es, diesen zu verändern oder auszuschalten. Ist Ihre Katze zum Beispiel ein »Kontrollfreak«, der regelmäßig den Nachbarskater im Auge behalten möchte? Dann nehmen Sie ihr die Sicht nach draußen (→ Seite 21). Wird der Katzenkumpel vor dem Füttern immer ungeduldig und grob? Dann verändern Sie die Situation (→ Seite 147). Zwar wird nicht jede Ihrer Maßnahmen sofort erfolgreich sein. Oft ist es nötig, ein bisschen herumzuprobieren. Um sich bestmögliche Klarheit zu verschaffen, halten Sie die getroffenen Maßnahmen und Verhaltensveränderungen in einem Therapie-Tagebuch fest.

Ein besonders wichtiger Beitrag zum Stressabbau sind Spiel und Bewegung, weil dabei die Stresshormone abgebaut werden. Auch Clickertraining eignet sich gut. Es steigert Miezes Selbstbewusstsein und sorgt für mehr Bewegung. Auch das schützt vor Stress.

Bach-Blüten und Co. können helfen, damit Mieze wieder ins körperliche und seelische Gleichgewicht zurückfindet. Allerdings können diese Mittel eine Entwicklung zum Positiven immer nur unterstützen. Wenn sich an den Stress verursachenden Grundbedingungen nichts ändert, bleiben sie wirkungslos.

ÄLTERE KATZEN

Verhaltensänderungen bei Senioren

HEUTZUTAGE ERREICHEN viele unserer Katzen ein stolzes Alter von teilweise bis zu 20 Jahren. Wie beim Menschen bringt das Alter auch bei ihnen die eine oder andere Veränderung mit sich.

Genau wie ältere Menschen sind Katzensenioren häufig verwirrt, vergesslich, weniger und/oder zu anderen Zeiten aktiv und anhänglicher. Sie haben ein erhöhtes Wärme- und Schutzbedürfnis und leiden teils unter Angststörungen. Viele Besitzer älterer Katzen berichten auch von einem gesteigerten »Mitteilungsbedürfnis«. Manche beklagen sich sogar darüber, nachts nicht mehr durchschlafen zu können, weil Mieze so oft schreit. Das kann daran liegen, dass ältere Katzen weniger gut hören und sich daher schneller ängstigen. Manchmal hilft es schon, ihnen nachts ein Lager neben oder auf dem eignen Bett einzurichten. Dann kann man der Katze nachts durch eine kurze Berührung vermitteln, dass sie nicht allein ist.

Auf der körperlichen Ebene macht sich das Alter durch eine verminderte Leistung der Sinnesorgane, steigende Einschränkungen in der Beweglichkeit (die Katze springt weniger, ihr Gang wirkt steifer) und eine sinkende Kontrolle der Körperfunktionen (unbewusster Urin- oder Kotabgang) bemerkbar. Die meisten Katzen bekommen früher oder später auch Diabetes oder gesundheitliche Probleme mit den Nieren oder der Schilddrüse. Daher empfehlen viele Tierärzte ab dem 9. oder 10. Lebensjahr eine jährlich Gesundheitskontrolle mit Blutuntersuchung, um Gebrechen möglichst früh zu erkennen und entsprechend behandeln zu können.

Cora hat gleich mit zwei Problemen des Alters zu kämpfen. Zum einen wacht sie nachts häufig auf und schreit dann desorientiert nach ihrem Frauchen. Zum anderen kann sie ihren Urin nicht mehr so gut halten und schafft es morgens oft nicht rechtzeitig auf das Katzenklo unter der Treppe im Flur. Frauchen unterstützt Cora nun, indem sie ihr ein getragenes T-Shirt ins Körbchen legt; der Geruch wirkt beruhigend. Und die Toilette – mit extraniedrigem Rand für einen komfortablen Einstieg – steht auch näher beim Korb.

PILLEN VERABREICHEN

So frisst die Katze sie fast von allein

BEKOMMT IHRE KATZE nur hin und wieder eine Tablette, können Sie diese einfach in etwas Leberwurst einrollen oder in einem kleinen Stück Fleischwurst verabreichen. Die meisten Tiere schlucken die Pille dann einfach herunter und merken es nicht einmal.

Muss Ihr Stubentiger dagegen dauerhaft Tabletten schlucken, ist meist etwas mehr Kreativität gefragt. Sie können es dann zum Beispiel einmal mit diesen schmackhaften »Pillenhüllen« versuchen: In jedem Supermarkt gibt es verschiedene Arten von Snackstangen, auf die die meisten Katzen ganz heiß sind. Teilen Sie so eine Stange in kleinere Stücke, und schneiden Sie mit einem spitzen Messer jeweils einen kurzen Schlitz in die Mitte. Darin verstecken Sie dann die Tabletten. Bekommt Ihre Katze diese Leckerei sonst selten bis nie, wird sie sie gierig verschlingen. Und weil die Medizin so wichtig ist, macht es auch nichts, dass dieser Snack ernährungsphysiologisch vielleicht nicht optimal ist. Die Behandlung Ihrer Katze hat hier eindeutig Vorrang.

Sie können die Einnahme von Tabletten mit Placebopräparaten auch präventiv üben. Allerdings klappt diese Methode im Ernstfall nur, wenn die Pillen, die Mieze dann schlucken muss, geschmacksneutral sind.

Katze Minka liebt alles, was mit Fressen zu tun hat – außer Tabletten. Daher trainiert ihr Frauchen mit ihr das Pillenschlucken. Dazu kauft sie in der Apotheke kleine neutrale Milchzuckertabletten ohne Wirkstoff. In schneller Abfolge verabreicht sie Minka einzelne Stückchen Trockenfutter – und zwar so, dass Minka den Kopf nach oben halten muss. Frauchen ist dabei so schnell, dass Minka kaum zum Kauen kommt, wenn sie kein Stück verpassen möchte. Nach ein paar Bröckchen Trockenfutter »mogelt« Frauchen eine Milchzuckertablette dazwischen, auf die prompt weiteres Trockenfutter folgt. Zwar bemerkt Minka den »Betrug«, weil sie aber das Trockenfutter nicht ausspucken möchte, schluckt sie beides brav herunter. Und in diesen kleinen Mengen schadet der Milchzucker Minka auch nicht.

FLÜSSIGE MEDIKAMENTE

Tropfeneingabe mit der Pipette

WOHL JEDER KATZENHALTER stand schon einmal vor der Herausforderung, seiner Katze irgendeine Flüssigkeit verabreichen zu müssen. Gar nicht so leicht! Es lohnt sich daher, es vor dem Ernstfall zu trainieren.

Besorgen Sie sich dazu in der Apotheke eine Kunststoffpipette oder eine etwas größere Spritze ohne Nadel. Gewöhnen Sie Ihre Katze dann als Erstes daran, Nahrung daraus aufzunehmen. Dazu verflüssigen Sie ihr Lieblingsnassfutter so lange, bis sich der Brei ohne Probleme durch die enge Öffnung der Spritze oder der Pipette drücken lässt. Hat er die richtige Konsistenz, lassen Sie Ihre Katze den Nahrungsbrei Tropfen für Tropfen von der Spritze oder Pipette lecken. Mit der Zeit wird der Inhalt dann immer flüssiger.

Üben Sie die Prozedur so oft wie möglich. Tipp: Wenn Ihre Katze Katzenmilch oder laktosefreie Kuhmilch mag, können Sie auch damit experimentieren. Der darin enthaltene Zucker ist hier zweitrangig. Wichtig ist, dass Mieze zuverlässig ihre Medizin nimmt.

WISSEN EXTRA

Haarballen auswürgen

Dass Katzen gelegentlich Haarballen erbrechen, etwa nachdem sie Gras gefressen haben, ist ein normaler physiologischer Vorgang. Können Sie die Haarballen nicht herauswürgen, besteht die Gefahr eines lebensgefährlichen **Darmverschlusses.** Nur wenn ein Tier sehr viel und ständig Haarballen hervorwürgt, sollten Sie Ihren Tierarzt um Rat fragen, zumal durch das ständige Erbrechen die Schleimhäute von Magen und Speiseröhre in Mitleidenschaft gezogen werden können. Falls nötig wird der Tierarzt ein Mittel verabreichen, damit die angesammelten Haare mit dem Kot ausgeschieden werden. Bei **Erbrechen von Essen oder Schaum** ist ebenfalls ein Besuch beim Tierarzt fällig. Dies kann auf eine Magen-Darm-Störung, Parasitenbefall hinweisen.

MEHRERE KATZEN HALTEN

Fühlen sich Katzen eigentlich allein wohl? Diese Fragen stellen sich nicht nur Erst-Katzenbesitzer. Eine pauschal gültige Antwort gibt es leider nicht. Denn wie ***sozialverträglich eine Katze*** *ist, hängt von vielen verschiedenen Faktoren ab. Aber als Halter können Sie einiges dazu beitragen,* ***dass sich mehrere Katzen miteinander wohlfühlen*** *und es keine Probleme gibt.*

WILL ICH EINE ZWEITE KATZE?

Eine verantwortungsvolle Entscheidung

FRÜHERE ERFAHRUNGEN mit Artgenossen, das Verhalten der Katzenmutter und der Geschwister, Nahrungs- und Wasserangebot, die Zahl der Ausweich- und Rückzugsmöglichkeiten, Katzentoiletten, Schlafmöglichkeiten, Kratzbäume und Verstecke oder auch die Anzahl der Katzen in der Umgebung: all das spielt eine Rolle dabei, ob eine Katze mit Artgenossen eher auf Kuschelkurs geht oder ob sie sie durch Drohen auf Distanz hält beziehungsweise ihnen von vornherein aus dem Weg geht.

Wohnt bereits eine Katze bei Ihnen, sollten Sie ihr daher nicht unüberlegt einen Katzenkumpel zur Seite stellen. Schon gar nicht, wenn Sie ein schlechtes Gewissen haben, weil Sie nicht genug Zeit für Ihre Mieze aufbringen können. Dann geht es nämlich oftmals gar nicht nicht um die Bedürfnisse Ihrer Katze, sondern mehr darum, das eigene Gewissen zu beruhigen. Und das ist nicht die beste Basis für eine Katzenfreundschaft. Schließlich ist jede neue Katze in den Augen der Revierinhaberin erst einmal ein Eindringling.

Hat die Katze bisher allein bei Ihnen gelebt oder hatte sie schon als junges Tier kaum oder keinen positiven Kontakt zu Artgenossen, ist sie meist mit Ihnen als ihrem Menschen glücklich – vorausgesetzt, Sie nehmen sich Zeit für sie und können ihr Freigang bieten. Gleiches gilt in den meisten Fällen auch, wenn Mieze lange mit einer bestimmten anderen Katze zusammengelebt hat, die dann verstorben ist (→ Seite 150). Sollte sich die Katze wirklich langweilen, gibt es andere Möglichkeiten, als einen Katzenkumpel anzuschaffen – allen voran das ausgiebige Spielen (→ ab Seite 88).

Die Entscheidung für oder wider eine Zweitkatze sollte immer zugunsten des schon vorhandenen Tieres fallen. Ein Kumpel ist nicht automatisch die Lösung gegen Langeweile und Trägheit. Unter Umständen ist eine einigermaßen soziale, nicht zu dominante Zweitkatze aber auch genau das Richtige – gerade wenn Ihre Katze gut sozialisiert und Artgenossen gegenüber freundlich ist. Wenn Sie das Kennenlernen dann auch noch behutsam vorbereiten und die Katzen nicht einfach unverhofft »zusammenwerfen«, steht gemeinsamen Abenteuern nichts im Wege.

EIN PERFEKTES TEAM

Wer passt zueinander?

AM LEICHTESTEN gelingt das Zusammenleben, wenn Sie gleich von Anfang an zwei Tiere aufnehmen. Allerdings ist es auch dann eine Frage des Typs, ob sich zwei Kätzchen auf Dauer verstehen. Das ist nicht einmal bei Geschwistern automatisch der Fall – selbst wenn sie von Anfang an zusammenleben.

Wer erst später eine zweite Katze zu sich nehmen will, muss noch mehr überlegen, was der passende Kumpel mitbringen sollte. Die Grundvoraussetzung ist eine gute Sozialisierung beider Katzen. Das ist nur dann der Fall, wenn beide in ihrer sensiblen Phase der Entwicklung (→ Seite 138) andere Katzen als freundliche und interessante Wesen kennengelernt haben, nicht als bedrohliche und verunsichernde Widersacher. Auch was Charakter und Temperament angeht, muss die Neue zur Erstkatze passen. Wenn ein eher unsicheres, schüchternes Tier mit einem selbstbewussten Eroberer zusammenleben soll, geht das meist nicht gut – vor allem, wenn das ruhigere Tier keine Möglichkeit hat, sich zurückzuziehen.

Ist Ihre Erstkatze ein älteres Semester und daher schon etwas ruhiger, dann sollte auch die neue schon ein paar Jahre auf dem Buckel haben. Ein junges Energiebündel zu einer Seniorenkatze zu stecken wäre gemein. Wenn Sie dennoch auf einer Jungkatze bestehen, sollten Sie Ihrer Altkatze zuliebe lieber gleich zwei Jungspunde bei sich aufnehmen. Die können sich dann gegenseitig auspowern und lassen den Senior meist in Ruhe. Voraussetzung ist natürlich, dass genug Platz vorhanden ist.

Die Katzengeschwister Paul und Pauline passen, was ihren Charakter betrifft, nicht besonders gut zusammen. Um der schüchternen Pauline mehr Rückzugs- und Ausweichmöglichkeiten zu bieten, hat ihr Herrchen die Wohnzimmerwände mittels Laufbrettern, verschiedenen Etagen und mehreren Auf- und Abstiegen zu einer Extra-Katzenebene umgestaltet. Dorthin zieht sich Pauline gerne zurück, wenn Kater Paul mal wieder etwas zu wild wird. Hier oben kann sie sich entspannen und gewinnt so ein Stück Selbstvertrauen zurück.

KATZ ZU KATZ GESELLT SICH GERN

Passen Kater und Katze gut zusammen?

ZWEI KATZEN des gleichen Geschlechts harmonieren oft besser miteinander als »Paare«, weil sie sich in ihrer Spielweise ähneln. Allerdings verteidigen Kätzinnen ihr Heim oftmals vehementer gegen Eindringlinge, weshalb die Vergesellschaftung zweier Weibchen am Anfang oft etwas schwieriger ist und daher besonders behutsam und schrittweise erfolgen sollte. Bei Katern ist das in der Regel ein bisschen leichter. Dafür sind sie im Umgang miteinander meist etwas rabiater.

WISSEN EXTRA

Entwicklungsphasen

Katzen durchlaufen in ihrer Jugendentwicklung mehrere Phasen, die den Grundstein für ihre soziale, körperliche und persönliche Entfaltung legen. Eine wichtige sensible Phase ist die **Sozialisierungsphase** von der 2. bis etwa zur 7. Lebenswoche. In dieser Zeit lernt die Katze so wesentliche Dinge wie katzengerechtes Verhalten, von wem oder was man sich besser fern halten sollte, wer Freund ist (andere Katzen, bestimmte Tiere, Menschen) und wer oder was Beute. Wird ein Kätzchen in den ersten Lebenswochen in einem reizarmen Umfeld aufgezogen, hat es keinen positiven Kontakt zu Artgenossen, Menschen oder anderen Tieren und lernt es kaum Alltagssituationen kennen, kann dies **Entwicklungsstörungen** nach sich ziehen, die sich später nur schwer wieder ausgleichen lassen.
Von der 9. bis zur 12. Lebenswoche übt sich das junge Tier durch das Spiel mit den Geschwistern und die Erziehung der Katzenmutter in **Selbstkontrolle.** Daher können Katzen, die vor der 12. Woche von Mutter und Geschwistern getrennt werden, später die eigenen Emotionen und Antriebe kaum kontrollieren und nur schlecht mit Frust umgehen. Frühzeitig von ihrer Familie getrennte Kätzchen werden nicht zutraulicher dem Menschen gegenüber, sondern sind meist unsicher.

Wünschen Sie sich eine Katze und einen Kater, sollten beide Tiere unbedingt kastriert sein, wenn Sie ins neue Zuhause einziehen. Das gilt auch, wenn die beiden Geschwister sind, denn Bruder und Schwester würden sich genauso miteinander paaren. In der freien Natur wird Inzucht durch den natürlichen Abnabelungsprozess verhindert: Ein junger Kater sucht sich, wenn er geschlechtsreif ist, ein neues Revier, und auch nicht jede weibliche Katze darf in der Ursprungsfamilie bleiben. Bei Hauskatzen muss der Mensch verhindern, dass es ungewollt zu Nachwuchs kommt.

Auch wenn sie zwei Katzen gleichen Geschlechts haben, sollten Sie ab einem Alter von etwa sechs Monaten diese kastrieren lassen. Kater beginnen sonst, in der Wohnung zu markieren – vor allem, wenn die Katzendamen in der Nachbarschaft rollig werden. Für Freigänger gilt die Empfehlung erst recht, sonst schwängern sie die halbe Nachbarschaft und schlägern sich mit jedem Kater, der ihnen über den Weg läuft. Unkastrierte Kätzinnen können eine Dauerrolligkeit entwickeln, die nicht nur Ihnen auf die Nerven fallen wird, sondern auch für das Tier Leiden bedeutet.

SANFTE EINGEWÖHNUNG

Die ersten Tage im neuen Zuhause

ES IST SO WEIT, eine zweite Katze zieht ein. Damit der Neustart möglichst reibungslos gelingt, sollten Sie dem Neuling die Chance geben, sich langsam einzugewöhnen. Richten Sie ihm daher noch vor seiner Ankunft ein eigenes Katzenzimmer ein. Dort findet er alles Notwendige vor: Versteck-, Kratz- und Schlafmöglichkeiten, mindestens eine Katzentoilette und natürlich frisches Futter und Wasser.

Bringen Sie die neue Katze direkt in ihren Raum, und geben Sie ihr einige Tage Zeit, anzukommen und das Katzenzimmer für sich zu entdecken. Gemeinsame Spiele, Leckerlis und Angebote zum Schmusen – ohne sich aufzudrängen – führen in der Regel schnell dazu, dass das Tier Vertrauen fasst.

Bei aller Freude über den Neuzugang, dürfen Sie aber auch Ihre Erstkatze nicht vergessen. Geben Sie ihr vorsorglich die besten Leckerlis vor der verschlossenen Zimmertür des neuen Kumpels, um sie positiv zu stimmen.

DAS ERSTE TREFFEN

»Alte« und »neue« Katze lernen sich kennen

NACH EINIGER ZEIT hat sich die neue Katze in ihrem Zimmer gut eingelebt. Und auch die Erstkatze hat längst gehört und gerochen, dass sich hinter der verschlossenen Tür etwas Außergewöhnliches tut. Machen beide Katzen einen entspannten Eindruck, ist der spannende Moment gekommen: Sie dürfen sich endlich kennenlernen.

Ich persönlich rate dringend von der Hauruckmethode »Türe auf und abwarten« ab, auch wenn sie häufig praktiziert wird. Noch schlimmer ist eigentlich nur, die Katzen in ein Zimmer zu sperren. Das kann zwar gut gehen, sehr oft aber tritt auch genau das Gegenteil von dem ein, was man beabsichtigt: Es kommt zum Kampf. Ist ein Tier unterlegen, wird es das Weite suchen. Sind beide gleich stark oder hat der Schwächere keine Möglichkeit zu fliehen, kann es zu ernsten Verletzungen und Schlimmerem kommen. Daher ist es besser, wenn sich die Katzen erst einmal durch eine Gittertür näherkommen (→ Seite 142).

NÜTZLICHES REZEPT 23

SCHÖNE ERINNERUNGEN

Vertrautes schafft Sicherheit

Für eine Katze bedeutet es immer Stress, wenn sie in ein unbekanntes Umfeld umgesiedelt wird. Sie können die Aufregung mildern, indem Sie zum Beispiel ein Deckchen aus Miezes altem Zuhause mitnehmen und in das Katzenzimmer legen. Der vertraute Geruch schenkt dem Neuling Sicherheit. In der Anfangsphase macht es auch Sinn, Futter und Streu anzubieten, die er schon kennt. Wenn sich das Tier bei Ihnen eingelebt hat, können Sie dann schrittweise auf andere Produkte umstellen.

Haben Sie Geduld. Eine Zusammenführung kann mitunter ein halbes Jahr oder länger dauern. Haben die Katzen aber erst einmal eine enge Bindung zueinander aufgebaut, sitzen sie nah beisammen und kuscheln oder dösen in engem Körperkontakt nebeneinander. Blinzeln und Gähnen sind ebenfalls als Bindungssignale einzuordnen. Wenn sich Katzen mögen, wird Nähe nicht nur geduldet, sondern zum Teil auch regelrecht gesucht.

PERMANENTER ZWIST

Wenn sich zwei Katzen nicht vertragen

SELBST WENN MAN alle Dinge bei der Eingewöhnung richtig macht, ist das leider kein Garant für Harmonie, wenn es an gegenseitiger Sympathie mangelt.

Sobald Sie merken, dass eine der Katzen ständig auf der Flucht ist oder sich nicht mehr traut, durch die Wohnung zu gehen, müssen Sie einschreiten. Denn permanente Attacken können sich auf die Lebensqualität des unterlegenen Tieres extrem negativ auswirken. Es lebt dann in ständiger Angst und Unsicherheit. Anzeichen dafür sind zum Beispiel ein vermehrtes oder auch herabgesetztes Schlafbedürfnis, vermehrte oder verminderte Futteraufnahme sowie Kot- und Urinabsatz außerhalb der Katzentoilette. Die Katze zieht sich innerlich und äußerlich immer mehr zurück. Sie bewegt und verhält sich gehemmt, zeigt weniger Aktions-, Erkundungs- und Spielverhalten. Je nach Dauer und Grad kann der Stress, dem sie ausgesetzt ist, zu einer seelischen Dauerbelastung und sogar zu körperlichen Erkrankungen führen.

Die »einfachste« Lösung ist es, die »Streithähne« zu trennen. Wild lebende Katzen hätten das Problem schließlich auch längst dadurch gelöst, indem eine das Weite gesucht hätte. Weil die meisten Menschen aber an beiden Katzen hängen, ziehen sie keine dauerhafte Trennung in Betracht – zumindest nicht sofort. In einigen Fällen genügt ja auch schon eine zeitlich begrenzte Trennung (→ Seite 142). Wenn Sie in einem mehrstöckigen Haus wohnen, können Sie dieses auch dauerhaft in zwei Bereiche aufteilen. Die ängstliche Katze bekommt dann das Obergeschoss als Lebensraum, die andere das Erdgeschoss und eventuell den Garten.

TRENNUNG AUF ZEIT

Die Katzen noch einmal aneinander gewöhnen

DER VERSUCH, ZWEI KATZEN für einige Zeit zu trennen, gelingt nur, wenn genug Platz zur Verfügung steht. Denn damit sich die unterlegene Katze wieder sicher fühlen kann, braucht sie ein eigenes Katzenzimmer, zu dem das andere Tier garantiert keinen Zutritt hat. Das gilt vor allem für Zeiten, in denen Sie die beiden nicht beaufsichtigen können, weil Sie zum Beispiel in der Arbeit sind. Die ersten Tage, vielleicht auch Wochen sollte die ängstliche Katze den Haudegen nicht einmal zu sehen bekommen (auch nicht durch eine Glastür oder durchs Fenster). Sonst regt sie sich nur wieder auf. Keine Sorge: Der auf eine begrenzte Zeit eingeschränkte Bewegungsradius ist für eine ängstliche Katze weitaus angenehmer als die dauernde Angst. Bei konsequenter Trennung zeigt Mieze meist innerhalb weniger Tage wieder ihr einst fröhliches und verspieltes Wesen.

Hat sich die ängstliche Katze nach einer gewissen Zeit wieder stabilisiert, können Sie versuchen, die beiden Katzen erneut zusammenzuführen. Am besten gelingt dies mithilfe eines Gitters im Türstock, das den direkten Kontakt zwischen den zerstrittenen Katzen und weitere Verfolgungsjagden und Angriffe erst einmal verhindert. Das ist wichtig, damit sich das traumatische Empfinden nicht noch tiefer eingräbt. Dann heißt es abwarten, ob und wann sich die Situation entschärft. So ein erneuter Zusammenführungsprozess kann Wochen oder Monate dauern. Sie brauchen viel Geduld und den festen Willen, etwas zum Wohle Ihrer Katzen verändern zu wollen. Mit einem gezielten Zusammenführungstraining nach den Prinzipien der positiven Verstärkung (→ Seite 76) steigen die Erfolgsaussichten enorm. Verknüpfen Sie bei beiden Tieren den Anblick der anderen Katze mit besonders angenehmen Dingen – anfangs nur ganz kurz, später dann länger, aber immer mit der Gittertür als Sicherheit.

Funktioniert die Zusammenführung auch unter fachkundiger Begleitung eines Katzenverhaltensberaters nicht, ist es das Vernünftigste, für eine der verfeindeten Katzen ein neues, stressfreies Zuhause zu suchen. So schwer das auch fallen mag. Doch das Wohl der Katzen sollte an erster Stelle stehen.

Weil Miez und Maunz sich nicht vertragen, trennt Frauchen die beiden Streithähne. Jede bekommt ein eigenes Zimmer. Nach einiger Zeit spannt sie ein Gitter in den Türrahmen und öffnet dann die Tür für einen kurzen Moment. Jetzt können sich die Katzen durch das Gitter zwar sehen, aber immer noch nicht zueinanderkommen. In dem kurzen Moment, in dem die Sicht frei ist, bekommt jede Katze ein Leckerli. Dann schließt Frauchen die Tür sofort wieder, und es gibt nichts mehr zu naschen. Diesen Schritt wiederholt Frauchen so lange, bis die Katzen einigermaßen entspannt bleiben, wenn sich die Tür öffnet. Erst wenn dieses Level erreicht ist, erhöht sie langsam die Zeitspanne, in der die Türe offen steht und die Katzen sich sehen können – immer noch durch ein Gitter abgesichert. Weil Frauchen bereits Trainingserfahrung besitzt, traut sie sich die Zusammenführung ohne professionelle Hilfe durch eine Katzentherapeutin zu.

NÜTZLICHES REZEPT 24

ABLENKUNG TUT GUT

Clickern gegen Zwist

Damit sich zwei »zerstrittene« Katzen aufgrund der räumlichen Einschränkung durch die Trennung nicht langweilen, was wiederum ihre Aggression, Übererregung oder auch Unsicherheit steigern könnte, brauchen sie in besonderem Maße Beschäftigung und Stimulation. Das gilt besonders für das agilere Tier. Vielleicht ist es möglich, zumindest ihm Freigang zu gewähren. Auch Clickertraining (→ Seite 75) ist eine tolle Möglichkeit, gleichzeitig Köpfchen und Körper zu trainieren. Üben Sie erst mit jeder Katze einzeln. Wenn nach einiger Zeit beide ein paar Tricks beherrschen, können Sie die Kontrahenten langsam gleichzeitig clickern und belohnen – natürlich auch wieder durch ein Gitter abgesichert, um einen möglichen Angriff zu verhindern. Am besten klappt es, wenn zwei Personen clickern. Alternativ können Sie sich in der Nähe des Gitters positionieren und nach jedem »Klick« zügig ein Leckerli in die entsprechende Richtung werfen. Empfehlenswert ist auf jeden Fall, sich von einem erfahrenen Katzentrainer begleiten zu lassen.

UMGERICHTETE AGGRESSION

Wenn aus Freunden plötzlich Feinde werden

ES KOMMT IMMER wieder vor, dass sich zwei Katzen, die bisher gut miteinander ausgekommen sind, von einem Moment auf den anderen nicht mehr leiden können oder sich sogar ernsthaft verletzen. Dafür gibt es mehrere Ursachen. Eine davon ist die sogenannte umgerichtete Aggression. Vielleicht hat eins Ihrer Tiere durchs Fenster eine fremde Katze gesehen und ist dabei in totale Aufregung geraten. Oder es ist durch ein lautes Geräusch oder etwas anderes Ungewohntes erschrocken. Was immer die Katze auch erregt haben mag: Bei der umgerichteten Aggression macht sie den Katzenkumpel für die damit einhergehenden unangenehmen Empfindungen verantwortlich. Was den Schreck tatsächlich ausgelöst hat, begreift sie nicht. Stattdessen wirkt plötzlich der Freund bedrohlich. Und sie reagiert in dieser Situation mit einer Flucht nach vorn, ganz nach dem Motto: Angriff ist die beste Verteidigung.

Unter Umständen wird ihr aggressives Verhalten noch verstärkt, weil der Katzenkumpel ebenfalls erschrocken ist und seinerseits genauso unkontrolliert reagiert. Beide Katzen schaukeln sich dann gegenseitig hoch.

Leider löst sich ein derartiges Problem in den wenigsten Fällen von allein, auch weil die angegriffene Katze oft gehörige Angst vor der andern bekommt. Auf keinen Fall sollten Sie daher Ihre Stubentiger die Sache untereinander »regeln« lassen. Denn sie würden dies auf die natürliche Katzenart machen – sich also bekämpfen, vertreiben oder, wenn nötig, auch mehr oder weniger massiv verletzen.

In der Regel empfiehlt es sich daher, sofort einzugreifen. Am besten trennen Sie die beiden Streithähne erst einmal voneinander. In leichteren Fällen reicht es, sie einige Stunden, vielleicht auch ein paar Tage voneinander fernzuhalten und sie dann langsam erneut zusammenzuführen – unter Kontrolle und mit Leckerlis und Spiel als Ablenkung (→ ab Seite 142). In schwerwiegenden Fällen kann eine erneute Zusammenführung aber auch mehrere Wochen bis Monate dauern (eventuell mithilfe eines Katzenverhaltenstherapeuten). Nur in ganz verfahrenen Situationen ist die Katzenbeziehung unwiderruflich zerstört.

Pia und Lucy, zwei Geschwisterkatzen, leben von Geburt an harmonisch und glücklich miteinander. Eines Tages fällt mit einem Riesenknall eine große Blumenvase vom Fensterbrett und zerbricht in tausend Stücke. Nach einer kurzen Schrecksekunde stürzt sich Pia mit Gekreische auf Lucy, und im Nu sind beide nur noch ein einziges wild kämpfendes Fellknäuel. Frauchen trennt nach dem ersten Schock die beiden Streithähne und bringt sie in getrennten Räumen unter. Nachdem sich alle Gemüter wieder beruhigt haben, lässt sie die Katzen wieder zueinander. Doch erneut kommt es zu Gefauche, und der Kampf geht sofort wieder von vorn los. Die ehemals besten Freundinnen scheinen sich aus irgendeinem Grund einfach nicht mehr zu mögen. Also trennt die Frau Pia und Lucy erneut und telefoniert erst einmal mit einer Katzenverhaltenstherapeutin. Die empfiehlt ihr einen Pheromonverdampfer, damit sich die Gemüter beruhigen können. Das Hormon wirkt wie ein Wohlfühlsignal für die Katze, weil sie sich durch den Geruch sicher fühlt. Darüber hinaus schlägt die Therapeutin Frauchen vor, Pia und Lucy erst einmal eine Weile getrennt zu lassen und dann unter kontrollierten Bedingungen eine gezielte Wiederzusammenführung anzustreben (→ Seite 142), um den häuslichen Frieden wiederherzustellen.

WISSEN EXTRA

Spiel oder Ernst?

Viele Katzenhalter tun sich schwer, Spiel von Ernst zu unterscheiden. Sie sind der Meinung, dass ihre Katzen eben einfach ein bisschen rauer miteinander spielen, wenn eine die andere zum Beispiel ständig verfolgt, belauert und anspringt. Doch wenn Sie sich die Merkmale von **echtem Spielverhalten** vor Augen führen (→ Seite 93), erkennen Sie recht schnell, wann es mit dem Spielen zumindest für die drangsalierte Katze vorbei ist. Zeigt sie **Abwehrverhalten** wie Fauchen, Flucht oder Sich-Verstecken deutet dies auf einen Konflikt hin. Nehmen Sie die Zeichen ernst und reagieren Sie. Indem Sie den Angreifer ausreichend körperlich und geistig beschäftigen, verhindern Sie künftig solche Verfolgungsjagden. Vergessen Sie aber auch die unterlegene Katze nicht. Üben und spielen Sie mit ihr aber getrennt von der anderen. Der schüchternen Katze tun besonders Spiele und Beschäftigungen gut, die ihr ein Erfolgserlebnis bescheren, wie einfache Clickerübungen und Federangelspiele.

KATZEN-MOBBING

Ich bestimme, wer hier durchdarf

KATZEN SIND MEISTER in subtiler Kommunikation. Es ist also kein Wunder, dass uns so mancher Katzenkonflikt entgeht. Wir merken oft gar nicht, wenn die Luft zwischen zwei Katzen vor Spannung knistert.

Ein paar Anzeichen gibt es aber schon, wenn zwischen den Tieren dicke Luft herrscht: Legt sich zum Beispiel eine Ihrer Katzen besonders gern in den Türrahmen oder in andere enge Durchgänge wie den Flurbereich? Dadurch hat es das zweite Tier schwer, unbehelligt an ihr vorbeizukommen, etwa wenn es aufs Klo muss oder Hunger hat. So ein Verhalten nennt man psychologische Kriegsführung.

Ein anderes Merkmal: Fällt Ihnen auf, dass eine Ihrer Katzen von einer anderen immer wieder regelrecht »ausspioniert« und verfolgt wird? Dass man ihr vielleicht sogar direkt auflauert und sie anspringt? Beruhigen Sie sich in diesem Fall nicht mit dem Gedanken »Die spielen nur«. Hier handelt es sich um beginnendes Katzen-Mobbing. Sollten die Attacken sogar so weit gehen, dass eine Katze auf der Toilette oder kurz danach überfallen wird, müssen Sie zu ihrem Wohl schleunigst eingreifen und für Entspannung sorgen. Sonst haben Sie vermutlich bald ein Problem mit Unsauberkeit.

Eine typische Situation zwischen Rudi und Hanna: Hanna liegt wieder mal auf der Schwelle vom Wohnzimmer zum Flur. Mittlerweile kennt Frauchen das Spiel, denn Rudi war deswegen teilweise schon so eingeschüchtert, dass er sich nicht einmal mehr zur Katzentoilette im Bad getraut hat. Nachts erleichterte er sich deshalb auf dem Sofa. Das war einfach weniger gefährlich für ihn. Glücklicherweise ist Frauchen jetzt aufmerksamer und löst solche konfliktgeladenen Situationen sofort auf, indem sie selbst auf Hanna zugeht, sodass diese aufstehen muss. Meistens legt sich Hanna danach an eine andere Stelle. Und seit drei Katzenklos in der ganzen Wohnung verteilt sind, gibt es auch mehr Ausweichmöglichkeiten für Rudi, falls Frauchen einmal nicht aufpassen kann. Die Sache mit der Unsauberkeit hat sich dadurch gelöst.

STRESS BEIM FÜTTERN

Wenn sich die Katzen zu nahe kommen

EGAL, WIE VIELE Katzen bei Ihnen wohnen: Jede achtet darauf, dass die anderen Tiere ihren individuellen Freiraum nicht beschneiden, selbst wenn die Katzen freundschaftlich miteinander verbunden sind (→ Seite 53). Bei der Fütterung wird diese Individualdistanz gern mal vergessen. Dann wuseln einem alle Katzen furchtbar aufgeregt um die Beine und hauen und fauchen sich an, weil sie sich zu nahe auf die Pelle rücken.

Stets freier Zugang zum Futter kann den sozialen Stress innerhalb der Gruppe zwar minimieren. Allerdings verlieren Sie den Überblick, welche Katze was und wie viel zu sich nimmt. Besser ist es daher, etwas mehr Ruhe und Struktur ins Füttern zu bringen, zum Beispiel mithilfe einer Futterbox (→ unten).

NÜTZLICHES REZEPT 25

FUTTERBOX

Privatsphäre beim Futtern

Um zu verhindern, dass eine Katze die andere von ihrem Napf wegdrängt, weil der eigene schon leer ist oder sie meint, beim Nachbarn gebe es etwas Besseres, bieten Sie jeder Ihrer Katzen eine eigene Futterbox an. Dafür eignet sich zum Beispiel ein Karton, der nur wenig breiter ist als die Katze selbst und bei dem Sie eine Schmalseite herausschneiden. An dieser Seite soll später die Katze in die Schachtel schlüpfen und fressen.

Um die Katze an die Box zu gewöhnen, stellen Sie den Napf zunächst vorne in den Karton und schieben ihn dann allmählich ganz nach hinten. Weil die Katze dann beim Fressen den ganzen Karton ausfüllt, ist das Futter für den gierigen Kumpel unerreichbar.

Sie können die Katzen auch in verschiedene Zimmer locken, die Türen schließen und erst einmal in Ruhe das Futter in der Küche vorbereiten. Erst wenn Sie fertig sind, dürfen beide Katzen wieder raus und fressen. Herrscht trotz allem weiterhin zu viel Aufregung beim Füttern, müssen Sie die Katzen wohl an einen getrennten Fütterungsplatz gewöhnen.

Regelmäßig vor jeder Fütterung rumpeln die beiden Kater Pablo und Pepe aneinander, wobei Pablo der aufgedrehtere von beiden ist. Grund der Aufregung: Es dauert eine Zeit, bis Frauchen die Schüsseln gewaschen, das Futter aus dem Kühlschrank im Wasserbad erhitzt und die gefüllten Näpfe auf den Boden gestellt hat. Mittlerweile wirkt Pepe auch außerhalb der Fütterungszeit Pablo gegenüber etwas verunsichert. Frauchen will unbedingt verhindern, dass sich das zu einem Angstproblem auswächst. Deshalb hat sie sich zwei einfache Veränderungen überlegt: Während sie morgens das Futter vorbereitet, wirft sie den Katern jetzt immer wieder ein kleines gesundes Leckerli zu – jeweils in eine andere Richtung. Das hält beide auf Trab und auf Abstand. Zudem hat sie kleinere Futterdosen gekauft, somit entfällt das lange Aufwärmen, und das Futter kommt frisch in den Napf.

DICKE LUFT

Ich kann dich nicht mehr riechen!

KATZEN AKZEPTIEREN einander als Familienmitglieder, wenn sie den gleichen Gruppengeruch haben. Dieser wird verstärkt, indem sich die Tiere aneinander reiben und zum Beispiel die gleichen Liegeflächen benutzen. Auch Streicheln verbreitet den Duft, und alle merken, dass sie zusammengehören.

Gibt es Streit, steht eine der Katzen unter Stress oder wird der Hausfrieden anderweitig gestört, verknüpft eine Katze den Geruch der anderen manchmal mit den damit einhergehenden unangenehmen Gefühlen. Dann mag sie ihren Kumpel im wahrsten Sinn des Wortes plötzlich nicht mehr riechen. In so einem Fall sollten Sie nachhelfen, ihr seinen Geruch wieder »schmackhaft« zu machen und mit schönen Gefühlen zu verknüpfen. Warten Sie nicht zu lange damit, sondern sorgen Sie so schnell wie möglich dafür, dass der gemeinsame Gruppengeruch wiederhergestellt wird. Erkennt eine Katze die andere nicht mehr am Geruch, wird sie sie eventuell als potenziellen Eindringling attackieren und immer wieder versuchen, sie zu vertreiben. Dadurch gerät der häusliche Frieden ziemlich ins Wanken.

Besonders häufig »stinkt« ein Tier dem anderen übrigens, wenn es beim Tierarzt war. Es riecht für die daheimgebliebene Katze dann nicht nur ganz fremd. Manchmal macht ihr der Geruch regelrecht Angst, weil er in ihr schmerzhafte und furchterregende Situationen in Erinnerung ruft, die sie selbst beim Tierarzt erlebt hat.

Was erschwerend hinzukommen kann: Hat die »stinkende« Katze beim Tierarzt eine Narkose erhalten, benimmt sich in der Regel anders als gewohnt. Das wirkt auf ihren Kumpel möglicherweise so suspekt, dass er lieber auf Abwehr geht. In so einem Fall sollte die Tierarzt-Mieze daher ihren Narkoserausch erst einmal in Ruhe in einem separaten Zimmer auf einer gewohnten Decke oder auf Ihrem Bett ausschlafen. Dabei nimmt sie automatisch wieder den bekannten Familiengeruch an und wird leichter als Familienmitglied erkannt.

NÜTZLICHES REZEPT 25

POSITIVE VERKNÜPFUNG

Assoziation Entspannung

Wenn eine Ihrer Katzen die andere plötzlich nicht mehr riechen kann, ist Ihre Initiative gefragt. Bieten Sie zum Beispiel jeden Abend ausgiebige Streichel-, Kuschel- und Schmusemomente an, bei denen sich das »bockige« Tier so richtig entspannen kann und alles um sich herum vergisst. Legen Sie dann unauffällig ein Tuch mit dem Geruch der anderen Katze an ihren Kopf – gerade so nah, dass sie noch immer völlig entspannt bleibt. Auf diese Weise verknüpft sich ganz automatisch der Zustand des Wohlgefühls und der Tiefenentspannung mit dem Geruch des Katzenkumpels. Nach ein paar Wochen wird er dem Tier wieder so vertraut sein wie zuvor. Parallel dazu können Sie ein Clickertraining durchführen, um die Gegenwart der anderen Katze positiv zu verknüpfen (→ Seite 143).

WENN EINE KATZE STIRBT

Ersatz gibt es nicht, einen Neuanfang schon

WENN VON ZWEI KATZEN eine stirbt, überlegen viele Menschen, sich gleich wieder eine zweite Katze anzuschaffen. Dabei brauchen auch Katzen eine gewisse Zeit, um zu begreifen, dass ihr vierbeiniger Gefährte nicht mehr zurückkommt. Diese Zeit müssen Sie Ihrer Mieze lassen und dürfen nicht gleich in den nächsten Tagen einen neuen Mitbewohner anschaffen.

Geben Sie Ihrer Katze und auch sich selbst ein paar Wochen Zeit. Versuchen Sie dann erst einmal herauszufinden, wie es Ihrer verbliebenen Katze wirklich geht. Ist sie sozial und verfügt über ein gesundes Selbstvertrauen – hatte sie also immer positiven Kontakt zu anderen Katzen, reagiert sie draußen weder ängstlich noch extrem aggressiv auf den

WISSEN EXTRA

Wer hat das Sagen?

Weil Katzen keine Rudeltiere sind, ist das **Ranggefüge nicht unveränderlich festgelegt.** Wenn zwei oder mehr Katzen zusammenleben, heißt das also, dass sich nicht generell eine der anderen unterordnet. Wer in einer bestimmten Situation das Sagen hat und wer die zweite Geige spielt, kann von unterschiedlichen Dingen abhängen: Wer war zuerst an einem bestimmten Ort? In wessen Revier findet die Begegnung statt? Auch der Zeitpunkt oder die Art der Ressource spielen eine Rolle. So kann zum Beispiel eine eher zurückhaltende Katze, die ansonsten die »Verliererkarte« gezogen zu haben scheint, am Futternapf durchaus den Ton angeben und diejenige sein, die ihr Futter hartnäckig gegen Konkurrenten verteidigt. Trotzdem: Katzen stehen zwar prinzipiell in Konkurrenz zueinander, sie können sich aber durchaus gut arrangieren und friedlich zusammenleben. Bei ähnlichen Charakteren und Interessen **sind sogar echte Freundschaften möglich.**

Anblick anderer Samtpfoten, sondern herrscht prinzipiell die Neugier vor –, spricht in der Regel nichts dagegen, ihr wieder einen Kumpel zur Seite zu stellen. Umso mehr, wenn sie mit der verstorbenen Katze ein liebevolles Verhältnis hegte, beide die körperliche Nähe zueinander genossen, sich gegenseitig putzten und einen respektvollen Umgang miteinander pflegten. In so einem Fall ist eine neue Zweitkatze eigentlich immer eine Bereicherung für Ihre Mieze – vorausgesetzt die beiden passen, was den Charakter und individuelle Vorlieben angeht, so gut zusammen wie die beiden »alten« Katzen.

Manche Stubentiger bleiben aber nach dem Tod ihres Gefährten auch lieber allein. Diese Tiere zeigen ihrem Mensch relativ deutlich, dass sie sich in der neuen Situation wohlfühlen. Spielt und schmust die »verwitwete« Katze gern mit Ihnen? Frisst sie gut? Haben Sie vielleicht sogar den Eindruck, sie ist so kontaktfreudig und offen wie schon lange nicht mehr? All das sind Zeichen dafür, dass Ihre Katze jetzt endlich das ausleben kann, was ihr vorher mit der Zweitkatze anscheinend nicht möglich war. In diesem Fall leben Sie beide in Zukunft wahrscheinlich harmonischer und intensiver in einem reinen Katze-Mensch-Team zusammen.

Wie es auch ist: Respektieren Sie die Gefühle Ihrer Samtpfote, und starten Sie gemeinsam in einen neuen, aufregenden Lebensabschnitt.

Katze Lilli lebte viele Jahre mit ihrem Bruder Charlie zusammen. Charlie stand immer im Mittelpunkt. Lilli als schüchternes Katzenmädel hingegen hielt sich eher etwas im Hintergrund. Beide schienen sich in dieser Konstellation wohl zufühlen. Vor einigen Wochen musste Frauchen Charlie wegen eines schweren Nierenleidens leider einschläfern lassen. Anfangs machte sie sich große Sorgen, ob Lilli den Verlust des Bruders verkraften würde. Erstaunlicherweise fällt ihr nun auf, dass sich Lilli zunehmend offener und aktiver zeigt. Ganz entgegen den Befürchtungen scheint sie trotz ihres Alters regelrecht einen zweiten Frühling zu erleben. Lilli spielt mehr, sucht von sich aus den Kontakt zu ihrem Menschen, hat deutlich mehr Appetit und ist viel mitteilungsfreudiger. Anscheinend kann sie nun ganz nach ihrem Wesen all das tun, was sie sich die letzten Jahre nicht so ganz zu tun getraut hat, weil Charlie einfach viel selbstbewusster war als sie. Insofern ist diese Entwicklung auch ein Trost für Frauchen. Sie freut sich, dass es Lilli so gut geht und sie nicht leidet. Auf die Frage, ob sie nicht lieber gleich wieder eine zweite Katze anschaffen sollte, kann sie jetzt ganz klar mit »Nein« antworten – zum Wohle von Lilli, die die ungeteilte Aufmerksamkeit ihres Frauchens offensichtlich so sehr genießt.

REGISTER

A

Aggression 16–17, 60
Akustisches Signal 74
Alleinsein üben 60
Ältere Katzen 131, 137
Ampel-Berührungsplan 65
Angelbox 89
Ängstliche Katze 14–15, 54–58
Anhängliche Katze 59
Auto fahren 123

B

Baby 66–67
Balkon 41
BARFen 103
Belohnung 76–77
Berührungen 65–66
Bestrafen 81–82
Beutejagd 89–90
Bindung 82, 84
Bürsten 119

C/D

Catnip-Duftkissen 59, 90
Clickertraining 74–75, 85, 143
Darmverschluss 133

E

Eindeutige Signale 74
Eingewöhnung 139–141
Entwicklungsphasen 138
Entwicklungsstörungen 138
Erbrechen 133
Erregte Katze 13–15, 96
Ersatzbeute 92
Erster Kontakt 68
Erziehung 72–85

F

Falbkatze 10
Familienzuwachs 66
Fauchen 15
Fellmaus 90
Fellpflege 118
Fertigfutter 103
Fingerspitzenreiben 55
Flankenlecken 97, 129–130
Freigang 39–45
Furcht vor Menschen 56
Futter, artgerechtes 102–103
– erbrechen 113
–, giftiges 115
– umstellen 104
–, unverträgliches 115
–, Verfügbarkeit 106
–, verweigern 112–113
Futterautomat 107
Futterbox 147
Füttern 102–115
Futternapf 109–110
Futterplatz 110–111
Futterspiele 91–92
Futterzeiten 105, 107

G

Genervte Katze 19
Geräuschtraining 57, 66
Geruchssinn 48
Geschwisterkatzen 139
Gesichtsmarkierungen 22
Gesundheit 118–133
Gierige Katze 113
GPS-Sender 40
Grenzen 52, 60, 88, 94–95
Grünzeug 114
Gruppengeruch 148–149

H

Haarballen auswürgen 133
Halsband 41–42
Harnmarkierungen 20–21

Haubentoilette 33
Heim 26
Heimkommen 43–44
Hochheben 122–123
Hörsinn 51
Hühnerherzen-Chips 109
Hyperthyreose 113, 127

I/J

Ignorieren 78
Individualdistanz 53
Jagd 10, 44–45, 89

K

Kastration 139
Katzen-Knigge 53
Katzengras 114
Katzenklappe 42–43
Katzensenioren 131, 137
Katzenstreu 32, 34–35
Katzentoilette 32–36
- sauber machen 35
–, draußen 45
Katzenurinreiniger 21
Kinder 98–99
Knochen 104
Kommunikation 11–23, 48–69
Kontaktaufnahme 53–54
Körperhaltung, abwehrende 15–16, 19
–, angriffslustige 16–17
–, ängstliche 14–15
–, entspannte 13
–, erwartungsvolle 13–14
–, freundliche 18
–, lauernde 19
Körperkontrolle 85, 119–120
Körpersprache 12–19, 49, 73
Kot verscharren 33
Krallen wetzen 30–31
Kratzbaum 30–31
Kratzen am Sofa 31–32
Kratzmarkierungen 20
Kuh-Spaghetti 109
Kunststücke 85

L

Lärm 57–58
Lautsprache 23
Leise Signale 55
Lernen 72–85
Lob 48, 50, 77

M

Markierungen 20–22
Mäuse 44
Medikamente 132–133
Mehrere Katzen 136–151
–, Streit 141–149
Miauen 23
Milch 108
Milchtritt 11
Mobbing 146

N

Nachbarschaft 45
Nährstoffbedarf 102
Nassfutter 103–104
Neuer Partner 68

O/P

Ortungssysteme 40
Papierwedel 91
Partnerschaft 68–69
Persönlicher Bereich 53
Personalisierte Klappe 42
Pflege 118–121
Pheromone 22, 58
Pinkel-Tagebuch 37
Positive Verknüpfung 149
Positive Verstärkung 76
Problemen vorbeugen 79
Putzzwang 129

R

Ranggefüge 150
Regeln 74, 88

Reiben 13, 22
Reifehemmung 11
Revier 26–27, 28
Rohes Fleisch 102–103
Rollen 18, 85
Rückruftraining 83–84
Ruheplätze, erhöhte 29

S

Schilddrüsenüberfunktion 113, 127
Schimpfen 61–62
Schnurren 13
Schuldbewusstsein 62
Schwangere 66
Signalwort 129
Silvester 58
Sinneshaare 120
Snacks, selbst gemachte 109
Sofa 31–32
Sozialer Bereich 53
Sozialisierungsphase 138
Spielen 88–99
–, Abwechslung 90, 97
–, animieren 91–92
–, grobes 93–95
–, Merkmale 93, 145
Spielgesicht 93
Spieltrieb 88, 92
Spielzeug 89–91
Stereotypie 130
Stimmungswechsel, plötzlicher 13, 63–64
Stoffwechsel 102, 106
Strafe 81–82
Streifgebiet 26
Stress 75–76, 105, 128, 147–148
– abbauen 130

T

Tierarzt 122–124, 126
–, Hausbesuch 126
Tonfall 50–51
Toxoplasmose 66
Tragen 123
Transportbox 124–125
Trennung auf Zeit 142–143
Trinken 108
Trockenfutter 103–104

U

Überforderung 97, 128
Umgerichtete Aggression 144–145
Umzug 38–39
Unerwünschtes Verhalten 78–79
Unsauberkeit 34–37
Unsicherheit 14
Unterforderung 97–98
Urinlachen 34
Urinmarkierungen 34

V

Verdauung 106
Verfressene Katze 11
Verhaltensänderung 127
Verteidigungsstellung 15
Verteidigungsverhalten 28
Vertrauen schaffen 55, 140
Vibrissen 120

W

Wählerische Katze 112–113
Warteplatz 80
Wassernapf 108
Wildkatze 10
Wohnungskatze 29
Wortsignal 50, 73, 122
Wütende Katze 60–61

Z

Zahnpflege 121
Zimmerpflanzen 114
Zusammenführung 140–141
Zwangsverhalten 130
Zweitkatze 136–151

ADRESSEN, DIE WEITERHELFEN

Verbände und Vereine

Fédération Internationale Féline (FIFe), 17 Rue du Verger, L-2665 Luxembourg, www.fifeweb.org

1. Deutscher Edelkatzenzüchterverband e. V. (1. DEKZV e. V.), Mühlweg 4, 35614 Asslar, www.dekzv.de

Deutsche Rassekatzen-Union e. V. (D.R.U.), Geschäftsstelle: Hauptstr. 21, 56814 Landkern, www.dru.de

World Cat Federation (WCF), Geisbergstr. 2, 45139 Essen, www.wcf-online.de

Österreichischer Verband für die Zucht und Haltung von Edelkatzen (ÖVEK), Liechtensteinstr. 126, A-1090 Wien, www.oevek.at

IEMT Schweiz, Institut für Interdisziplinäre Erforschung der Mensch-Tier-Beziehung, Unterwerkstr. 19, CH-8052 Zürich, www.iemt.ch

Fédération Féline Helvétique (FFH), Alfred Wittich (Präsident), Büntacher 22, CH-5626 Hermetschwil, www.ffh.ch

Deutscher Tierschutzbund e. V., Baumschulallee 15, 53115 Bonn, www.tierschutzbund.de

Schweizer Tierschutz (STS), Dornacherstr. 101, CH-4008 Basel, www.tierschutz.com, Beratungsstelle Tel. 0041/61/3659999

Österreichischer Tierschutzverein, Berlagasse 36, A-1210 Wien, Tel. 0043/1/897 33 46, www.tierschutzverein.at

Forschungskreis Heimtiere in der Gesellschaft, Postfach 11 07 28, 28087 Bremen, www.mensch-heimtier.de, info@mensch-heimtier.de

VDTT, Berufsverband für Tierverhaltensberater und -trainer e. V., Achtern Dieck 6, 24576 Bad Bramstedt, www.vdtt.org

Industrieverband Heimtierbedarf (IVH) e. V., Emanuel-Leutze-Str. 1b, 40547 Düsseldorf, www.ivh-online.de

Urlaubs-Beratungsservice des deutschen Tierschutzbundes, Tel. 0228/6049627, Mo-Do 10-18 Uhr, Fr 10-16 Uhr

Fragen zur Katzenhaltung

beantworten Ihr Zoofachhändler und der Zentralverband Zoologischer Fachbetriebe Deutschlands e. V. (ZZF), Tel. 0611/44755332 (nur telefonische Auskunft möglich: Mo 12–16 Uhr, Do 8–12 Uhr), www.zzf.de

Haftpflichtversicherung

Katzen sind generell in Ihrer Privathaftpflichtversicherung beitragsfrei mitversichert.

Krankenversicherung

Uelzener Versicherungen, PF 2163, 29511 Uelzen, www.uelzener.de

Puntobiz GmbH, Immendorfer Str. 1, 50354 Hürth, www.tierversicherung.biz

AGILA Haustierversicherung AG, Breite Str. 6-8, 30159 Hannover, www.agila.de

Allianz, Königinstr. 28, 80802 München, www.katzeundhund.allianz.de

Registrierung von Katzen

Deutsches Haustierregister, Deutscher Tierschutzbund e. V., Baumschulallee 15, 53115 Bonn, www.registrier-dein-tier.de

TASSO e. V., Abt. Haustierzentralregister, 65784 Hattersheim, Tel. 06190/937300, www.tasso.net, E-Mail: info@tasso.net

Internationale Zentrale Tierregistrierung (IFTA), Nördliche Ringstr. 10, 91126 Schwabach, Tel. 00800/43820000 (kostenlos), www.tierregistrierung.de

Adressen im Internet

www.schmusekatzen.de

Forum mit vielen Informationen rund um das Thema Katze

www.katze-und-du.at

Das Katzenmagazin mit vielen spannenden Themen

www.giftpflanzen.ch

www.vetpharm.uzh.ch/perldocs/index_x.htm

Informationen über giftige Pflanzen

BÜCHER

Dillitzer, Dr. Natalie: *BARF für Katzen.* Gräfe und Unzer Verlag, München

Hofmann, Dr. Helga: *Katzensprache.* Gräfe und Unzer Verlag, München

Linke-Grün, Gabriele: *Wohnungskatzen.* Gräfe und Unzer Verlag, München

Ludwig, Gerd: *Katzen – Das große GU-Praxishandbuch.* Gräfe und Unzer Verlag, München

Pfleiderer, Dr. Mircea/Rödder, Birgit: *Was Katzen wirklich wollen.* Gräfe und Unzer Verlag, München

Rödder, Birgit: *Katzen – Clicker-Box.* Gräfe und Unzer Verlag, München

Rüssel, Katja: *Katzen – Clickertraining.* Gräfe und Unzer Verlag, München

Zeitschriften

die edelkatze. Illustrierte Fachzeitschrift für Katzenfreunde, Verbandszeitschrift des 1. DEKZV (→ Adressen)

katzen. Hrsg. D.R.U. (→ Adressen)

Geliebte Katze. Ein Herz für Tiere, Media GmbH, Ismaning

Pfotenhieb – das Katzenmagazin. www.pfotenhieb.de

Our cats. Das Katzenmagazin. Minerva-Verlag GmbH, Mönchengladbach

VITA

Katja Rüssel

DIE AUSGEBILDETE KATZENPSYCHOLOGIN (ATN, Akademie für Tiernaturheilkunde, Schweiz) arbeitet als Katzenverhaltensberaterin in eigener mobiler Praxis. Sie ist Expertin auf dem Gebiet des Katzenverhaltens und beschäftigt sich mit dem Lernverhalten der Katze sowie der Kommunikation und Beziehung zwischen Mensch und Katze. Ihr ist es wichtig, individuell auf jeden Menschen und jede Katze einzugehen sowie die Persönlichkeit und Bedürfnisse eines jeden zu respektieren. Um möglichst viele »Tools« zur Verfügung zu haben und für alle Fälle gerüstet zu sein, versteht sich eine gute Ausbildung und vor allem die anschließende regelmäßige Fortbildung in den verschiedensten Bereichen von selbst. Bei ihrer Arbeit wird sie tatkräftig von ihren eigenen drei Katzen unterstützt. Nach erfolgreichem Abschluss des Ernährungsseminars für Tiere und der Zusatzausbildung »spezielle Ernährung bei Krankheiten« ist Katja Rüssel nun zertifizierte Katzenernährungsberaterin. Sie hat bereits diverse Artikel in Katzenzeitschriften veröffentlicht. Im Gräfe und Unzer Verlag ist das Buch »Katzen-Clickertraining« erschienen.

Bildnachweis

Getty: 5, 24, 46, 70, 116, 134, 158-3;
independent Medien-Design: Cover, 1
plainpicture: 2, 86;
privat: 158-1, 158-2;
Shutterstock: 8;
Stocksy: 6, 155.
Jana Weichelt: 100;

Alle Illustrationen im Innenteil:
Claudia Lieb

Syndication:
www.jalag-syndication.de

Wichtige Hinweise

Die Haltungsempfehlungen und Praxistipps in diesem Buch beziehen sich auf normal entwickelte, charakterlich einwandfreie Katzen. Wer eine erwachsene Katze zu sich nimmt, muss sich bewusst sein, dass sie bereits durch andere Menschen geprägt wurde. Bei einer Katze aus dem Tierheim können Ihnen die Mitarbeiter eventuell Auskunft über die Herkunft des Tieres und seine Eigenarten geben. Es gibt Katzen, die schlechte Erfahrungen mit Menschen gemacht haben und Verhaltensauffälligkeiten zeigen. Diese Tiere sollten möglichst nur von Menschen aufgenommen werden, die Erfahrung im Umgang mit Katzen haben.
Einige Infektionskrankheiten und Krankheiten, die durch Parasiten verursacht werden, sind auch auf den Menschen übertragbar. Achten Sie auf Hygiene und gehen Sie im Zweifelsfall unbedingt zu Arzt.

Impressum

Projektleitung: Elke Sieferer
Lektorat: Sylvie Hinderberger, Angelika Lang
Bildredaktion: Adriane Andreas, Petra Ender (Cover)
Umschlaggestaltung und Layout: independent Medien-Design, Horst Moser, München
Herstellung: Susanne Mühldorfer
Satz: Ludger Vorfeld
Repro: Longo AG, Bozen
Druck & Bindung: Drukarnia Dimograf, Polen

Gedruckt auf Galaxi Supermat, exklusiv bei der Papier Union.

ISBN 978-3-8338-4219-1
1. Auflage 2015

www.facebook.com/gu.verlag

GRÄFE UND UNZER

Ein Unternehmen der
GANSKE VERLAGSGRUPPE

QUALITÄTS G|U GARANTIE

Liebe Leserin, lieber Leser,

haben wir Ihre Erwartungen erfüllt? Sind Sie mit diesem Buch zufrieden? Haben Sie weitere Fragen zu diesem Thema? Wir freuen uns auf Ihre Rückmeldung, auf Lob, Kritik und Anregungen, damit wir für Sie immer besser werden können.

GRÄFE UND UNZER Verlag
Leserservice
Postfach 86 03 13
81630 München
E-Mail:
leserservice@graefe-und-unzer.de

Telefon: 00800 / 72 37 33 33*
Telefax: 00800 / 50 12 05 44*
Mo–Do: 8.00–18.00 Uhr
Fr: 8.00–16.00 Uhr
(gebührenfrei in D, A, CH)*

Ihr GRÄFE UND UNZER Verlag
Der erste Ratgeberverlag – seit 1722.